# Tsinghua
## Journal of Social Sciences
## 清华社会科学

清华大学社会科学学院

第2卷第1辑(2020)

商务印书馆
The Commercial Press

主办单位：清华大学社会科学学院

**学术委员会**（以姓氏拼音或字母为序）：
陈明明（复旦大学）
Deborah Davis（耶鲁大学）
James Fishkin（斯坦福大学）
李　强（清华大学）
李正风（清华大学）
刘守英（中国人民大学）
刘涛雄（清华大学）
彭凯平（清华大学）
Philip Zimbardo（斯坦福大学）
Richard Nisbett（密歇根大学）
时殷弘（中国人民大学）
项　飙（牛津大学）
阎学通（清华大学）
应　星（清华大学）
俞可平（北京大学）
张　静（北京大学）
张小劲（清华大学）
赵鼎新（芝加哥大学）
周黎安（北京大学）
周晓虹（南京大学）

**主　　编**：应　星
**编辑部主任**：应　星
**副 主 任**：杜　月
**编　　辑**：刘小溪　颜燕华　齐　群（特约）　荣思恒（特约）

# 目 录

## 专题·清华路径的社会科学

3　面向2030年的社会科学
　　——时代命题与清华路径
　　／贾庆国　傅小兰　张　翼　李稻葵　李　强　阎学通
　　　燕继荣　蔡继明　方　方　刘　嘉　张小劲

## 论 文

41　从"家"出发：重释韦伯的文明比较研究　／肖　瑛

136　平等与卓越的张力
　　——美国社会变迁中的教育　／刘云杉

203　规模红利还是公共服务？
　　——中国城市治理进程及其演进机制　／何艳玲

## 评 论

229　传染的社会与恐惧的人　／渠敬东
248　关于"儒家伦理与社会秩序"的对谈
　　／翟学伟　张　静　周雪光　周飞舟　渠敬东　应　星

## 书 评

295 "双重危机"与劳工研究再出发
　　——以《中国卡车司机调查报告》三部曲为例　/闻　翔

315 满铁"华北农村惯行调查"源流的再考察
　　——兼论基于"惯调"的日本中国农村研究　/齐　群

348 《清华社会科学》投稿指南

# 专　题

## 清华路径的社会科学

# 面向 2030 年的社会科学[*]

## ——时代命题与清华路径

贾庆国　傅小兰　张　翼　李稻葵　李　强　阎学通
燕继荣　蔡继明　方　方　刘　嘉　张小劲[**]

【贾庆国】这次会议的主题——"面向 2030 年的社会科学——时代命题与清华路径",是一个非常大的命题。我们首先要回答的问题是未来十年将会是什么样的一个时期。第一,我觉得它还将是一个全球化的时期。虽然现在很多人关注逆全球化,但全球化是历史的潮流,不是哪个国家可以阻挡的。在历史潮流面前,历来是顺者昌,逆者亡。从长远角度看,真正回到各国闭关自守几无可能。当然,这也取决于你怎么界

---

[*] 清华大学社会科学学院本着"立足中国,全球视野,科学创新"的战略布局,于 2020 年 4 月 24 日以网络在线的形式举行了一次名为"面向 2030 年的社会科学——时代命题与清华路径"的高端论坛。这也是对清华大学建校 109 周年的一次纪念。本文按照发言顺序摘录了各位专家的精彩发言,以飨读者。

[**] 贾庆国,北京大学国际关系学院教授;傅小兰,中国科学院心理研究所研究员;张翼,中国社会科学院社会发展战略研究院研究员;李稻葵,清华大学中国经济思想与实践研究院教授;李强,清华大学社会学系教授;阎学通,清华大学国际关系研究院教授;燕继荣,北京大学政府管理学院教授;蔡继明,清华大学经济学研究所教授;方方,北京大学心理与认知科学学院教授;刘嘉,清华大学心理学系教授;张小劲,清华大学政治学系教授。

定全球化。第二，它将是一个科技迅猛发展的时期。第三，它将是一个崛起中的中国与世界关系急剧变化的时期。

在新时期，社科工作者将面对很多新问题，当然也要面对老问题。老问题如人性问题、人际关系问题、国际关系问题、人与自然关系问题。新问题涉及如何加强全球治理问题，例如，如何更加有效地应对大规模传染性疾病蔓延的问题；新一轮高科技发展对人类生存、发展、安全的挑战问题；人的存在方式、沟通方式、国家治理，以及各种伦理问题；再有就是崛起中的中国与世界关系的问题，这个问题现在变得越来越突出。中国和国际社会如何尽快调整心态和做法，适应中国历史性的崛起，也是当前人类面临的最大挑战之一。在全球化时代，很多问题是单个国家无法解决的，比如说应对这次新冠疫情需要国际合作，但遗憾的是这次合作得并不好。这跟中国和外部世界还无法适应中国的崛起有直接的关系。

国际关系是我的专业。从专业角度看，新问题很多。这次的新冠疫情给我们敲响了一次警钟，提醒我们要重新思考安全问题。过去我们老觉得加强国防和国家安全，就是造好武器练好兵，能打仗，能打胜仗。现在看来，一般情况下，战争爆发的可能性很低。对一个国家的安全最直接甚至是更大的威胁，越来越多地来自非传统安全的领域。

其次，这次疫情也显示出经济相互依存的风险在增大。还有就是在全球化时代，国家间财富转移的速度很快。国家可以发展得非常快，也可以衰落得非常快，这跟财富转移的速度有直接的关系。再有就是新时期对全球治理的需求快速上升。最近一段时间，由于美国与其他一些国家的原因，全球治理能力在下降。中国在快速崛起，中国如何在国际上发挥建设性的作用，不光对中国是非常重要的，也是世界急迫需要的。

面对上述情况，我觉得社会科学工作者的使命越来越重，责任越来越大。从使命讲，我们搞社会科学的，还是要在探索未知、寻求解决问题的方法方面发挥积极的建设性作用。从责任讲，我们需要坚守职业操守，实事求是，学术至上。有些人把学术与政治对立起来，这是不对的。

我认为做学者，学术做好了就是最大的政治。因为只有把学术做好了，才能做到上不误导领导，下不忽悠群众。

从研究方法的角度来说，我觉得既要继承，也要创新。继承就是严格遵循社会科学研究的要求：问题明确、观点新颖、逻辑清晰、资料翔实、方法严谨等。创新就是要不断思考，提出新问题、新观点，采用新方法。

新时期对跨学科研究的需求不断增大。就我们国际关系领域而言，很多研究的课题需要有跨专业的支持，既包括经济学、法学、心理学等社会科学专业，也包括物理、化学、生物等自然科学。比如说军控研究，像清华大学的李斌，既懂得核物理，又了解外交，就做得很好。国际关系专业未来的发展需要越来越多这样的复合型人才。

新时期也需要重视新的科学技术给研究提供的新机遇，比如说网络、大数据、人工智能等，这些都将使研究的方法和形式发生很大的变化。

新时期社科发展需要国家政策的适应与合理规范。国家治理的好坏和治理的质量都离不开社会科学。加快社会科学的发展，一是需要国家对社会科学更加重视，加大投入。二是需要国家调整对社会科学的政策，使之适应我们这个时代。现在，投入还是不足，投入效果也不太理想，有很大的改善空间。

最后，可能也是很重要的，就是要给社会科学工作者的研究提供更大的空间，加大对他们合法权益的保护力度。作为社科工作者，他从事科学研究，就是要创新，就是要提出新的观点和看法，这些观点和看法很可能就和主流的观点和看法不同，但也是国家发展的需要。所以，给予社科工作者更大的研究空间，保护他们从事创新的合法权益，是社科发展和国家利益的需要。

同时，作为中国现代化的标志性大学，清华大学在推动国家社科发展方面具有重要的作用。在这方面，清华有不少优势：一是地位优势，它是国内外公认最好的大学之一；二是政治优势，中国很多的国家领导人都是清华的校友；三是跨学科优势，它的工科特别强。所以，清华在推动社科发展方面可以发挥独特和更大的作用。

【傅小兰】首先，我认为清华大学社会科学学院举办此次高峰论坛很有必要，而且可以说是恰逢其时。随着我国经济社会的持续发展与国家治理体系走向现代化，我们国家的社会科学进入了全新的发展阶段。习总书记在2016年5月17日哲学社会科学工作座谈会上指出："坚持和发展中国特色社会主义，必须高度重视哲学社会科学，结合中国特色社会主义伟大实践，加快构建中国特色哲学社会科学。"针对中国特色哲学社会科学的学科体系构建，习总书记还指出："要加快完善对哲学社会科学具有支撑作用的学科，如哲学、历史学、经济学、政治学、法学、社会学、民族学、新闻学、人口学、宗教学、心理学等，打造具有中国特色和普遍意义的学科体系。"习总书记也明确要求"按照立足中国、借鉴国外，挖掘历史、把握当代、关怀人类、面向未来"的思路着力构建中国特色哲学社会科学。此时，清华大学社会科学学院组织高峰论坛，面向2030年，围绕未来十年中国社会科学发展的趋势、清华社会科学的发展特色、清华社会科学未来发展的挑战与机遇等主题开展跨学科、前瞻性和思想性对话，研讨未来十年清华大学社会科学学科建设创新发展的路径和前沿方向，具有里程碑的意义。我也由衷祝愿今天下午的研讨会圆满成功，成效卓著。

其次，我认为清华大学有必要进一步加强社会科学与心理学学科建设。如各位领导和专家所知，2005年凯文·博亚科（Kevin Boyack）等人发表了《枢纽学科的版图》一文。在这篇文章里，他们对2000年至他们发文时，全球7000余份核心学术期刊，百万余篇论文，约2300万篇参考文献的引用关系进行分析，表明现代科学已经形成七个枢纽学科，它们分别是数学、物理学、化学、地球科学、医学、心理学和社会科学。这七门学科彼此间相互关联，并对其他学科产生重要影响。其实大家也可以关注一下2008年马丁·罗斯沃尔（Martin Rosvall）和卡尔·伯格斯特龙

(Carl Bergstrom)在《美国科学院院报》(PNAS)上发表的文章。我注意到,这篇文章也表明心理学是一门枢纽学科,心理学研究与神经科学、精神病学、教育学、社会学、经济学和市场学、医学、生态学和进化学之间都有很强的关系。因此,清华大学高度重视与大力支持社会科学和心理学的建设与发展,不仅是满足国家的重大战略需求,同时也是符合国际科学发展大趋势的,可以说是顺势而为。

最后,我认为清华大学社会科学学院有必要进一步明确发展目标,充分凸显特色与强项。清华大学社会科学学院目前有四个系与一个所,包括社会学、政治学、经济学、心理学四个一级学科,各个学科都在开拓创新,在学科建设、人才培养、话语体系的创新上都在努力形成各具特色的"清华路径"。下面我针对"清华路径",在学校、学院、学系三个层面提一些建议供参考。

第一,在学校层面,大家都知道清华大学的工科很好,是最好的。所以在学校层面建议要充分发挥与利用好学校的工科所长,高度重视文理工的交叉融合。其实前面所有的发言也都凸显了这一点,我只是进一步呼吁对这一点的关注,建议学校加强对社会科学重点基地、研究平台、学科资源支撑的建设,同时也建议学校关注学科的发展,一旦某个学科成熟壮大了,可以考虑适时成立独立学院,进而搭建更高的平台,创造更广阔的发展空间。

第二,在学院层面,建议发挥好学院在学科建设、教学、科研组织管理上的优势,加强学院内各学科的沟通和交流,促进学院内各学科的交叉融合,努力做出只有多学科交叉融合才能产出的重大创新性成果。

第三,在学系层面,建议各个学系坚持国际化、本土化与科学化。这在刚才彭凯平院长的介绍里也提到了,只是用的词不一样。学系层面要真正做到小而精、特而强。因为无论是师资规模,还是人才培养规模,目前清华大学社会科学学院的各学科都可谓小而精的突击队。而且因为人员规模小,学科布局目前也只能是以点带面。面对这种现状,"有所为有所不为"就显得格外重要,有必要凸显出自己的特色和强项。

【张翼】在清华大学迎来109岁生日的时候,我们讨论未来十年社会科学的发展问题,极富纪念意义与开拓意义。清华大学109年的历史,见证了中国现代化的每一个阶段,也见证了中国社会学不凡的发展历程。社会学从舶来到本土化和在民国的兴盛,再到取缔与1979年之后的恢复与重建,反映了"一个学科,几个时代"的跌宕起伏过程。

社会科学的繁荣,既取决于各个具体学科的成熟与话语权的体现,也取决于不同学科之间的综合与富有时代意义的提炼。社会学自恢复以来,在学界取得了一定程度的话语权。清华大学社会学系虽然重建较晚,但开发了潘光旦先生的学术沃土,在人才培养、学术研究和学科配置方面都取得了重大进展,为中国社会学学术体系、学科体系和话语体系建设做出了杰出贡献。

从现在开始到2030年这十年,是中国进入全面小康社会之后的十年,也是消除绝对贫困而进入相对贫困扶持阶段的十年,更是中国从世界第二大经济体可能转变为第一大经济体的十年。在这十年,中国需要继续广结善缘、卧薪尝胆、虚怀若谷、埋头苦干、致力发展。如果这十年能够继续维持稳定、攻难破险、改善民生,则于国于民皆善莫大焉。料2030年的中国将与今日之中国不可同日而语。唯有通过国家治理体系和治理能力的现代化推进整个社会与经济的现代化,才可化解风险、消解矛盾、普惠民众。社会学学科的优势正在于群体分析、结构判断、精细治理与冲突协调。

2019年的十九届四中全会《决定》,完成了对国家治理体系和治理能力现代化的顶层设计,将社会治理视为国家治理的重要方面,并第一次大篇幅扩大了"社会治理"所占的分量。改革开放早期,"社会"内容在国家重要文件的文本结构中占比很少。1982年之前,国家统计局每年发布的年度公报叫作《国民经济计划执行结果公报》,没有专门列出社会方面的内容。1983年发布的有关1982年的年度公报才加入"社会发展"而将其改称为《国民经济和社会发展计划执行结果公报》。在此之后的中央文件逐渐增加了"社会"内容,但占比均不大。十九届四中全会《决定》用两个部分来谈论社会问题:第八部分用四节内容谈民生保障问题,第九部分用五节内容谈社会治理问题,并把完善国家安全体系建设纳入社会治理之下阐述。可见,从治理的角度分析,"社会"部分在"五大建设"中分量最重。自此开始,我们有理由相信,未来社会学将与经济学和法学一样,成为上层建筑最倚重的基础学科和理论来源。

中国社会学界经过多方努力,终于将"社会管理"改为"社会治理",这值得肯定。中央文件用这么大篇幅论述"社会问题",也正好应验了原来讲的那句话:改革开放40年主要在经济等领域取得了突破,未来30年要在"社会治理"和"民生问题"上补足短板。应该说,经济与社会之间的不平衡发展,在农业社会和工业社会尚可克服,但在后工业社会或信息社会则很难继续维持。社会发展的不同阶段,应该有与其发展相适应的治理模式与行动策略。正如不能用农业社会的治理模式治理工业社会那样,也不能用工业社会的治理模式治理后工业社会。在理论创新上,洋为中用需经实践转化,古为今用亦需时代过滤。

正是在这个意义上,我将今天发言的主题确定为"社会发展与社会学学科建设",既为清华大学社会学的发展建言献策,也为我所在的中国社会科学院社会发展战略研究院思谋取路。社会发展战略研究院愿意与清华大学社会科学界同仁协力合作,为繁荣哲学社会科学而做出努力。我感觉在未来的十年中,以下四个社会发展趋势越来越明显。因此,伴随社会的转型,社会学也需要与时俱进,而改造社会的前提是清醒地认识社会。

第一个问题是人口老龄化的问题。人口是社会变迁的基础变量。那种认为人口并不影响社会发展的看法已趋式微,而将人口视为关键变量的认识更趋普遍。从"十四五"规划开始,中国将进入快速老龄化轨道。中国的老龄化,既是计划生育政策所推进的老龄化,也是社会经济发展所加重的老龄化。这一方面造成人口金字塔顶部的延伸扩张,另外一方面也造成人口金字塔底部的快速收缩。伴随着三年自然灾害之后报复性生育所形成的"婴儿潮"人口进入退休阶段,劳动力人口将大幅萎缩。在养老保险和医疗保险支持力度强化之后,人均预期寿命还会继续延长。农业机械化、工业自动化和机器人的广泛使用,后工业化的推进,将大大减轻劳动者的劳动强度,这会提升中国人的平均健康水平,并进一步延长平均预期寿命。现在的平均预期寿命大约为76.7岁,估计2030年会接近80岁。

要解决老龄化所带来的老年抚养比的上升问题,要么推迟退休年龄,要么增加机器人或人工智能的使用以替代人力。推迟退休年龄会产生群体冲突:对公务员和事业单位工作人员来说,这似乎是一个好消息。但对体力工人或老工业基地的下岗职工等群体来说,这可能是个难以接受的"坏消息"。对女性而言,体制内的白领希望推迟退休年龄,但体制外的纺织女工或类似职业,则会极力反对。所以,老龄化问题的解决,不是一个理论问题,而更多会显示为实践问题。于是我国推出了弹性退休制——但这在客观上会拉大养老金待遇差距——工作强度越低,劳动环境越优越,退休年龄越迟,预期寿命越长,拿到的退休金总额就越多;工作强度越大,劳动环境越恶劣,退休年龄越早,预期寿命就可能越短,则拿到的退休金总额就可能越少。可见,在缺少干预的地方,社会发展给上层社会带来的收益往往大于其他阶层。只要比较一下预期寿命的阶层差异即可明察这一点。另外,如果退休年龄不变,则又会遇到养老保险基金池的结构性短缺问题——我们将不得不从国有企业切出更大的蛋糕去填补养老基金的缺口。

老龄化带来的微观问题是对家庭的影响。养老压力越大,成年人就越有可能将当期剩余用于父母的养老,或者储备用于自己未来的养老,这会抑制生育意愿,降低当期生育率,造成人口金字塔底部的加速度萎缩。生育效应的进一步延伸,会改变整个社会的消费趋势。少儿人口占比越少,消费的多元拉力就越低——形成更严重的过剩经济。未来十年,即城市独生子女大规模进入婚育期的十年,他们的养老压力会比我们想象的更大——人均预期寿命越长,子女的养老压力就越大。独生子女一代将不得不在"养老"与"养小"之间做出平衡。

在原有政策体系中,"双独结婚"可以生育两个子女,但双独结婚之后的实际生育率长期低于政策生育率。2014年实施了"单独二孩"政策,但政策红利只释放了一年。于是,2016年又实施了"全面二孩"政策,可政策红利也仅仅维持了一年。现在,城市社会普遍存在着抚养关系的"四二一"结构(夫妻双方的四个老人,夫妻二人,一个子女),预期出现的抚养关系的"四二二"结构(夫妻双方的四个老人,夫妻二人,两个子女)仍然较少。在就业压力、生活成本压力、教育竞争压力之下,生育友好型社会还需要继续培育。

家庭的养老负担与人口流动和城镇化等变量交互影响在一起,会强化少子化过程成长起来的年轻一代的低结婚率与高离婚率趋势。单身家庭和非婚同居家庭的数量会迅速增加。在大城市、特大城市和超大城市之中,女性的平均初婚年龄已经推迟到28—29岁,个别城市女性平均初婚年龄已经推迟到30岁左右。结婚年龄越迟,离婚率越高,意味着"单身家庭"数量就越多。现在,有一半左右的德国劳动力人口没有生活在婚姻之中,结过婚的可能有一半会离婚,只有四分之一左右的成年人与初婚配偶仍然生活在一起。这在很大程度上会改变社会成员的生活方式和消费方式。中国是一个深受传统文化影响的国家,但中国人口的生育模式和婚姻家庭模式也会转型为西方各国的现代化模式。以"家"(family)为基础定义的家庭与以"户"(household)为基础定义的家庭大为不同。以"家"为基础配置的家庭政策也与以"户"为基础配置的社会政策大为不同。我们正在从"F"型向"H"型转变。

最近的新冠疫情将人们困于家庭之中,这增加了成年女性的怀孕机会。所以有人估计说会增加今年的结婚率和生育率。但让人大跌眼镜的是,疫情尚未结束,离婚的队伍却排起了长队。在20世纪90年代收缩了每年的人口出生规模之后,"年龄段离婚率"或"年龄段结婚率"才最具有趋势意义。"粗离婚率"或"离婚对数与结婚对数的比值"等在人口年龄结构与分年龄段人口规模的变迁中,会丧失其"指标意义"。但生育旺盛期女性人口的规模,却具有极其强烈的趋势估计意义。因为生育旺盛期的女性人口数量在下降,因此,今后每年新生儿的数量不会太多。2018 年出生人口为 1523 万人,比 2017 年减少了 200 多万——这已经令人吃惊。但 2019 年出生人口才 1465 万人,比 2018 年还少了很多。已有多项研究发现,受教育年限的延长、养老压力的加大、就业位置的不稳定、物价的上升,尤其是房价的上升等因素的影响,会在短期抑制快速城市化中青年一代的结婚意愿和生育意愿,这反过来进一步强化了中国未来社会的个体化特征。

因此,社会学未来十年的学科发展,就必须面对老龄化社会向老龄型社会的转型,面对老龄化中的少子化社会,面对老龄化中的个体化社会,面对老龄化影响下中国传统社会亲缘关系的松懈、断裂与解体,面对老龄化所带来的医疗保健市场的转型,面对独生子女时代原有社会亲缘支持网的损毁。这是结构性的变化,结构性变化一定会引起功能性变化。

第二个问题是城镇化的问题。未来的十年也是城镇化进入整合阶段的十年。改革开放以来 40 多年的城镇化,走过了两个阶段:第一阶段是劳动力城镇化阶段,第二阶段是市民化阶段。第一阶段大体已经结束,第二阶段已有所推进。但第二阶段的市民化工程进行得还不彻底,所以农民工对流入城市的认同度不高。为弥合社会裂隙,中央政府通过日益强化的户籍制度改革,倒逼地方城市政府"因城施策"式推进市民化进度,期望提升基本公共服务的均等化水平——这种政策仍然与"户口"挂钩——城市政府继续将户籍作为政策配置的基础。城市更加偏好接收人力资本较高的劳动力人口,而将老年人困于农村。最近几年的"人口大战",在保房价的同时,明确强化了年龄歧视倾向。这使农村常住人口的老龄化水平迅速提升。

可过去几年的人口转型赋予了农民工以讨价还价的能力。在农村趋于耗尽其劳动力蓄水池功能时,城市的需求仍然旺盛。此间的张力衍生出一波又一波"民工荒"与"招工难"问题。农民工以草根社会的朴素意识，利用市场供求关系，形成"以脚投票"压力，迫使企业率先改变态度而逐步优化劳动环境。这才一方面使其工资拖欠率大幅下降，另外一方面又迫使企业加大机器人投资以降低用工成本。这使农民工收入的增速远远赶不上流入地城市房价的增速。房价的上涨又刺激了租金的上涨，使以农民工为主的流动人口不得不将当期收入的很大一部分用于居住，从而降低了积累率。城市越大，租金越高，农民工就越难以市民化——这不是简单的身份问题，而是收入支持生活的实践问题。近来，土地城镇化大于人口城镇化的负面影响日趋显现。可截至目前的历次经济波动，都诱使地方政府祭出地产利器，通过房价上升获取多种收益，由此也淡化了"房住不炒"的战略意义。

于是，"居住区位"与"住房"自动转化为社会分层变量——在大城市或特大城市拥有住房的面积及预期价格，已经超越了"教育"和"职业"的影响。一位新毕业的大学生，无论所学何种专业，也无论其如何勤奋劳动，其在劳动力市场获得的当期剩余，都难以按揭到住房。他们不得不掏空所谓的"六个钱包"，使大城市如抽水机一样将农村和中小城市抽空。

城市中心区高额的房租，将以农民工为主要组成部分的流动人口挤压到城市的边缘地带，形成城市中心区本地户籍人口多、城市边缘圈或基础设施和公共服务较差地区农民工多的人口区位结构。在很多城市的城乡接合部，绝大多数居民为流动农民工。这种结构性分布，在以积分落户为主要特征的身份制标签下，很容易将居民的结构化转变为阶层的结构化。"摊大饼"般的城市圈层结构，也标志着居民的阶层化圈层结构。区位阶层化与居民阶层化高度同构的结果，会形成社会认同与阶层意识张力，大大降低群体性事件的组织成本。如果收入较低的大学毕业生也被挤压到农民工中间，则其会自然成为农民工阶层意识的再生产之源。

农民工为消减生活压力，偏向于将乡村的亲缘网络、职业网络和乡土网络移植进城市，形成"都市里的村庄"。虽然城市的拆迁与改造，已经在很大程度上解构了诸如"浙江村""福建村"等现象，但"都市里的村庄"仍然在草根化流动中富有生命力。"半城市化"或"不完全城镇化"现象将长期存在。全世界的移民都倾向于以组团积聚方式化解外来风险。农民工以乡土情结的组团积聚，在城市形成了一个又一个熟人社会，嵌套在城市的周边地带，绘制出农民工围城的人口结构图。原来的城乡二元结构被逐渐转化为城市内部农民工与户籍市民的"新二元结构"。

可与此同时，城市户籍居民却在城市改造中日益陌生人化。一方面拆迁解构了原有的街坊邻居的地缘关系，另外一方面新移民又嵌入于各个社区，对同质化人口进行了异质化改造。住房商品化所带来的一个必然结果，就是小区物业服务的商品化和人际关系的陌生人化。越是高档社区，越具有陌生人社会的特征。人与人之间居住在一起，但却相互不认识。甚至于一个单元的门对门居民，也是"老死不相往来"。城市户籍居民被市场化了。"单位制"所形成的熟人社会已经转变为陌生人社会了。原有的社会团结机制被解构，但新的社会团结机制尚未形成，因此出现了典型的"失范"现象。

因此，中国城市社会，尤其是快速城镇化中的城市社会，正在凸显流动人口的熟人社会与户籍居民的陌生人社会症状。熟人社会中的居民与陌生人社会中的居民缺少融合渠道，但却很容易形成区隔意识。如果社会整合力度较大，则阶层矛盾与群体矛盾就不容易同构。如果社会整合力度较小，或流动人口很难融合进城市，则阶层矛盾与群体矛盾就会同构，由此增加了未来的社会风险。

所以，创新社会治理以维护社会团结或形成新的社会整合力量，将是极其重要的研究课题。社会发展与社会变迁的速度越快，就越需要加强社会整合力量的再造。未来十年社会学研究的重点，应该是社区治理。社会学的社区概念，还是很传统的来自滕尼斯（Ferdinand Tönnies）的学术性概念。但现在的社区，却是行政化了的、具有很强组织化特征与他治特征的实践概念。社会实践的发展已经为学术研究的理论创新创造了现实存在。

第三个问题是中产化社会的问题。未来十年,将继续固化当前社会的中产化趋势。只要社会稳定得以延续,中国社会的中产化特征就会加深。但中国的中产化,还是"第一代的中产化"。这是我自己使用的一个学术概念,主要指新增的中产阶层成员主要来自工人阶层家庭和农民阶层家庭——他们是第一代中产阶层,也是缺少中产阶层之阶层意识的中产阶层,更是缺少阶层担纲的中产阶层。而当前西方发达国家的中产阶层,则是第二代或经历过很多代之后的中产阶层。因此,很难将当前中国的中产阶层与西方国家的中产阶层进行意识意义的共时性比较。

中国的中产化过程,可以分为两个阶段。在全球化影响下,第一阶段与中国社会的工人化同时进行。也就是说,工业化在促使劳动力人口"工人化"的同时,也伴生了劳动力人口的中产化过程。高等教育的扩张,支持了中产化与产业结构的转型。中国厂商生产流水线的更替速度,远远快于欧洲产业革命时期生产流水线的更替速度。快速发展与压缩式现代化是一个问题的两种表述。当前,劳动力人口的"工人化"过程在过快的、被动的"去工业化"压力下,其趋势将逐渐收敛。这迫使中国社会打开了第二阶段的中产化过程——但这个过程是在"工人化"还不充分的背景下开启的。这与西方发达国家的"中产化"过程不同。西方各国是在上百年或两三百年的"工人化"之后才在二战之后进入"中产化"过程的,而且是逐步推进的"中产化"过程。中国第二阶段的"中产化",将是第三产业占比被动迅速上升所推动的"中产化",也是中产阶层认同较低的"中产化"——很多中产阶层的成员拥有强烈的"被中产"感觉。

这种"中产化"结果,会使中产阶层成为一个五花八门的"大杂烩"。中产阶层内部的分层化和再分层化将极其显著。科技进步越快,中产阶层之上层的"知本家"特征就越强烈,其收入甚至于会超过中小型业主的收入。中产阶层的中层,将为保住既已获得的阶层位置而呈现更强烈的

"996"工作模式。中产阶层的下层,将是极其焦虑的人群,其收入会低于工人阶层中的技工,其位置会在经济波动中波动,其意识会偏向于民粹主义——一旦他们掉落了阶层位置,则会成为最不具"获得感"的阶层。他们的职业接近工人阶层的上层,但他们的社会态度却比工人阶层更趋摇摆不定。

原来学界有一种朴素判断,认为中产化社会到来之后,中国会一劳永逸地摆脱不稳定状态而进入稳定状态。有些学者从亚里斯多德那里得到启示,认为中产阶层可以有效摆平上层阶层与下层阶层之间的矛盾,形成社会稳定的强大制衡力。但这个假设总是受到现实的挑战。在后工业社会,中产阶层既是社会结构的主体,同时也会是社会运动的参与主体。经常观察到的现象是,"中产阶层的孩子们"会更为激进地形塑社会运动的走向。而中产阶层内部的分层则是后工业社会必然带来的新分层或再分层。在农业社会和工业社会所形成的对社会各阶层的认识判断,将在后工业社会重新被改写。

学界还有一种判断,认为中产阶层的崛起,将拉动消费市场转型,使中国之内需扩张,成为拉动经济增长的主要动力。这种判断基于经济良性常态发展而做出。只要中产阶层的收入不断增长,消费升级即可预期。在过去的一段时间,的确也存在中产阶层崛起拉动的消费升级现象,使消费从模仿型排浪式阶段向个性化、多样化阶段过渡。但经济波动经常打乱消费升级的速度与频率。收入的稳定增长是消费弹性得以提高的基本保障。如果收入下降或缺少增长预期,抑或社会保障不力,则消费信心必然受挫。2020年初,很多学者判断新冠疫情得到控制之后将会出现报复性消费,生怕出现供给侧的短缺。但截至5月,消费一直波澜不惊地缓慢恢复,而储蓄率却增加了。这说明,人们对未来的预期越是不确定,就越倾向于存钱而不是花钱。因此,消费升级既取决于供给侧商品的竞争性升级(比如科技进步引起的消费革命),也取决于需求端收入增加的支撑作用(比如品牌消费的符号价值标签)。

何况中国中产阶层还是不成熟的阶层,他们大体上主要是教育中产与职业中产,而不是意识中产和消费中产。他们与农民阶层和工人阶层具有天然的血缘联系,他们对未来的发展还需要在认识中定位。在本次疫情中,我们已经看到了中产阶层的焦虑,看到了中产阶层内部意识的差异,看到了中产阶层的分裂与意见表达的对立。在精英主义跟民粹主义的互动中,中产阶层的选择将决定中国未来社会意识的走向。但我们对这个阶层的认识还比较模糊。既有的理论也是粗线条的,需要从阶层治理角度重构阶层分析理论。

所以,未来的十年,还需要加大对中产阶层的社会意识、民粹主义思想,或者是精英主义思想的研究,加大对中产阶层社会态度与消费习惯的研究,加大对中产阶层社会治理与阶层治理理论的研究。

第四个问题是数据社会的问题。自工业社会开始,科技就加速进步。后工业社会的技术进步速度不仅比工业社会更快,而且也更具有颠覆性增长特征。改革开放之前,绝大多数农村地区仍然徘徊于"二牛抬杠"的生产方式之中,与2000多年前的秦朝差不多,农业社会的科技进步如蜗牛爬行。改革开放之后,绝大多数农村颠覆了畜力而代之以农业机械。中国在这40多年间创造的物质文明与精神文明,超过了以往历史时期创造文明的总和。工业社会的科技进步如火车飞跑。2019年,中国第三产业在GDP中的占比已超53.9%——中国进入了后工业化时代。科技进步的步伐不再以"年"数,而可能以"季度"和"月"数。促销的商品每隔一段时间即升级换代一次,比如智能手机,就在市场竞争中几乎以"季度"的间隔升级换代。技术进步速度越快,则产品的更新换代速度就越快。

在计算机、人工智能、互联网与大数据等科技发展的促动之下,可以预见性地说,中国社会将发生更快的社会变迁和经济变迁。在要素市场中,除土地、人力、资本与管理方式外,大数据也以极强的时代特征参与到剩余分配之中。谁掌握大数据,谁开发大数据,谁妥善使用大数据,谁就会引领市场,谁就会易于发财致富。为更加确切地理解我们自己所处社会的基本特征,学者们使用了信息社会、消费社会、网络社会等概念刻画其变迁过程。在大数据成为生产力的过程中,我们也可以数据社会表达其叙事模式。

可以说,中国社会的中产化程度支持了数据社会的发展,也简化了数据社会各种智能商品的推广成本。2019年网民调查发现,网民群体的主要构成部分,已开始从大专和本科群体向初高中群体转移。这就是说,科技进步的受益对象,会首先发轫于"高知",再波及"中知",最后轮到"低知"接盘。因此,科技进步不但不会缩小发展差距,相反会扩大发展差距。科技进步越快,科技所造成的发展差距就可以越大。这种差距既存在于发达国家与发展中国家之间,也存在于发展中国家的发达地区与欠发达地区之间。这些差距主要决定于一个社会所有成员的平均文化资本与教育资本的更新速度。为什么要建立终身学习型社会?因为科技进步速度的加快,强化了知识的"过时"性质。我们曾经使用过"人力资本的失灵"概念去分析这种变迁过程。因为人力资本不能简单以标准化的"学历"去度量,而应该以与社会平均的生产力水平的匹配程度和领先程度度量。未来,人与人之间的发展差距将不再由初级教育和中级教育决定,而主要由高等教育所决定。企业与企业之间的差距就不再决定于生产过程,而将更明显地决定于研发过程。中国社会的引领阶层,也将是掌握了科学和技术的那些阶层。这是后工业社会的基本性状。不了解这个因素就无法解释数据社会或智能社会的本质。

因为年轻人的学习能力强于老年人,所以,劳动力的老化程度会影响一个地区的创新能力,由此也阻滞这个地区的发展速度。因此,人口竞争的结果必然会决定未来的发展格局。在工业社会向后工业社会的转变过程中,一个地区的产业结构本身就决定着这个地区的发展速度。第三产业占比越大,则发展速度就越快。在人工智能对劳动力的替代中,这个趋势会更为显著。看看底特律这个昔日的汽车城的命运,就会知道产业转型的颠覆性影响。

因而,科技进步会造成更为显著的社会断裂现象。有能力使用技术进步成果的群体发展速度更快,没有能力使用技术进步成果的群体发展速度更慢。在老龄化社会中,规模庞大的老年群体将是技术使用的弱势群体。这会形成代际断裂,不仅断裂于意识与观念,而且断裂于生活方式和生产方式。在科技发展中,"代差"将比以往任何时候都严重。科技生产力的发展,不仅会改变一个社会的生产方式,而且还会改变一个社会的生活方式和组织方式。当前,社会成员的互动,已经从面对面的交往向借助于微信圈的在线交往转变,人们的"在线时间"越长,其圈层化的、穿插在不同网络社区的网友就越多。网络化生产、网络化教学、网络化会议、网络化情感交流等都使人们形成了大大小小的网络化组织。大的微信圈有四五百人,小的微信圈也有几十人。所以说,未来的十年,我们还必须加大对科学社会学和网络社会学的研究,加大对科技改变我们社会生产方式、生活方式和组织方式的研究,加大对科技之"代差"问题的研究,防止社会断裂现象的发生。

【李稻葵】今天聚焦的一个话题,清华的经济学该怎么办?我首先想讲这样的一个观点,应该没什么争议。那就是,我们中国人研究经济学,有点像足球,在国际上影响力有限。这点有点像日本,也有一点像德国,德国在战后以及在一战之前的经济发展得很好,但是经济学,坦率地讲,应该是与经济发展不相称的。

那怎么办?我们要改变这个现实,我们的经济学研究要对得起过去40年,以及再之前30年的一些经济实践:头30年有教训,也有宝贵的经验;后40年更多的是经验。这些经验和教训,应该在经济学层面得到反映。关键是我们不要把自己孤立起来,不要太强调中国经济学,相反,应该努力把中国经验上升为经济学的主流,让全世界去学习、借鉴,在学术领域里面跟大家交流。

那么应该怎么办?我过去四五年一直探索这个课题,也跟国内外同行交流讨论过,我最后的结论是这样:我们必须在现代经济学的学科体系里面进行改革创新。说得更具体一点,我们应该在现有经济学的各个分支之外,创立一个新的分支,要反映来自中国以及东亚经济发展基本经验的学科分支,那就是"政府与市场经济学",英文就是 government and economics,类似于 60 多年前科斯(Ronald H. Coase)所倡导的 law and economics,即"法与经济学"。法与经济学经过科斯等一代学者的不断努力,现已成为主流经济学的一个分支。所以,我们中国这代人应该共同努力,把政府与市场经济学作为一个新的领域推向世界。我们中国人在这个领域里面最有心得,包括政府的行为、政府的激励,它怎么能够被改造,改造了之后怎么能够促进经济发展。所以,这次疫情也凸显了这样的一个学科的重要性。这就是我的第一个想法。

那么具体怎么办?我也希望在 2030 年之前咱们清华大学同仁与全国、全世界的有识之士一起努力做这么几件事情:

第一,成立学会。我们在伦敦注册了一个国际协会,叫 The Society for the Analysis of Government and Economics,缩写为 SAGE。我请到了我的博士导师,诺贝尔经济学奖获得者埃里克·马斯金(Eric Maskin)跟我一块儿担任联席主席。另外我们正在做一本杂志,并想找一个国外的出版社出版。所以为此也筹了一些经费,为这个事情我们去约稿,不断地开国际会议,把相关的研究聚集起来,这是一件事情。

第二,在经济学里面要搞出一点大家公认具有普遍意义的新知,光搞数理模型,是走不通的。怎么办?需要结合政治学、社会学、心理学、公共管理学相关的专家,一起来研究这些问题。因为主流经济学的保护外壳太强了,自身无法突破,需要从外面施加影响。相反,社会学、政治学、心理学,它们比我们开放。所以要跟这些人联合起来搞跨学科的研究,最后逐步改变经济学内部人的看法。

第三就是一定要强调数据研究、实证研究、案例研究、历史研究。19 世纪末,德国经济飞速发展时期,德国经济学界反对亚当·斯密,反对市场自由经济,形成了德国历史学派,所以他们当时的基础是讲历史、数据,用历史、数据来反驳亚当·斯密。我们现在的工作也应该是这样,是实证、历史、大数据,通过这样的办法不断地讲下去,最后才能够影响经济学主流。

我总的意思是希望中国的同仁，尤其是清华的同仁，应该有这样的决心和雄心，把握学科发展的基本规律，从这个大的思路上来推进我们的经济学研究，在这方面我坚信我们清华大学应该能做出自己应有的贡献。

【李强】大家好，今天各位学者聚集一堂来讨论社会科学的发展，意义确实非常重大。我们知道社会科学是采用实证的、科学的研究方法，对于社会现象、社会活动、社会发展进行研究的一组学科群。应该看到，这组学科群与中国今天的发展联系非常密切。我们知道中国自改革开放至今，正在进行着全世界最大规模的现代化、城市化、城镇化和产业化实验，这一系列重大的实践和实验，正是激发社会科学发展的动力。当年，国际上的社会科学也正是在现代化发展过程当中逐渐成长起来的。所以，今天我们中国的经济社会实践，给社会科学提供了非常非常重要的研究基础。我们中国的学者真的应该立足中国现代化、城市化、城镇化和产业化发展的实践，做出我们中国人的贡献。近年来，社会科学的发展突飞猛进，展望未来一些年的发展，中国的学者还是应该更多地立足于中国的实践。

我自己从事的是社会学研究，社会学非常重视一线的、基础的、基层的社会调查。这些年来，通过很多基层的社会调查，我们获得了非常丰富的资料，了解了很多一线的、基层的社会状况。依据于这些一线的、基层的社会调查数据资料，我们对社会的认识和理解会更为准确一些。

近些年来，中国社会学界也开辟了一些新的研究领域，我以为这些领域在我国未来几十年的社会科学研究中会有很大的发展。例如民生领域的研究。"民生"确实是一个非常具有中国特色的概念，很难简单地把它翻译成英文，或者说用英文描述不是那么容易。再有就是社会治理领域的研究。社会治理在这次疫情防控当中发挥了非常重要的作用。我们知道社会学非常强调社会治理、基层社会治理与基层社区治理。我本人也开辟了清华大学的"新清河实验"，强调基层社会治理与基层社区治理。在此次疫情防控当中,我们大家都看到了,中国的疫情防控非常突出的特色就是基层社会治理、基层社区治理以及基层小区治理。社会治理重心下移,取得了非常突出的成绩,真的是非常符合国情,非常接地气。

所以,从这些方面来看,我认为未来几十年中国社会学界应该开辟出一些具有中国特色的社会学研究新领域,我个人目前比较关注的正是民生领域的研究和基层社区领域的研究,我认为清华大学的社会学同仁们,在这些研究领域里大有可为。

【阎学通】我想针对今天论坛的主题谈一些看法。这个主题包括了三个内容:第一个是"面向2030年的社会科学",第二个是"时代命题",第三个是"清华路径"。从第一个概念来讲,选择以"面向2030年的社会科学"为主题,原因恐怕是我们学院有四个一级学科,所以主题放得宽一些。然而,实际上每个一级学科在这十年里的发展都会很不一样。说到未来十年,我回想了一下过去十年我们学院的发展。以往十年我们做了不少工作,但难说有跳跃式进步。我院今后十年的发展仍可能是个渐进过程,仍难出现跳跃式发展。

第二个是关于"时代命题"。从学术角度讲,目前大家对我们处于什么时代好像没有共识,是和平发展时代、信息时代、全球化时代、网络时代、中国崛起时代、两极格局时代,还是老龄化时代?从不同的角度观察,人们会得出不同的时代特征判断。如果我们对于未来十年的时代特征没有共识,我们就很难对这个时代的社会科学应做些什么达成共识。

我个人认为,今后十年比较突出的将是数字问题,因此可能是个数字时代。数字时代不仅仅体现在数字经济上,还体现在网络安全上,体现在所有的科技进步上,而且也会体现在社会科学研究上。如果我的猜测碰巧是对的,即今后十年确实是一个数字时代,那么社会科学的发展就会在研究对象、研究方法、研究理念、思维逻辑上都跟数字技术相关。

关于"清华路径"我想多说几句。我们是清华大学,所以我们就产生了形成"清华路径"和"清华学派"的想法。然而,"清华路径"这个词并不会因为我们都在清华工作就能形成,因为我们各自的研究方法难有共性。"清华路径"是指一种特定的研究方法,"清华学派"是指具有某种特定共性的理论或思想,可以是假定上的共性、方法上的共性、观点上的共性、立场上的共性,总之需要有一种特定的共性。一些清华学者有了某种学术共性,才能形成清华学派,没有共性就形成不了学派。我怀疑我们能否建成清华学派,因为大家在学术方法、假定、假设上并没有共性。

即使我们不谈建立学派,仅讲建立"清华路径",这也需要特定的共性为基础才行。国际关系学界承认国际关系研究中有一个"清华路径",这个路径是有具体内容的。它是在借鉴本土古代思想或历史经验的基础上,用科学方法研究现实国际问题。本土古代思想或历史、科学方法、现实国际问题这三要素构成了清华路径。仅有这三者之一不属于"清华路径",例如仅有科学方法不行。仅研究古代思想,如梁启超关于先秦时期国家间的外交研究,也不属于"清华路径",因为他没有用科学方法研究,也没有研究当时的国际政治问题。"清华路径"这个名字不是我们自己起的,是一个澳大利亚学者起的。我以为把"清华路径"作为学科建设目标是难以实现的。让大家都采取同一研究路径,在学术上不是可取的,还是要百花齐放,各显神通。

一种共同研究路径的形成是个自然过程,不是人为创造的。一种研究路径取得实质性的研究成果,然后这种方法被别人效仿,使用的人多了,就得到了学界的公认。一种研究方法不能取得学界公认的学术成果,这种方法或路径就没有意义。也就是说,未取得较好学术研究成果的研究路径不会有人效仿。目前国际关系研究的"清华路径"已经开始被一些发展中国家的学者运用,如马来西亚和印度学者。他们看到了我们用"清华路径"创建了道义现实主义理论,于是他们也开始挖掘各自的古代外交思想,在此基础上再用科学方法研究现实的外交政策。印度古代有个人叫考底利耶(Kautilya),他很像我国的管子,既当过宰相,还是个思想家。印度有一本以他名字命名的著作,也类似我国的《管子》。印度学者主要是借鉴这本书中的外交思想。简言之,"清华路径"的形成首先要有具体的特殊共性,其次是要取得较好的科研成果。

我同意李稻葵老师说的,学术研究要追求普遍性,而不是"中国特色"或"清华特色",采取特色策略是不得已的办法。例如,咱们学院规模小,只能搞特色。清华国际关系系一共20个人,无力把全球的地区研究做起来,因此我们只能靠搞定量研究的特色争一席之地。特色是弱者的学术策略,但如果总是搞一些特色的研究,就难做出普遍性的学术成果。做不出普遍性的学术成果,在国际上就难有立足之地。我认为还是要提倡普遍性问题的研究。

普遍性学术研究多是基础研究,大学的社会科学研究应以基础研究为主要方向。强调社科研究为国家服务,这很容易把政策研究和应用研究作为主要方向。然而,即使是很好的政策性研究和应用性研究成果,其生命力也很短,不可能持续百年。基础性问题的优秀成果,其生命力长,有的可以持续上千年。

学术研究是学者做的,因此学者个人的学术兴趣是核心的学术研究动力。今天开的是学术研讨会,没有学术兴趣的人是不会参加的。如果没有学术兴趣,只是因为国家需要才做的,即使做了,也取得不了优秀成果。学术兴趣是学术研究的核心动力,没有学术兴趣的人就不知道应研究什么,他们要等领导告诉他研究什么才知道研究方向。一个不知道什么问题值得研究的学者,一个靠领导告诉他研究方向的学者,能做出优秀研究成果的可能性很低。

从清华社会科学学院的整体发展上讲,今后十年如果以功利主义为指导,即学者研究的动力不是学术兴趣而是世俗目的,那就难以取得重大成果。我认为,学院应强调学者依据学术兴趣搞研究,强调基础研究,而不是政策研究。会议开始时,彭凯平院长讲,十年之后要看看我们社会科学学院发展得怎么样。十年后看我们发展得如何,其标准就是十年之后我们有多少学术成果能被大家提起。十年后,应用性研究成果恐怕被提到的概率会远小于基础性研究成果。

最后,为了使我院在今后十年取得较大的学术研究成果,我建议学院提倡老师们"尊重学术,崇尚学术,享受学术,痴迷学术"。有了这样的教师队伍,我院取得较大学术进步的基础就有了。

【燕继荣】按照会议的主题,我谈几点想法。清华借校庆之机,主办"面向2030年的社会科学"的高端论坛,同时讨论清华社会科学学院面向未来在学科规划和学科发展方向方面能够有怎样的设计。首先这个主题非常正点。因为中国社会科学经过改革开放之后40年的发展,应该说在理论化、科学化方面,有了很大的进展,与国际社会有了更好的对接。中国政治学界这几年普遍讨论的话题之一,就是怎么开展本土化研究,怎么能够提出中国的学术议题,发出中国的声音。在过去三四十年中,我们经过引进、学习、运用、检验别人的理论,现在具备了独立阐述自己的理论、讲述中国故事、提出中国学术议题,以及形成中国学术话语的条件。所以,我们说不仅是清华的社会科学,中国整个社会科学可能都面临这样的一个问题。这是我想表达的第一点。

中国的社会科学与中国的历史发展一直紧密关联。在过去的改革开放40年中,经济学唱主角,哲学社会科学也有自己的声音,也在推进中国市场化改革中做出自己的贡献。我们先后运用历史唯物主义理论、社会主义革命理论、自由企业理论、自由市场理论、政治发展理论,以及今天不断提起的民主协商、国家治理的理论,跟随国家发展的步伐,助力于国家发展战略。在国家发展从站起来、富起来到强起来的过程中,中国社会科学差不多也跟进了这个步伐,以自己学科的理论和方法支持这个进程。那么,未来结合国家需求,中国社会科学发展应当有怎样的布局,能够形成怎样的学科建设,配合国家高等教育"双一流"建设方案,社会科学的发展能够形成什么样的规划,正好赶上国家"十四五"规划,讨论这个问题也是恰逢其时。这是我要说的第二点。

第三点,现在中国的发展事实,特别是这次新冠肺炎疫情的考验,也给社会科学反复提供了论证机会。我们经过了经济发展的考试,现在又在经历新冠肺炎疫情的考试。过去在经济发展方面，在GDP增长方面，中国表现不凡，世所公认。这次面对灾难和危机，国家制度、体系、能力又得到了全面检验。目前疫情还未结束，但考试也确实考出了很多问题。从高层的决策体系，到中层的管理体系，再到基层的自治体系，可能都有值得完善的地方。而且，我们在内政、外交关系方面，也得到了很多检测。疫情让我们具备了更多国际比较的视野。过去我们很难具有这样的比较场域，现在突然形成了这样的场域：不同的国家，不同的地方，差不多干着同一件事情，就跟高考差不多，提出了同样的问题。这就要求中国社会科学服务于风险管控、应急管理的各个方面。在政策预判以及科学方法应用等方面，社会和国家对社会科学的需求更加迫切。

在这种大背景之下，清华社会科学能够引领中国社会科学做些什么，发挥什么作用，怎么围绕现实政策需求，提供更加前瞻性的研究议题？不管是清华，还是北大，回答这些问题，首先需要我们社会科学工作者有一些共同的认识，并且把这种认识作为一种声音表达出来，让政府机关和决策部门能够给学者以更大的空间，更好地形成校府合作机制，形成互相协作而不是互相排斥的关系。

至于社会科学怎么建设，怎么规划，刚才几位老师发表了很好的意见。我是这样考虑的：作为一个大学，我们规划社会科学研究方向，可能有以下几个大的路径，这当然不只是清华的路径，实际上也是社会科学普遍的路径。

第一个是政策导向的路径，即围绕政府政策和领导批示来设定我们的研究方向。这可能是现实政策的研究方向，一般是党校、社科院以及各部门的政策研究机构所坚持的路径。

第二个是问题导向的路径。问题就是麻烦，社会治理中各种各样的麻烦就是需求，需求就是社会科学的机会，也就是社会科学研究发展的方向。所以，依此来看，我们可从内政外交各个方面来考虑未来中国可能遇到的问题，比如全球治理、国际关系、国家治理、政府改革、社会治理、社会建设以及社会自治这些领域可能都需要我们做好布控。

第三个是平台导向的路径。大学其实也是在经营一个平台,一个能够汇集理论与应用、理论与实践、学术与政治、国内与国际的学术资源整合和现实问题研究的平台。我们维持这样的一个资源型的学术平台,大家有各种各样的观点,能够到这个平台来交流沟通,通过交流沟通产生问题的解决方案。

第四个就是方法导向的路径。我们提供大数据分析,提供政策分析和实验的方法,提供关于政策模拟、实证研究的各种分析方法和报告,服务于学者,服务于社会,服务于政府。

除此之外,可能还有学科导向的路径。我们要培养人才,我们要设计学科评估体系,我们要保持学科方向,满足对人才培养的需求,注重学科发展的贡献。

总之,我觉得解读"清华路径",实际上也是解读中国社会科学的路径。不管是配合全球治理、国家治理、社会治理的需要,还是结合中国的伟大复兴和制度建设等战略规划,或是依据我们社会科学学科发展的逻辑,或者是依靠我们学科评估、"双一流"建设的驱动,通过综合多方面的考虑,形成中国社会科学发展的十年规划是我们应有的责任。

【蔡继明】我想具体就经济理论的基础——价值理论的重建,谈谈如何从狭义价值论过渡到广义价值论,以此来回应这次论坛的主题——"面向2030年的社会科学——时代命题与清华路径"。

经济理论与经济实践是相辅相成的。从世界范围来看,混合经济的形成已经成为事实。从一般意义上说,所谓混合经济就是实行多元所有制和按各种生产要素贡献分配的由政府调控的市场经济体制。西方的混合经济实质上就是国家干预的、以私人经济为基础的市场经济。中国经过40年的改革开放,已经由单一的公有制转变成公有制为主体的多种所有制,由纯粹的计划经济转变为市场经济,由单一的按劳分配转变成按劳动、资本、土地、技术、管理、知识、数据等生产要素贡献分配,中国也形成了多元所有制+市场经济+按各种生产要素贡献分配的混合经济体制。

随着东西方经济体制由对立逐渐走向融合或者趋同,新古典经济学与马克思主义经济学作为支撑东西方经济体制的两大经济思想体系,能否从对立、对峙走向融合,则成为我们理论经济学研究所面临的重大历史性课题。

从萨缪尔森(Paul A. Samuelson)《经济学》所描绘的经济学家谱可以看出,无论是马克思主义经济学,还是西方主流经济学,原本都是同宗同源,都以亚当·斯密(Adam Smith)为经济学开山鼻祖。由于对亚当·斯密的价值理论的不同理解,经济学家开始分道扬镳:李嘉图(David Ricardo)继承了亚当·斯密的单要素价值论即劳动价值论,后被马克思发扬光大,其理论经过列宁的改造,成为社会主义国家的官方经济学;而马尔萨斯(Thomas Robert Malthus)、萨伊(Jean-Baptiste Say)等则继承了亚当·斯密的多要素价值论,经过边际革命、马歇尔综合、凯恩斯革命和新古典综合,成为资本主义国家主流经济学。然而,无论是马克思主义经济学还是西方主流经济学,都在指导和影响着各自阵营的经济转型和混合经济的实践。既然同宗同源的两大经济思想体系,之所以分道扬镳是由于价值理论的分歧,那么其能否殊途同归,关键也就在于能否重建统一的价值理论基础。

然而,目前经济学家流行的三种价值理论莫衷一是,各执一端。传统的劳动价值论,只承认劳动是价值的唯一因素,不能为劳动、资本、技术、管理、数据等生产要素按贡献参与分配和保护私有财产发展非公经济提供理论依据,也不能够解释以实际 GDP 作为价值尺度度量的经济增长速度却远远超过一国劳动资源增长速度。因此,劳动价值论不仅在西方市场经济国家没有影响力,对中国特色社会主义经济实践也缺乏解释力。新古典价值论虽然对各种生产要素参与分配做了定量分析,但由于其循环论证的逻辑矛盾,而受到了马克思主义经济学家和新剑桥学派的尖锐批评,萨缪尔森也不得不承认新古典主义价值论还是一个寓言,也就是说理论上的矛盾并没有最终得到解决。新剑桥学派的斯拉法价值论,一方面反对边际生产理论,同时又在一定程度上否定了马克思价值向生产价格转型的理论,结果都难以融入两大经济思想体系。有人说举起你的左手,可以利用斯拉法理论打倒新古典经济学;举起你的右手,可以利用新古典理论否定马克思主义经济学。由此可见,三大价值理论虽然都具有一定的真理性,但都还属于狭义价值论,要促成两大经济思想体系的融合,建立恩格斯所期待的广义政治经济学,表现重建价值理论,完成从狭义价值论向广义价值论的过渡。

我从1985年至今,一直带领我的团队在以下几个方面致力于广义价值理论体系的构建。

其一,创立了与广义价值相关的32个基本概念,其中不乏将一些原有概念赋予新的内涵,但诸如相对生产力、综合生产力、比较生产力、总和生产力、比较利益率等核心概念均属于我们原创。

其二,揭示了分工交换产生的原因和发展的基础。人类历史始于自给自足的自然经济,之所以出现分工交换并不断发展深化,是因为人们相对生产力的差别产生了比较优势,而根据各自比较优势进行分工交换,所得到的收益高于自给自足的收益,二者之间的差额就是比较利益。所以说,比较优势和比较利益是分工交换产生的原因和不断发展的基础。

其三,论证了均衡交换比例是根据比较利益率均等原则确定的。既然分工交换的目的是追求比较利益,那么均衡交换比例,必然遵循着比较利益率均等的原则。

其四,根据比较利益率均等假设,我们依次推导出单位商品价值、单位平均劳动创造的价值、单位个别劳动创造的价值、部门总劳动创造的价值以及跨期的全社会总价值公式,阐明了单位商品价值量与比较生产力正相关而与绝对生产力负相关、单位平均劳动创造的价值量与部门比较生产力正相关,个别劳动的价值量与其劳动生产率和部门比较生产力正相关等一系列原理。

其五,构建了基于广义价值论的功能性分配理论,为各种生产要素按贡献参与分配提供了逻辑一致的价值基础。广义要素价值理论论证了包括劳动在内的各种生产要素同样参与价值的决定，各种生产要素的价值决定于各自对财富创造所做的贡献。因此，只要各种生产要素（包括非劳动要素）按贡献参与分配就会消灭剥削，包括利润、地租、利息等非劳动收入只要与非劳动要素的贡献相一致就不能说是剥削收入。由此需要我们重新定义剥削并厘清剥削与私有制的关系。所谓剥削就是贡献与报酬不一致，如果你的报酬超过了你的贡献，你就剥削了别人；如果你的报酬低于你的贡献，你就被剥削了。报酬与贡献相一致了就是按贡献分配，这是从中共十六大以来直到中共十九届四中全会都一致肯定的原则。既然如此，剥削与所有制之间就没有必然的联系：私有制未必产生剥削，公有制未必没有剥削。消灭剥削与发展非公经济可以并行不悖。这就同时为保护私有财产和发展非公经济提供了理论依据。

以上研究成果集中反映在我和我的团队从1985年至今发表的24篇专业性论文、2部学术专著和3部政治经济学教科书中，并具体体现在我为清华大学经济学本科生开设的必修课"政治经济学原理"和专业博士生必修课程"高级政治经济学"以及挑战性课程"马克思经济学与西方经济学比较"的教学过程中。这些研究成果还具体应用到《中国的城市化》和《中国的土地制度改革》两部著作中。与广义价值论研究相关的研究则是多部《微观经济学》《宏观经济学》《国际经济学》教科书的编著和弗里德曼（Milton Friedman）《价格理论》与阿罗（Kenneth J. Arrow）主编《经济学手册》之《收入分配分册》的翻译。

未来10年我们将进一步完善基于广义价值论的要素分配理论、一般均衡理论、国际贸易理论及经济增长理论，探索基于广义价值论的货币经济理论，完成国家社科基金重大课题和清华大学自主科研项目"中国特色社会主义政治经济学探索"。在所有这些研究基本完成之后，我们力图建立一个基于广义价值论的广义政治经济学，以期实现恩格斯144年前的愿望：政治经济学作为一门研究人类各种社会进行生产和交换并相应地进行产品分配的条件和形式的科学——这样广义的政治经济学尚有待于创造(《反杜林论》)。

【方方】我想讲一下北大心理学科的发展,希望和清华大学的同事们共同探讨,并请各位提出批评建议。北大心理系于1926年成立,在2016年90周年系庆的时候改成了北京大学心理与认知学院,目前从属于理学部。北京大学的基础理学,像数学、物理、化学、天文、地理、生物等本身都是很强的学科,心理学处在这样的学部里面,经常感觉到学科建设压力非常大。我们在2018年的时候成立了四个系,第一个是脑与认知科学系;其他三个系是管理与社会心理学系,管理是应用,社会是基础;再就是发展与教育心理学系,发展是基础,教育是应用;最后一个是临床与健康学系,健康偏基础,临床是应用。

2019年,我们学院这四个系接受了国际评估——国际评估是北京大学近十年来的一个特色,每一个学院发展到一定阶段都需要接受国际评估——评估小组请了麻省理工学院(MIT)脑与认知科学系的鲍勃·德西莫内(Bob Desimone)做主席,还有伦敦大学学院做知觉与运动的帕特里克·哈格德(Patrick Haggard),临床心理学请了波鸿大学的尤尔根·马格拉夫(Jurgen Margraf),发展心理学请了哈佛大学的保罗·哈里斯(Paul Harris),管理心理学请了伯克利的谢尔顿·泽德克(Sheldon Zedeck),临床心理学与认知心理学交叉领域请了剑桥大学的特雷弗·罗宾斯(Trevor Robbins),以及北京大学光华管理委员会的学术主任张志学,对我们学院进行了为期三天的实地考察。评估小组提前一个月阅读了资料,最后写了一个报告。这个报告对北大心理与认知学院的发展提出了很多很好的建议,下面我罗列一下主要的发展问题,清华心理学系以后可能也会面临同样的问题。

第一个问题是薪酬的问题。对于做非脑认知科学的老师,比如说发展心理学、临床心理学、管理心理学、社会心理学,这些老师的薪酬与国外的薪酬有相当大的差距,这不利于北京大学去招聘国际一流的学者,特别是与美国竞争。

第二个问题是发展方向不均衡。北大心理与认知学院比较重视脑与认知科学的发展。这跟北京大学的学科发展有很大的关系。北京大学的学科发展与生物医学密切相关,脑与认知科学与医学、生命科学联系比较紧密,所以人数比较多,老师也比较强。但在一些非常重要的心理学方向上,比如说发展心理学,以及这次疫情所引起关注的临床与健康心理学,都与北京大学的地位不相称。北京大学心理学专业 2020 年 QS 排名是第 47 名。那么在我们的强项脑与认知科学方面有什么问题呢?专家指出我们对脑科学前沿技术追踪不够。比如说心理学院强调灵长类大动物实验,对小动物的实验比较忽视。其实在小动物身上可以做很多精巧的操作,比如说转基因的鼠,用光遗传学的技术来操控动物的行为与认知。这方面北大心理学院是欠缺的,可能会丧失在脑认知科学发展上的先机。

第三个问题是北大的临床研究过于强调咨询,过于强调应用,研究的氛围与研究的水平不够。

我下边谈一下学科建设里面另外几个比较重要的问题。

首先,是关于本科生教育。第一是压缩心理学的某些课程。这些课程讲授的内容有一定程度的雷同,所以学生觉得自己吃不饱,特别是三、四年级,更需要前沿的知识来丰富他们的大脑。如果压缩了心理学的课程,我们希望加强定量分析课程的分量。我看到清华大学社会科学学院的 PPT 里面强调加强计算社会科学课程的分量,我觉得这个很好。我们需要加强实证科学的研究,需要加强实验科学的课程。第二是希望加强与其他院系的教育合作,特别是加强与新雅书院的合作。新雅书院对应着北京大学的元培学院。北京大学元培学院目前心理学方向的同学,每年将近 15 个,是北京大学元培学院最主要的本科生方向之一。第三是通过与其他院系合作开展本科生项目,比如清华的计算机科学、医学、社会学等等,可以拓展本科生的知识面与科研技能训练。

其次,关于本科生未来出路或者说是职业规划。作为中国顶尖大学,评价这个学校的标准,应该是这个学院、这个系培养的博士生有多少在世界一流大学拿到教职或者在顶尖研究机构从事研究。我们希望留下本科生最优秀的学生,在我们的学院或者系里面攻读博士学位。同时,现在还有一个矛盾的地方,就是对于一些特别顶尖的本科生,我们是不是即使在当前国际化形势比较严峻的情况下,还要继续送他们到国际顶尖大学学习。我们觉得最优秀的本科生,如果是学生愿意,还是应该送到国际顶尖大学去学习,这样会给我们心理与认知学院、心理学系供给持续的营养,保证我们顺利发展。

最后,博士生教育本身就是探索前沿。但是面对国家和社会的重大需求,在应用方向上我们也要尽量把握。北大心理与认知学院目前正在以应用心理学研究生教指委为依托,筹划申请临床心理学专业博士点。清华、北大目前都有应用心理学专业硕士点,但是应用心理学专业博士点目前我们还没有。所以我们也是希望能够跟清华大学心理学系合作,把专业博士点拿下来,这对中国心理学的建设,将有很大的影响。

【刘嘉】我认为"文理协同,理实相融"是适合清华大学心理学学科发展的"清华路径"。

首先,心理学研究的对象是人,而人具有两个属性,一个是自然属性,另一个是社会属性。自然属性是指大脑是如何产生我们纷繁的智能行为。所以,与人的自然属性相关的学科,有认知科学、神经科学、人工智能等学科,而这些学科在日常中常被归类为理科。与此相对的人的社会属性,通常与社会学、法学、政治学、教育学和经济学等学科有关,这些学科通常归属于文科。所以,因为人具有自然属性和社会属性,要把人研究透,心理学必须把理科与文科连接起来,使其充分合作,即文理协同。

文理协同不仅能够推动心理学的发展,更重要的是形成学科交叉,催化世界一流的基础理论研究,实现跨越式发展。清华大学具有中国乃至全世界一流的理工科。因此,清华大学的心理学不需要从零开始发展,而是借助清华在理工科上非常庞大雄厚的基础,水涨船高,更上一层楼。所以,清华的心理学科要与清华的理工科进行深度捆绑,用理工科的基础来加速心理学学科不断向前发展。

事实上,在学科建设中,已经有众多的成功案例表明,文理协同是创建前沿学科的原动力——很多新的科学问题都是基于学科交叉而产生的。所以,当我们问什么是现在最新的问题,什么是最可能的突破点时,不要在原来的传统学科里面找,而是要到这个学科与其他学科交叉的地方去找。这里我分享一下我原来读书的地方——MIT 的一个例子。MIT 之前有一个心理学系,但是影响力不是特别大。因为 MIT 与清华类似,也是理工科为主,因此 MIT 的心理学系选择了与神经科学进行深度交叉,创建了世界上第一个新兴学科——认知神经科学,并演变成为脑与认知科学系。之后,因为人工智能的兴起,MIT 的脑与认知科学系又与 MIT 的另外一个高度交叉的系电子工程与计算机科学系(EECS)进行了进一步的深度交叉,创建了大脑、心智与机器研究中心(CBMM,Center for Brain, Mind and Machine)。该中心以智能为核心问题,不仅研究大脑怎么产生智能,而且研究智能如何迁移到机器上,产生下一代人工智能。这个高度交叉的中心,不仅包含 MIT 的研究成员,还有大量来自哈佛、普林斯顿、斯坦福的研究者加入其中,成为世界上关于双脑(人脑与类脑)融合的研究中心。

通过 MIT 的这个例子,我们可以看到:通过不断的学科交叉,通过文理协同,能够让清华心理学科走出具有自己特色的道路。因此,清华心理学没有必要重复北师大心理学走过的路径,没有必要重复北大或者其他大学,甚至 MIT 走过的路径。它完全可以根据清华所具有的特色,然后根据自己的实际需求来走出一条独特的同时能够快速实现超越式发展的"清华路径"。

于是,这就到了第二个问题。什么是清华心理学的实际需求?心理学本身是一个非常庞大的复杂体,从视知觉到记忆到思维决策到意识,凡是与人有关的,都是它的研究对象。那么,作为一个体量比较小的清华心理学系,就必须要有所为有所不为,一定要选准问题。选什么样的问题呢？如果是一个普通的 985 或者 211 大学，这个选择很好做。例如，可以看研究人员有什么擅长，想做什么，那就可以了。但是清华不一样，清华作为我国最好的大学之一，就必须要承担国家赋予的责任，必须要应对国家的需求。所以，研究的问题，必须要以满足国家重大急需的问题为核心抓手。

党的十九大报告指出，我国社会主要矛盾已经发生了深刻的转变，从"人民日益增长的物质文化需要同落后的社会生产之间的矛盾"，转变为"人民日益增长的美好生活需要和不平衡不充分的发展之间的矛盾"。美好生活指的是更好的教育、更稳定的工作、更满意的收入、更可靠的保障、更高水平的医疗卫生服务、更舒适的居住条件、更优美的环境、更丰富的精神文化生活等。而要实现美好生活的愿望，在我看来至少有两种解决方法。一种是能用钱解决的问题，例如用钱购买更好的医疗设备，建设更好的学校，在硬件的层面上把问题解决了，这也是在过去一段时间里做得相当成功的。

但是还有一些问题是不能用钱解决的。例如，在个体层面，我们要建立自尊自信、理性平和、积极向上的健康心态；在群体层面，让儿童、青少年的潜能得到充分发展，而不是"唯分数，唯升学"，做到千人千面的全人教育；放大到社会层面，比如建立以民生为中心的社会治理体系等等。这些问题，少部分能用钱解决，但是大部分是不能用钱解决的。

伴随着 40 余年的改革开放进程，我国的经济得到了史无前例的迅速发展，同时我们发现了一个有趣的现象，那就是能用钱解决的问题越来越少，而不能用钱解决的问题越来越多。而这些日益增加的不能用钱解决的问题，就是社会发展的不平衡与不充分问题。同时，这就是清华心理学科必须要面对的国家重大急需，要以国家重大急需为导向来开展基础研究，推动发展的平衡和充分。心理学科的这个发展目标也是与清华大学在中国的定位相匹配的。清华在中国的定位不是发几篇顶级论文，而是为我国的重大急需服务。清华心理学要实现这个目标，就必须理实相融，即理论研究与实践应用融合在一起，以国家重大急需来引导基础理论研究。只有这样,才能称得上是"清华路径"。

最后总结一下我的发言。我认为,心理学的"清华路径"有两个关键词。第一个关键词是"文理协同",即通过学科交叉,创建世界一流理论,实现跨越式发展,从现在还不算世界顶尖的一个系,快速地在世界上占有一席之地,具有自己独特的、打上"清华学派"标签的理论。第二个关键词是"理实相融",即面向国家急需,以国家急需来引导理论研究,做到有所为有所不为。有些问题发文章快,做起来也容易上手,但是如果与清华定位不相称就不要去做。而有些问题非常难,可能几年甚至十年都无法解决,但只要这是国家急需,就必须去做。

【张小劲】在目前这个特定的时点来考量和讨论中国社会科学的时代研究主题,显然是有重要意义的。对于中国政治学来说,此次重大疫情的发生,更是以极其尖锐和深切的方式提示了学科的发展方向和重大的研究课题。

人类社会的历史发展已经证明,国家制度的生成和发展,国家治理体系的成型与治理能力的提升,往往是同规模巨大和影响广泛的天灾、瘟疫、战祸、动乱联系在一起的。正是在这个意义上讲,面对着个体乃至小型社会群体难以预防且无法抵御的灾祸,更大和更强的组织形态及其终极形式——国家乃至国家联盟才得以形成。同样的道理,每一次重大灾祸的发生以及应对,也必然是对国家制度、治理体系和治理能力的关键考验,并对其产生深刻的影响,且推动着制度、体系和能力的改革和提升。在这样的影响和推动的进程中,在改革和提升的发展中,社会科学及其分支学科,尤其包括政治学的知识,往往充当了重要的角色;也可以说,正是无数的先贤志士,在发挥影响、参与推动并身体力行于改革和提升的时候,所留下的思想和理念、智慧和经验以及制度和体系的真实成果,不断转化为可以传授、值得传授和理应记取的宝贵知识,并且在近代已经演化为分科施教的社会科学框架内实现进一步的知识积累和创新发展。

由此观之，此次重大疫情，尽管尚未结束，但实际上已经是以惨烈的代价和巨大的牺牲再次强调了中国政治学乃至社会科学整体在近年来所聚焦和关注的研究主题，也就是从党的十八届三中全会到十九届四中全会多次申明和阐发的国家重大关切之所在，即国家治理体系和治理能力的现代化，以及国家制度建设问题。在这样的研究主题之下，学科的前行方向和发展规划昭然若揭，但同时，重大疫情不仅产生了更加迫切的知识创新压力，而且还给出了此前不曾领悟甚至有些忽略的重要启示。

首先，在国家治理体系和治理能力现代化的研究主题之下，中国社会科学学者对伴随着快速现代化进程而产生的新问题给予了足够的关注和广泛的研究。中国经济的飞速发展和社会财富的增加，使中国社会发生了巨大的变化，尤其是在工业制造、科技发展、巨型工程建造以及消费品生产方面，显然取得了举世瞩目的辉煌成就，社会总体的物质生活水平大大提高。在这样的现代化发展中，中国学者对此中伴生、新生和萌生的治理问题，包括治理体系和治理能力面临的挑战问题展开了深入的探讨，对城市化、信息化和数字化的发展趋势及其治理挑战和可能的出路更有堪称敏锐的把握。但与此同时，对于国家治理体系和治理能力方面大量残存乃至以变异形态持续发展的前现代性质的弊端乃至反现代属性的问题，却未能给予更多的关注；器物层面快速且"早熟"的现代化却催生了某种乐观主义的期待，以为随着现代化的进一步发展，必然会使得旧时代的旧问题和旧弊端烟消云散。此次重大疫情的发生敲响了警钟，旧问题和旧弊端不仅根深蒂固，不仅存在于思想意识之中，更会体现在行动之中，甚至还会以现代化的技术手段和现代化的形式再获重生和蔓延。这提示着未来的社会科学研究不仅要着眼未来，而且还要着眼于当下和过去，仔细分辨旧问题、旧弊端的现代残留和变体，真正识别其根源和由来，深刻认知其对治理体系和治理能力现代化构成的阻碍和挑战，有针对性地做出研究和分析，提出有见地的见解和回答。

其次，在推进国家制度建设的问题上，中国学者付出了巨大的努力，不仅在知识层面上探讨和肯定国家制度的健全和完善，而且在实践中，尤其是在近年来党和国家机构改革的高潮中，赞赏并参与推进许多具体制度的规划、设计、建立和健全。但相对而言，中国的制度建设，还有繁重的任务和很长的道路。此次疫情也同样给出了警示：制度建设仍处在多速多样的成型进程中，尚未进入成熟的阶段，更难以轻言成功。一方面，制度建设在许多方面还存在着离散化、碎片化和形式化的问题，制度建设的体系化程度和整体化水平仍有巨大的提升空间，许多具体的制度建设尚在起步之际，既有制度之间的配套和协同尚在发展之中；另一方面，在各种制度的实际落实和真实运转中，不仅有悬置、空转、萎缩现象，甚至有变形、扭曲乃至反转的倾向，因为制度之中的各种行动者以不同的方式因应着制度的约束，其中的意图不良者甚至发现和利用了制度的漏洞和空隙。这意味着，中国学者，尤其是政治学者，不仅要关注制度建设，而且要关注制度的体系化和配套化，关注中国现实生活中制度建设的特殊性和针对性，要注意制度框架内的行动者意图和行为特征，要在理论上给出深层解释，在实践中给出总结概括。

最后，在时代条件变迁的问题上，此次疫情却多少给此前已经比较注重中国社会新变化和新发展的中国知识界以全方位的、更深刻的刺激。社会现实生活中的分化，无论是代际的、阶层的或是职业的，几乎都以极端的形式投射为网络社会的分裂。信息传播形式和内容的多样化及其治理挑战，国内、国际舆论的交织交错及其互动放大，政治态度与社会行为的复杂性及其凸显，无一不对既有的学科知识提出了重大的挑战，迫使学者们不能不重新规划自己的研究议程和议题，重思已有的研究成果，加入新的研究内容。这是一种整体性的、场景化的研究进路调整。这意味着，甚至是在学科的知识体系与框架方面，都提出了许多新的问题，其理论意义深邃而实践品格突出，诸如国家转型、国家发展的阶段与时态，以及与国家发展相适应的国民素质、政治意识塑造等重大理论问题，也必须由此而展开原创性的研究。

总之，治理体系和治理的现代化问题，制度建设的问题，以及新时代条件下的学科发展问题，将是我们要全力对付与认真研究的问题。

# 论 文

# 从"家"出发:重释韦伯的文明比较研究[*]

肖 瑛[**]

**摘要:**普遍主义比理性主义更适合韦伯对现代资本主义的界定。作为普遍主义的对立面的特殊主义的宿主是作为自然状态的"家",如何理解和处理"家",影响一种文明的性格和同现代资本主义的距离。韦伯的文明比较,是以比较历史社会学作为方法,一方面基于欧洲经验搭建具有普遍历史意义的分析框架,另一方面以"家"为切入点进入作为历史个体的具体文明,由此既把握历史个体的实质性格,又使文明比较成为可能。"家"在历史个体中所凸显的面向、发挥的文明建构效果因历史条件之差异而呈现多样化的特点:在古犹太教中,"家"在公共领域中的地位虽然逐渐消隐,但无论在誓约军事同盟时期还是俘囚期后"犹太人"从"政治团体演变为宗教团体",按内外有别的"家"逻辑来区分自己与他人的思维始终未曾退去,决定了犹太人的贱民民族性格。在印度教中,"家"的逻辑以世袭性的宗族卡里斯马在职业分工中发挥作用,充实雅利安人入侵南亚次大陆时建立的依人种差异划分等级的阶序制度,形塑出牢不可

---

[*] 本文的一小部分内容曾以《家与韦伯的比较历史社会学》为题发表于《社会学评论》2020年第3期。
[**] 肖瑛,上海大学社会学院教授。

破的种姓制,将职业、伦理都锁定在种姓边界之中。在儒教文明中,"家"独占文明建构和维护的总体性地位,从经济、政治到信仰、法律和伦理都依其逻辑而运行。总之,一种文明只要将"家"保留在其公共领域的核心地带,其经济生活就必然被内外有别、亲疏远近的特殊主义而非普遍主义伦理支配。

**关键词:** 韦伯　家　文明比较　比较历史社会学　普遍主义　特殊主义　儒教　古犹太教　印度教

文明比较是历久弥新的学术热点,特别是当不同文明发生对撞并将人类历史引导到关键转折点时,这一论题的意义就更为彰显。具体到19世纪和20世纪中前期的世界,一方面是欧洲和北美洲的资本主义体系全面形成,另一方面是在欧风美雨洗礼下诸文明古国的老气横秋、转型乏力、独立和尊严迷失,文明比较的重要性由此而勃发。在这个背景下诞生的文明比较,虽然有着形形色色的出发点和价值判断,但重点不外乎探索在现代性取向上不同文明各自的优势和不足,以及不同文明重建的方向和策略。在中国,清末民初之际,伴随国门洞开的是知识分子放眼向洋看世界,视野的开阔和现实的紧迫刺激了知识分子日益高涨的改革现状的要求,并反过来推进了中西文明比较的论述,如康有为等人的著作,都是这一背景下的产物;新文化运动以后,文明比较成为知识分子的讨论热点,催生了一批论说和论著,其中梁漱溟的《东西文化及其哲学》《中国文化要义》即为代表。[①] 与此同时,韦伯(Max Weber)也在对东西方文明展开系统性的比较研究。他在阐述了基督新教同现代资本主义在精神气质和伦理上的内在亲和性后,把目光转向东方,探讨为什么现代资本主义只能产生在基督新教文化圈内,而其他文明在与现代资本主义对接上到底缺失了哪些关键点。如前所述,无论是韦伯还是梁漱溟,他们的基本问题意识并无本质差别,甚至讨论的背景也无根本不同,

---

① 参见郭湛波:《近五十年中国思想史》,长沙:岳麓书社,2013年。

在东西文明比较上,他们甚至使用了相同的资料,在韦伯关于中国宗教的讨论中,很多看法同梁漱溟的论述都有着相似性。但是,若我们仅仅注意这些相似性,就会错失韦伯同中国学者在文明比较上的一个根本差别,那就是方法之别:第一,在中国学者的论述中,主要是理论层面的比较;相反,韦伯的研究是典型的社会学研究,努力把理论与实践结合在一起来讨论。第二,中国学者的论述缺少历史变迁的视野;相反,韦伯的研究因其理论与实践的内在关联性,故而力图呈现一种文明的变迁脉络。第三,也是最为重要的,中国学者的论述注重的是理论之间的异同;而韦伯认为,这种简单的伦理教条的异同言说没有多大意义,其实人类不同文明在伦理上有很多相似点,但这不是关键,关键的是支持这些伦理的不同心志是什么,对这个问题的回答,必须回到宗教与历史的互动关系中。总之,韦伯的文明比较研究,试图在共同的问题意识之下,构建表征普遍历史的总体性框架,引入理论与历史互动的社会学方法,探讨每种文明自身独特的运作逻辑,以回答不同文明是否具有通往现代性的内生动力问题。

这样来洞察不同文明是展开文明比较的具体方法和进程,本身也是对文明比较的实践。学术界研究韦伯的文明比较或者说比较宗教社会学、比较历史社会学的文献很多,其中较为典型的是卡尔伯格的研究,但他只是从形式上厘清了韦伯的论述逻辑,而没有深入梳理韦伯将普遍历史的问题和框架同作为历史个体的特定文明结合起来的具体机制[1],是费伊(Tony Fahey)批评的"当今对韦伯式方法的形式主义分析"的典型,忽视了韦伯将其"成熟的理解社会学的背景同实质的研究问题连接起

---

[1] Stephen Kalberg, *Max Weber's Comparative-Historical Sociology*, London: Polity Press, 1994.

来"①的努力,或者说忽略了韦伯的"理念型如何落实到经验个案中"②这一至关重要的环节。本文将结合对韦伯的三种非西方文明研究专著的分析,探索和呈现韦伯的文明比较方法和程序,并讨论这种努力对于我们今天来开展文明比较研究和历史社会学的价值。

## 一、普遍主义何以可能:韦伯的问题意识

不同文明是否像进化论所想象的那样,都能自然而然地走上通往现代资本主义的道路,是韦伯展开文明比较的基本出发点,韦伯对基督教、中国宗教、印度宗教和古犹太教的研究,都是围绕这个问题而展开。但是,如何来界定现代资本主义?或者说现代资本主义的枢纽性支点是什么?韦伯似乎从来没有做出清晰的界定。《新教伦理与资本主义精神》对"现代资本主义"的多种但零碎的界定,包括自由劳动力的合理组织、家计与生意的分离即复式簿记等等。其中,自由劳动力的合理组织是最为基础的,复式簿记只是实现这一目标的一个必要但不充分手段而已。何谓自由劳动力的合理组织?除了复式簿记制度外,还需要哪些条件?之所以提出这些问题,跟韦伯对"理性化"的使用有关系。很多学者认为,韦伯关于现代资本主义或者说现代性的界定,就是"理性化"(rationalization)和"理性主义"(rationalism)。韦伯自己似乎也不会否认这种想法,1914年他写道:"基本想法是研究经济发展,特别是研究作为一般意义上的生活理性化的一部分的经济发展。"③但他同时又指出,任何文明中都有"理性化"和"理性主义"的因素,譬如在讨论道教时强调,

---

① Tony Fahey, "Max Weber's Ancient Judaism", *American Journal of Sociology*, Vol. 88, No. 1 (Jul., 1982), pp. 62 – 87.
② Michael Rosenberg, "Conflict, Order, and Societal Change in Max Weber's Ancient Judaism: Substantive and Methodological Implications", *Max Weber Studies*, Vol. 19, No. 2 (Jul., 2019), pp. 146 – 170.
③ 转引自 Guenther Roth, "Introduction", in Max Weber, *Economy and Society*, Oakland: University of California Press, 1978, p. lxiv.

"中国古代经验知识和技艺的理性化的所有类型都朝着世界的巫术图景方向变动",形塑出"巫术性的'理性'科学的上层结构"。① 总之,"理性"是一个相对性的概念,"从一个角度看是理性的,换个角度看则很可能是非理性的"②。因此,在韦伯的论述中,抽象的"理性化"不能区分现代与传统,也不能区分他所谓的现代资本主义与其他形形色色的资本主义形式。这样,问题就变成了要寻找"西方理性主义的独特性"③。"系统性的理性化"(systematic rationalization)④也许能满足这一要求,因为在《经济通史》中,他将资本主义会计制度作为理性化资本主义的前提,并为之设计了六个前提要件以及其他外部条件⑤,俨然构成一个理性化的系统。但这样来讨论现代资本主义,也会遭遇一些麻烦,其一是我们无法枚举现代资本主义的所有必要条件以达到充分状态,而达不到这种状态,就很难用"系统性的理性化"来概括;其二是韦伯喜欢把"系统性的理性化"用到很多方面,譬如他说婆罗门⑥、道教和犹太教⑦都内含着系统化的倾向。这里的原因,端在于韦伯的论述中暗含了"理性化"是相对于特定情境和目的而言的,而没有考虑目的本身是否理性。一言以蔽之,这些所谓的"理性化"或者"系统性的理性化"其实都属于"方式确实理性,但目标却是非理性的"⑧。有鉴于此,韦伯在其论述中又隐含了另

---

① Max Weber, *The Religion of China*, Glencoe, Illinois: The Free Press, 1951, pp. 196, 199.
② Max Weber, *The Protestant Ethic and the "Spirit" of Capitalism and Other Writings*, London: Penguin Books, pp. xxxviii – xxxix.
③ Max Weber, "Prefatory Remarks to Collected Essays in the Sociology of Religion", in *The Protestant Ethic and the "Spirit" of Capitalism and Other Writings*, London: Penguin Books, 2002, p. 366.
④ Max Weber, *Ancient Judaism*, New York: The Free Press, 1952, p. 249.
⑤ 韦伯:《经济通史》,姚曾廙译,上海:上海三联书店,2006 年,第 173—174 页;Max Weber, *General Economic History*, Glencoe, Illinois: The Free Press, 1927, pp. 275 - 278。
⑥ Max Weber, *The Religion of India*, Glencoe, Illinois: The Free Press, 1958, pp. 150, 165.
⑦ Max Weber, *Ancient Judaism*, New York: The Free Press, 1952, p. 255.
⑧ 韦伯:《印度的宗教:印度教与佛教》,康乐、简惠美译,桂林:广西师范大学出版社,2005 年,第 455 页。

外一种诉求,即用其他的更为基本的概念或者可以把握的概念来理解"系统性的理性化"或者现代资本主义。我们在他的文本中可以找到这类表达,如传统主义是自然主义的经济形态,而现代资本主义是自由交换经济。所谓"自然主义"(naturalism),就是没有使用符号和抽象之时的直观经验状态①,是原始的实物交换;所谓"自由交换经济",则指完全建立在个人主义基础上的经济形式,表现为"拥有固定资本的理性资本主义企业、自由劳动力、理性的专业化和功能结合,在资本主义企业基础上的生产功能的分配,这些要素在市场经济中联系在一起"②。但是,韦伯似乎觉得这样还是未能充分地达到他所想表达的观点。直到写完《中国的宗教》而准备撰写《印度的宗教》之时,他才找到他以为合适的枢纽性概念。

这个努力,体现在他的《中间考察》一文中。韦伯在宗教拒世的两种基本对立形式即入世禁欲主义和出世神秘主义中发现,所有救赎宗教都"与现世及其秩序之间,存在着一种不仅尖锐而且持续不断的紧张关系",并首先表现在宗教共同体与原生家族(natural sib)之间的冲突,家族关系和婚姻关系的地位遭到贬低。换言之,救赎宗教贬低血缘纽带的内外有别的情感和道德逻辑即特殊主义而形塑一种"同胞宗教伦理"并最后达致"不具对象的无差别主义之爱"(objectless acosmism of love),即普遍主义的爱。韦伯由此构建了两对范畴来比较世界宗教,其中一对是"普遍主义"与"特殊主义",另一对是"爱"与"无爱"。这两对范畴的结合,形成了一个基本框架:普遍主义的爱,即同胞伦理;普遍主义的无爱,即彻底的工具理性主义;特殊主义的爱;特殊主义的无爱。韦伯把各种宗教放入到相应的范畴之中,凸显不同宗教的基本特点:基督新教和佛教的普遍主义的同胞伦理,犹太教和儒教的特殊主义的爱,印度教的

---

① Max Weber, *Economy and Society*, Oakland: University of California Press, 1978, p. 403.
② Max Weber, *Economy and Society*, Oakland: University of California Press, 1978, p. 166.

特殊主义的无爱。在此基础上,韦伯进一步讨论了现代政治、经济、学术、性爱、艺术等领域各自的特点及其在这四个范畴中的具体位置,并分析不同宗教类型同这些领域之间的亲和性或冲突性。韦伯发现,现代政治和经济同特殊主义有内在的紧张,同爱也有着内在的冲突,只有基督新教走向极致以成普遍主义的无爱时,才同现代政治和经济达成了最终的一致。① 相反,由于古犹太教形塑的是内外有别的"二元论伦理观"②,印度教形塑的是绝对的种族隔离,儒教形塑的是以家为中心的亲疏远近关系,都无法同现代性所内在的普遍主义诉求达成和解,因此,都不可能具有发展现代资本主义的内在动力。

韦伯的这些论述,为现代资本主义找到了一个核心支点,即普遍主义(universalism)。所谓"普遍主义",即清除了内外之别、身份和等级隔离后劳动力和资源的自由流动和自由组织,以及去人格性、切事的形式理性化。相反,特殊主义则指内外有别、因人而异。韦伯虽然没有对"普遍主义"做过专门的论述,但其每一种文明比较,最后的结论都回到是否普遍主义这一问题上,并明确表示普遍主义是现代资本主义得以可能的立足点。譬如,他在比较儒教与清教时指出,家族压力下的政治组织和经济组织"缺乏理性的就事论事、非个人性的理性主义以及抽象、非个人、目的性结社的性格"③;在论述犹太教时说,犹太教的经济伦理的二元性,即经济伦理的内外有别,以民族同胞为限的做法,使得"奠基于形式合法性的理性的营利经济从未能获得宗教上积极正面的评价"④;伊斯兰教亦拒绝普遍主义,构建了由信教者和不信教者或曰"贱民"组成的

---

① Max Weber, "Religious of Rejections of the World and Their Directions", in *From Max Weber: Essays in Sociology*, H. Gerth, Wright Mills (tran. and eds.), New York: Oxford University Press, 1946;韦伯:《中间考察——宗教拒世的阶段与方向》,载《中国的宗教 宗教与世界》,康乐、简惠美译,桂林:广西师范大学出版社,2004年。
② 苏国勋:《理性化及其限制:韦伯思想引论》,北京:商务印书馆,2016年,第130页。
③ Max Weber, *The Religion of China*, Glencoe, Illinois: The Free Press, 1951, p. 241.
④ 韦伯:《古犹太教》,康乐、简惠美译,桂林:广西师范大学出版社,2007年,第426页。

社会等级①。对韦伯的这种观点的重视,最为典型的是其美国学生帕森斯。帕森斯构建了关于区分传统与现代的四对模式变量,包括自我取向 vs. 集体取向、普遍主义(universalism) vs. 特殊主义(particularism)、功能专业性 vs. 功能弥散性、情感性 vs. 情感中立性。② 但从韦伯的角度看,其他三对范畴都只是普遍主义和特殊主义范畴的一个注脚。

一言以蔽之,对于韦伯而言,文明比较最为具体和核心的问题,就是回答每一种文明中"占主导地位的伦理体系……是普遍主义还是特殊主义"③,其伦理取向以何种形式存在、何以存在、现实后果等一系列问题。其中,"特殊主义"构成韦伯反复使用的"传统主义"的核心;与其说普遍主义是对理性主义的替代,毋宁说是对它的补充,理性主义和个人主义都内在于普遍主义之中,给"现代资本主义"以更为充分的界定,而无需像韦伯自己做的那样,想方设法给"理性主义"增加修饰词以使"现代资本主义"的定义变得更圆满。

## 二、普遍主义与特殊主义:文明比较的框架

当韦伯把现代资本主义问题聚焦到"普遍主义"并构建起普遍主义与特殊主义这一范畴时,就很好地确定了可以操作的一些更为细致的问题。首先,普遍主义和特殊主义如何分解为更为具体的指标?其次,普遍主义与反普遍主义的力量根源在哪儿?再次,这些力量根源在不同文明中的具体机制是什么?最后,如何走出反普遍主义的泥沼,或者说为何走不出反普遍主义的泥沼?在这四个问题中,第一个无疑是最为基础的,也是文明比较的前提。

阅读韦伯的四种最为重要的宗教社会学个案研究著作,不难发现,

---

① 韦伯:《宗教社会学》,康乐、简惠美译,桂林:广西师范大学出版社,2005 年,第 278 页;Max Weber, *The Sociology of Religion*, London: Methuen & Co. Ltd., 1965, p. 233。
② Talcott Parsons, Neil Smelser, *Economy and Society*, London: Routledge, 2005, p. 34.
③ 苏国勋:《理性化及其限制:韦伯思想引论》,北京:商务印书馆,2016 年,第 168—169 页。

韦伯是在运用共同概念来对不同文明展开比较,将不同文明安置在概念体系的不同位置,然后确定该文明的担纲者及其基本精神气质,最后是从各种文明的典型宗教的角度来探讨该类精神气质的形成过程及其所产生的社会建构作用。文明比较中所使用的搭建框架的概念,在韦伯遗孀编辑的韦伯的集大成著作《经济与社会》中都能发现踪影[1],甚至可以说,《经济与社会》是韦伯搭建的一个从社会学角度研究"经济发展"的总体性大纲,涉及经济、政治、组织、宗教、法律、城市等人类生活的所有方面,表明韦伯心目中的社会学其实是一门"总体性社会科学"[2]。正如费伊说《经济与社会》与《古犹太教》虽然在逻辑上分离但在实践上却彻底纠缠在一块[3],这个总体性框架为韦伯展开实质性个案研究提供了基本的分析向度。由于韦伯是从"宏大的历史描述层面"[4]亦即从历史经验中来提取概念的,故第一,没有把这些不同方面的概念建构成为一个"概念统一体"[5],第二,没有像理念论那样在每一个方面都建构二元对立范畴[6]。但是,韦伯的宗教社会学研究,确实是从如下几个方面展开的,只不过所有这些方面都可以从精神气质中找到答案。

(1) 在经济上,最基本的是自然经济和自由交换经济这一对立范畴。这对范畴在产业结构上会一定程度地表现为原始农业(畜牧业)同市场交易的工商业之间的对立,在经济的空间载体上表现为农村与城市的对立,在职业上表现为农民与市民的对立。农村自然是自然经济的舞台,但城市性质则需要具体考察,因为城市居民并不一定拥有"市民性格"。

---

[1] 韦伯也希望在世界诸宗教研究和《经济与社会》之间进行相互诠释,参见 Gary Hamilton, "Patriarchalism in Imperial China and Western Europe", *Theory and Society*, Vol. 13, No. 3 (May., 1984), pp. 393 - 425。
[2] 渠敬东:《返回历史视野——重塑社会学的想象力》,《社会》2015年第1期。
[3] Tony Fahey, "Max Weber's Ancient Judaism", *American Journal of Sociology*, Vol. 88, No. 1 (Jul., 1982), pp. 62 - 87.
[4] Guenther Roth, "Introduction", in Max Weber, *Economy and Society*, Oakland: University of California Press, 1978, p. xc.
[5] Guenther Roth, "Introduction", in Max Weber, *Economy and Society*, Oakland: University of California Press, 1978, p. lxxxix.
[6] 当然也有一些对立范畴,如封闭性关系与开放性关系、共同体与结合体等等。

(2) 在社会组织形式上,最为基本的范畴是共同体(community)与结合体(association)。韦伯在滕尼斯的基础上对这对范畴做了一些修改,指出共同体以主观情感为联结纽带,而结合体以其中的行动取向建立在利益调节的目的理性基础上或建立在简单的目的性同意的基础上为标准。① 共同体与结合体的关系在一定程度上同社会团结纽带的性质关联,而最对立的纽带是血缘纽带和自由契约纽带,其又进一步同人格主义(personalism)和切事性这对范畴对应起来。

(3) 在社会分层上,一方面是身份团体和阶级的分化和对立,另一方面是不同职业阶层的分化。"身份团体"(status group)"是一个以其特殊的生活样式、惯有且独有的荣誉观以及合法垄断的经济机会为依据结成的团体",占有某些特权和荣誉,具有不同程度的封闭性,其非常严重的一个后果是"对市场自由发展的妨碍";阶级则纯粹由经济条件决定,即"主要是由市场以及劳动力市场和商品市场决定的",具有开放性。② 职业类型则高度多样化,如教士、官僚、农民、市民,其中最为典型的职业对立是农民和市民。"农民倾向于巫术。他们的整个经济生活特别受制于自然,这使得他们必须时时依靠各种自然力量。"市民阶层则相反,"在生活上倾向于实践理性主义","其经济生活很大程度上摆脱了自然的束缚",而"以技术的或经济的计算,以及以自然对人类的支配为基础"。③ 这种对立,还以对待职业的不同态度表现出来,彰显的是自然主

---

① Max Weber, *Economy and Society*, Oakland: University of California Press, 1978, pp. 40 - 41.
② 韦伯:《比较宗教学导论——世界诸宗教之经济伦理》,载《中国的宗教 宗教与世界》,康乐、简惠美译,桂林:广西师范大学出版社,2004年,第501—502页;Max Weber, "Social Psychology of the World Religions", in *From Max Weber: Essays in Sociology*, H. Gerth, Wright Mills (tran. and eds.), New York: Oxford University Press, 1946, pp. 300 - 301; Max Weber, *Economy and Society*, Oakland: University of California Press, 1978, p. 937.
③ 韦伯:《比较宗教学导论——世界诸宗教之经济伦理》,载《中国的宗教 宗教与世界》,康乐、简惠美译,桂林:广西师范大学出版社,2004年,第481—482页;Max Weber, "Social Psychology of the World Religions", in *From Max Weber: Essays in Sociology*, H. Gerth, Wright Mills (tran. and eds.), New York: Oxford University Press, 1946, pp. 283 - 284。

义与理性主义的对立关系。

(4)在支配模式上,家父长制同官僚制之间的对立是最为基本的。"支配社会学是《经济与社会》的核心"①,在韦伯的宗教社会学文本中,"支配"也是基本问题,所以他在《比较宗教学导论》中特意把支配类型纳入讨论范围。支配模式涉及正当性的基础,包括涉及世俗权力同教权制之间的关系,也涉及在韦伯看来是理性主义和普遍主义最为典型的表达的官僚制。韦伯区分了家父长制支配(patriarchal domination)和家产制(patrimonial domination)支配。家父长制支配"基于一种严格的个人忠诚……源自主人对其家户(household)的权威"②。也就是说,家父长制的原型是家庭,"在家内权威情形中,对权威的信仰建立在被视为自然而然的个人关系基础上。这种信仰扎根于孝道(filial piety),扎根于家庭中所有亲属之间亲密且永久的守望相助,这制造出一个表面的和精神的'命运共同体'"。但是,家父长制不限于原生家庭,还可以扩展,即建立各种拟家庭的家父长权力:"父权与孝道并非主要是基于实际的血缘关系,无论这种关系对他们而言可能是多么的正常。相反,最初的家父长制持续地视家庭权威为财产处置权力,即使(毫无疑问在最初就)认识到生产和生育有内在联系之后也是如此。只要主人愿意,属于他的所有女性的孩子都可以被当作'他的'孩子,这恰如他的动物的所有后代都是他的财产一样。在这里,这个女性是妻子还是奴隶并不重要,有没有父亲身份这一事实也无关紧要。"③这样,家父长制可以超越基于血缘纽带的家庭范围,而在更大的空间中建立自己的组织和支配关系。但这种关系,毫无疑问同家庭(family)是同构的,即不仅有家父长对女性和准子女的支配,家父长同时依赖于后两者对其权威和地位的承认和依靠:"对传

---

① Guenther Roth, "Introduction", in Max Weber, *Economy and Society*, Oakland: University of California Press, 1978, p. lxxxviii.
② Max Weber, *Economy and Society*, Oakland: University of California Press, 1978, p. 1006.
③ Max Weber, *Economy and Society*, Oakland: University of California Press, 1978, p. 1007.

统的顺服和对主人的顺服(piety),是家父长权威的两个基本要素。传统力量也约束着主人,并因此而对没有正式权利的受支配者也有利。"①韦伯既阐明了家父长制的立基之本,即家庭式的不平等的互惠关系,又没有陷入赫尔德(J. G. Herder)对家父长制的浪漫主义想象,而直指其支配主要是经济支配。

家产制是家父长制的变形:第一,是由家户内部分化以及家父长权力分化(differentiated patriarchal power)而形成的新支配结构,即通过把家内土地以及工具分配给家内的儿子和其他依附者而形成的;因此,第二,在家产制下,支配者和被支配者依然保持某种恭顺与诚信的关系,即非法律的互惠关系;第三,家产制的维系纽带还是传统和习惯,而非契约和法律,支配者从来不受自己所指定的规定的约束,限制主人之自由裁量权并将家产制定型化的力量是习惯。②

家产制的早期形态是封建制,但当支配者试图将家产制支配形式扩展到被征服的其他地区和民众时,家产制国家就开始浮现。家产制国家有两个重要工具,一个是军队,另一个是强制性行政机构即官僚组织。③从后一个角度说,家产制国家的基本支配形式是家产官僚制。家产官僚制是传统主义和理性主义的矛盾性结合:家产制是传统主义的,而官僚制又有部分的理性支配的性质。④ 总体上看,家产制下的官僚组织同现代官僚制还是有着本质区别:前者是建立在人身依附关系基础之上,官僚组织本身朝着身份制化演进,后者则以独立个体为基础,公私分明;前者是关乎人格的,后者则是切事的客观组织。家产制下的官僚制的本质

---

① Max Weber, *Economy and Society*, Oakland: University of California Press, 1978, p. 1008.
② Max Weber, *Economy and Society*, Oakland: University of California Press, 1978, p. 1008.
③ Max Weber, *Economy and Society*, Oakland: University of California Press, 1978, p. 1026.
④ 韦伯:《比较宗教学导论——世界诸宗教之经济伦理》,载《中国的宗教 宗教与世界》,康乐、简惠美译,桂林:广西师范大学出版社,2004年,第500页;Max Weber, "Social Psychology of the World Religions", in *From Max Weber: Essays in Sociology*, H. Gerth, Wright Mills (tran. and eds.), New York: Oxford University Press, 1946.

是由家产制的本质决定的,不仅直接决定官僚组织的依附性,也决定(a)官僚组成的成员即官吏选自支配者的"家人"(familiaris),即对之有财产或人身依附关系的人;(b)官僚对其辖区可以像支配者那样独断行事,只要不违反传统和支配者的利益;(c)家产制官僚的权限限制和专业化都难以推进;(d)俸禄制是官员收入的基本来源,也是支配者将官员当作家庭成员的基本方式;但是,(e)俸禄制的定型化往往在支配者与官员之间生产出一种裂痕,即官员基于此而发展成为一个脱离支配者的身份团体、一种独立的力量;因此,(f)官僚组织同支配者之间的独立和反"分裂"(disintegration)的斗争①构成家产制维护和变动的基本动力,推动家产官僚制走向理性化(rationalization)还是走向典型化(typification)②。

(5)法律形态上,韦伯更倾向于使用形式正义与实质正义或曰形式理性化(formal rationalization)和实质理性化(substantive rationalization)③来讨论,并将之分别对应于法理型支配和家产制支配④。

上述经济、组织、社会阶层、支配和法律五个方面构成其文明比较的基本范畴,粗略地体现了传统与现代、自然主义与理性主义、特殊主义与普遍主义的紧张关系。但需要注意的是:第一,韦伯从来不接受简单的二元对立范畴,这是基于历史经验提炼概念和基于理念提炼概念的最大区别,就像在阶层、支配模式上,显然都有多元而非二元概念存在,卡里斯马支配就是不同于官僚制和家父长制的另一种支配形式。第二,即使是一个二元论范畴,韦伯也不认为历史中只有这两种形态,更重要的是

---

① Max Weber, *Economy and Society*, Oakland: University of California Press, 1978, p. 1042.
② Max Weber, *Economy and Society*, Oakland: University of California Press, 1978, p. 1038.
③ Max Weber, *Economy and Society*, Oakland: University of California Press, 1978, p. 809.
④ Max Weber, "Social Psychology of the World Religions", in *From Max Weber: Essays in Sociology*, H. Gerth, Wright Mills (tran. and eds.), New York: Oxford University Press, 1946.

两个对立类型之间的各种过渡形态,以及构成二者在现实中的相互纠缠、彼此浸透和妥协,呈现出不同的形态,构成一个社会的经济、政治和精神气质形态,而不能简单地理解为两种极端形态。第三,这些范畴是在宏观层次上展开的,表达的是韦伯思想中普遍历史的基本逻辑。但是,同进化论思维不一样,韦伯不认为所有文明都具有内生地发展到自由交换经济或者说普遍主义阶段的动力。① 因此,第四,在具体历史情境中,这五个方面的范畴不仅仅是相互对应的关系,更重要的是在给定的历史条件下相互纠缠地建构、维系或者改变历史,生成新的范畴并影响甚至塑造一种文明的基本性格。譬如,韦伯从宗教角度对担纲者群体的研究,自然而然地会同社会分层联系起来,家族力量在古印度和中国的城市的根深蒂固,真正独立的市民阶层之不能成型就跟这种纽带有关联。因此,需要将这些普遍历史框架放置在中观层次的"历史个体"中去考察,分析普遍历史框架是如何同历史个体中的独特现象结合,以及如何在这些独特现象中自我表现,并同其他独特现象互动,从而使得每一种文明都成为具有自身独特的结构和运行逻辑的历史个体的。具体言之,他借助上述概念框架要分析和回答的是:为什么人类有着共同的起点,但不同群体在突破自身局限方面却有着不同的结果,形成了不同形态的文明;为什么不同文明之间,一方面在某些维度和层面高度形似,而另一面在深层次或者决定性的维度上高度异质化,其具体原因是什么。通过这些基本问题意识和分析框架,韦伯也回答了文明比较何以可能的问题。第五,从方法上看,韦伯虽然不否认制度和客观环境的核心作用,但更关注担纲者在社会进程中的能动地位,而担纲者作为一个群体,其能动性和反向的阻碍作用本质上是由其所浸润的"世界观"(world views)或曰精神气质及其对"伦理举止"(ethic conduct)的影响②所决定

---

① 当然他没有否认一种文明通过学习其他文明而达到自由交换经济阶段的可能性。譬如,他认为儒教就有这种能力,并且已经在当时的通商口岸广州的一些大型商业公司显现效果。
② Max Weber, *The Religion of India*, Glencoe, Illinois: The Free Press, 1958, p. 142.

的:"相反,妨碍的内核嵌入在整个体系的'精神'(spirit)之中。"①这种精神气质,韦伯主要是从宗教中寻找。因此,(6)对宗教范畴的分析,是韦伯的整个文明比较研究的主题,也是他把上述五个方面连接成为一个整体来分析的枢纽。他理解宗教的基本范畴是巫术与救赎宗教或称伦理宗教,其中巫术可以被视为没有彼世观的、仪式主义的。具体到救赎宗教,又可以根据其拒世的方法而用禁欲主义与神秘主义、入世与出世这两对范畴来分类。

## 三、"家"作为韦伯分析传统社会的切入点

从宗教出发来寻找一种文明的担纲性伦理或说精神气质,关键是确定这种宗教如何处理自然状态意义上的论题。从宗教角度看,"自然状态"的基本形态,是巫术和"血缘共同体"(blood community)②,其中后者处在中心位置。这一点同德国历史主义把家庭状态当作自然状态的观点相一致,而同霍布斯(Thomas Hobbes)的原子人的自然状态预设正相反对。③ 对血缘共同体的不同处理,在很大程度上影响了一种宗教的基本性质,即是救赎宗教还是依然停留在巫术状态。在《中间考察》中,韦伯指出,基于救赎宗教而形成的宗教共同体首先遭遇的对头是原生家族,必定贬低各种自然关系(natural relations)和婚姻共同体的地位。④ 在《中国的宗教》中,韦伯对比了儒教和基督新教在处理家和血缘论题上的不同方式,以及由此带来的宗教伦理乃至文明形态的基本对立:"各种伦理宗教特别是新教的伦理教派和禁欲主义教派,其伟大成就就是砸破

---

① Max Weber, *The Religion of India*, Glencoe, Illinois: The Free Press, 1958, p. 112.
② Max Weber, *Economy and Society*, Oakland: University of California Press, 1978, p. 394.
③ 李荣山:《自然状态的历史化与共同体学说的兴起》,《广东社会科学》2019 年第 6 期。
④ Max Weber, "Religious of Rejections of the World and Their Directions", in *From Max Weber: Essays in Sociology*, H. Gerth, Wright Mills (tran. and eds.), New York: Oxford University Press, 1946, pp. 328-329.

家族的脚镣。这些宗教建立了与血缘共同体对立,甚至更大范围上同家庭对立的更高级的信用共同体和共同的伦理生活方式。"相反,"儒教徒从来不将任何东西归功于超世俗的神,因此,他也从来不被神圣的'原因'或'观念'束缚。道教徒亦如此……对于经济心态而言,人格主义(personalism)原则对非人格的理性化的障碍无疑同其对于事实的非人格事项的一般意义的障碍一样严重。它倾向于将个人历久弥新地同其家族成员捆绑在一起,迫使其屈从于其家族做法,并无论如何都屈从于'个人'而非各种功能性工作('事业')。正如我们在整个论述中已经表明的,这个阻碍跟中国宗教的本质密切关联。因为它是推进宗教伦理理性化的障碍,支配和受教育阶层为保护他们的位置而捍卫这个障碍。这一点会产生大量的经济后果,而不论'信赖'(confidence,信赖对于商业而言是基础性的)是否建立在纯粹个人的、家庭的或者半家庭关系的基础上(这在中国绝非个案)"①。不难看出,儒教不屈不挠地以家为中心来理解利益和权力,来想象和建构政治、经济、社会制度和伦理体系,新教则义无反顾地走出家、限制家,按照普遍主义和个人主义的原则来想象和建构政治、经济、社会制度和伦理体系。② 在这二者之间,存在多种妥协但没有摆脱家之"有机性"的宗教形态,如中世纪基督教和路德宗的传统主义的职业伦理就同儒教在这一点上分别不大。③ 韦伯通过这个对比,把特殊主义与普遍主义、自然主义与理性主义、共同体主义和个人

---

① 韦伯:《比较宗教学导论——世界诸宗教之经济伦理》,载《中国的宗教 宗教与世界》,康乐、简惠美译,桂林:广西师范大学出版社,2004 年,第 320 页;Max Weber, *The Religion of China*, Glencoe, Illinois: The Free Press, 1951, pp. 236 - 237。韦伯在不同文本中反复强调这一全然相反的两种取向,参见韦伯:《宗教社会学》,康乐、简惠美译,桂林:广西师范大学出版社,2005 年,第 255 页;Max Weber, *The Sociology of Religion*, London: Methuen & Co. Ltd., 1965, p. 210。
② 除了这种"预言的宗教力量"(religious force of prophecy)外,"官僚政治"(political bureaucracy)也是解散氏族(clan)的力量,这一点构成《中国的宗教》的主线。参见韦伯:《经济通史》,姚曾廙译,上海:上海三联书店,2006 年,第 30—31 页;Max Weber, *General Economic History*, Glencoe, Illinois: The Free Press, 1927, pp. 44 - 45。
③ 韦伯:《宗教社会学》,康乐、简惠美译,桂林:广西师范大学出版社,2005 年,第 279 页;Max Weber, *The Sociology of Religion*, London: Methuen & Co. Ltd., 1965, p. 234。

主义的对立具象化到对待"最'自然'不过"的"家"①的态度和方式上。有意思的是,帕森斯可谓深得乃师学说的精髓,他提出模式变量特别是普遍主义与特殊主义时是受滕尼斯的社会与共同体学说的启发,在解释四对模式变量时,他都用亲属关系(kinship)与非亲属关系来做例子,亲属关系支配下的行动取向是利益无涉的、特殊主义的、功能弥散的和情感性的。②

"家"在韦伯宗教社会学中的位置,受到的关注不太多,介绍《中国的宗教》时会涉及其中关于家族、孝道和祖先崇拜的讨论③,介绍其经济社会学思想时会论及其关于"家户共同体"的论述④,涉及"家"的研究多以家父长制和家产制等支配形式为论题⑤,贝拉从"宗教同胞关系"(religious brotherliness)角度关注韦伯对宗教与亲属关系之冲突、救赎宗教是如何突破种族共同体的内外有别的道德二元论的讨论⑥。总体而言,目前尚未有关于"家"在韦伯的比较历史社会学中的总体性位置的系统性论述,即使一些对《中国的宗教》的观点展开全面批判,并关注韦伯关于中国的"家"的论述的作者,也较少自觉地将"家"作为一个组织这种文明的总体性机制,即没有将家族、孝道、祖先崇拜联系成为一个整

---

① Max Weber, *Economy and Society*, Oakland: University of California Press, 1978, p. 356.
② Talcott Parsons, Neil Smelser, *Economy and Society*, London: Routledge, 2005, pp. 34 – 35.
③ 帕森斯:《社会行动的结构》,夏遇南等译,南京:译林出版社,2003年;苏国勋:《理性化及其限制:韦伯思想引论》,北京:商务印书馆,2016年。
④ 斯威德伯格:《马克斯·韦伯与经济社会学思想》,何蓉译,北京:商务印书馆,2007年;克尔贝尔:《解读马克斯·韦伯的博士学位论文》,载韦伯:《中世纪商业合伙史》,陶永新译,上海:东方出版中心,2010年。
⑤ Gary Hamilton, "Patriarchalism in Imperial China and Western Europe", *Theory and Society*, Vol. 13, No. 3 (May., 1984), pp. 393 – 425; M. Mounira Charrad, Julia Adams, "Patrimonialism, Past and Present", *The Annals of the American Academy of Political and Social Science*, Vol. 636, No. 1 (Jul., 2011), pp. 6 – 15; Julia Adams, "The Rule of the Father: Patriarchy and Patrimonialism in Early Modern Europe", in *Max Weber's Economy and Society: A Critical Companion*, Stanford, CA.: Stanford University Press, 2005, pp. 237 – 266.
⑥ Robert Bellah, "Max Weber and World-Denying Love: A Look at the Historical Sociology of Religion", *Journal of American Academy of Religion*, Vol. 67, No. 2 (Jun., 1999), pp. 277 – 304.

体来分析。① 既有研究出现这些不足的原因之一是被《中国的宗教》相对散漫的书写方式所迷惑,另一根本原因在于对"家"在韦伯语境中的多元内涵及其内在关联的忽视。"家"在韦伯的很多文本中都占据中心位置,表现出不同但相互关联的内涵:第一,"家"(family)首先是"家户"(household),即其首要功能是作为"经济维持的单位",表现为"家户共产主义"形式,舍此基础和团结机制,家庭的婚姻纽带和血缘纽带都是无源之水。② 在不同著作中,韦伯对于"家"的经济功能的演化分析有不同的重点。韦伯的博士学位论文《中世纪商业合伙史》主要是从家户成员的劳动、财产和责任分担角度讨论合伙关系的起源,预设家户共同体不仅有血缘关系而且有非血缘关系的伙伴关系,后者是普遍伙伴关系的原初形态。③ 在《经济通史》中,韦伯认为经济演化的起点是氏族,经济发展的历史就是家户共同体作为生产单位,其模式扩张到庄园经济,然后因资本主义的兴起,家户共同体规模不断萎缩,变成纯粹的消费单位的历史。④ 所有这些论述都认定欧洲的经济主体有一个源于和基于家户共同体并走出家户共同体,即商业从家户中分离⑤的过程。第二,如前所述,家父长制是对家庭内部父子关系的模塑。第三,祖宗崇拜(ancient cult)在很多文明中占据支配性地位,不仅支持了家庭的男性支配和家父长制,而且是其宗教的来源。⑥ 第四,以家庭和血缘为机制来理解社会关系时,必然意味着内外之别的特殊主义伦理,也意味着人身的依附性。在欧洲思想史上,内外有别最直接的来源是血缘内含的自我主义和亲疏

---

① 如 Jack Barbalet, *Confucianism and Chinese Self*, New York: Palgrave Macmillan, 2017。
② Max Weber, *Economy and Society*, Oakland: University of California Press, 1978, pp. 356 - 359。
③ 韦伯:《中世纪商业合伙史》,陶永新译,上海:东方出版中心,2010 年,第 3 章。
④ 韦伯:《经济通史》,姚曾廙译,上海:上海三联书店,2006 年,第 1 篇;Max Weber, *General Economic History*, Clencoe, Illinois: The Free Press, 1927, par. 1。
⑤ Max Weber, "Prefatory Remarks to Collected Essays in the Sociology of Religion", in *The Protestant Ethic and the "Spirit" of Capitalism and Other Writings*, London: Penguin Books, 2002, pp. 362, xxxv。
⑥ Max Weber, *Economy and Society*, Oakland: University of California Press, 1978, pp. 411 - 412。

远近。① 韦伯显然接受这一思想,并特别重视邻里关系这一"理智的经济同胞关系"②和"不具对象的无差别主义之爱"所蕴含的普遍主义伦理取向,认为欧洲文明的形成是一个不屈不挠地挣脱血缘纽带而按照自由契约原则来建立社会和安顿人心的过程。总结起来,第五,血缘纽带在韦伯的论述中既包括其组织化形态,即"家"(family),与"家"相关的其他建制,如家户(household)、家族(sib)、氏族(clan)、人种(race)、家父长制、家产制和祖先崇拜,以及各种拟家亦即拟血缘的组织,也包括各种从血缘关系和家的内部关系出发来理解社会构成、人际关系的方法和伦理,譬如同胞之爱,以家来想象一个组织、一个国家,以家父长制来模塑一个政体,以父子关系来想象君臣关系、师生关系,等等,呈现为多种相互关联的维度。

家及其团结纽带血缘是自然主义最原始、最纯粹的形态,也是特殊主义最纯粹的形态和渊源,并在自然主义和特殊主义的构成中具有总体性的效果;与这一形态对立的是自由契约,这是建立在超越一切先天性束缚的个人主义的基础上,是非人格的,是理性主义和普遍主义最纯粹的形态。既然我们认为韦伯的文明比较研究是一种比较历史社会学,也就是说韦伯特别注重社会发生学的分析思路,那么,可以得出判断:正如前文对家父长制的分析所显示的那样,韦伯的文明比较研究就是回答不同文明如何理解、摆脱或者安置家和血缘纽带的问题,以及回答对这个问题的具体处置是如何塑造这种文明形态的。进一步看,既然韦伯认为不是每一种文明都能够凭借内在动力而达到现代资本主义阶段,并且使用发生学方法来研究不同文明的生成过程,那么,在血缘与契约这对范畴中,血缘在其研究中可能占据更为实质的位置,而契约更重要的是作为参照点而发挥作用。这是因为家和血缘是人类所有社会和文化构成

---

① 柏拉图和亚里斯多德在处理家邦关系时,都以为以血缘为纽带的家庭关系确定了人际的亲疏远近关系,从而会威胁城邦;犹太教中对家的热恋也会影响对耶和华的崇拜。后一点正是韦伯在《古犹太教》中讨论的重点之一。
② Max Weber, *Economy and Society*, Oakland: University of California Press, 1978, p.360.

的起点和基石,而自由契约只存在于基督新教中,韦伯只有在研究基督新教时才能把契约的理念型放在同血缘同等重要的位置,而其他文明研究都以新教研究所形塑的观点和发现为参照系来展开,因此,家和血缘在这些文明研究中自然就处在比契约更为重要的历史实质位置。换言之,对于韦伯而言,文明比较研究的实质论题,是血缘在整个社会和精神气质构成中的地位和作用机制,是该社会能否具有内生性的突破这种血缘纽带而走向个人主义、理性主义和普遍主义的动力。

一言以蔽之,韦伯宏阔的文明比较的问题意识和分析框架,最终都落实到一个概念之上——家。上文提出的分析框架,是韦伯架构分析的主要维度,它们在具体文明中表现出来的具体特征以及塑造这些特征的动因,则要通过对"家"的理解方能回答。韦伯关于西方古典文明衰落原因的分析,充分体现了家同这个分析框架之间的内在关联:罗马帝国一度依靠战争获得奴隶作为劳动力,为西方城市文明和交换经济注入了活力;但随着战争的减少,劳动力源泉枯竭,不得不支持奴隶成立家庭来实现劳动力的再生产;但家庭和私产的涌现不经意地促成了农村和自然经济的扩张,整个西方文明由此而出现根本性逆转——农奴而非市民,农村和庄园而非城市,自然经济而非自由交换经济开始居于支配地位。① 在下文,我们将以韦伯做过详细论述的三种东方文明为例,来呈现韦伯如何以"家"这一人类社会最为自然、基本和普遍的现象为切入点,通过揭示其在具体文明中的具体形态和作用,来实质性地揭示每一种文明的独特性,以及其对于普遍主义伦理之创生和通往理性的资本主义的具体意义。

---

① 韦伯:《古典西方文明衰落的社会原因》,载《民族国家与经济政策》,甘阳译,北京:生活·读书·新知三联书店,1997 年;Max Weber, *The Agrarian Sociology of Ancient Civilizations*, London: Verso, 2013。

## 四、印度教：种姓制度与家

### （一）种姓的总体性位置

种姓（caste）是架构印度传统社会的基本框架和范畴，这一点自葡萄牙人用这个概念来理解印度社会①后就成了一个不言而喻的真理②。韦伯对印度教和印度社会的研究，也是建立在这一认识的基础之上，将种姓制视为印度整个社会秩序的基础。首先，种姓制是印度教的基本原理："种姓……与婆罗门的地位，是印度教的根本原理。而其中又以种姓为第一义，没有种姓即无印度教徒。"③其次，种姓制度在一定意义上是一个同欧洲的历史进程背道而驰的现象，是比较欧洲文明和印度文明最为关键的切入点。韦伯在比较儒教与清教时指出，中国人同欧洲人的性格差异，主要应该不是生物因素和历史早期的文化因素，因为历史越往前推，中欧之间的相似性就愈明显，是故更主要的应该是"历史与文化影响下的产物"④。这是韦伯的社会学思维的通用观点，也适应于他对印度文明的理解。⑤ 他指出，种姓制度逆转了印度古代的个人卡里斯马趋向而将社会构成方式定格于家族卡里斯马，婆罗门也从过去的非部落的

---

① 杜蒙：《阶序人：卡斯特体系及其衍生现象》，王志明译，杭州：浙江大学出版社，2017年，第74—75页；沃尔波特：《细数恒河沙：印度通史》，李建欣等译，上海：东方出版中心，2019年，第41页。
② 《阶序人》的中译者为准确传递杜蒙中性地使用caste的意图，将之音译为"卡斯特"。本文作者接受杜蒙和中译者的初衷，但考虑到韦伯的中译本大多使用"种姓"一词，故因循了这一习惯，采用"种姓"的译法。但若引用《阶序人》的原文中有"卡斯特"，亦照搬，以示尊重译者的工作。
③ 韦伯：《印度的宗教：印度教与佛教》，康乐、简惠美译，桂林：广西师范大学出版社，2005年，第40页。
④ 韦伯：《中国的宗教　宗教与世界》，康乐、简惠美译，桂林：广西师范大学出版社，2004年，第314页。
⑤ 亚当斯（Julia Adams）从女性主义角度出发批评韦伯从生物因素出来确定男性在家庭中的权力。这种批评实在是大错特错，是作者没有认真阅读韦伯在《经济与社会》以及《经济通史》中的相关论述的结果。Julia Adams, "The Rule of the Father: Patriarchy and Patrimonialism in Early Modern Europe", in *Max Weber's Economy and Society: A Critical Companion*, Stanford, CA: Stanford University Press, 2005, pp. 237-266.

巫师转变成"教权制的、有教养的种姓",权势日涨,并强力推进了印度教的巫术化进程,"与巫术在各个生活领域里的分量逐渐增高息息相关"。① 最后,种姓制度不仅是印度教的核心,也是印度社会的核心精神,任何外来文明和宗教都难以隔绝它的影响和同化作用:"它的力量就会强大到将甚至是宗教范围之外的一切社会力量都整合到自己的形式里来"②,不管是客族还是伊斯兰教、佛教,甚至基督教,在印度都难免被种姓制吸纳的命运。

## (二)家何以成为种族制的墙角石

种姓制度是如何构成的,是韦伯研究印度教的一个核心问题。直观地看,种姓之别源于肤色(color)之别;肤色之别则是人种(race)差异之标志。"人种,或更好的表达即不同人种的毗邻,以及外表上差别鲜明的不同人种类型——这从社会学角度看具有决定性意义——对于印度发展出种姓秩序至关重要。"③人种和种族之分是身份团体观念在生物性要素上的极端化,种姓制度又是对人种和种族观念的极端化,即将对血缘关系的信奉、对异族通婚和社会交往的排斥推到极致,将人种和种族的平行性区分转化为不同种姓之间的高低之别和区隔,同时还将这种高种姓对低种姓的憎恶和贬低通过职业的污名加以固化。④ 但是,从人种差异到种姓制不是直接的关联和转化,而是跟印度文明形成的历史背景密切关联。韦伯从古吠陀时代雅利安人的动迁、雅利安部落与大斯尤部落的战争、魔术师阶层在雅利安部落中的胜利中所占据的重要位置出发,追溯了婆罗门和刹帝利这两个种姓的形成过程。婆罗门对古刹帝利

---

① 韦伯:《印度的宗教:印度教与佛教》,康乐、简惠美译,桂林:广西师范大学出版社,2005年,第74—75页。
② 韦伯:《印度的宗教:印度教与佛教》,康乐、简惠美译,桂林:广西师范大学出版社,2005年,第40—41页。
③ Max Weber, *The Religion of China*, Glencoe, Illinois: The Free Press, 1951, p. 124.
④ Max Weber, *Economy and Society*, Oakland: University of California Press, 1978, pp. 933 - 934.

的征服,开启了祭司全面支配印度社会的大门,也开启了通往种姓制的大门。在这个历史大进程中,肤色之所以在社会结构之重塑中异军突起,跟"人种本能"或"人种特征"并无关系,而取决于不同肤色部落的习性和生活方式,"种族(ethnic)的对立同外在习性与生活样式的对立关联密切",其中婚姻制度最为典型,"与被轻蔑的被征服者通婚是绝不可能完全得到社会认同的"。①《印度的宗教》的英译本对"人种"和"种族"的有意识的分别使用,直观地表达了从生物性区分走向社会性区隔,即从"人种"到"种姓"的历史性。②

在韦伯所处的时代,学者们还没法把印度社会中的瓦尔纳制度与佳悌制度区分开来。③所以,韦伯要研究印度宗教,首先会把瓦尔纳制度同佳悌制度视为同一制度来看待,而只要这样做,他就必须在宏大的肤色区分与日常的内婚制之间建立关联。韦伯的逻辑很简单,他将巫术作为重要中介:基于肤色和人种所构建的社会秩序逻辑,本质上是巫术性的,它的牢不可破被巫术性的恐惧所强化,并进一步加剧了血缘隔阂,"使得出身(birthright)和氏族卡里斯马(clan charisma)的重要性,在所有生活领域都得到提升","即使是工匠的技艺,转眼就朝氏族卡里斯马的

---

① Max Weber, *The Religion of India*, Glencoe, Illinois: The Free Press, 1958, pp. 124-125;韦伯:《印度的宗教:印度教与佛教》,康乐、简惠美译,桂林:广西师范大学出版社,2005年,第158—161页。
② 《经济与社会》中也特意区分了这两个概念,虽然从"人种"到"种族"再到"民族"(nationality)都以实际的或想象的血缘关系(blood relationship)和血统(descent)相关联,但三者同这种生物性要素的关联有本质性区别:只有"人种"跟血缘和血统有确定联系,只不过这种客观关联也需要通过"主观感知"来激活以形成"人种团体";"种族"跟血缘和血统的联系也非常密切,但习俗等因素冲淡了生物性要件,是否存在"客观的血缘关系"不再重要,而取决于关系的"主观信仰";"民族"则完全是一个政治和认同的概念,生物性要件即使是作为说辞也处在非常次要的位置。参见 Max Weber, *Economy and Society*, Oakland: University of California Press, 1978, pp. 385-398。
③ 根据杜蒙的观点,瓦尔纳(varnas)制度同种姓制度是有区分的,构成种姓制度之实质内涵的是"佳悌"(jati),其"最优先的意义乃是出生与世袭群体,……在大多数情况下和内婚有关"。参见杜蒙:《阶序人:卡斯特体系及其衍生现象》,王志明译,杭州:浙江大学出版社,2017年,第136、130页。从这个角度看,韦伯所讨论的种姓制度,其质是种姓,而形是瓦尔纳。但本文的问题意识是梳理韦伯是怎样以"家"为中心来探讨印度文明为何走不进普遍主义的,故对其分析起点和逻辑只能将错就错。

方向演变,最后摇身一变而成'世袭的'"。① 这样,韦伯就在一般性的人种与更为具体的氏族和家族之间建立了逻辑关联,这一关联,不仅将氏族之分同职业之分等同起来,而且将氏族卡里斯马确立为种姓制度的墙角石:氏族卡里斯马在种姓形塑和强化上占据核心位置。"种姓的形成固然是印度社会的一大特色,家族(sib)之举足轻重的地位亦是其根本要件。印度的社会秩序仰赖'氏族卡里斯马'原则来建构的程度之深,远非世界其他各地所能比拟。"也就是说,种姓实质上是家族的变种,是氏族卡里斯马强化了种姓的正当性和权威性。"所谓'氏族卡里斯马',是指非凡的(原先纯粹是巫术性的)或至少不是一般大众所能均沾的人格特质……附着于一个家族的全体成员身上。"②氏族卡里斯马作为个人卡里斯马之常规化的表达,本质上是对世袭制的正当化③,并由此而将种姓解释为以血族为中心的封闭性的身份团体④。这种封闭性,表现在各个方面,其中最为关键的是印度教的传播路径:"一个人归属于印度教这种严格的血缘宗教(blood-religion)的唯一途径是其父母是印度教徒。"⑤没有这一要件的群体要进入印度教共同体中,就不得不虚拟一个自己的群体原来就属于印度教的某个种姓,但由于这个事实湮没已久为人忘却,最近才重新被"发现"或"明晰化"的故事。无论是事实上的家族传承还是"拟制"性的建构,都说明并强化了印度教的世袭特性

---

① Max Weber, *The Religion of India*, Glencoe, Illinois: The Free Press, 1958, pp. 125 - 126;韦伯:《印度的宗教:印度教与佛教》,康乐、简惠美译,桂林:广西师范大学出版社,2005年,第158—160页。
② Max Weber, *The Religion of India*, Glencoe, Illinois: The Free Press, 1958, p. 49;韦伯:《印度的宗教:印度教与佛教》,康乐、简惠美译,桂林:广西师范大学出版社,2005年,第63页。
③ 韦伯:《印度的宗教:印度教与佛教》,康乐、简惠美译,桂林:广西师范大学出版社,2005年,第65页。
④ 韦伯:《印度的宗教:印度教与佛教》,康乐、简惠美译,桂林:广西师范大学出版社,2005年,第52—53页。
⑤ Max Weber, *The Religion of India*, Glencoe, Illinois: The Free Press, 1958, pp. 15 - 16.

(hereditary character)①，特别是"建构"路径，看似是庸俗化甚至违背了"血缘"原则，但其实不然，它恰恰说明"血缘"是印度教徒想象一种社会的组织体系和获得这个社会的承认的唯一视角②。我们可以从这个角度来理解杜蒙说的"卡斯特体系首先是一个观念与价值的体系"③，即把血缘的传承和断裂视为种姓制的根本。

家族或者血缘之所以构成种姓制的墙角石，还有两个历史条件：第一是雅利安人对于印度原住民的征服，然后根据肤色来建构阶序，最后以"洁净"与"不洁"这个二元论来支配所有的阶序结构④；第二是在雅利安人进入印度以前，印度社会的城市和市场都不够发达，没有围绕市场和城市而形成地区性的分工体系，而是纯粹的自给自足的家庭经济，即使由产品过剩催生的市场和职业分工，也只是在地区内部（interlocal）和种族内部（interethnic）展开⑤。这两点相互结合，彼此强化，譬如，在印度中古时期的手工业的修业与开业的许多程序中，包含着强烈的个人卡里斯马的痕迹，但由于职业分类是在不同种族之间展开并且从业者大多是贱民部落成员，故加强了卡里斯马家族魔力。更为重要的是，征服者的权力和经济支配体系亦以这种基于家族的分工体系为基础，从而彻底强化了家族与种姓之间的关系，并使得氏族卡里斯马全面影响印度社会的

---

① Max Weber, *The Religion of India*, Glencoe, Illinois：The Free Press, 1958, p. 6；韦伯：《印度的宗教：印度教与佛教》，康乐、简惠美译，桂林：广西师范大学出版社，2005年，第19页。
② 这就像虽然事实上的"民族"跟血缘的统一性和传承性其实没有关系，但我们还是要将这二者结合在一起，强调血缘是民族的正当性来源所表达的意味：事实上的血缘关系离我们已经远去，但血缘想象力或者说对血缘关系的"拟制"性思维依然盘踞在人们的脑海中。
③ 杜蒙：《阶序人：卡斯特体系及其衍生现象》，王志明译，杭州：浙江大学出版社，2017年，第94页。caste 的汉译，有"种姓"和"卡斯特"两种。很多学者认为，用 caste 来理解印度社会的阶序制本来就带着严重偏见，若将之译成"种姓"更是在汉语世界强化了这一偏见，因此，音译成"卡斯特"则是尽可能中性地来理解这个概念。
④ 杜蒙：《阶序人：卡斯特体系及其衍生现象》，王志明译，杭州：浙江大学出版社，2017年，第106页。
⑤ Max Weber, *The Religion of India*, Glencoe, Illinois：The Free Press, 1958, p. 126；韦伯：《印度的宗教：印度教与佛教》，康乐、简惠美译，桂林：广西师范大学出版社，2005年，第162页。

构成和运行,包括影响手工业、商业、法律领域以及支配方式,等等。

总之,种姓制的形成和巩固,是一个从人种意义上的泛化的血缘关系一步步走向更为具体的家族性血缘关系的过程。在这个过程中,对立性斗争是其基本动力,包括征服者即雅利安人与被征服者的斗争,再生种姓与不可再生种姓的斗争,种姓与不可接触人群的斗争,婆罗门与刹帝利的斗争,婆罗门与刹帝利同吠舍的斗争,最终形成了种姓制与家族制的相互支持关系:"很显然,这些大家族的巫术卡里斯马对于建立牢固的种姓隔离结构极有帮助……另一方面,种姓秩序也极有助于稳定氏族。"①这一关系,不仅表现在部落种姓中,职业种姓亦如此,并且更甚。

### (三) 印度教的特殊主义

氏族卡里斯马、职业世袭以及种姓制,是相互拱卫的关系,如无职业之隔离,单只是血缘力量的作用,种姓制很可能不如现实中所表现出来的那么牢固。除此之外,种姓制的持续正当化和强化,一方面跟印度"城市及其市场的低度发展"以致缺乏竞争的社会条件休戚相关,另一方面则决定于更为根本的因素,即"整个体系的'精神'"即"礼仪上的种姓隔离"。② 这一精神力量来源于印度教的担纲者婆罗门,"'种姓'本质即为社会阶序……社会阶序决定于婆罗门"③。婆罗门从最初的非世袭的巫师身份"转化成教权制的、有教养的种姓"④,是由多种条件决定的,其中最为重要的是婆罗门的身份从作为共同体牺牲祭礼的主持人转变为贵族和王侯的"家庭祭司"。这一转变的大环境是军事同盟向和平主义的封建制转变,其后果则是婆罗门作为一个世袭种姓的形成。(1) 担任

---

① Max Weber, *The Religion of India*, Glencoe, Illinois: The Free Press, 1958, p.54.
② 韦伯:《印度的宗教:印度教与佛教》,康乐、简惠美译,桂林:广西师范大学出版社,2005年,第144页。
③ 韦伯:《印度的宗教:印度教与佛教》,康乐、简惠美译,桂林:广西师范大学出版社,2005年,第41页。
④ 韦伯:《印度的宗教:印度教与佛教》,康乐、简惠美译,桂林:广西师范大学出版社,2005年,第74页。

"家庭祭司"后,婆罗门从王侯和贵族领报酬,成为稳定的俸禄持有者;俸禄的可世袭性客观上推动着婆罗门祭司职业的世袭性。(2)为超越其他的巫师,婆罗门专注于秘密知识的发展,通过掌握秘密知识来提高自身在印度社会的地位。(3)尽管婆罗门在智识主义方面愈走愈远,但其精神气质中的巫术性格也随之愈益稳固①,这特别反映在其所发展的再生神义论、灵魂轮回教义和业报教义上。这些教义作为"一种理性的伦理思维",无限强化了种姓制:"直到此种思想的产物通过再生许诺而与现实社会秩序结合,才给了这个秩序无与伦比的力量,超越过被安置在此一秩序中的人们所抱持的思想与希望,并且立下确固的架构,致使各个职业团体和贱民部族的地位,可以在社会上与宗教上被编排妥当。"②具体言之,这不仅使得刹帝利等王侯和贵族愈来愈依赖于婆罗门及其精神力量,而且阶序底层的手工业种姓和农民种姓都成了严格的种姓制的担纲者。③ 韦伯指出,由于低种姓信奉再生神义论,视种姓制为永恒且绝对正义的,因此完全不会像犹太教徒那样的贱民民族心生怨恨,更不会有革命的冲动,唯有虔诚地遵守婆罗门的教义。④(4)这种精神控制的成功进一步促进了婆罗门职业的世袭性,婆罗门日益"发展成一种愈来愈要求身份权利的世袭种姓","到第一个统一的君主国成立时,独立的祭司阶层已经以一种卡里斯马行会(charismatic guild)的形态,换言之,本身作为一个具备坚实教养资格——因而符合出任官职之前提——的'种姓',建立起精神权威的稳固地位",并独占"新加入者之

---

① 韦伯:《印度的宗教:印度教与佛教》,康乐、简惠美译,桂林:广西师范大学出版社,2005年,第192页。
② 韦伯:《印度的宗教:印度教与佛教》,康乐、简惠美译,桂林:广西师范大学出版社,2005年,第167页。
③ 韦伯:《印度的宗教:印度教与佛教》,康乐、简惠美译,桂林:广西师范大学出版社,2005年,第135页。
④ Max Weber, *Economy and Society*, Oakland: University of California Press, 1978, p. 497.

资格"之确定权,以致再也无法撼动。① 一言以蔽之,婆罗门种姓在印度教社会中的文化担纲者的地位同对整个社会结构和种姓结构的固化是一个相互增生的循环。这种循环,从现代性角度看,将印度社会牢牢地锁定在传统主义的状态中:"种姓秩序,就其整体本质而言,完全是传统主义的,并且在效果上是反理性的。"②具体言之,首先,种姓是封闭的血统身份团体③;其次,不同身份团体处在社会阶序的不同位置,等级森严;再次,种姓制倚靠婆罗门的巫术和仪式主义来正当化;最后,种姓制说到底是一种传统主义的精神和伦理④。种姓的传统主义与印度社会的传统主义的关系,可以从如下几方面来理解。

首先,如前所述,城市是通往自由交换经济的平台,城市中的行会组织虽然从现代性角度看依然是这种自由交换经济的阻力,但在特定历史阶段,它是超越血缘关系的重要力量,是中世纪自由交换经济萌芽的基石。在印度,城市虽然规模不大,但城市行会在种姓制之前已有所发展。但是,"萌芽期早在这些组织之前的印度种姓制度压倒了一切":第一,西方行会中,不同职业之间不存在仪式性藩篱即伦理意义上的根本区隔;而印度的种姓制度恰恰通过这种藩篱而设置了"不同种姓之间的巫术性距离",包括婚姻上和仪式上的壁垒。⑤ 第二,西方行会中个人对于职业有选择的自由;但在种姓制度中,职业是世袭的。⑥ 第三,西方行会

---

① Max Weber, *The Religion of India*, Glencoe, Illinois: The Free Press, 1958, p.142;韦伯:《印度的宗教:印度教与佛教》,康乐、简惠美译,桂林:广西师范大学出版社,2005年,第181页。
② 韦伯:《印度的宗教:印度教与佛教》,康乐、简惠美译,桂林:广西师范大学出版社,2005年,第143页。
③ Max Weber, *The Religion of India*, Glencoe, Illinois: The Free Press, 1958, p.39;韦伯:《印度的宗教:印度教与佛教》,康乐、简惠美译,桂林:广西师范大学出版社,2005年,第52—53页。
④ Max Weber, *The Religion of India*, Glencoe, Illinois: The Free Press, 1958, pp.112-113;韦伯:《印度的宗教:印度教与佛教》,康乐、简惠美译,桂林:广西师范大学出版社,2005年,第144—145页。
⑤ 韦伯:《印度的宗教:印度教与佛教》,康乐、简惠美译,桂林:广西师范大学出版社,2005年,第45—46页。
⑥ 韦伯:《印度的宗教:印度教与佛教》,康乐、简惠美译,桂林:广西师范大学出版社,2005年,第47页。

之间虽然有着各种竞争,但行会成员之间的兄弟爱始终存在,市民之间的同桌共食作为兄弟友爱的仪式性表征普遍存在,这种"营业市民的兄弟爱"为"中古晚期城市的成熟政治形态"奠定了基础;但种姓尤其是职业种姓之间的仪式性障碍是牢不可破的。韦伯把礼仪这种伦理性存在当作传统主义至关重要的标志。在他看来,种姓的主要功能是"礼仪"问题①,这一点在手工业种姓那儿表现得格外明显②,同桌共食的阙如,使得印度城市不可能出现欧洲的"誓约兄弟团与中古的市民体制"③。在印度,一方面是城市和乡村因为职业阶序而形成的市民对农民的鄙视链,另一方面则是城市和农村并没有根本区别,市民组成的行会没有脱离自然的血缘联系,"在某些城市里,会有一位氏族卡里斯马的首领出任行会首长"④。在家产官僚制兴起之后,城市又成为除长老和市民之外的君主和作为官吏的僧侣居住的空间,成为家产官僚制同市民争斗的空间,婆罗门和国王不仅依赖军事组织作为后盾对待只有金钱势力的行会,而且"利用种姓组织这种内在优势来对抗行会的势力"⑤。与祭司和官员相比,行会之所以弱势,最根本的还是种姓制度。"行会通常会设法使本身的规则获得尊重……然而,当其成员分属于不同的种姓时,行会要做到这点,最终不得不求助于这些种姓运用其强制手段,甚或求助于国王。"⑥商人种姓的地位由此而降低,即为后来的"吠舍"。首陀罗种姓的变动在总体上同吠舍的轨迹差不多,他们在农村按照部落和家族的模式组织和定居,在城市则发展出手工业行会,但在家产制化后,这些行会

---

① 韦伯:《印度的宗教:印度教与佛教》,康乐、简惠美译,桂林:广西师范大学出版社,2005年,第139页。
② 韦伯:《印度的宗教:印度教与佛教》,康乐、简惠美译,桂林:广西师范大学出版社,2005年,第136页。
③ 韦伯:《印度的宗教:印度教与佛教》,康乐、简惠美译,桂林:广西师范大学出版社,2005年,第48—52页。
④ 韦伯:《印度的宗教:印度教与佛教》,康乐、简惠美译,桂林:广西师范大学出版社,2005年,第114页。
⑤ 韦伯:《印度的宗教:印度教与佛教》,康乐、简惠美译,桂林:广西师范大学出版社,2005年,第117页。
⑥ 韦伯:《印度的宗教:印度教与佛教》,康乐、简惠美译,桂林:广西师范大学出版社,2005年,第118页。

被种姓制和家产制所支配,一些行会直接沦为低等种姓。

其次,种姓制度与家产官僚制的合一。从战士发展而来的刹帝利种姓同其他种姓一样,都以氏族卡里斯马为根据,这一点从来没有动摇。从支配类型看,以刹帝利为担纲者的印度政治也经历了从家父长制到家产制再到封建制的转型。但无论哪种制度都实施得不彻底,家父长式的"福利"和"治安"被英雄卡里斯马的骑士职业义务冲淡,封建制同家产官僚制混在一起,来回摆荡。当然,这种现象并不最为重要,只是表明这些支配形式之间缺乏必要的紧张而已。更为重要的是,(1)家产制下的官僚制公私并不分明;(2)地方行政长官职位的授予对象基本上是家产制首领的"亲属"(relatives),家产制其实是"家产亲属制"(patrimonial kinship);(3)官僚机构主要关注兵员和课税,并倾向于用包税制和俸禄制来解决这两个难题,俸禄制的普遍实施进一步带来食邑俸禄,"导致一个土地领主阶层从包税者与军事俸禄者之中发展出来"[1];(4)这个阶层的壮大将印度带入封建制。但家产制的血缘基础,封建身份形式无疑也是从"家族(sib)、氏族(clan)、氏族(phratry)和部落(tribe)发展而来的"[2],而无其他的分封依据。也就是说,采邑分配以支配者阶层的血缘关系为依据和边界,"相应于氏族卡里斯马的普遍性,采邑关系通常只行于支配者阶层——起码只优先行于家族和氏族成员里,而不是奠基于非家族成员的陌生人的个人忠诚性上"[3]。一言以蔽之,家产制也好,封建制也好,都只是刹帝利种姓内部的氏族卡里斯马的循环再生产。

再次,种姓制以职业区隔为前提。前文已经指出,种姓制直接地建立在印度的早期征服者即雅利安人同被征服者即土著的人种即肤色之

---

[1] 韦伯:《印度的宗教:印度教与佛教》,康乐、简惠美译,桂林:广西师范大学出版社,2005年,第89—94页。
[2] 韦伯:《印度的宗教:印度教与佛教》,康乐、简惠美译,桂林:广西师范大学出版社,2005年,第85—101页。
[3] Max Weber, *The Religion of India*, Glencoe, Illinois: The Free Press, 1958, p. 66;韦伯:《印度的宗教:印度教与佛教》,康乐、简惠美译,桂林:广西师范大学出版社,2005年,第86页。

别上,但其细化和稳固,则源于雅利安人入侵之前印度社会就有的职业的家族世袭制。当然,与职业内在关联的种姓制在客观上推动了各职业内部的自我发展和精进。"在印度,由于某些形而上学的前提条件具有社会所巩固的不可动摇性,所有的哲学无不奔向个人的救赎追求的轨道。这点一般说来也为专门科学与思维的问题架构设下了界限。印度教首尾一贯的'有机的'社会理论,由于缺乏其他的判准,从各种'职业'的法之中只能推演出各项技术的固有法则性,因此不论何处也只能创造出生活里各种专门职业与个殊领域的技术理论,包括从建筑技术,到作为证明与论争技艺的逻辑学,一直到性爱的技术理论。"①这特别表现在婆罗门在巫师职能上的孜孜以求,这个种姓从狂迷忘我的狂热状态向逃离现世的禁欲或冥思的"系统性的理性化"②的转变,使神秘主义成为其"宗教性的救赎追求"③的根本路径。但反过来看,正是职业上的精进促进了不同职业种姓的保守性和传统主义,譬如成就并增强了婆罗门的高贵知识分子的种姓地位,由此确保婆罗门在高度分化的政治环境中能始终保持自身的家族卡里斯马和统一的身份群体。

复次,印度没有自然法,也没有普遍主义的形式法。印度教最关心的是"律法"而非"教义"。其"律法"一是"相应于社会地位之不同而异","当新的种姓自旧的种姓分裂出来时,'法'也就跟着分殊化";二是"法发现"最终"以婆罗门的裁决为准",而婆罗门之裁决的依据是"神圣的传统",这些传统"大部分是源自很久以前巫术惯习中的禁忌规范与巫术规范"。④ 所有法律都只是以种姓为边界,每一种伦理都只适应于特

---

① 韦伯:《印度的宗教:印度教与佛教》,康乐、简惠美译,桂林:广西师范大学出版社,2005年,第190—191页。
② Max Weber, *The Religion of India*, Glencoe, Illinois: The Free Press, 1958, p.195;韦伯:《印度的宗教:印度教与佛教》,康乐、简惠美译,桂林:广西师范大学出版社,2005年,第150页。
③ 韦伯:《印度的宗教:印度教与佛教》,康乐、简惠美译,桂林:广西师范大学出版社,2005年,第200页。
④ 韦伯:《印度的宗教:印度教与佛教》,康乐、简惠美译,桂林:广西师范大学出版社,2005年,第31—33页。

定家族和职业。正因为种姓之间没有伦理负担,不存在普遍适应的政治伦理和社会伦理,所以种姓之间的斗争总是马基雅维利主义的,无所不用其极。①

最后,这种稳固和妥当的社会结构,使得个人主义没有任何可能性:"种姓秩序与业报教义是如此理所当然且直截了当地将个人嵌入一个清楚明白的义务圈子里,并提供给个人一个如此圆满完整且形而上学齐备的世界图像,以至于当个人开始反问自己生命在此一报应机制里到底有何'意义'时,无不感到此种伦理上合理的世界秩序是如此的可怖。世界及其宇宙-社会的秩序是永恒的,个人的生命只不过是同一灵魂所宿、而于无穷的时间里一再重现的一连串生命当中的一节,因此从根本上说来真是极其无谓的。"②更为具体地讨论,第一,在印度,不存在任何超越家族卡里斯马的力量,因此,"血族卡里斯马(gentile charisma)与个人卡里斯马的对立……即使到了历史时代,也未曾真正形成"③,婆罗门阶层的自我传承就是典型。第二,只有基于具体种姓而构建的特殊主义伦理,而无各种姓普遍适用的共同伦理:"除了少数绝对且通用的仪式性禁忌(特别是杀牛)之外,别无普遍适用的伦理,而只有完全因身份制不同而设定的私人伦理与社会伦理","各种彼此有别,甚且相互尖锐对立的身份伦理共存"④,如不同"法"之间的高度冲突⑤。这一方面在下文会有更为细致的论述。第三,进一步追问,由于种姓制度及其伦理决定了人生而就是某个种姓中的人,因此,就不可能在理念上生产出西方意义上的

---

① 韦伯:《印度的宗教:印度教与佛教》,康乐、简惠美译,桂林:广西师范大学出版社,2005年,第183—188页。
② 韦伯:《印度的宗教:印度教与佛教》,康乐、简惠美译,桂林:广西师范大学出版社,2005年,第168页。
③ Max Weber, *The Religion of India*, Glencoe, Illinois: The Free Press, 1958, p.142;韦伯:《印度的宗教:印度教与佛教》,康乐、简惠美译,桂林:广西师范大学出版社,2005年,第181页。
④ 韦伯:《印度的宗教:印度教与佛教》,康乐、简惠美译,桂林:广西师范大学出版社,2005年,第184页。
⑤ 韦伯:《印度的宗教:印度教与佛教》,康乐、简惠美译,桂林:广西师范大学出版社,2005年,第231—232页。

"自然法",即"人类'自然的'平等",自然法的缺失,"不仅永远地阻绝了社会批判性的思维与自然法意义下的'理性主义的'抽象思维之兴起,并且也阻碍了任何一种'人权'观念的形成"。① 个人主义和普遍主义的缺位,毋庸置疑地证明了印度社会的传统主义即特殊主义性质。

### (四) 走不出的特殊主义:异端的有限性

婆罗门从作为知识垄断阶层向出世神秘主义的进发,有助于保护自身的种姓身份团体,但会引发一个根本性难题,即"日常律法与宗教救赎追求之间"②是紧张对立的,因为这种本质上是个人主义③的救赎"无法导出任何现世内的生活伦理","与圣典的传统内容处于最尖锐的紧张关系"。具体言之,"灵知的知识所贬低的不只是神灵世界的价值,并且尤其是祭祀典礼的价值"④,其中最为核心的是对祖先崇拜的冲击。如前所述,种姓制度的基础是以家族卡里斯马为依据的职业隔离,因此,家庭在印度社会的构成中占据重要位置,"在印度,除了婆罗门之外,家父长即为重要礼仪义务的担纲者,《家庭经》对于这些义务有详细的规制"⑤。轮回与业报教义也是祖先崇拜的支撑力量:"在天堂或地狱或长或短的停留,如果有德,会使祖先喜悦并享来世的幸福,相反,子孙的恶性则会招致祖先在彼岸的不幸……祖灵的报复就会加在子孙身上。"⑥但是,沙门作为婆罗门出世神秘主义的最高境界,与祖先崇拜是对立的,由此而

---

① 韦伯:《印度的宗教:印度教与佛教》,康乐、简惠美译,桂林:广西师范大学出版社,2005年,第185页。
② 韦伯:《印度的宗教:印度教与佛教》,康乐、简惠美译,桂林:广西师范大学出版社,2005年,第244页。
③ Max Weber, *The Religion of India*, Glencoe, Illinois: The Free Press, 1958, p.169;韦伯:《印度的宗教:印度教与佛教》,康乐、简惠美译,桂林:广西师范大学出版社,2005年,第226页。
④ 韦伯:《印度的宗教:印度教与佛教》,康乐、简惠美译,桂林:广西师范大学出版社,2005年,第231页。
⑤ 韦伯:《印度的宗教:印度教与佛教》,康乐、简惠美译,桂林:广西师范大学出版社,2005年,第176页。
⑥ 韦伯:《印度的宗教:印度教与佛教》,康乐、简惠美译,桂林:广西师范大学出版社,2005年,第232—234页。

产生一个非常具体的问题:"是否可以未生子嗣即为沙门?"在这个难题上,《法经》强调"个人必须经历包括家长-婚姻阶段在内的所有阶段,以获得来世的功德",以协调个人主义与祖先崇拜之间的矛盾,但有些婆罗门则教导"禁欲苦行者并没有必要在进入僧侣生活之前得先做家长"。但无论如何,"沙门的救赎追求,成功地打破了奠基于祖先崇拜的巫术性氏族纽带"即"松动家族的纽带"。① 这样,起于氏族卡里斯马的种姓制度发展到极致时反而成为"超越于家庭的恭顺义务"②、否弃祖宗崇拜、撼动礼仪主义的力量。这种对立,在韦伯看来,"礼仪因此而受到的贬抑,实在是太动摇根本了"③。也就是说,伤及了种姓制度的根本。这种救赎诉求同现世伦理之间亦即达人宗教与大众宗教之间④的紧张,也表现在刹帝利身上。《薄伽梵歌》中要求刹帝利与其近亲相残的理由,概括起来,就是"相应于种姓义务的专属性,他只做这些而别无所事,绝不顾虑结果如何,特别是本身的成果"。换言之,刹帝利作为战士当然应该无条件地履行自身的义务,接受近亲相残的现实,他要达到的境界是"行若未行"⑤。在救赎上,需要"从内在解放对家庭、妻子、儿女的爱恋,绝对地不动心",而"对一个神或救赎者无条件的、完全信赖的服从"。⑥

不只如此,轮回与因果报应教义在强化传统主义的同时,也为个人脱离世袭实现来世命运改变开出了某种可能性,因此,韦伯说:"在印度教里,职业的固守并不是像基督教的家父长方式那样,与职业的忠诚与虔敬安分的德性等社会伦理教义联结在一起,而毋宁是完全出自个人一

---

① 韦伯:《印度的宗教:印度教与佛教》,康乐、简惠美译,桂林:广西师范大学出版社,2005年,第233—234页。
② 韦伯:《印度的宗教:印度教与佛教》,康乐、简惠美译,桂林:广西师范大学出版社,2005年,第234页。
③ 韦伯:《印度的宗教:印度教与佛教》,康乐、简惠美译,桂林:广西师范大学出版社,2005年,第240页。
④ 韦伯:《印度的宗教:印度教与佛教》,康乐、简惠美译,桂林:广西师范大学出版社,2005年,第244页。
⑤ 韦伯:《印度的宗教:印度教与佛教》,康乐、简惠美译,桂林:广西师范大学出版社,2005年,第250—251页。
⑥ 韦伯:《印度的宗教:印度教与佛教》,康乐、简惠美译,桂林:广西师范大学出版社,2005年,第253—254页。

己的救赎关怀(the individual's very personal interest in salvation)。"①也就是说,个人的轮回转世以及下一世的家庭并不绝对由现实的家庭和血缘决定,而毋宁说是取决于个人对现世血缘关系和种姓伦理和礼仪的信守。这种理解产生了两个相对立的后果,一是韦伯所谓的传统主义的延续和强化,二则是对纯粹个人命运而非种姓和家庭命运的关怀。

总之,印度教的教义并非绝对系统化的,本来氏族卡里斯马、职业区隔和世袭、轮回与因果报应教义相互支持而成牢固的种姓制,但是,当职业伦理和教义被张扬到极致,又成了家和种姓制的敌人。

此外,在印度历史上,还涌现了各种被印度教视为异端的宗教,如耆那教、佛教,这些宗教表达出强烈的反种姓、反身份、反氏族卡里斯马、无差别的爱等倾向,并在某些历史时期爆发出强大的吸引力和生命力,如阿育王时期的佛教。但是,这些宗教最终都被印度教收编或者消灭。这毫无疑问表明了印度教的强大。但在韦伯看来,即使印度教不占据绝对支配地位,这些宗教也不可能引导印度社会走出传统主义,症结在于它们自身还是巫术性的和出世神秘主义的,即使"禁欲的宗教意识,根本完全不是……由市民的资本主义及其职业代表者的内在'本质'产生出来,而是恰好相反"②。一言以蔽之,单靠印度文明自身是走不出传统主义的。

## (五) 小结

"氏族卡里斯马支持种姓,这个种姓也反过来支持该家族的卡里斯马。"③这是韦伯对种姓制与"家"的关系的结论。种姓和家之间的相互支持,将印度政治、社会和伦理的特殊主义性质定型化。在种姓制中,

---

① Max Weber, *The Religion of India*, Glencoe, Illinois: The Free Press, 1958, p. 122;韦伯:《印度的宗教:印度教与佛教》,康乐、简惠美译,桂林:广西师范大学出版社,2005年,第 156 页。
② 韦伯:《印度的宗教:印度教与佛教》,康乐、简惠美译,桂林:广西师范大学出版社,2005年,第 442 页。
③ Max Weber, *The Religion of India*, Glencoe, Illinois: The Free Press, 1958, p. 54.

"家"是相对抽象的血缘关系的具体化,通过氏族卡里斯马发挥作用。血缘关系则既可以泛化为"人种",亦可以收缩为具体的"家""家族"和"氏族",但无论如何伸缩,其在社会结构和伦理方面的作用机制主要是实体性的,这一点将不同于下文讨论的儒教和古犹太教。

对照杜蒙的种姓体系研究,我们会发现:(1)韦伯及其所处时代对印度的论述存在很多错误,包括把瓦尔纳和佳梯合二为一,名为论述前者但实质上是用后者的内涵来替代前者从而将职业和血缘结合在一起,等等。①(2)二者对种姓体系的认识有程度之别,韦伯把种姓制当作一个严格按照职业和氏族卡里斯马来确定阶序的制度,杜蒙则认为种姓制的内在结构并不严密。(3)韦伯主要利用二手资料开展研究,而杜蒙依据的是自己多年的田野调查。(4)二人评价种姓制的角度也是对立的,韦伯以现代资本主义为参照,探索印度社会走不出传统主义的内在精神原因,杜蒙则以阶序制来反思西方的平等主义学说的有限性。但有意思的是,二人对种姓制的基本判断却可以相互补充和相互支持。(1)杜蒙将种姓制当作一个系统,强调种姓是一个"有若干不变的原则主导着由各个变动不居的'要素'所构成的外观"②;韦伯也一直在陈说种姓的"有机性"(organic)③。韦伯语境中的"有机性"大概有两个相互关联的意思:首先是指原始的自然性而非抽象性,其次是指源于这种自然生成而拥有的某种有限的系统性。这样,有机性同杜蒙的系统性在内涵上有一定程度的重叠。(2)杜蒙认为:"卡斯特体系由其组成群体的专业化和相互依赖所构成。专业化的结果使那些群体彼此隔离,但是以整体需要为取向。此项与整体的关系,需要不停地加以强调,使分工和阶序联结

---

① Max Weber, *The Religion of India*, Glencoe, Illinois: The Free Press, 1958, p. 122;韦伯:《印度的宗教:印度教与佛教》,康乐、简惠美译,桂林:广西师范大学出版社,2005年,第156页。
② 杜蒙:《阶序人:卡斯特体系及其衍生现象》,王志明译,杭州:浙江大学出版社,2017年,第93页。
③ Max Weber, *The Religion of India*, Glencoe, Illinois: The Free Press, 1958, p. 326;韦伯:《印度的宗教:印度教与佛教》,康乐、简惠美译,桂林:广西师范大学出版社,2005年,第455页。

起来。它同时也使印度的社会分工形式与现代的经济分工形式截然有别,后者以个人利益为取向,而且最少在理论上是以市场去调节整体。"①这个判断实际上是从相反的角度佐证了韦伯关于种姓制的结论,任何印度人想都不会想到的是:"要将其在经济的职业忠诚上所获得的成果。看成是……依据切事原则(empirical principles)而理性地改造世界。"②也就是说,无论印度教徒如何忠于自己的职业,视职业为"天职",其视野始终局限于自己所属的种姓,目的是忠实履行自己作为特定种姓所必须遵循的教义,以求来世的幸福。在这一动机之下,不可能生长出普遍主义的精神气质来。

## 四、古犹太教:走得出的血缘,  走不出的内外之别

贱民民族是如何形成的,这是韦伯研究犹太教的基本问题。从韦伯的角度看,"贱民民族"本身就包含了反普遍主义的取向,即"内在道德与外在道德的二元分法"③。韦伯不是从纯粹理论的角度,而是从信仰与经济实践互动的角度,来展示犹太民族是如何一步步走出血缘纽带而进入教团纽带,最终形成一个超出实质的血缘关系但又保留了血缘关系所内在的内外有别特质的信仰共同体的。

### (一)从氏族组织到军事同盟

同几乎所有民族和社会一样,以色列人最早也是倚靠血缘组织起来的游牧民族。家族长和氏族长是其"唯一的通常也是永久的权威。氏族

---

① 杜蒙:《阶序人:卡斯特体系及其衍生现象》,王志明译,杭州:浙江大学出版社,2017年,第169页。
② Max Weber, *The Religion of India*, Glencoe, Illinois: The Free Press, 1958, p. 326;韦伯:《印度的宗教:印度教与佛教》,康乐、简惠美译,桂林:广西师范大学出版社,2005年,第455页。
③ 韦伯:《古犹太教》,康乐、简惠美译,桂林:广西师范大学出版社,2007年,第13页。

是由数个帐幕共同体所组成,而这些帐幕共同体自觉(不管事实与否)源于同一始祖,所以帐幕接比为邻,氏族借着血亲复仇义务而成为最结实凝结的团结"①。这种血缘共同体的内部虽然有着不平等,但又"存在着兄弟急难救助的严格义务。相反,若不是兄弟,那么除非通过食桌共同体而被容纳为保护团体的一员,否则没有权利"。从帐幕共同体到氏族再到部族,从内部的不平等到伦理上的内外有别,即兄弟互助关系仅行于氏族或者部族内部,这些都是血缘组织的共同特点,没有显示出贝都因人在组织方式上的独特之处。

即使是随着城市的发展,出现了城市与村落的分化,亦即贝都因人从游牧向定居的转变,虽然地域纽带似乎渐渐超越了血缘纽带而占据了上风,"在《约书亚记》的传说里,部族已分解成城市与村落,而不是氏族与家族",但是,氏族势力依然强大,同城市君主共同掌握着城市的权力。② 而且君侯本身也是世袭的,并讲究血统的纯正性;血亲复仇现象也普遍存在,"城市氏族间的流血复仇与械斗以及某些城市氏族联合起来对付城外族群的事情,显然并不少见"③。地域纽带并没有彻底地替代血缘纽带,后者始终在城市中占据一席之地。但是,地域纽带的作用已经明显凸显,形成了城市与乡村、城市贵族与农民的对立,农村和农民的重要性不断降低。这一方面当然是氏族移居城市使然,另一方面跟战争方式之转变有关。④ 我们后面会看到,农民地位的这种降低,在后来的宗教发展中不但没有改变,反而变得越发不可逆转。

对于以色列人而言,在社会构成逻辑和精神气质上同其他人群分道扬镳,从而形塑出特立独行的"犹太人"的真正起点,是誓约军事同盟即"摩西为了征服和固守西约旦河地区而和施行红海奇迹的神之间所建立的契约"⑤。"契约思想,则以一种其他民族绝无仅有的方式,成为祭司

---

① 韦伯:《古犹太教》,康乐、简惠美译,桂林:广西师范大学出版社,2007年,第27—28页。
② 韦伯:《古犹太教》,康乐、简惠美译,桂林:广西师范大学出版社,2007年,第36—38页。
③ 韦伯:《古犹太教》,康乐、简惠美译,桂林:广西师范大学出版社,2007年,第41—43页。
④ 韦伯:《古犹太教》,康乐、简惠美译,桂林:广西师范大学出版社,2007年,第122页。
⑤ 韦伯:《古犹太教》,康乐、简惠美译,桂林:广西师范大学出版社,2007年,第171页。

教说与先知预言的诸多伦理观念的特殊原动力。"① "具有决定性的正是在于那古老的、俘囚期之前的,并且在这些例子上,创造出法律的全体以色列人的契约。此种契约……不仅仅是契约当事人在神——作为契约的证人与伪誓的复仇者——的保护之下彼此缔结契约和建立兄弟关系,而是与神本身的缔结契约,而这尤其是以所谓的'耶和华崇拜者'为代表的古老见解。根据此一见解,当契约遭到破坏而神施行报复时,神所坚持的不只是在他保护下忠实的契约当事人的权利,更是神本身的权利。"② 通过立约,让以色列人承诺"对神永远的特殊义务,而神相比于此的施恩承诺则使得他成为……一个对以色列的应许之神"③。与耶和华的立约,让以色列人一方面背负起沉重的负担,时时刻刻可能因违背誓约而被神所惩罚,另一方面自以为"其他民族比不上以色列",因为"他们不知或者反正没有这种神圣秩序"。④ 这种双重认知对以色列人的社会结构和心智结构的重塑至关重要:(1) 普世神与特殊性的结合。一方面,耶和华作为"有着自由意志的神","是依其自由的决断而在其他诸民之中选择了自己的民"⑤即以色列人,二者订立了契约,成为以色列人独占之神,以色列人成为为神所选择和应许的独特民族。正因如此,虽然以色列人在不同历史时期杂处于不同的文化和信仰之中,但由于必须对这个"契约神"无条件地服从,保持了其处变不惊和信仰上的从一而终。另一方面,耶和华又自称"全世界之主",不排斥外族人对他的信仰,从而具有某种普遍性。⑥ (2) 同耶和华的立约,实际上是城市贵族基于战争需求而建立军事同盟的方式,并在很大程度上因应并强化了以色列的新型社会结构,即从早期以氏族为中心、社会主要矛盾是氏族与客

---

① 韦伯:《古犹太教》,康乐、简惠美译,桂林:广西师范大学出版社,2007年,第165页。
② 韦伯:《古犹太教》,康乐、简惠美译,桂林:广西师范大学出版社,2007年,第119页。
③ 韦伯:《古犹太教》,康乐、简惠美译,桂林:广西师范大学出版社,2007年,第164页。
④ 韦伯:《古犹太教》,康乐、简惠美译,桂林:广西师范大学出版社,2007年,第48—54页。
⑤ 韦伯:《古犹太教》,康乐、简惠美译,桂林:广西师范大学出版社,2007年,第177页。
⑥ 韦伯:《古犹太教》,康乐、简惠美译,桂林:广西师范大学出版社,2007年,第183页。

人氏族之间的对立,转向城居贵族同穷人之间的对立。① (3)誓约军事同盟突破了过去的部族范畴即血缘范畴,以契约为纽带重塑了以色列这个民族。"就以色列共同体本身来说……它是个在同盟战神耶和华指导下且与之结盟的军事同盟"②,"与部族没有血缘关系的人可以通过婚姻或盟约协定加入本部族,这便赋予了他们兄弟身份"③。像摩西,原本没有属于以色列部族的依据。④ 在这个意义上,"'以色列'并不是个部族名,而是个团体名称,特别是个祭祀誓约团体的名称"⑤。也就是说,誓约共同体改变了先前基于血缘和地域纽带所构成的"以色列人",而基于契约重组了"以色列人"的实质内容,使得这个概念从"部族"概念转变为"团体"概念。如以色列王大卫就是通过契约,把各个氏族联合起来,建成一个以色列"民族",大卫成为民族君主,并以耶路撒冷为中心建立起"城市王国"。⑥ (4)对血缘的抑制和超越,还表现在耶和华崇拜对死者崇拜和祖先崇拜的抑制:"纯正的耶和华信仰者针对氏族祭祀团体的形成所发动的斗争,反过来又阻挠了祖先崇拜的形成,因为祖先崇拜原本可在氏族团体里获得其容身之处。结果,氏族祭奠后来也彻底消失了。"⑦但是,(5)这种超越是有限的。其一,虽然契约是为解决氏族作为政治单位的极不稳定而出现的,但其根源还是来自以色列历史上处理氏族同客族关系的方式⑧,不过是传统礼仪模式的拓展,"根据传说,誓约兄弟团体的形成在礼仪上首先要当事人之间建立其食桌共同体"⑨。其二,由于祖先崇拜和死者崇拜的缺失⑩,耶和华对以色列的"拯救与应许

---

① 韦伯:《古犹太教》,康乐、简惠美译,桂林:广西师范大学出版社,2007年,第92页。
② 韦伯:《古犹太教》,康乐、简惠美译,桂林:广西师范大学出版社,2007年,第122页。
③ 阿姆斯特朗:《轴心时代》,孙艳燕、白彦兵译,海口:海南出版社,2010年,第44—45页。
④ 韦伯:《古犹太教》,康乐、简惠美译,桂林:广西师范大学出版社,2007年,第167页。
⑤ 韦伯:《古犹太教》,康乐、简惠美译,桂林:广西师范大学出版社,2007年,第123页。
⑥ 韦伯:《古犹太教》,康乐、简惠美译,桂林:广西师范大学出版社,2007年,第78页。
⑦ 韦伯:《古犹太教》,康乐、简惠美译,桂林:广西师范大学出版社,2007年,第199页。
⑧ 韦伯:《古犹太教》,康乐、简惠美译,桂林:广西师范大学出版社,2007年,第119—120页。
⑨ 韦伯:《古犹太教》,康乐、简惠美译,桂林:广西师范大学出版社,2007年,第114页。
⑩ 韦伯:《古犹太教》,康乐、简惠美译,桂林:广西师范大学出版社,2007年,第197—198页。

所关涉的是现实政治之事,而非关个人内在事务",这里的"现实政治",指现世的"幸福生活,而不是应许超越性的价值"①,即无此世与彼世之紧张。其三,军事誓约同盟的同胞伦理,明确地规定了内外之别,是"犹太人对内道德与对外道德之区隔的来源",其"主要源自邻人团体有义务在危难时提供无息援助的古老的兄弟伦理"。②食桌共同体同通婚、祭祀共同体一起,在韦伯的观念中是建立拟血缘共同体的关键方式,也是传统宗教仪式主义的重要表现;而且,由此可见,走出血缘纽带的以色列人并没有真正走出血缘和拟血缘的想象力,也没有真正走出血缘结构所内在的亲疏远近之别和内外之别。这个悖谬,是由两个方面的原因造成的:第一,当时的以色列社会还处在部族时期,既没有发展出"共通的市民权"③,也"没有具形式权威的共通的裁判所",故没有共通的形式法,只有部族性的法律④,这也影响到军事同盟的誓约内容;第二,当时的军事同盟同日常生活基本上是二分的,军事誓约同盟的"起源是宗教的训诫,而不是现行法"⑤,只是在战争期间在发挥作用,对于日常生活领域中是否构建统一的法律体系并无实质性贡献。这两个领域的打通,要到祭司兴起之后。

除上述特点之外,在这个时期,耶和华本身也呈现其他多重相互矛盾的面孔:一方面他是战神,是自然灾害之神,是自由意志之神,充满激情和不确定性,心性反复无常,说变就变,完全不可预测;另一方面他作为同盟秩序的保证人,又是友善之神,维护同盟的"道德与习俗",有伦理理性主义的味道,"神的公正秩序原本就具有伦理的完美性"⑥。推动着耶和华信仰走向理性主义的伦理化的,是祭司和先知,他们之间既相

---

① 韦伯:《古犹太教》,康乐、简惠美译,桂林:广西师范大学出版社,2007年,第173页。
② 韦伯:《古犹太教》,康乐、简惠美译,桂林:广西师范大学出版社,2007年,第99页。
③ 韦伯:《古犹太教》,康乐、简惠美译,桂林:广西师范大学出版社,2007年,第125页。
④ 韦伯:《古犹太教》,康乐、简惠美译,桂林:广西师范大学出版社,2007年,第132页。
⑤ 韦伯:《古犹太教》,康乐、简惠美译,桂林:广西师范大学出版社,2007年,第102—103页。
⑥ 韦伯:《古犹太教》,康乐、简惠美译,桂林:广西师范大学出版社,2007年,第179页。

互冲突又在终极后果上不经意地相互支持。

## （二）祭司与先知的有限对立

在王制时代之前，并无定期的牺牲供奉，因此祭司职业亦无存在之必要。但随着同盟战神的威信因领土扩张而高涨，以及王国之建立，牺牲供奉的意义发生重大变化，即"试图赎罪"的要求的内涵的变化。"罪"起先指"礼仪上的失误"，但由于耶和华是以色列的契约当事人，"奠基于同志爱和兄弟互助上的古老社会法也被认为是对他所负有的义务"，因此，其内容就从"礼仪的领域"转移到"社会伦理的领域"。[①] 这里的关键是"解读神的意旨与确知所必须赎罪的过失"，以及"确定罪与赎偿罪的手段"的需求连续高涨，牺牲供奉的位置被理性地探求人神"契约"和神的意旨所取代："对此，非理性的占卜手段根本无法回答，而唯有对命令本身的认识和良心的探索才行。所以，活跃于纯正耶和华信仰圈子里的'契约'思想，便将一切对神之意旨的探求推进到一个相对而言较理性的提问方式和理性的解答手段。"[②]祭司职业正是在这种背景下登上以色列民族的历史舞台，摩西正是这一伦理转向的发起者。[③]

有意思的是，像摩西一样，利未人是以色列12支之外的"客族"，其被耶和华指定为世袭性的耶和华祭司，本身就显示了犹太教与血缘纽带的矛盾性关系：一方面以色列民族并非按照血缘关系组织起来的，另一方面利未人"内部则按父系家族（father house）组织起来"，成为一个"世袭性卡里斯马家族"。[④]

在韦伯的视野中，利未人对于以色列人而言，最核心的贡献，就是推动伦理的理性主义化，"利未人的威信源泉正是在于他们对于正面而非

---

[①] 韦伯：《古犹太教》，康乐、简惠美译，桂林：广西师范大学出版社，2007年，第222页。
[②] 韦伯：《古犹太教》，康乐、简惠美译，桂林：广西师范大学出版社，2007年，第222—223页。
[③] 韦伯：《古犹太教》，康乐、简惠美译，桂林：广西师范大学出版社，2007年，第336页。
[④] Max Weber, *Ancient Judaism*, New York: The Free Press, 1952, pp. 171-172；韦伯：《古犹太教》，康乐、简惠美译，桂林：广西师范大学出版社，2007年，第230—231页。

消极禁止的礼仪与伦理命令的知识,以及他们对于人们如何借着服从这些命令而讨神的欢喜或如何平息因违反命令而招惹神怒的方法所具有的知识"①。也正因为利未人的这种"神学理性主义"②或曰"理性神义论"③对于以色列人的信仰和心志伦理的理性化,产生了新一轮的深远影响:

(1) 耶和华从战神即契约神向伦理神的转变。④ 作为契约神的耶和华是誓约军事同盟的保护神,是团体神,但随着利未人"借着赎罪祭、赎愆祭、斋戒或其他手段来弥补赎去人们对耶和华的冲犯,并借此免除即将面临的不幸和消解业已降临的灾祸",吸引了越来越多的私人顾客,并最终"成为利未人的'律法书'的唯一真正意义"⑤,祭司同时也是"灵魂司牧者"。这种转变,跟王制的消亡和生活的和平主义化联系在一起,也促使耶和华信仰所支配的是越来越"非军事化"的"平民圈子"和"缅怀着美好古法的所有知识分子"⑥,耶和华成为"平民的神","平民阶层成为一个理性的宗教伦理的担纲者"⑦。这个过程,消解了俘囚期之前"宗教法"与"世俗法"之间的区隔,造成"法律的神学化"和"宗教伦理的理性化"⑧,即宗教伦理超越军事同盟而广布于日常生活之中,带给以色列人在伦理上"相对广泛的理性的系统化"⑨。在韦伯看来,摩西十诫虽然

---

① 韦伯:《古犹太教》,康乐、简惠美译,桂林:广西师范大学出版社,2007年,第242页。
② 韦伯:《古犹太教》,康乐、简惠美译,桂林:广西师范大学出版社,2007年,第240页。
③ 韦伯:《古犹太教》,康乐、简惠美译,桂林:广西师范大学出版社,2007年,第280页。
④ 韦伯:《古犹太教》,康乐、简惠美译,桂林:广西师范大学出版社,2007年,第185页。
⑤ 韦伯:《古犹太教》,康乐、简惠美译,桂林:广西师范大学出版社,2007年,第239页。
⑥ 韦伯:《古犹太教》,康乐、简惠美译,桂林:广西师范大学出版社,2007年,第286页。
⑦ 韦伯:《古犹太教》,康乐、简惠美译,桂林:广西师范大学出版社,2007年,第290页。
⑧ 韦伯:《古犹太教》,康乐、简惠美译,桂林:广西师范大学出版社,2007年,第315页。
⑨ 韦伯:《古犹太教》,康乐、简惠美译,桂林:广西师范大学出版社,2007年,第326—327页。韦伯三次使用了类似的概念,如"有系统地理性化"(systematic rationalization)、"理性的系统化"(rationally systematized)、"理性系统"(rationally systematic character)。参见韦伯:《古犹太教》,康乐、简惠美译,桂林:广西师范大学出版社,2007年,第321、326—327页;Max Weber, *Ancient Judaism*, New York: The Free Press, 1952, pp.249, 254, 255。如前文所述,这些概念对于韦伯而言是至关重要的。但当韦伯将这个概念用于犹太教时又表明,"系统性的理性化"并不是现代性或者说现代资本主义的独有性格。

"是神律,而不是律例",但"纯粹是为了教化的目的"而由知识阶层"创造出来的一种超宗派的伦理套式"①,其对象不是"政治的当权者",也非"教养阶层的成员,而是广大的市民和农民中产阶级亦即'人民'的后代"②。

(2) 这种进入到私人生活领域的"告解"和"赎罪"和平民化及和平主义化,只要求"理性制约下的奇迹与神的力量、惩罚和报偿的证明,而不是魔法与英雄的事迹"③,逼退了"属于农民召集军的、古老的狂迷与非理性的战争先知与拿比"④,是对巫术进行"系统的"打击⑤的一部分,促进了犹太教教义从巫术、神谕等非理性向理性化的伦理教义之转变,使得耶和华的形象从"充满神秘的未知之神"⑥向"发怒时激愤难当,但终归说来既理性又按计划行事的……知识分子的神"⑦转变。当然,需要指出的是,耶和华即使在其早期是作为"誓约共同体的同盟战神"而面世的,也与神秘主义的冥想无关,不可通过冥思以与其"神秘地合二为一",其命令和意图是可以通过契约和伦理理解的,"他业已下达人类必须信守的积极命令,人类可以如同面对一个大王那样,探究他的救赎意图、他发怒的原因与他施恩宠的条件"⑧。一言以蔽之,耶和华信仰与神秘主义无关,包括作为"神的容器"和玄学意义上的冥思苦想,而是现实主义的。

(3) 与巫术、神谕之退场相关联的,是氏族作为社会组织和宗教组织之基本模式的衰退。在俘囚期之前,以色列关于慈善的心志伦理"更贴近家父长制的家族共同体与邻里共同体关系的性格",但到了俘囚期来临之际和俘囚期之中,即城市化和和平化的律法书时代,"带来神圣法

---

① 韦伯:《古犹太教》,康乐、简惠美译,桂林:广西师范大学出版社,2007年,第310页。
② 韦伯:《古犹太教》,康乐、简惠美译,桂林:广西师范大学出版社,2007年,第313页。
③ 韦伯:《古犹太教》,康乐、简惠美译,桂林:广西师范大学出版社,2007年,第297页。
④ 韦伯:《古犹太教》,康乐、简惠美译,桂林:广西师范大学出版社,2007年,第239页。
⑤ 韦伯:《古犹太教》,康乐、简惠美译,桂林:广西师范大学出版社,2007年,第285页。
⑥ 韦伯:《古犹太教》,康乐、简惠美译,桂林:广西师范大学出版社,2007年,第169页。
⑦ 韦伯:《古犹太教》,康乐、简惠美译,桂林:广西师范大学出版社,2007年,第290页。
⑧ 韦伯:《古犹太教》,康乐、简惠美译,桂林:广西师范大学出版社,2007年,第291页。

典的抽象思维:爱邻如爱己","将复仇交给神"。这恰恰意味着对血仇血报的去除,并将爱邻人的积极命令这一"古老的氏族同胞的原则""转移到信仰兄弟上"。① 而且,耶路撒冷的祭祀独占使得"被视为'献牲'与'牺牲会食'的家内屠宰与家内肉食聚餐世俗化。其神圣性格已完全丧失,只因牺牲供奉唯有在耶路撒冷一地举行"。"这种世俗化,在死者崇拜遭到拒斥之后,成为耶和华信仰对于氏族之宗教意义的可能性的最后一击:从此不再可能有由氏族长老领导下的祭祀会食存在。"这种改革副产品与王权之兴起相互支持②,推动着犹太人脱离血缘纽带而向教团组织发展,血缘在更大规模社会组织中的作用消隐而局限于家庭之中。

(4) 虽然祖先崇拜被以色列人否弃,但却未能让其摆脱责任的连带性。利未人强化了犹太教中共同体要为其成员的所作所为、子孙要为其先祖的所作所为负起连带责任的教义。③ 其中,共同体可以通过把罪人奉献给神而脱卸责任,而祖先之罪完全不可脱卸。这种连带性,一方面表明祖先崇拜其实以相反的方式存在于犹太教之中,另一方面则强化了契约观念,增进了人对神的负罪感,迫使"神的命令本身,连同罪过的忏悔,愈来愈往心志伦理方向升华",以色列人唯一能做的,是"无条件的顺从,无条件的信赖"以及"悔罪的心志本身"。④ 加上"预言"中的"末世论的思想"⑤,铸就了以色列人在神面前绝对的消极性,决定了以色列人在俘囚期的贱民民族的基本生活态度和精神气质:以色列人"对神的心志伦理关系的整体态度:谦卑、顺从、全然信靠的献身"⑥。由此,"以色列变成这样一个程度无与伦比的'期待'与'等候'的民族"⑦。此种消极

---

① 韦伯:《古犹太教》,康乐、简惠美译,桂林:广西师范大学出版社,2007年,第332—333页。
② 韦伯:《古犹太教》,康乐、简惠美译,桂林:广西师范大学出版社,2007年,第248页。
③ 韦伯:《古犹太教》,康乐、简惠美译,桂林:广西师范大学出版社,2007年,第281页。
④ 韦伯:《古犹太教》,康乐、简惠美译,桂林:广西师范大学出版社,2007年,第282—283页。
⑤ 韦伯:《古犹太教》,康乐、简惠美译,桂林:广西师范大学出版社,2007年,第299页。
⑥ 韦伯:《古犹太教》,康乐、简惠美译,桂林:广西师范大学出版社,2007年,第319页。
⑦ 韦伯:《古犹太教》,康乐、简惠美译,桂林:广西师范大学出版社,2007年,第304页。

性,反过来彰显的是以色列的市民阶级其实没有真正抖落其身上的农民气质,其所呈现的是"特别和平主义的非军事的农民的救赎希望"①。而且,这种悔罪和等待,同前面的私人化一起,促使犹太教所关注的对象,从富贵之人转向"平民"②。

(5)摆脱不了血缘之内在特质的另一个表现还是韦伯一直要证明的犹太教的反普遍主义的个性,即内外有别。以《圣经·申命记》为典型,以色列人一方面是对"外邦人"的"宗派性闭锁",另一方面"对内则是虔敬且礼仪正确的格尔林姆与以色列人在宗教与社会伦理上的地位平等"③。也就是说,虽然以色列民族本身基于契约而同其他客族实现了民族重组,但未获得重组机会或者改宗机会的民族,依然被以色列人用不一样的标准来看待。这种内外有别,祭司起到了一个重要的推动作用,通过仪式的净化,反对包括死者崇拜和祖先崇拜在内的偶像崇拜,在强化耶和华信仰的同时,也绝对化了"(区分以色列人与异邦人的)识别命令"④。

(6)"现世内的禁欲"的阙如。犹太教从来就缺乏"现世内的禁欲",这是韦伯的基本观点。这种阙如,在祭司时代并没有得到扭转。包括对劳动的褒扬,"将经济活动评价为一种美德",在犹太教中都不见踪影。在韦伯看来,这是当时的犹太教的担纲者转向平民而以城市贵族为敌使然。⑤但进一步看,亦可以为上文提出的观点提供旁证,即市民本身的农民性格。

祭司对犹太教传统的强化或者改变,并非独立进行的,恰恰相反,这一进程跟当时的社会结构紧密勾连在一起,有着相互助推的作用,很难简单地说其中哪一方起决定性作用。譬如,担纲者群体和教义取向从贵族向平民的转变,就跟俘囚期之后以色列社会结构的变动有着内在一致

---

① 韦伯:《古犹太教》,康乐、简惠美译,桂林:广西师范大学出版社,2007年,第299页。
② 韦伯:《古犹太教》,康乐、简惠美译,桂林:广西师范大学出版社,2007年,第283页。
③ 韦伯:《古犹太教》,康乐、简惠美译,桂林:广西师范大学出版社,2007年,第319页。
④ 韦伯:《古犹太教》,康乐、简惠美译,桂林:广西师范大学出版社,2007年,第213页。
⑤ 韦伯:《古犹太教》,康乐、简惠美译,桂林:广西师范大学出版社,2007年,第326页。

性:首先是按"氏族"登记的现象普遍衰退,而改为按照"地域共同体"的男子登记;其次是从贵族对城市的把控,转向地位卑下者成为"耶路撒冷城邦共同体居民里的平民"[1]。再譬如,市场经济的发展与安息日这一仪式主义的强化密切相关。[2] 在政治上,历史上耶和华信仰就是反对王制的,俘囚期中王国被毁灭,在耶和华与平民之间缺失了政治中介,因此,无论是社会伦理还是经济伦理抑或慈善理念,都表现出如上特征。[3]

但是,一个有意思的问题是,祭司的伦理教化如何能对以色列人产生如此深刻的影响,如何能够生产出以色列人民全然谦卑、顺从、等候的消极品格?这里的一个重要动力是"预言"的作用。而"预言"使命的担纲者,是与祭司阶层相生相杀的"先知"。

"预言"的核心内容之一是"灾祸"。灾祸预言的根本,是"破弃与这个可怕的神本身所立的契约而遭到惩罚"[4],其中,"当权阶层的宗教态度总是关键所在"[5],并由此而让人感觉到先知"最主要的关怀重点还是在于国家与民族的命运"[6]。但是,事实上,先知的政治态度"始终是取决于宗教",取决于以色列人与耶和华的立约,"任谁也不足以与之匹敌,更甭说是仰赖人为的援助:那是无神、无信仰,必招致神怒"[7]。因此,先知越过了任何中介环节,不代表任何非神的力量,包括祭司赖以为基的仪式,而直接作为耶和华的"口",传达耶和华的"命令","确信自己必须做耶和华的口,说出耶和华要他说的话"[8]。

先知在性格、组织方式、对神的理解上,同祭司有着诸多的差别甚至冲突,如先知的个人卡里斯马特质与祭司的官职卡里斯马特质的对立,

---

[1] 韦伯:《古犹太教》,康乐、简惠美译,桂林:广西师范大学出版社,2007年,第57页。
[2] 韦伯:《古犹太教》,康乐、简惠美译,桂林:广西师范大学出版社,2007年,第204页。
[3] 韦伯:《古犹太教》,康乐、简惠美译,桂林:广西师范大学出版社,2007年,第306—336页。
[4] 韦伯:《古犹太教》,康乐、简惠美译,桂林:广西师范大学出版社,2007年,第401页。
[5] 韦伯:《古犹太教》,康乐、简惠美译,桂林:广西师范大学出版社,2007年,第402页。
[6] 韦伯:《古犹太教》,康乐、简惠美译,桂林:广西师范大学出版社,2007年,第343页。
[7] 韦伯:《古犹太教》,康乐、简惠美译,桂林:广西师范大学出版社,2007年,第358—359页。
[8] 韦伯:《古犹太教》,康乐、简惠美译,桂林:广西师范大学出版社,2007年,第370页。

先知的灾祸预言与祭司的灵魂司牧职能之间的对立,先知直面神的命令而祭司以仪式为媒介,等等。总之,"在以西结之前,没有任何一个先知对祭司有正面的评价……光是这种自有预言的存在,自其抬头的时代以来便是祭司权势薄弱的一个清楚征候"①。但是,二者在推进犹太人作为一个贱民民族的形成和强化上却不经意地相得益彰。这里的直接原因,是二者对契约的认知并无二致。换言之,先知宣讲的,实际上是利未人的律法书,其所诅咒的,是"对这些既已周知的神的命令的背叛"②。在先知看来,耶和华与以色列人的立约,其实质还是伦理,破坏伦理即破坏正义,而"正义的内容无非是兄弟之爱的命令"③。而且,先知表现的是恍惚忘我者的形象,但其实他视野中的神是"彻头彻尾能被人所理解的"。在这一点上,"出于正当的动机来理解耶和华的决断正是先知和律法书教师的任务"④。最为重要的是,由于先知和祭司对于耶和华的理解是一致的,因此,先知的灾祸预言客观上起到了助推祭司所主张的以色列人在耶和华面前的彻底消极信仰的心志伦理:"先知的决定性宗教要求,并不是个别规定的遵守……而是信仰。"⑤"信仰真正意指的不过是无条件地信赖神的无所不能,信赖他的话语是肺腑之言,并且必定会实现,不管一切外在情势显得多么的不可能。"⑥对"信仰"的无条件要求和由此导致的人对神的完全无能为力和神对人的绝对决定性地位,都是对祭司要求的人对神的命令的服从的进一步加压。

但是,如果仅有灾祸预言,以色列人就始终处在神的压迫之下而无任何逆转之日,那么,谁能承担这种绝对的紧张和消极性?谁能将这种怀忧丧志进行到底?韦伯的回答是否定的:"此种全然悲观且唯命是从的态度自然不可能成为俘囚状态下的共同体的维系支柱。"因此,就如预

---

① 韦伯:《古犹太教》,康乐、简惠美译,桂林:广西师范大学出版社,2007年,第360页。
② 韦伯:《古犹太教》,康乐、简惠美译,桂林:广西师范大学出版社,2007年,第379页。
③ 韦伯:《古犹太教》,康乐、简惠美译,桂林:广西师范大学出版社,2007年,第382页。
④ 韦伯:《古犹太教》,康乐、简惠美译,桂林:广西师范大学出版社,2007年,第394页。
⑤ 韦伯:《古犹太教》,康乐、简惠美译,桂林:广西师范大学出版社,2007年,第398页。
⑥ 韦伯:《古犹太教》,康乐、简惠美译,桂林:广西师范大学出版社,2007年,第399页。

定论走到尽头之时,必然为新教徒开一个小小的口子以防转向彻底宿命论一样,先知在将灾祸预言绝对化之时,也必须发展出一种救赎预言来帮助以色列人"回归希望","一等到灾祸席卷过后,人指望的便是救赎"。这种救赎期盼在犹太教的发展史上被升华为各种形态,包括末世论,"市民的申命记式期望,亦即以色列将是耶路撒冷贵族人民,其他民族则是债务奴隶与佃农",立新的"更加有恩宠的契约",等等。不管哪一种,对于以色列人而言,都能帮助他们"生活在一种不断等待的心情基调里"。①

律法书的道德和礼仪教化同灾祸预言以及耶和华的"应许"这种强大且充满张力的神谕的结合,最为典型的结果,是以色列"从政治团体演变为宗教团体",以及"耶和华共同体在耶路撒冷崩毁后仍旧继续存在下去",一言以蔽之,让"犹太人在世界上处于贱民民族的地位"。② 如前所述,早期以色列人同一般的早期人类组织一样,是以血缘作为社会和政治共同体的纽带,其基于血缘和巫术的礼仪当然不可规避其排他性的面向;但在城市化和军事誓约同盟形成的过程中,契约作为以色列人组织和团结的独特机制涌现,血缘在排他性中的重要性降低,但誓约本身服务于政治和军事目标,并不具有本体性的独立的区分作用,格尔林姆这样的客族被纳入共同体就是一个例证。也就是说,无论是基于血缘的区隔还是基于契约的区隔,在早期以色列人群体中都不具有系统性和实质性价值。③ 唯有到俘因期前和俘因期,和平主义化背景下军事和政治的重要性降低,王国随着巴比伦的入侵而坍塌,在律法书和预言的影响全面上升并且相互配合,"礼仪共同体"或曰"宗教团体"兴起,礼仪的洁净与否成为确定是否属于"犹太人"或者能否作为"巴勒斯坦的永久居民"的唯一依据。礼仪洁净与否的根本依据是以色列人与耶和华的立约,信

---

① 韦伯:《古犹太教》,康乐、简惠美译,桂林:广西师范大学出版社,2007年,第410—412页。
② 韦伯:《古犹太教》,康乐、简惠美译,桂林:广西师范大学出版社,2007年,第418—419页。
③ 韦伯:《古犹太教》,康乐、简惠美译,桂林:广西师范大学出版社,2007年,第422页。

守还是破坏这个神圣的"契约"是洁净与不净的根本区别所在。这样,"契约便从政治团体在历史制约下的社会形式转变为一种神学建构的手段"①,上升到绝对的高度。

礼仪共同体不是没有开放性,"举凡礼仪洁净的耶和华崇拜者,无论是以色列人或格尔林姆或新的改宗者,都同样具有信仰上的同等价值"②。由此可见,礼仪共同体俨然突破了血缘纽带的封闭性。但是,反过来看,在律法书和预言的共同作用下,"耶和华在乎的……唯有以色列","此种选民思想,是以色列人特殊的仪式与伦理的义务与权利的基础。普遍而原始的对内与对外的二元论在此为耶和华共同体获得这激越慷慨的下层结构"。③ 也就是说,在系统化的理性主义的伦理和预言的压力和动力支持下,犹太教开启了一个"关于罪孽与神所喜的行为之广泛的心志伦理的升华"④即清教化进程,"以色列民族"由此转化为"'犹太人'共同体"⑤。"礼仪不净者"同"礼仪洁净者"的彻底隔离是犹太人"自愿性的""礼仪的闭锁"⑥,形塑出另一种但也更加系统化的封闭性即内外之别。这种"宗派成员"的二元论观念决定了以色列人在经济伦理上的二元论:"严格禁止行于信仰兄弟间的某些行为类型,烙上行之于非兄弟则无所谓的印记",使得"奠基于形式合法性的理性的营利经济从未能获得宗教上积极正面的评价"。⑦ 如前所述,这是韦伯的文明比较研究最为关注的问题,也是他分析犹太教得出的最为关键的结论。

这种二元论是犹太教和基督清教所有的"内在于现世的禁欲"的根本原因:"贯穿于整个伦理的这种二元论实际上意味着:清教固有的特殊理念,亦即通过理性的'内在于现世的禁欲'得以获致宗教的确证的观

---

① 韦伯:《古犹太教》,康乐、简惠美译,桂林:广西师范大学出版社,2007年,第419页。
② 韦伯:《古犹太教》,康乐、简惠美译,桂林:广西师范大学出版社,2007年,第421页。
③ 韦伯:《古犹太教》,康乐、简惠美译,桂林:广西师范大学出版社,2007年,第424—425页。
④ 韦伯:《古犹太教》,康乐、简惠美译,桂林:广西师范大学出版社,2007年,第416页。
⑤ 韦伯:《古犹太教》,康乐、简惠美译,桂林:广西师范大学出版社,2007年,第415页。
⑥ 韦伯:《古犹太教》,康乐、简惠美译,桂林:广西师范大学出版社,2007年,第429页。
⑦ 韦伯:《古犹太教》,康乐、简惠美译,桂林:广西师范大学出版社,2007年,第426页。

念,是行不通的。因为,此种理念不可能立足于本身既拒斥某事而唯有对某些范畴的人们才'放行'的基础上。"①也就是说,基督清教的入世禁欲主义是以伦理上的普遍主义为前提的。进一步追问,犹太人超越不了伦理的二元论,又在于"欠缺任何让经济的对外关系导向伦理理性化的救赎论动机,亦即没有任何致此的宗教报偿在其中"。具体言之,对于犹太人而言,"如果上帝是借着经济的成就来'祝福'他的子民,那么并不是因为其经济的'确证'(即救赎),而是因为虔信的犹太人在此种营利活动之外有着为神所喜的生活(《申命记》的取恩论已如此教诲)……在犹太人来说,生活样式里的信仰确证之所在,是全然有别于'现世'之理性确证的一个领域"②。这种在经济之外的救赎之道,就是"礼仪严正"③,是对白纸黑字的"礼仪规则与仪式命令"④的无条件遵守。犹太教和犹太人教团虽然在后世有着各种变化和发展,但都没有脱离贱民化轨道,而只是一个不断强化贱民民族性格的过程。而且,随着和平主义化和市民理性主义化的推进,祭司战胜先知,宗教改革的时代终结,这一进程反而得到了最终确定。⑤

这里非常有意思的一点是,市民理性主义同贱民民族的强化是同步进行的。按照韦伯的说法,犹太教的担纲者是"巴比伦的俘囚集团"⑥,构成这个集团的,不是农民也非贵族,而是"市民人口",犹太民族是"一个城居的贱民民族"⑦。而按照第二部分提及的韦伯的分析框架以及前文讨论的韦伯对以色列历史的分析,市民阶层作为城市居民,摆脱了自然的血缘关系和农业以及巫术,应该是普遍主义的现代性的担纲者才对。但是,为何犹太人这样"一个愈来愈'市民的'信仰共同体会自愿沦

---

① 韦伯:《古犹太教》,康乐、简惠美译,桂林:广西师范大学出版社,2007年,第427页。
② 韦伯:《古犹太教》,康乐、简惠美译,桂林:广西师范大学出版社,2007年,第429页。
③ 韦伯:《古犹太教》,康乐、简惠美译,桂林:广西师范大学出版社,2007年,第445页。
④ 韦伯:《古犹太教》,康乐、简惠美译,桂林:广西师范大学出版社,2007年,第435页。
⑤ 韦伯:《古犹太教》,康乐、简惠美译,桂林:广西师范大学出版社,2007年,第473页。
⑥ 韦伯:《古犹太教》,康乐、简惠美译,桂林:广西师范大学出版社,2007年,第441页。
⑦ 韦伯:《古犹太教》,康乐、简惠美译,桂林:广西师范大学出版社,2007年,第450页。

为'贱民'"?韦伯虽然认为当时的政治和社会结构起了重要作用①,但唯有未来的应许才能解释一个民族神会把这个民族推到如此万劫不复的境地②。这个救赎预言的来源,当然是前文所述的先知,但其新的变化和强化,则应具体归功于先知以西结、第二弥赛亚和第三弥赛亚。以西结改变了此前罪的传递和不可赦的预言,而强调"耶和华会因应个人行为的变化而赦罪",将教团"对生活态度的积极要求彻底转向祭仪与仪式主义"。③ 第二弥赛亚创造出新的神义论,即"耶和华是普世之神……唯有耶和华是世界的创造者与世界历史的驾驭者……以色列的屈辱命运正是为了实现世界性救赎计划的一个,而且的确是最重要的一个手段。首先,对以色列本身而言,这是个净化的手段……'在苦难的炉火中'使他们成为他的选民"④。从而"贱民民族境况的荣耀化","以色列民族,便成为为世界带来救赎者"。⑤ 第三弥赛亚则将神圣性和卡里斯马资质从祭司和先知过渡到所有教团成员,"整体'地上的民'是灵的担纲者"⑥,强化了犹太人的教团特质。

由此可见,犹太教的先知,虽然没有走向出世的神秘主义,没有让自己成为耶和华的"容器",而是作为"工具"而活动⑦,但是,也如前所述,先知的预言只宣告"此世的灾祸",而非"彼世的救赎"⑧,因此反而是对祭司的仪式主义的强化。总之,所谓先知的"革命性",其实只是相对于祭司的地位而言,而非对犹太教的伦理取向的根本反动抑或变革,相反,把祭司的仪式主义提升到心志伦理的高度而不可逆转。

---

① 韦伯指出,波斯人对祭司而非以色列政治的支持,与被流放到巴比伦的以色列人的结构、语言的相通、巴勒斯坦的祭祀独占等都有密切关系。参见韦伯:《古犹太教》,康乐、简惠美译,桂林:广西师范大学出版社,2007年,第445—448页。
② 韦伯:《古犹太教》,康乐、简惠美译,桂林:广西师范大学出版社,2007年,第452页。
③ 韦伯:《古犹太教》,康乐、简惠美译,桂林:广西师范大学出版社,2007年,第454页。
④ 韦伯:《古犹太教》,康乐、简惠美译,桂林:广西师范大学出版社,2007年,第458—459页。
⑤ 韦伯:《古犹太教》,康乐、简惠美译,桂林:广西师范大学出版社,2007年,第465页。
⑥ 韦伯:《古犹太教》,康乐、简惠美译,桂林:广西师范大学出版社,2007年,第470页。
⑦ 韦伯:《古犹太教》,康乐、简惠美译,桂林:广西师范大学出版社,2007年,第369—370页。
⑧ 韦伯:《古犹太教》,康乐、简惠美译,桂林:广西师范大学出版社,2007年,第375页。

### (三) 法利赛人对特殊主义的强化

犹太教就走在这条不断自我强化而非革命的道路上,一直到法利赛人锻造出犹太人的"终极的性格"①。法利赛人第一是在保留"先知的普世主义应许"的同时,对"救世主期盼与来世期待"做了新的阐释,"弥赛亚期望与死后复活为更美好生命的信仰"②。如前所述,犹太教在其早期只关注现实的政治事务而不关注"个人内在事务",只关注现世的"幸福生活,而不是应许超越性的价值",一言以蔽之,即无彼世之概念。但是,在先知作用下,出现了末世救赎预言。但到法利赛人时期,则进一步发展出死后复活的个人救赎和彼世观念,这从宗教理性化角度看不啻是一个重大进步。第二是以这种末世期待来更严格地对待律法主义和仪式主义即礼仪洁净,强调"生活的圣洁",强调"对个人而言,除了律法及其实践……别无救赎之道"③,而排除了具有神秘主义味道的灵知说,增进了犹太教伦理的现实主义和理性主义品质,使犹太教成为一种"实际-伦理的理性主义"(practical-ethical rationalism)④。第三是虽然在人神之间确立了"人类对于神的绝对无力"的二元论,但"'原罪'、被造物的堕落或感官的邪恶等思想",在犹太教中并不重要甚至不存在,因此,拒斥现世的禁欲主义无由产生,禁欲的行为仅仅包括"清醒的自我审视与无条件的自我克制"以及"仪式性斋戒"。⑤

法利赛人的上述努力,进一步强化了犹太教若干不可移易的独特品质:(1) 犹太教"实际-伦理的理性主义"的救赎之道一方面对于农民而言难以遵守,但另一方面对于小市民而言则"任何人都唾手可得",因为其完全"合适平民的理性思维","完全顺应于市民阶层的利害,尤其是

---

① 韦伯:《古犹太教》,康乐、简惠美译,桂林:广西师范大学出版社,2007年,第477页。
② 韦伯:《古犹太教》,康乐、简惠美译,桂林:广西师范大学出版社,2007年,第483页。
③ 韦伯:《古犹太教》,康乐、简惠美译,桂林:广西师范大学出版社,2007年,第489页。
④ 韦伯:《古犹太教》,康乐、简惠美译,桂林:广西师范大学出版社,2007年,第482页。
⑤ 韦伯:《古犹太教》,康乐、简惠美译,桂林:广西师范大学出版社,2007年,第502—503页。

小市民的利害关怀"。① 这种"市民—城市的性格"②加速了犹太教对血缘关系的突破。在先知以斯拉时期还强调"血统的纯正"(purity of blood),而作为"改宗运动狂"的法利赛人唯以信仰和礼仪洁净为联系纽带,其"知性的理性主义"③增强了犹太教对于异教徒的诱惑力,吸引着异教徒改信犹太教。但是,(2) 礼仪主义对于一种信仰群体跳脱出原始共同体的作用力始终是有限的,相反,不断强化的礼仪禁忌在突破血缘纽带的同时也增强了作为"教派"(sects)或曰"宗派"的犹太人"自我隔离"的力度:由于"犹太人的'憎恶他人'",包括"拒斥通婚、同桌共食、任何种类的兄弟关系缔结或无论何种方式的进一步交往——即使是在商场上",以及教派内部的同胞伦理,"任何法利赛派的犹太人都可以在兄弟团里得到团体所提供的极其强大的支持",导致进一步的"犹太人的社会孤立",即贱民民族性格。④ 这与走出礼仪主义的基督教正相反对:对耶稣而言,"具决定性的是心志伦理的升华,而不是犹太教的洁净律法的那种仪式主义的优越,而且相对于艾赛尼人对于礼仪不净者的那种战战兢兢的避之唯恐不及,他则是十足坚定从容地与他们往来和同桌共食"⑤。而且,(3) 现实主义和礼仪主义的合作,使得犹太教虽然没有走向婆罗门教的玄学,但也没能走向基督教的系统化的理性主义,无力走出对核心的自然纽带即"家庭"传统的依赖。⑥ 也就是说,虽然在宏观层面的组织和团结纽带方面,信仰取代了血缘关系,但在日常生活层面,这两个纽带是并存的。众所周知,孝敬父母是摩西十诫的核心内容,"孝敬健在的双亲,被高度称赞,忤逆则被严格禁止"⑦,也是法利赛人倡导的

---

① Max Weber, *Ancient Judaism*, New York: The Free Press, 1952, pp. 388 - 389;韦伯:《古犹太教》,康乐、简惠美译,桂林:广西师范大学出版社,2007 年,第 482 页。
② 韦伯:《古犹太教》,康乐、简惠美译,桂林:广西师范大学出版社,2007 年,第 484 页。
③ Max Weber, *Ancient Judaism*, New York: The Free Press, 1952, pp. 418 - 420;韦伯:《古犹太教》,康乐、简惠美译,桂林:广西师范大学出版社,2007 年,第 521—522 页。
④ 韦伯:《古犹太教》,康乐、简惠美译,桂林:广西师范大学出版社,2007 年,第 518 页。
⑤ 韦伯:《古犹太教》,康乐、简惠美译,桂林:广西师范大学出版社,2007 年,第 510 页。
⑥ 韦伯:《古犹太教》,康乐、简惠美译,桂林:广西师范大学出版社,2007 年,第 528 页。
⑦ 韦伯:《古犹太教》,康乐、简惠美译,桂林:广西师范大学出版社,2007 年,第 197 页。

自我审视和自我克制的核心内容,"在家庭的恭顺关系里,避免让错待子女的父母出丑羞愧,被称赞为最美好的恭顺行为"①。家庭共同体在信仰和日常生活中的中心位置,是韦伯所说的犹太教没能拒斥感官世界的方法论意义上的禁欲主义的表现。正是从上述三个方面看,犹太教虽然走过了漫长的历史进程,但其变革始终没有彻底走出血缘的想象,因此也就没能走出特殊主义。有鉴于此,在韦伯的视野之中,相对于现代资本主义的伦理而言,犹太教始终是传统主义的,而非现代性的担纲者。

## (四) 小结

韦伯对于古犹太教的研究,如费伊所说,受到的关注并不多。但有意思的是,有多篇二手文献试图从韦伯的一般分析框架和实质个案研究如何结合的角度来理解《古犹太教》在韦伯的历史社会学中的位置,如费伊②关注《经济与社会》铺陈的框架在《古犹太教》中的落地;高桥(Takahashi Yuko)③将《经济与社会》中的"城市"同《古犹太教》进行对比,从《古犹太教》中厘出一个"宗教与政治"的分析框架;罗森博格(Rosenberg)④也是从《经济与社会》出发,但更注重其中的"社会学基本概念"部分,从中抽出韦伯重视的"冲突"视角,从家产制君主同卡里斯马的希伯来先知之间的冲突来理解韦伯对古犹太人社会的变迁的论述。三位学者都认为《古犹太教》是韦伯将自己的理念型的分析框架同经验个案对接的最佳文本。但是,费伊的结论是《古犹太教》的研究重点同《印度的宗教》与《中国的宗教》不一样,不是围绕经济伦理而展开的;罗森博格也只是为了验证韦伯的理念型同经验个案之间的相互纠缠关系,

---

① 韦伯:《古犹太教》,康乐、简惠美译,桂林:广西师范大学出版社,2007年,第503页。
② Tony Fahey, "Max Weber's Ancient Judaism", *American Journal of Sociology*, Vol. 88, No. 1 (Jul., 1982).
③ Takahashi Yuko, "A Study on Max Weber's Ancient Judaism: Theoretical Framework and Methodology", *Max Weber Studies*, Vol. 7, No. 2 (Jul., 2007), pp. 213-229.
④ Michael Rosenberg, "Conflict, Order, and Societal Change in Max Weber's Ancient Judaism: Substantive and Methodological Implications", *Max Weber Studies*, Vol. 19, No. 2 (Jul., 2019), pp. 146-170.

而不关注韦伯引发很多争论的实质结论①,即犹太宗教的历史发展及其"贱民民族"的后果;高桥关注韦伯视角的德国渊源。这三位学者都不约而同地忽视了《古犹太教》的实质关怀,而像卡尔伯格那样不经意地走向了司空见惯的形式主义。之所以如此,症结在于他们首先没有注意"家"在韦伯论说中的位置,其次没有注意韦伯的"贱民民族"判断的参照系和实践目的。韦伯的参照系是新教的"普遍主义"的经济伦理,其实践目的则是说明古犹太教在这种伦理的态度上其实跟印度的和中国的宗教没有二致,如上文所述,韦伯在作品中反复地论说古犹太教的伦理的二元性。若注意这一点,费伊就会发现无论是《印度的宗教》《中国的宗教》抑或《古犹太教》,问题意识其实是一样的,只是韦伯从其一般性框架之下格外留意把握"家"在每一种文明个体中的不同地位和性格,以及由此对相应文明个体的经济伦理的深刻影响。

## 五、中国:在家产官僚制与儒教之间

韦伯的比较历史社会学研究中,关于中国的讨论最为复杂,《中国的宗教》一书分两次撰写也显示了他在理解中国上的慎重和困难。这一跟中国历史过于庞杂有关,二跟他能掌握的关于中国的资料过于零碎不无干系,三跟韦伯需要将中国独特的历史和文化与他设计的普遍历史的分析框架对接存在困难有关。如前文所述,"家"在中国文明研究中的担纲地位比在前述两种文明研究个案中的位置要清楚和重要得多。但要厘清"家"如何发挥建构中国历史和精神气质的作用,则需要引入其他相关概念来解释。不难发现,"家产官僚制"作为"家"在支配类型上的一个重要维度,在韦伯的中国论述中处于核心地位,与"家产官僚制"对应的另一个概念则是更浓烈地体现"家"之味道的"封建制":"家产官僚制

---

① 参见 Michael Rosenberg, "Conflict, Order, and Societal Change in Max Weber's Ancient Judaism: Substantive and Methodological Implications", *Max Weber Studies*, Vol. 19, No. 2 (Jul., 2019), pp. 146 – 170.

在政治上是与封建体制及任何以血缘世袭为基础的身份结构相对立的。"①虽然韦伯没有直接说家产官僚制与封建制的紧张关系构成理解中国传统社会的基本线索,但在其所有论述中都浸透着这一观念。当然,这里所说的封建制同历史著作和儒教经典里介绍的西周分封制不可同日而语,更接近顾炎武的"寓封建之意于郡县之中"以及"吏有封建官无封建"中的"封建",一指现实中的各种分权和自治倾向,如他把地方政府比作"在一个教皇领导下的总督辖地的联邦"②,二指身份制作为封建制之残余以士人身份团体和家族的形式牢固地附着于家产官僚制之中,即"强烈的封建遗迹还留存在儒教的身份伦理里"③,并成为后者欲罢不能的对手④。其中,身份伦理最为根本地体现了韦伯语境中的"封建"的意涵,分权和自治倾向也应纳入这一意涵中来理解。既然中国历史上的"封建"是基于血缘或者说"家"的逻辑来建构、铺陈和维系的,"身份"虽然在官僚制下是以职业而非血缘为基础的,但在现实中仍然不可以摆脱对"家"的依恋,那么,在韦伯的笔下,封建与家产官僚制之间的紧张在中国历史中的推展最终体现在如何处理和想象"家"上,即这对矛盾实质上是家和官僚制的紧张。韦伯认为,在中国的家产官僚制下,最具垄断性的身份团体是"士人"(literati),他们一方面掌握儒教礼仪和伦理知识,另一方面独占官僚位置并领取俸禄,同时脚踏封建制和家产官僚制两只船。这样,封建与家产官僚制的现实关系,又可以转化为士人在政治制度、伦理以及个人安身立命等面向上想象和处理"家"的方式,这种处理,不仅影响了中国文明的独特气质和逻辑,而且也使家产官僚制这一在人类历史上相对普遍的制度在中国文明中呈现独特的性格,

---

① 韦伯:《中国的宗教　宗教与世界》,康乐、简惠美译,桂林:广西师范大学出版社,2004年,第213页。
② 韦伯:《中国的宗教　宗教与世界》,康乐、简惠美译,桂林:广西师范大学出版社,2004年,第94页。
③ 韦伯:《中国的宗教　宗教与世界》,康乐、简惠美译,桂林:广西师范大学出版社,2004年,第91页。
④ 韦伯:《中国的宗教　宗教与世界》,康乐、简惠美译,桂林:广西师范大学出版社,2004年,第96页。

发挥独特的文明建构作用。总之,理解中国文明及其家产官僚制,对于韦伯而言,就是要理解和把握这个文明的担纲者阶层士人如何处理家和官僚制之间的关系,并如何在其中进行自我定位,从而使家产官僚制不是按照自身的逻辑走向欧洲文明所代表的普遍历史,而是驶上中国自己的轨道。

## (一) 走出家:从封建制到家产官僚制

从支配模式看,中国社会有一个从家父长制到封建制再到家产官僚制转型的历程。中国的封建制是一个天子处于中心、被分封的诸侯处于外围拱卫天子的朝贡结构:"原先朝贡诸侯统辖的'畿外'地区逐渐附属于'中央王国'(middle realm)即环绕王室驻地的'畿内'地区。'畿内'地区由取胜的统治者及其官员、家臣(personal clients)和低阶贵族直接管辖,这就像由家内权威统治一样。"①但与欧洲中世纪的封建制以非血缘的契约式忠诚为基础不同,中国的封建制没有脱离家父长制传统,依然是以血缘的亲疏远近为依据分封领土,领土和政治权力的分封和传承不是依据个人的卡里斯马,而是依赖于"家族的世袭性卡里斯马":"只有拥有政治支配权力的家族及其附庸,才能要求及被考虑列入(王的)属臣","在贵族家庭里拥有其承袭而来之地位的成员,才有资格获得一定等级的封建官职采邑"。韦伯由此得出结论说,封建制中国本质上是一个"氏族国家"(state of the gentes)。② 韦伯的这一观点在《史记》中很容易就可以找到佐证:从炎黄、蚩尤一直到秦始皇嬴政的谱系记述中,无论尧舜禹抑或商汤周文王,其祖宗都可以追溯到三皇五帝中的一位。在这个意义上,封建制即是以家族卡里斯马为依据的身份制。

与基于家族卡里斯马的封建制相适应的是文化的一致性。一方面

---

① 韦伯:《中国的宗教　宗教与世界》,康乐、简惠美译,桂林:广西师范大学出版社,2004年,第 74 页;Max Weber, *The Religion of China*, Glencoe, Illinois: The Free Press, 1951, p. 33。

② 韦伯:《中国的宗教　宗教与世界》,康乐、简惠美译,桂林:广西师范大学出版社,2004年,第 74—76页。

确立了天子的大祭司地位,集最高政治权力和宗教权力于一身,另一方面是与封建制相配合的礼仪体系,是天子与诸侯、诸侯与诸侯之间的"礼仪同构型"(homogeneity of ritual)①即"文化同构型"(cultural homogeneity),具体包括骑士身份-风尚的同构型、宗教或仪式的一体性、士人阶层的同构型。其中,礼仪是文化同构型的核心标志,只有符合礼仪传统的行为举止和政权才具正统性(legitimacy);士人则是规划和实践这种同构型并达致利益统一性的担纲者。②

战国诸侯的争雄推进了经济政策的理性化,并进而出现了"以官僚体制的行政来取代家臣及具有卡里斯马资格之强宗大族的行政"③。虽然官僚制作为一种正式制度"只有在战国时期封建诸国相互竞争下才出现",如以郡县代诸侯以及法家如商鞅的变法,但其起源则要追溯到更早的大禹治水,因为跨流域治水提出了理性化行政体系的要求,"家产官僚制起源于对洪水治理和运河开凿的控制中"。在这一点上,中国与古埃及是一样的。从此以后,官僚制一直嵌入在封建制之中,作为封建制的破坏力量发挥作用:"从一开始,此一古老官僚制的存在就抑制着战国时期的封建性格,并不断激发士人阶层朝向行政技术与功利主义的官僚制的轨道去思考。"官僚制对封建制的破坏,表现在两个方面:一是弱肉强食的功利主义取向或者用孟子的话说,"霸术"破坏了传统的礼制体系和其所捍卫的家族卡里斯马,"礼乐征伐自诸侯出"即是如此;二是打破门第论功行赏的激赏和官员选拔机制破坏了贵族与庶民的身份区隔。贵族和家臣的反抗在理性化气质的"霸道"面前如螳臂当车,终究无法逆转

---

① 韦伯:《中国的宗教 宗教与世界》,康乐、简惠美译,桂林:广西师范大学出版社,2004年,第61页;Max Weber, *The Religion of China*, Glencoe, Illinois: The Free Press, 1951, p.26。
② 韦伯:《中国的宗教 宗教与世界》,康乐、简惠美译,桂林:广西师范大学出版社,2004年,第83—84页;Max Weber, *The Religion of China*, Glencoe, Illinois: The Free Press, 1951, pp.39-40。
③ 韦伯:《中国的宗教 宗教与世界》,康乐、简惠美译,桂林:广西师范大学出版社,2004年,第85—86页。

整个历史的官僚制化的进程。①

  家产官僚制在制度上的最终落实是秦始皇统一六国,建立真正的"中央王国":"他将这个王国当作统治者的家产(patrimonium),并置于统治者的官僚制管理之下。"这句话表明,秦始皇在两个相互关联的方面建立了家产官僚制:一是"一个真正的'独裁政权'取代了神权封建制度"②,皇帝集大祭司与专制者两个角色于一身,政权成了一家之私产,相比于封建制下"家"在亲疏远近逻辑下无限外扩,家产官僚制下的"家"的边界开始收缩和清晰化。二是官僚制的全面实施。从李斯等大臣在秦朝统一之初关于立封建还是兴郡县的争论看,官僚制就是家产制对抗封建制的最为重要的方式:"等到帝国的最高祭司权位着手再度将诸多世俗权力集于自身(in his own person)时,君主以其大祭司长的身份,相应于其本身的权势厉害,遂将官职的任用与正确文书教养的纯粹个人资格结合起来,以此,确保了家产制之得以对抗封建体制的态势。"③官僚制之所以拥有如是力量,首先在于以功绩和能力而非家族身份来选拔官员,"一个凭着个人功绩而获官职的政权建立起来"④,即以个人卡里斯马之崛起破除家族卡里斯马,其次在于官员报酬以俸禄制取代封地制,"在分封制废止之后,俸禄秩序则相对应于取而代之的官僚行政"。韦伯特别重视俸禄制的多重效果:在封建与家产官僚制的交接当口,俸禄制的实施意味着"封建制度的全面废除"⑤,而在家产官僚制建立后,俸禄制又成为"再封建化"(re-feudalization)⑥的温床。

---

① 韦伯:《中国的宗教 宗教与世界》,康乐、简惠美译,桂林:广西师范大学出版社,2004年,第98页。
② Max Weber, *The Religion of China*, Glencoe, Illinois: The Free Press, 1951, p. 43.
③ 韦伯:《印度的宗教:印度教与佛教》,康乐、简惠美译,桂林:广西师范大学出版社,2005年,第180页;Max Weber, *The Religion of India*, Glencoe, Illinois: The Free Press, 1958, p. 142。
④ 韦伯:《中国的宗教 宗教与世界》,康乐、简惠美译,桂林:广西师范大学出版社,2004年,第91页。
⑤ 韦伯:《中国的宗教 宗教与世界》,康乐、简惠美译,桂林:广西师范大学出版社,2004年,第77页。
⑥ Max Weber, *The Religion of China*, Glencoe, Illinois: The Free Press, 1951, p. 118.

家产官僚制的胜利意味着封建制作为一种支配模式退出中国的历史舞台,也意味着"家"的内涵和地位的根本变化。如前所述,中国历史上的封建制本质上是宗法制,无论是权力和领土的分配和传承,抑或捍卫这一分配和传承秩序的礼法制度,都是依据血缘关系以及对这种血缘关系在观念和礼仪上的转化和拟制而成的。但进入家产官僚制之后,政权不再靠着同一家族之下不同族系之间的纲常相维和相互依赖而存续,而是被某一核心家庭接盘,在其下,社会结构不是像之前由层层分封组成的家庭金字塔,而是与家庭无关的官僚体制和芸芸众生的"黔首",形成"一君万民"①的结构。官僚体制的担纲者的全部价值就是为独裁者高居其上的专制家庭维护其专制统治,即是独裁者在地方和不同领域的代理人,并通过这种代理职能获得独裁者给予的相应报酬即俸禄。也就是说,相比于封建制,"家"无论是作为实体还是作为想象力或曰方法在家产官僚制下都极度收缩,只存在于"天下为家"即天下为一家之私产中,私产之传承只限于该家庭中的"父死子继",家父长制中曾经存在的不同家庭成员之间的"互惠"关系以及附着于"互惠"的情感如父爱主义被彻底剔除,统治全然依赖于冷冰冰的暴力。

当然,这只是对家产官僚制的理论想象,或者说是其制度形态。韦伯很清楚,虽然"社会秩序里具有身份性成分的封建性格,至少在法律上是被消除了"②,但"反封建制的斗争只是原则之一"③。换言之,"寓封建之意于郡县之中"是现实的真实写照。封建制的存留表现在多个方面:首先是韦伯注意到的即使到三国时期还有"分封"这一制度,其次则是礼仪想象的不可消隐,即使秦始皇时期也需要建立相应的礼仪制度来捍卫

---

① 转引自张江华:《科举、商品化与社会平等——清代广西土司社会的"文明化"》,《社会》2020 年第 2 期。
② 韦伯:《中国的宗教 宗教与世界》,康乐、简惠美译,桂林:广西师范大学出版社,2004年,第 83 页;Max Weber, *The Religion of China*, Glencoe, Illinois: The Free Press, 1951, p.136.
③ 韦伯:《中国的宗教 宗教与世界》,康乐、简惠美译,桂林:广西师范大学出版社,2004年,第 77 页;Max Weber, *The Religion of China*, Glencoe, Illinois: The Free Press, 1951, p.43.

皇权,最后,也是最为重要的,即前文提及的身份制想象的存续。一言以蔽之,无论是封建制还是家产官僚制,"氏族国家"始终难以被官僚制连根拔起。也是在这个意义上,封建制与家产官僚制之紧张,贯穿于传统中国之始终,构成"中国的政治与文化结构的关键所在"[①]。这种紧张,具象化在既作为官僚制的担纲者又作为封建制的担纲者的"士人"身上。

## (二) 家:士人身份团体和儒教伦理形塑的源点

在韦伯看来,无论是从封建制走向家产官僚制,还是从秦亡走向汉兴,"最终的获益者独为士人":"他们的理性行政与经济政策,在皇权的重建上,又再次地具有决定性。同时,在行政的技术方面,他们也较宠臣和宦官高超,后者是他们长久以来的抵制对象;此外,特别是他们拥有与经典、礼仪和文字等知识——当时是某种神秘的技艺——俱来的巨大威望。"士人在接受封建制废除后因功任职的家产制新政的便利的同时,又开始"指责这些新政乃是对古来的神权政治秩序的亵渎"[②]。韦伯做出这种判断的原因是他没能区分儒家和法家,而将商鞅和孔子都笼统地称为"士人",故彰显了"士人"既是家产官僚制的推手又怀念封建制的矛盾情感,以及士人的全能型形象。但是,这个判断又有歪打正着的效果,确实道出了秦以后儒教的转型和士人的性格:儒教重回历史的中心,儒士跻身官僚行列,成为家产官僚制的担纲者和受益者;但是,在伦理和行为方式上,儒士又表现出矛盾面向,即一面是家产官僚制这一"政统"的操盘手,另一面则是让封建制以"道统"形式阴魂不散的吹鼓手。士人的这种矛盾性格,是由其与儒教的内在关系所决定的,这种关系浸透在士人的成长历史和伦理取向中:"儒教所实践的决定性特征,是基于两大根源:一方面,儒教是一种受过典籍教育的官僚体系的身份伦理;另一方

---

[①] 韦伯:《中国的宗教 宗教与世界》,康乐、简惠美译,桂林:广西师范大学出版社,2004年,第91页。

[②] 韦伯:《中国的宗教 宗教与世界》,康乐、简惠美译,桂林:广西师范大学出版社,2004年,第90—91页。

面,孝道特别是祖先崇拜,被认为是家产制统治不可或缺的基础而受到维护。"①

#### 1. 士人身份的封建渊源

"士人"的历史"大体上可以追溯到封建家族的后裔"②。由于士人是有教养的群体,掌握书写和文献,一般平民很少有机会系统掌握这类知识,唯有传统的世家大族(old families)的子弟才有入其堂奥的机会,且由于只有有教养的人才能进入当时的统治阶层,是故,"士人"从一开始就是掌握政治权力的世袭性卡里斯马家族(hereditary charismatic sibs)的子弟。③ 韦伯猜测,在长子继承制下,组成士人群体的很可能是贵族家庭的庶子,以及绝少量的掌握了书写和文献的平民,后者"亦能分享其他任何学者所享有的声誉"。由于接受"古典教育"的机会极其稀罕,掌握书面知识就等于是"巫术性卡里斯马的持有者"(holder of magical charisma)④。通过掌握书写、文献以及礼仪等知识并据此服务于周王和诸侯,士人成为"同构型的中国文化之惟一担纲者"。由此可见,"士人"早在封建时代就是一个身份性团体,其身份既由其"世袭性的家族卡里斯马"所决定,又取决于其接受的"古典教育"以及担任的"正确地指导国内的行政,以及君侯正确的卡里斯马生活样式"的职务,这种职务行为"对于导致封建时期的知识阶层产生一种影响深远而又实际的、政治的合理主义,具有决定性的影响"。⑤

春秋后期,战乱频仍,贵族地位朝不保夕,特别是这些由贵族庶子组

---

① 韦伯:《中国的宗教 宗教与世界》,康乐、简惠美译,桂林:广西师范大学出版社,2004年,第292—293页。
② 韦伯:《中国的宗教 宗教与世界》,康乐、简惠美译,桂林:广西师范大学出版社,2004年,第165页。
③ 韦伯:《中国的宗教 宗教与世界》,康乐、简惠美译,桂林:广西师范大学出版社,2004年,第91—92页;Max Weber, *The Religion of China*, Glencoe, Illinois: The Free Press, 1951, p.46。
④ 韦伯:《中国的宗教 宗教与世界》,康乐、简惠美译,桂林:广西师范大学出版社,2004年,第165—166页;Max Weber, *The Religion of China*, Glencoe, Illinois: The Free Press, 1951, pp.108-109。
⑤ 韦伯:《中国的宗教 宗教与世界》,康乐、简惠美译,桂林:广西师范大学出版社,2004年,第168—171页。

成的"士人",难以继续承担稳定的"家臣"职务,其中的部分人被迫颠沛流离,转身为"游侠",在相互竞争的政治环境中"四处周游",在鼓动结盟或战争、帮助诸侯国改革行政和经济的同时,"寻求获取权力"和"争取收入的最佳机会"。总之,"他们就像西方的教士和中世纪后期的俗世知识分子一样,遍历于各个宫廷,并犹如后者,自觉为同一个阶层",即一个"自由且流动的士人阶层"。[①] 在这个时候,"士人"的身份出现了新的转向,即同最初依赖于家族卡里斯马做了切割,蜕变为"封建体制的反对者";其知识取向也出现了转型,即从醉心教养和礼仪转而攻于算计,成为"具有强制性机构之本质的国家的官僚组织的支持者"[②],"诸侯们为着权力的目的而利用他们的服务来理性化其行政管理"[③]。简言之,一个具有精神自主性的新"士人"阶层横空出世。

帝国统一特别是汉兴以后,士人阶层出现了第二次转型。这次转型产生了两个相互关联的重要后果,其一是"一个与现状相配合的统一的正统学说"的儒教的兴起,其二是由出仕而造成的士人心态的根本性改变,即"士人原先的精神自主性也就停止发展了"。[④] 如前所述,韦伯轻忽了儒法之别,而将儒士和刑名家当作"一体的身份团体","要求同样的身份荣誉",因此,汉兴以后儒教和儒士重出江湖被他视为作为统一身份的"士人"的第二次转型,而其实在很大程度上是儒士对刑名家即法家的取代。但是,他将这个过程视为儒教化是正确的,由此做出的判断即儒教化"正是转向和平主义,继而转向传统主义的关键点。传统取代了

---

[①] 韦伯:《中国的宗教 宗教与世界》,康乐、简惠美译,桂林:广西师范大学出版社,2004年,第170—171页;Max Weber, *The Religion of China*, Glencoe, Illinois: The Free Press, 1951, pp. 84-85。
[②] 韦伯:《中国的宗教 宗教与世界》,康乐、简惠美译,桂林:广西师范大学出版社,2004年,第169页。
[③] 韦伯:《中国的宗教 宗教与世界》,康乐、简惠美译,桂林:广西师范大学出版社,2004年,第84页。
[④] 韦伯:《中国的宗教 宗教与世界》,康乐、简惠美译,桂林:广西师范大学出版社,2004年,第171页。

卡里斯马"①也是正确的。只有到此时,韦伯才能说士人不仅垄断了官职和俸禄,而且垄断了正统学说,成为一个统一的身份团体。

2. 士人身份团体在家产官僚制下的形成和巩固

如前所述,"身份制"是韦伯理解特殊主义之根源的重要概念。汉兴以后士人身份团体的形成和定型化,也可以被理解为士人精神气质的定型化,很大程度上决定了家产官僚制本身的走向。"士人身份团体"虽然是到东汉时期基本定型②,但在多方面因素的作用下,一直处在不断强化的进程中。

首先是俸禄制的支持。韦伯对于货币经济还是实物经济对于家产官僚制的完全不同的效应非常重视。他认为货币经济虽然不是官僚制的唯一支持,却一定是现代官僚制的根本性支持之一,相反,实物俸禄是"迈向官僚将租税收入及其用益占为私有的第一步":实物俸禄在货币购买力急遽变动的情况下能起到保护官僚不受币值波动之害的作用,但在君主权力衰退之时,"基于实物租税的实物配给就会变得不稳定

---

① 韦伯:《中国的宗教 宗教与世界》,康乐、简惠美译,桂林:广西师范大学出版社,2004年,第172页。
② 阎步克:《士大夫政治演生史稿》,北京:北京大学出版社,2015年。阎步克受韦伯的影响,从社会分化的角度研究中国士大夫政治的形成和定型的历史。他首先界定了周代封建制所确定的礼治的基本维度,然后分析了士大夫政治的定型过程。从西周到战国,是一个官僚制逐渐从封建制中脱胎、法治逐渐一枝独秀的过程,也是道统、政统和学统逐渐分立,士人分化为儒士和文吏两个不同集团的过程。秦统一六国之后,官僚制全面建立,法治同礼治完全分离,文吏成为官僚制的唯一担纲者,儒士的地位被禁止,整个政权单靠暴力来维系。秦朝虽然仅仅二世而亡,但其构建的统一帝国和专制官僚制却是中国历史上划时代的变革,并决定了中国以后的政治走向。有汉一代,一方面固然要反思秦二世而亡的原因,另一方面则继续了秦始皇所创立的专制官僚制,因此表现为对"礼治"的策略性继承,逐渐形成了王霸杂交的政治格局。但是,在这个过程中,儒生和文吏还是分离的。只是到王莽改制以及东汉之后,借助选官制度的改革,才最终形成了儒生与文吏从分离到合一的专制官僚制度,即"士大夫政治"。对于这一过程,阎步克的基本观点是儒家的非理性逐渐适应了官僚制的理性主义,印证了"儒表法里"的判断。韦伯当然无法判断"士人"这个群体所存在的上述分裂和合一的复杂过程,而以为只是士人这个整体性群体在历史上出现了伦理转向而已。但是,他确实把握了官僚制在中国的培育和展开的进程,以及士人的伦理取向改造和影响官僚制的过程。由于二人的关注点不一样,在阎步克从制度主义角度认为官僚制的理性主义特征内在地约束了儒士的非理性取向的地方,韦伯恰恰从精神气质的角度出发,认为儒士的现实主义取向是中国的家产官僚制难以通往现代普遍主义的根源。

(irregular)",因此,官员们会倾向于对所辖地区的各种资源上下其手,包括接受辖区内合法或非法的进贡、抵押或者转让税收和征税权转让、将地主土地转让给官方等等。而组织不严密的中央政府也不得不接受这种现实。① 这客观上促成了一种封建化的倾向。在儒教背景下,俸禄制对士人身份团体之形塑和强化的作用,主要表现在如下两点:第一,俸禄制有助于保证官员的收入不受币值不稳定的影响,这一方面使士人从现实主义即既得利益角度出发反对任何形式的货币经济,另一方面促使儒教将这种保守主义上升到伦理的高度予以正当化,宣称利得是社会不稳定的根源,"心灵的平静与和谐会被营利的风险所动摇。因此,官职受禄者的立场便以神圣化了的伦理形式出现。由于只有官职地位能够使个人人格臻于完美,因此它是唯一适合于君子的位置"②。进而为士人争相出仕提供了正当依据。也就是说,士人出仕,通过俸禄制来保障自己和家人的生活,取之有道,切合儒教奠基人孔子的教导,不会改变自己平和中正的君子心态。第二,俸禄制同士人独占官僚职位以及其他特权如免除徭役、刑不上大夫等相互支持,并且连同对这些特权的共同捍卫,客观上促生了士人的身份团体认同。这样,"随着中国国家制度之日趋俸禄化,士人原先的精神自主性也就停止发展了"③。

其次源于士人对封建制的怀旧情结。韦伯发现,虽然儒教徒"无法完全撤回对'启蒙的'家产制之新原则的承认",家产制的推进也特别迅猛④,但这并不意味着士人彻底放弃了对封建制的怀想。这里有两个动因:其一是对封建制下士人身份的怀念。如前所述,士人是在封建制下

---

① 韦伯:《支配社会学》,康乐、简惠美译,桂林:广西师范大学出版社,2004 年,第 33 页; Max Weber, *Economy and Society*, Oakland: University of California Press, 1978, pp. 964 - 965。
② 韦伯:《中国的宗教 宗教与世界》,康乐、简惠美译,桂林:广西师范大学出版社,2004 年,第 230 页。
③ 韦伯:《中国的宗教 宗教与世界》,康乐、简惠美译,桂林:广西师范大学出版社,2004 年,第 171 页。
④ 韦伯:《中国的宗教 宗教与世界》,康乐、简惠美译,桂林:广西师范大学出版社,2004 年,第 92 页。

形成的,当时的士人作为有教养阶层一方面享有家族卡里斯马的世袭特权,"封建制已被传统理想化为历史上最原初的制度,经典认为官职之事实上世袭化,乃是理所当然的;经典也同样认为,国之重臣有权利参与其同僚之任命"。梦回"世袭官吏贵族制"(hereditary office baronies with a permanent clientele)成为士人甚至包括平民出身的士人的共同渴望。①另一方面,封建制下的士人虽然同天子或者诸侯之间是互惠式关系,而非家产制下的"一君万民"的绝对不平等,后者是对"君子"在尊严和荣誉上的自我期许的一个伤害。其二,士人群体对自身作为"道统"之担纲者的自我期许。士人愿意为捍卫自由发言、谏路广开、反对"与传统脱节以及废弃古典生活方式"的做法而做殊死的抗争,同宦官、后宫、宠臣、巫师的斗争也贯穿士人的成长史。这些斗争,固然是为了维护士人对官僚制和职位的垄断,"'根据法典'——这是儒教徒的理论——皇帝只有在任用够资格的士作为官员时,方能统治;'按照传统',他只有任用正统的儒教官员才配统治"②。但斗争更为重要的目标,则是对正统儒家伦理的保卫。儒教无论进入到哪个朝代,都以孔子的原始儒教为原典,以对西周的封建制想象为模板。同非正统异端邪说和做法的斗争,既在客观上增强了士人以儒教为媒介的身份团体认同,又增进了儒教伦理在家产官僚制下的正当性。后一点特别极端地表现在士人不以种族而以是否遵守儒教正典作为政权正当性的依据:"如果统治者能屈从于士人对仪式与典礼的要求,士人就会屈服于统治者;惟有如此,以现代的话来说,士人方能安顿自己而有个'以事实为基础'的立场。"③这个判断,可以视作对钱穆说的"中国"是一个文化概念做的一个注脚。

---

① 韦伯:《支配社会学》,康乐、简惠美译,桂林:广西师范大学出版社,2004年,第160—161页;Max Weber, *Economy and Society*, Oakland: University of California Press, 1978, p. 1048。
② 韦伯:《中国的宗教 宗教与世界》,康乐、简惠美译,桂林:广西师范大学出版社,2004年,第206页。
③ 韦伯:《中国的宗教 宗教与世界》,康乐、简惠美译,桂林:广西师范大学出版社,2004年,第206页。

最后是科举制的支持。科举制的初心是打破封建门第,是家产官僚制同封建制展开斗争的最重要手段:"此一制度乃是帝国家产制支配者用来防止封闭性的身份阶层之形成的手段之一"①,因为它"导致候补者互相竞争俸禄与官职,因而使得他们无法连成一气地形成封建官吏贵族"②,这既有助于皇帝更有效地控制士人,也有助于皇帝获得更多更优秀的官员候补人选。但是,现实中的科举制的效果显然是多样的,它在突破封建身份制的同时又不经意地为重建新的士人身份团体创造了条件:第一,科举考试和应试教育在内容上与官僚制所内在地需要的"专门教育"和专门知识多不合拍,更多的是"唤起卡里斯马"的"陶冶教育",即养成文化人而非专门家③的教育。"中国的考试是要测试考生的心灵是否完全浸淫于典籍之中,是否拥有在典籍的陶冶中才会得出的,并适合一个有教养的人的心术。"④相信通过文献教育和考试能够培养道德高尚、品行端正、"达到圆满的自我完成"的"君子"⑤,发展和稳固"合理的社会伦理体系"⑥。这里的"典籍"和"文献"大多为原始儒教的成果,且与"君子不器"的人格定位一致。从这个角度看,科举制与其是在服务官僚制要求,毋宁说是在不断唤起士人回归封建理想的渴望。第二,科举取士门槛的狭窄客观上有助于塑造成功者的"巫术性卡里斯马",并将个人拉入成功者群体,他们基于共同的知识、教育、气质,"发展成一个

---

① 韦伯:《中国的宗教 宗教与世界》,康乐、简惠美译,桂林:广西师范大学出版社,2004年,第177页。
② 韦伯:《中国的宗教 宗教与世界》,康乐、简惠美译,桂林:广西师范大学出版社,2004年,第180页。
③ 韦伯:《中国的宗教 宗教与世界》,康乐、简惠美译,桂林:广西师范大学出版社,2004年,第181页。
④ 韦伯:《中国的宗教 宗教与世界》,康乐、简惠美译,桂林:广西师范大学出版社,2004年,第182页。
⑤ 韦伯:《中国的宗教 宗教与世界》,康乐、简惠美译,桂林:广西师范大学出版社,2004年,第194页;Max Weber, *The Religion of China*, Glencoe, Illinois: The Free Press, 1951, p.131.
⑥ 韦伯:《中国的宗教 宗教与世界》,康乐、简惠美译,桂林:广西师范大学出版社,2004年,第184页。

互通声气的身份团体"①。第三,科举考试不仅仅塑造士人身份团体这种"想象的共同体",还会催生出各种更为具体的共同体,"终其一生的试主-门生关系的精神"②就是其中的典型,也是"士人身份团体"之下各种党争的根源之一。

相比于历史上的封建制,家产官僚制的确破除了士人的"世袭性家族卡里斯马","士人身份团体"也难见直接的或者具有总体性效应的血缘纽带的作用空间。但若把士人的历史演变以及科举取士的条件和过程放在一起分析,就会发现,家和血缘纽带依然在实体和拟制两个层面发挥重要作用:(1)科举应试并非只是张扬"个人卡里斯马",而是设置了皇族特权以及应试者"良家出身"的底线③;(2)参加科举是一项历时长、花费大、风险高的投资,单个人和单个小家庭很难独自承担,而仰赖于家族和亲属的协力帮助,成功者在谋得一官半职之后必须向家族做出"回报"④;这样,(3)科举成功者不仅仅是个人获得巫术性卡里斯马,还将这种卡里斯马传递给家族,推进家族的团结和整合,并鼓励家族在教育和科举取士方面注入更多的心力和资本;(4)士人之间的联结和聚集纽带,如师生、同门等等,都是基于一种更为普遍的儒教伦理,即"五伦"及其推演,其中"孝"又是这一伦理的原点。

### 3. 以"孝"为基点的伦理体系

"礼"(propriety)是"儒教的基本概念"。一个"有教养的人",无论其地位高低,无论其身处何种社会场景,都能内外兼修,一举手一投足都依

---

① 韦伯:《中国的宗教 宗教与世界》,康乐、简惠美译,桂林:广西师范大学出版社,2004年,第177页。
② 韦伯:《中国的宗教 宗教与世界》,康乐、简惠美译,桂林:广西师范大学出版社,2004年,第191页。
③ 韦伯:《中国的宗教 宗教与世界》,康乐、简惠美译,桂林:广西师范大学出版社,2004年,第177页。
④ 韦伯:《中国的宗教 宗教与世界》,康乐、简惠美译,桂林:广西师范大学出版社,2004年,第191页。

自己的身份地位和礼的要求展开,保持和谐,尽显平静、沉着、优雅、自尊。① "守礼",说到底就是"中和位育"。"孝"是儒教伦理的基点,是所有家庭伦理之本,"最为绝对根本的德行,并一贯地灌输给孩童的,是对父母亲的无条件的孝道"②。"孝"和"礼"一样,既是强制性的伦理,又是家内等级关系对每一个人的内在要求。"礼"同个人在社会中的角色相匹配,"孝"亦如此,是家庭等级关系中处在下位的人对处在上位的人应有的"礼"。韩格里以《孝经》为例指出,"孝"是一种无条件的角色要求,是在家庭中处于子女地位、承担子女角色的人必须履行的、天经地义的责任;"孝"的角色是成对的,每对角色都是下级对上级的关系,每一对关系中的上级通过扮演下级的角色来统治下级,换言之,为人父也必然为人子,父亲只有在其父亲面前扮演好儿子的角色才能给自己儿子做好示范,让自己的儿子承担儿子角色所必须的服从和责任。③

孝道是家父长制的伦理,同巫术信仰、祖先崇拜(ancestor cult)即家庭神灵信仰(family spirit)内在地联系在一起,为后者所发动。④ 祖先崇拜是儒教最重要的信仰,"历史时期里,中国人民最根本的信仰是对于祖先——虽然并不止于自己的祖先,但特别是对自己的祖先——的神灵力量的信仰"⑤。孝是祖先崇拜的内在要求,"家内孝道(family piety)建基于神灵信仰"⑥,中国人说"不孝有三,无后为大"即为明证,也是祖先崇拜的现实化之路。祖先崇拜是家族力量在中国历来强大的根源,既"加

---

① 韦伯:《中国的宗教 宗教与世界》,康乐、简惠美译,桂林:广西师范大学出版社,2004年,第220页;Max Weber, *The Religion of China*, Glencoe, Illinois: The Free Press, 1951, p. 156。
② 韦伯:《中国的宗教 宗教与世界》,康乐、简惠美译,桂林:广西师范大学出版社,2004年,第227页。
③ Gary Hamilton, "Patriarchalism in Imperial China and Western Europe", *Theory and Society*, Vol. 13, No. 3 (May., 1984), pp. 393-425.
④ 韦伯:《宗教社会学》,康乐、简惠美译,桂林:广西师范大学出版社,2005年,第255页;Max Weber, *The Sociology of Religion*, London: Methuen & Co. Ltd., 1965, p. 210。
⑤ 韦伯:《中国的宗教 宗教与世界》,康乐、简惠美译,桂林:广西师范大学出版社,2004年,第141页。
⑥ Max Weber, *The Religion of China*, Glencoe, Illinois: The Free Press, 1951, p. 236.

强了家族的团结",又使得"家父长权力获得大力的支持"。① 而家族和家父长权力之壮大又必然进一步捍卫孝道伦理。正因为祖先崇拜的这种效果及其普遍又分立的存在,使得家产官僚制与家族之间的矛盾始终难以化解。这一点下文还会继续讨论。

孝道不只局限于直接的血缘关系即家和家族之内,而是能被拟制为其他的伦理规范,"被转化到所有的从属关系里"②,如作为"诚"(frankness)和"忠"(loyalty)的基础③,并被推扩到整个社会结构甚至宇宙之中。"在中国,所有的社会伦理都只是将与生俱来的恭顺关系转化到其他被认为与此同构型的关系上而已。在五项自然的社会关系里,对君、父、夫、兄(包括师)、友的义务,构成(无条件)伦理约束的整体。在此(五伦)关系之外,其他自然且纯粹的功能义务,则是以儒教的互惠原则为基础,其中没有丝毫激情的要素。"④ 韦伯不仅看到了"五伦"之中的推扩,即从父子关系推扩到君臣关系和师生关系,从兄弟关系推扩到朋友关系,而且关注到五伦之内和五伦之外的内外有别,并从这些关系中看到了儒教伦理以家为原型,其他社会组织关系和人际关系都是家的拟制,以致整个社会在文化上的同构型。韩格里对"孝"对中国传统社会的秩序和伦理的意义做了形象的描述:孝是一个人在社会秩序中的先天角色和义务,这些角色天然地构成一个整体,只要每个人都践行好"孝",就能带来意志的和谐,整体就能正确运行。⑤ 一言以蔽之,"孝"是儒教

---

① 韦伯:《中国的宗教 宗教与世界》,康乐、简惠美译,桂林:广西师范大学出版社,2004年,第142页;Max Weber, *The Religion of China*, Glencoe, Illinois: The Free Press, 1951, p.87。
② 韦伯:《中国的宗教 宗教与世界》,康乐、简惠美译,桂林:广西师范大学出版社,2004年第228页。
③ 韦伯:《中国的宗教 宗教与世界》,康乐、简惠美译,桂林:广西师范大学出版社,2004年第193页。
④ 韦伯:《中国的宗教 宗教与世界》,康乐、简惠美译,桂林:广西师范大学出版社,2004年,第288—289页;Max Weber, *The Religion of China*, Glencoe, Illinois: The Free Press, 1951, p.209。
⑤ Gary Hamilton, "Patriarchalism in Imperial China and Western Europe", *Theory and Society*, Vol.13, No.3 (May., 1984), pp.393-425.

社会秩序的原点,其所建构的世界,是一个"天人合一"(universism)①的"家":首先是天和天子之间的父子伦理,然后是君臣、官民之间的父子伦理。对于天下,独占家产的皇帝是大家长,独占官僚制的官员分配在大家庭的不同位置上,扮演不同的父的角色:"凡事都取决于官位任职者的行事作为,而这些人是要对这社会——一个庞大的、在家产制支配下的共同体——的领导负起责任的。君主必须将未受教育的平民大众当作子女般来对待。他的首要任务便是在物质上与精神上照料好官吏阶层,并且与他们保持良好的、可敬的关系。"②

在这个意义上说,儒教之所以能被家产官僚制全盘收编并独占官僚体制而长久不坠,端在于其所建构的这个伦理体系有助于在暴力之外为家产官僚制提供最为有效的正当化依据。因此,虽然"孝"的伦理是封建意义上的,"对封建主的恭顺(孝),是与子女对父母的孝顺、官职层级结构中(下级)对上级的恭顺,以及一般人对任官者的恭顺并列的,因为孝这个共同的原则是适用于所有这些人的",但家产官僚制并不拒绝它,反而不遗余力地捍卫和践行它:"孝被认为是无条件的纪律之奉行的试金石与保证,是官僚体制最重要的身份义务。"③祖先崇拜亦被赋予同样甚至更为重要的意义:"士人领导阶层、官吏与官职候补者,一贯地维护祖先崇拜的持续,认为这对维持官僚体制权威不受侵扰乃是绝对必要的。"④因此,韦伯又说,孝道在实践中为官僚制的政治组织所培育⑤,任何对祖先崇拜和孝道的挑战,都会遭到国家的阻击:"作为家产制子民驯

---

① 韦伯:《中国的宗教 宗教与世界》,康乐、简惠美译,桂林:广西师范大学出版社,2004年,第237页;Max Weber, *The Religion of China*, Glencoe, Illinois: The Free Press, 1951, p.165。
② 韦伯:《中国的宗教 宗教与世界》,康乐、简惠美译,桂林:广西师范大学出版社,2004年,第221页。
③ 韦伯:《中国的宗教 宗教与世界》,康乐、简惠美译,桂林:广西师范大学出版社,2004年,第228页。
④ 韦伯:《中国的宗教 宗教与世界》,康乐、简惠美译,桂林:广西师范大学出版社,2004年,第313页。
⑤ 韦伯:《宗教社会学》,康乐、简惠美译,桂林:广西师范大学出版社,2005年,第255页;Max Weber, *The Sociology of Religion*, London: Methuen & Co. Ltd., 1965, p.210。

服基础的祖先崇拜与入世的孝道,具有根本的重要性,这也是儒教国家在现实的宽容上,最重要且绝对的界限。"①从这个角度看,无论本土的道教还是外来的佛教和基督教,之所以很难在中国占据主导地位,端在于它们对儒教伦理这一根本点的反对,而当它们在中国站稳脚跟之时,也是它们向儒教的基本伦理屈服的时候。

总之,无论从士人身份团体本身的构成还是从其所建构和捍卫的祖先崇拜和孝道伦理看,在中国,"不是有机的身份团体结构,而是家父长制的家(patriarchal family)为社会分层提供了主要图像"②。"家"不仅是儒教中国实际的支配和被支配的单位,也是想象这个世界的基本图像。

4. 儒教的和平主义实质

"中国文化的统一性基本上乃来自其身份阶层的统一性,此一身份阶层乃是官僚制、经典文学教养与上述儒家伦理所特有的君子人格的担纲者。此一身份伦理之功利的理性主义受到下列因素的严格限制:接受一种作为身份习律之构成要素的、传统的、巫术性的宗教性格及其相关的礼仪文献,以及(尤其是)承认对祖先与双亲的恭顺义务。正如家产制源于家子对家父权威的恭顺关系,儒教亦将官吏对君主的服从义务、下级官吏对上级长官的服从义务,以及(尤其是)人民对官吏与君主的服从义务,奠基于孝顺(filial piety)此一首要的德行上。君父(father of the country),此一典型中欧与东欧特有的家产制概念,与之有点类似,就像在严格的、家父长制的路德思想里,孝顺乃是一切政治德性的基础一样,只是儒教对此一观念的推衍要远为周详完备得多。"③这段文字是韦伯对儒教伦理及其担纲者的全面刻画:儒教的担纲者士人以祖先崇拜为信

---

① 韦伯:《中国的宗教 宗教与世界》,康乐、简惠美译,桂林:广西师范大学出版社,2004年,第293页。
② 韦伯:《印度的宗教:印度教与佛教》,康乐、简惠美译,桂林:广西师范大学出版社,2005年,第182页;Max Weber, *The Religion of India*, Glencoe, Illinois: The Free Press, 1958, p.143。
③ Max Weber, *Economy and Society*, Oakland: University of California Press, 1978, p.1050。

仰,以天人合一和家国同构为方法,以孝顺为共同伦理,以官方祭典为仪式,将君子人格与孝顺义务、父子关系与君臣关系的比附与拟制、俗世伦理与巫术性宗教、君子人格与出仕期求等等看起来并不搭界甚至相互冲突的范畴圆融地统一在自己的伦理之中,形塑出"一套绝对性的、受官方所认定的教理"①。基于这套"系统性地详细阐释并促进了理论上的前后一贯"的"官僚哲学"②,"中国就趋近于一个'教派的'国家"③。有教养的儒教徒在这种伦理体系中,一方面对鬼神、巫术抱怀疑主义的态度,另一方面对祖先崇拜坚守不易。

　　站在韦伯的视角来分析担纲者及其所建构和固守的儒教伦理,虽然历史从封建制转向了家产官僚制,但他们依然基于最自然的家父长制来建构其伦理体系,"只是将由人际关系如君臣之间、上下级之间、父子之间、兄弟之间、师生之间、朋友之间关于孝顺(piety)的各种为人的义务神圣化而已"④,而无走在历史前头的自觉;这一起点也决定了"儒教完全是入世的俗人道德伦理。并且,儒教是要去适应这个世界及其秩序与习俗"⑤。这里所谓的"入世的俗人道德伦理",就是以日常生活中的家庭情感来建立天人关系、君臣关系,人们要去适应的,就是这种现实的各种关系以及按照这种关系所构建起来的政治、经济和社会秩序。中国古人说的"缘情制礼",充分印证了韦伯的这个判断。从基督教角度看,"家"这种自然只是现实的"恶",不摆脱它就无以实现救赎的希望;从古希腊传统看,"家"作为自然情感和"食橱伙伴",只是通往善的"必不可少的

---

① 韦伯:《中国的宗教 宗教与世界》,康乐、简惠美译,桂林:广西师范大学出版社,2004年,第294页。
② Max Weber, *Economy and Society*, Oakland: University of California Press, 1978, p. 1050.
③ 韦伯:《中国的宗教 宗教与世界》,康乐、简惠美译,桂林:广西师范大学出版社,2004年,第294页。
④ 韦伯:《中国的宗教 宗教与世界》,康乐、简惠美译,桂林:广西师范大学出版社,2004年,第325页;Max Weber, *The Religion of China*, Glencoe, Illinois: The Free Press, 1951, p. 241.
⑤ 韦伯:《中国的宗教 宗教与世界》,康乐、简惠美译,桂林:广西师范大学出版社,2004年,第220页。

恶",得到适度满足后就应该超脱它①;儒教的态度则完全相反,努力去迎合这种自然情感和需求,并将其作为社会秩序和伦理建构的基础和模板,故而无疑是自然主义的。即使儒教伦理自身的系统化和讲究方法的实践让其具有很强的合理性,但这种合理性同与自然主义相反动的理性主义完全不可同日而语。

韦伯还用和平主义来理解儒教及其担纲者群体:"随着士人之取得统治权,意识形态自然愈来愈转向和平主义。"②的确,对于儒教而言,和平主义内在于其作为教养阶层的身份取向以及儒教以家国天下为一体的伦理体系之中。这一点是孔子"从'礼'的观点,将事实做了一个有系统而具实际教训意义的修正"并在天人之间建立起确定的关联③——天人关系到董仲舒手上演变为"谶纬学说"④,并可以具象化为祖先崇拜——时就确定下来的,从来没有改变。先是帮秦始皇制定礼制后又成为刘邦礼官的叔孙通说的"夫儒者难与进取,可与守成",就表达了儒教的这种和平主义实质。对于叔孙通而言,"儒者"之所以能"守成",不是因为他们有任何从事行政理性化的专业技艺,而毋宁说恰恰相反:他们是非专业化的"有教养阶层",他们掌握了一套"家父长制的孝道观念"以及将这套伦理实践化的礼仪,他们奉孝道为圭臬,并以此进行"自我抑制"。⑤"自我控制"即"中和位育",在基于孝道构建的社会秩序中找到自己的位置和角色,努力践行它,适应它,达到"中庸"(correct middle)⑥

---

① 肖瑛,《家国之间:柏拉图和亚里斯多德的家邦关系论述及其启示》,《中国社会科学》2017年第10期,第159—180页。
② 韦伯:《中国的宗教 宗教与世界》,康乐、简惠美译,桂林:广西师范大学出版社,2004年,第59页;Max Weber, *The Religion of India*, Glencoe, Illinois: The Free Press, 1958, p.25。
③ 韦伯:《中国的宗教 宗教与世界》,康乐、简惠美译,桂林:广西师范大学出版社,2004年,第173页。
④ 韦伯:《中国的宗教 宗教与世界》,康乐、简惠美译,桂林:广西师范大学出版社,2004年,第59页。
⑤ 韦伯:《中国的宗教 宗教与世界》,康乐、简惠美译,桂林:广西师范大学出版社,2004年,第185页。
⑥ 韦伯:《中国的宗教 宗教与世界》,第235页;Max Weber, *The Religion of China*, Glencoe, Illinois: The Free Press, 1951, p.163。

这一最完善状态。质言之,对于儒教而言,和平主义、自然主义、传统主义本质上是合体的,都内在于士人的身份团体性格和伦理性格。当统一的帝国接受儒士作为自己的官僚体系和伦理体系的担纲者时,也就接受了儒教伦理对家产官僚制的扶持和约束,也就决定了家产官僚制独特的中国性格和命运。

### (三) 被"家"约束的家产官僚制

在理论上说,家产官僚制的权力集中化、效率诉求和理性化内涵会自我驱动着向现代官僚制这一普遍命运(universal destiny)不屈不挠地前进。在中国历史上,家产官僚制也有类似的动力,如科举制及赋税制度从实物税和人头税向康熙的"摊丁入亩"的转变,不时兴起的货币经济尝试,尤其是康熙的税制变革,带来了人口和财富的激增和社会流动的加快。但韦伯还是断定,"中国人的智识生活依然完全静止"①,东方的家产制国家没有走向像欧洲的家产制国家那样的普遍命运②。究其症结,是由中国文化的担纲者阶层即官绅(mandarin)③或曰士人身份团体的特殊性造成的,这个团体在帝国的地位及其坚守的伦理从一开始就跟理性化的专制主义有一定程度的对立:"帝国统一……独裁君主之理性的、反传统的专制主义,反过来与这股教养贵族,亦即士人之社会势力发生冲突。"④结合上文,我们可以发现,士人身份团体对家产官僚制,是既支持又约束的关系,不仅影响家产官僚制的运作逻辑,也对经济伦理、法律性格有决定性作用。

---

① 韦伯:《中国的宗教 宗教与世界》,康乐、简惠美译,桂林:广西师范大学出版社,2004年,第 102—103 页;Max Weber, *The Religion of China*, Glencoe, Illinois: The Free Press, 1951, p. 55.
② 韦伯:《中国的宗教 宗教与世界》,康乐、简惠美译,桂林:广西师范大学出版社,2004年,第109页。
③ 韦伯:《中国的宗教 宗教与世界》,康乐、简惠美译,桂林:广西师范大学出版社,2004年,第103页。
④ 韦伯:《中国的宗教 宗教与世界》,康乐、简惠美译,桂林:广西师范大学出版社,2004年,第88页。

第一,被围困的中央集权。"中国的家产制用以防止封建身份之兴起,亦即防止官吏自中央权威当局中解放出去的,是一套世界闻名、成效卓著的办法。这些办法包括:实施科举,以教育资格而不是出身或世袭的等级来授予官职"①,以及与近代官僚制几乎无异的考核、监控和监督体制和手段。这些措施既是为捍卫皇权,也是用以推进官僚制的理性化进程。② 但制度上看似完美的设计"都不足以建立起一套精确而统一的行政体"③,也不足以现实地捍卫权利的集中统一。家产官僚制的这种现实反差,固然有许多客观因素使然,如幅员辽阔、有效统治所需要的技术支持尚未出现等等,但根本性症结在于士人身份团体的阻碍。首先,士人身份团体的分权倾向。士人身份团体独占官僚体制,"没有一个独立于这些利益集团的不涉及自身利益的执行机构"④可以与之抗衡。在这种背景下,包税制、俸禄制以及官员的高流动性,强化了其利益攫取的诉求,这一方面造成"各州省的特殊主义(particularism),主要是财政上的特殊主义"⑤,另一方面任何中央集权和理性化改革都难以推进:"各种利得机会不是被官僚集团的最高的和支配性阶层所个别地占领;相反,它们是被流官这一整体身份集团(the whole estate of removable officials)所占领。正是这个身份集团集体地反对干预,并极端憎恨地迫害任何主张'改革'的理性思想家。"⑥这一点突出表现在王安石变法上。沟口雄三对东林党与张居正变法的关系的论述,也遵循了韦伯的这个观

---

① 韦伯:《中国的宗教 宗教与世界》,康乐、简惠美译,桂林:广西师范大学出版社,2004年,第96页。
② Max Weber, *Economy and Society*, Oakland: University of California Press, 1978, p. 1048.
③ 韦伯:《中国的宗教 宗教与世界》,康乐、简惠美译,桂林:广西师范大学出版社,2004年,第94页。
④ Max Weber, *Economy and Society*, Oakland: University of California Press, 1978, p. 60.
⑤ Max Weber, *Economy and Society*, Oakland: University of California Press, 1978, p. 61.
⑥ 韦伯:《中国的宗教 宗教与世界》,康乐、简惠美译,桂林:广西师范大学出版社,2004年,第108页;Max Weber, *The Religion of China*, Glencoe, Illinois: The Free Press, 1951, p. 50.

点。① 韦伯由此断定,帝制中国看起来是一个专制主义的政权,其实"是在一个教皇领导下的总督辖地的联邦"②。其次,家产制在官僚制实践中的变相再生产。士人作为"君子不器"的教养阶层虽然通过了科举取士,但并无专业行政技能,任期短也让他们无法熟悉辖区情况,只能"以家产制的方式,自费雇佣仆役来担任治安与细琐的公事"③。这些仆役即"吏"大多来源于官员的亲信或前任留下的当地胥吏,他们干的是公务,但从雇佣方式和身份看则是雇佣者的"家臣",这种公私不分影响了官僚制的行政效率和公正性。而且,流官与熟悉本地风情的仆役之间缺乏充分的监控渠道和手段,后者可以在官员眼皮底下上下其手,造成顾炎武所谓的"吏有封建官无封建"的普遍现象。另外,由于仆役的俸禄由官员自己开销,客观上稳固了包税制。

第二,家族的坐大。"家族,在西方的中世纪时实际上已经销声匿迹了,在中国则完整地被保留在地方行政的最小单位,以及经济团体的运作中。"④无处不在的家族无疑同中央集权相反对,构成家产官僚制的最大敌人,"家产官僚制主要要面对的,除了随处可见的商人和手工业行会,就是作为土生土长的地方权力的家族"⑤。商人和手工业行会本身从来没有摆脱家族力量的约束,故家产官僚制的最终敌人还是家族。这种对立,在官僚制甫现时就已暴露,商鞅变法时实行的"户口登记、家族共同体(family communes)的强制分割、分家后的租税奖励、高度生产的徭役减免、禁止私斗"⑥等政策就是明证。这些政策在秦立后一直有效,

---

① 转引自小野和子:《明季党社考》,李庆、张荣湄译,上海:上海古籍出版社,2013年,第3页。
② 韦伯:《中国的宗教 宗教与世界》,康乐、简惠美译,桂林:广西师范大学出版社,2004年,第94页。
③ 韦伯:《中国的宗教 宗教与世界》,康乐、简惠美译,桂林:广西师范大学出版社,2004年,第158页。
④ Max Weber, *The Religion of China*, Glencoe, Illinois: The Free Press, 1951, p. 140.
⑤ Max Weber, *Economy and Society*, Oakland: University of California Press, 1978, p. 1047.
⑥ 韦伯:《中国的宗教 宗教与世界》,康乐、简惠美译,桂林:广西师范大学出版社,2004年,第130页;Max Weber, *The Religion of China*, Glencoe, Illinois: The Free Press, 1951, p. 79.

家产官僚制心心念念"防止此一官吏群转化奠基于地方望族势力的、独立于帝国行政之外的领土君主或封建诸侯"①,提防家族力量带来的小到官僚制无法直接作用于"小市民与小农民"②而必须同家族"达成妥协,才能推动其业务"③,大到独立于皇权的自治力量之崛起等各种后果。

但是,从儒教角度看,家族恰恰是应该弘扬的。这一是儒教伦理的内在要求,是祖宗崇拜的载体,没有实体的家族的普遍存在,以孝道为基石的政治和社会伦理也就如无源之水、无本之木,只有通过家族的日常实践才能不断形塑整个天下的孝道伦理,才能为"天下为家"的家产制提供强大且稳固的伦理支持。这一点也是儒教伦理支持的皇权不得不接受的,因为其与皇权继承之正当性来源是一致的,是"天下乃高祖之天下"之正当性依据。二则家族确实可以成为社会治理的正当单位,可以用"家父长制家族完整的活力与无所不能"来弥补"皇权不下县"形成的"家产官僚制行政的疏放性"。家族事实上也构成了官僚制难以替代的自治力量(self-government):有共同的祖先崇拜和基于此的共同祭祀仪式;有共同的长老和以男性为中心的议事机制,甚至还有仲裁的权力;有一致对外的意识和准备;有共同的族产和支持"家户的自给自足"的道德经济;有共同的福利制度和教育机构以及奖掖后学的教育辅助政策;还有韦伯没有提及的在宋朝以后高度发达的族规和乡约体系。一言以蔽之,这类"家族共同体"或曰"累积性的家共同体"发挥了很好的社会保护和基层治理效应。④ 三则现实中的家族同士人身份团体不可分割地

---

① 韦伯:《中国的宗教 宗教与世界》,康乐、简惠美译,桂林:广西师范大学出版社,2004年,第160页。
② 韦伯:《中国的宗教 宗教与世界》,康乐、简惠美译,桂林:广西师范大学出版社,2004年,第136页。
③ 韦伯:《支配社会学》,康乐、简惠美译,桂林:广西师范大学出版社,2004年,第160页;Max Weber, *Economy and Society*, Oakland: University of California Press, 1978, p.1048。
④ 韦伯:《中国的宗教 宗教与世界》,康乐、简惠美译,桂林:广西师范大学出版社,2004年,第151—152页;Max Weber, *The Religion of China*, Glencoe, Illinois: The Free Press, 1951, pp.95-96。

纠缠在一起。如前所述,科举应试的周期长、代价大、风险高,往往需要举大家族之力才能维系,科举取士之成功既是个人的成功,更是家族祖先崇拜的成功,成功者还需要回馈家族并进一步襄助家族涌现更多的成功者,以将家族提升成"世袭性官职贵族"(hereditary office baronies)。上述因素客观上催生了儒教获取全面胜利后[①]士人"敬宗收族"的实践。由此可见,家族实际上是通过占据官僚体制和为皇权提供伦理支持两种方式进入家产官僚制之中,成为其构成性部分,但其伦理实践又必然对家产制和官僚制产生反动作用,二者处在相生相杀的关联中。

但是,从理性化角度看,家族是典型的反动力量。家族不仅是儒教伦理的根源,更是儒教伦理的具象化,从实体和伦理两方面来约束理性化的推展。第一,家族影响甚至决定了官僚制的经济观念和能力。这一表现为经济上的自由放任占据主导,"中央政府的任何干预都很明显地引起了强烈的厌恶。这一点与领取领地俸禄的地方官和其他等级的人群意见一致"[②],不可能推行"认真的货币改革"[③]。在这个背景下,政府的任何经济干预都与统一且长远的经济政策无关,而完全"都是基于独占专卖或国家税收的理由"[④]。悖论的是,这又反过来强化了士人维护俸禄制和家族的保护主义激情,二者处在相互强化的循环中。第二,家族妨碍了"纯粹市场资本主义"的发展。这一点不仅体现在家族和国家的道德经济和平均主义取向上,也体现在儒教的亲疏远近、内外有别、因人而异而非"理性的去人格化"(rational depersonalization)[⑤]伦理上:"部分而言,家族的凝聚力是各种政治和经济组织的基本结果,这些组织本

---

[①] 韦伯:《中国的宗教 宗教与世界》,康乐、简惠美译,桂林:广西师范大学出版社,2004年,第237页。
[②] 韦伯:《中国的宗教 宗教与世界》,康乐、简惠美译,桂林:广西师范大学出版社,2004年,第71页。
[③] 韦伯:《中国的宗教 宗教与世界》,康乐、简惠美译,桂林:广西师范大学出版社,2004年,第34页。
[④] 韦伯:《中国的宗教 宗教与世界》,康乐、简惠美译,桂林:广西师范大学出版社,2004年,第200页。
[⑤] Max Weber, *The Religion of China*, Glencoe, Illinois: The Free Press, 1951, pp. 85.

身同人格性关系捆绑在一起。它们很大程度上缺乏理性的就事论事、非人格性的理性主义,也缺乏抽象的、非人格的、目的性结社的本质。特别是在城市里,真正的'共同体'缺失,因为没有任何经济组织和管理组织或公司是纯粹目的性的……所有共同体行动都以纯粹人格性关系特别是亲属关系为条件,并被其吞噬。"①这种特殊主义的伦理显然与自由交换经济的必须条件普遍主义规则背道而驰。第三,家族扼杀了城市自治的可能性。家族及其伦理本质上是自然的乡土伦理,扎根于自给自足的乡村。但是,即便中国的城市也没法或者说从来没有想过要摆脱家族纽带。这不仅指城市的行会同家族势力千丝万缕的联系,也指在祖宗崇拜的伟大力量支配下,城市居民包括商人和官员的根还是在农村和家族:"城市的住民,尤其是那些富有的人,与其家族、祖产、祖庙所在的故乡,一直保持着关系,也因此与其家乡所有重要的祭奠及人际关系都维持着关系。"②在职业分工上,中国城市虽然不似印度的种姓制那么严密,但也有一些共同特征,如手工业的"严格的家族秘密"③。第四,经济组织及其载体城市的特殊主义性格同儒教反对程序正义的伦理内在勾连,相互强化。家产制下的皇权本身是任意的、专断的,如何将绝对皇权引到符合正统要求的轨道,是儒教士人殚精竭虑的问题。谶纬学说、祖先崇拜、君子理想和父爱主义共同构成一股约束皇权的力量,即将家父长制内在的"宗教的和功利主义的福利国家性格"④注入政权之中,既建构皇帝的卡里斯马来维护其正当性⑤,又引导其按照"君父"的伦理要求来

---

① 韦伯:《中国的宗教 宗教与世界》,康乐、简惠美译,桂林:广西师范大学出版社,2004年,第326页;Max Weber, *The Religion of China*, Glencoe, Illinois: The Free Press, 1951, p.241.
② 韦伯:《中国的宗教 宗教与世界》,康乐、简惠美译,桂林:广西师范大学出版社,2004年,第44—45页。
③ 韦伯:《中国的宗教 宗教与世界》,康乐、简惠美译,桂林:广西师范大学出版社,2004年,第52页。
④ 韦伯:《中国的宗教 宗教与世界》,康乐、简惠美译,桂林:广西师范大学出版社,2004年,第199—152页;Max Weber, *The Religion of China*, Glencoe, Illinois: The Free Press, 1951, p.136.
⑤ 韦伯:《中国的宗教 宗教与世界》,康乐、简惠美译,桂林:广西师范大学出版社,2004年,第68—69页。

自我修正。但家父长逻辑必然阻止程序正义和形式理性,其所塑造的是官绅行政的"反程序主义"性格,被这种伦理引导的家产制,也只是以"实质正义"而非"形式法"为目标,皇帝的谕令也只是道德教导而无精确的法律内容。总之,司法行政始终只是以儒教"正统"(orthodoxy)为取向,"停留在通常用以刻画神权政治的福利正义这一本性上"①。

总之,家族、孝道伦理、士人身份群体同家产官僚制之间,是对立的,但是更是相互进入的,共同构建和维护着充满矛盾又周而复始的中国文明:"由于此一世界帝国在经济方面基本上自给自足,在社会方面同构性又强,在此条件下,经济状况愈来愈趋稳定。"②即使明朝以后,海外贸易开始发展,银本位逐渐确立,但依然没能形成真正纯粹的和普遍主义的货币体系,也不能激发"帝国的中央行政的理性化和统一的经济政策"③。一言以蔽之,即不能自发地生长出真正的资本主义。④

## (四)小结:家与特殊主义伦理

在《中国的宗教》的第六章和第八章,韦伯大篇幅地将清教同儒教进行了比较,从欧洲文明角度来分析中国走不出传统主义的制度和精神的原因:缺乏一个同官僚制对立的教权制度,而一切都从"国家理由"出发;自然法和形式法的法理思想缺乏,而完全沉醉于实质公正;理论理性缺失而仅有实践理性;只有入世的俗人道德伦理而缺失彼世救赎伦理;

---

① 韦伯:《中国的宗教 宗教与世界》,康乐、简惠美译,桂林:广西师范大学出版社,2004年,第158—159页;Max Weber, *The Religion of China*, Glencoe, Illinois: The Free Press, 1951, pp. 101-102。
② 韦伯:《中国的宗教 宗教与世界》,康乐、简惠美译,桂林:广西师范大学出版社,2004年,第201—202页。
③ Max Weber, *The Religion of China*, Glencoe, Illinois: The Free Press, 1951, p. 61。
④ 韦伯:《中国的宗教 宗教与世界》,康乐、简惠美译,桂林:广西师范大学出版社,2004年,第40—42页。

以教养为本而鄙视严格的专业化劳动;等等。① 在这些因素中,最为根本的是儒教缺乏彼世观念:"中国的宗教——无论其本质为巫术性的或祭典性的——保持着一种此世的心灵倾向。""正统的中国人(而不是佛教徒),是为了他在此世的命运——为了长寿,为了子嗣、财富,以及在很小的程度上为了祖先的幸福——而祭祀,全然不是为了他在'彼世'命运的缘故。"②但是,要走进现代资本主义,光有此世与彼世的分立还不够,因为即使救赎宗教也会有对此世即"自然状态"(status naturae)的妥协,而任何妥协都难以达到这一效果,天主教和路德宗即为明证。只有将这种此世和彼世的对立转化为本文开篇时指出的自然主义与理性主义的绝对对立,才可能产生这种效果。这种彻底的克服,只是出现在基督新教教派中:耶稣会修士的"修道僧生活已发展成一套理性生活样式之系统化建构的方法,目标在于:克服自然状态,让人摆脱非理性的冲动与对此世以及自然的依赖,使人臣服于至高无上的坚定意志,使其行动服从

---

① 韦伯还在书中讨论了其他的各种对立,但这些对立相比于此世和彼世的对立都是次要的。这种绝对对立在日常生活中可以表现为各种虽然不可取代上述基本对立但依然重要的对立范畴。譬如,官僚体系要走向法律理性化和体系化,就必须有经济上强有力的资本主义利益、社会上强有力的司法阶层来制衡。中国历史上当然不缺乏这些此世层面的各种紧张,如韦伯屡次提到的战国时期的"百家争鸣",即使进入统一帝国之后,亦始终存在家产官僚制与封建制的对立,甚至国与家的对立等等,宗教上亦有与儒教对立而存在的本土宗教道教、外来宗教如佛教和基督教。但是,儒教和道教在巫术方面并无本质区别,道教也没有彻底弃绝入世,与儒教一样没有彼世的想象,且缺乏系统性的伦理主张,无法成为一支独立于儒教并约束儒教的力量;佛教和基督教固然同儒教的祖先崇拜、家父长制和孝道决然对立(韦伯:《中国的宗教 宗教与世界》,康乐、简惠美译,桂林:广西师范大学出版社,2004年,第 295—296 页),但正因为这种对立,让它们进入中土后要么被儒教排斥,要么不可规避地走向本土化,接受道教和儒教的同化,所以韦伯认为,即使太平天国取代清朝而建立了基督教政权,但其教义仍然会接受祖先崇拜、仪式主义。参见韦伯:《中国的宗教 宗教与世界》,康乐、简惠美译,桂林:广西师范大学出版社,2004年,第 305 页。总之,在强大的儒家伦理面前,"从社会学的观点看来,这些救赎宗教的萌芽实在是微不足道的"。参见韦伯:《中国的宗教 宗教与世界》,康乐、简惠美译,桂林:广西师范大学出版社,2004年,第 308 页。
② 韦伯:《中国的宗教 宗教与世界》,康乐、简惠美译,桂林:广西师范大学出版社,2004年,第 210 页。

于他自己的不断控制和对行动的伦理后果的审慎思量"①。自然状态在一种文明中的表现,在韦伯看来,最典型的莫过于巫术和家,而巫术通常会以家族卡里斯马的形式同家捆绑在一起。因此,走出自然主义的伦理,首先要割断"家"的束缚。

自然主义与理性主义之对立,本质上是特殊主义与普遍主义之对立,自然主义没法超越巫术和直观情感的束缚,没法培育独立个体,没法走出因人而异、内外有别、亲疏远近的情感逻辑,一言以蔽之,没法走出家和家的想象。这是韦伯对印度教和古犹太教的共同判断,更适用于儒教。但韦伯不认为这些文明连走出家的火种都不存在,而是相信它们各自有着自己的独特机制,如中国的官僚制。可是,历史并没有如家产官僚制早期胜利所预设的道路走下去,而同印度一样需要等到西欧文明的冲击才发现了人类历史的另一条道路。②韦伯从"心态"(mentality)——当然心态也是由特定政治和经济条件共同决定的③——特别是家产官僚制和社会伦理的担纲者儒教士人阶层的心态角度来寻找其中的症结。他发现,作为士人阶层心态之表征的儒教伦理,既无彼世观,亦无超越自然主义的期求,走的是相反的"缘情制礼"的道路:"中国伦理在自然生长的人格主义(personalism)组织或者隶属于(抑或模仿)这些组织的其他组织之中发展出其最强大的动力。"④这种自然主义伦理的渊源,是祖先崇拜这一勾连巫术和"家"的信仰形式,它以中国历史上以宗法制为核

---

① 韦伯:《新教伦理与资本主义精神》,康乐、简惠美译,桂林:广西师范大学出版社,2007年,第102—103页;Max Weber, "Prefatory Remarks to Collected Essays in the Sociology of Religion", in *The Protestant Ethic and the "Spirit" of Capitalism and Other Writings*, London: Penguin Books, 2002, p. 81。
② 韦伯:《中国的宗教 宗教与世界》,康乐、简惠美译,桂林:广西师范大学出版社,2004年,第333页。
③ 韦伯:《中国的宗教 宗教与世界》,康乐、简惠美译,桂林:广西师范大学出版社,2004年,第334页;Max Weber, *The Religion of China*, Glencoe, Illinois: The Free Press, 1951, p. 249。
④ 韦伯:《中国的宗教 宗教与世界》,康乐、简惠美译,桂林:广西师范大学出版社,2004年,第319页;Max Weber, *The Religion of China*, Glencoe, Illinois: The Free Press, 1951, p. 216。

心的封建制为制度基础,充当中国家产官僚制的"扳道工"①,是中国文明停滞在特殊主义和传统主义的根本因素。这样,韦伯就把特殊主义和普遍主义这一命题在中国文明中的表现,转化为家产官僚制和封建制的对立,并以之作为理解中国文明特质的基本线索。韦伯的这一发现,同中国学者和思想家将近千年的封建和郡县之辨若合符节,凸显了其对中国文明总体特征的准确把握。最为重要的是,韦伯抓住了士人身份团体这个官僚制和儒教的共同担纲者,揭示了家产官僚制和封建制之间相互渗透、难以脱嵌的复杂关联。由此可见,尾形勇②的韦伯在分析中国宗教时没有超出孟德斯鸠、黑格尔等欧洲思想家奠定的"家父长制的家族国家观"领域的判断,显然严重低估了韦伯的思想深度和准确度。

当然,我们在钦佩韦伯非凡的洞察力,并用韦伯的眼睛来重释自己浸润其中的文明时,也应该看到韦伯的第三只眼睛与中国自己的学者和思想家之间存在的虽然细微但并非不重要的差别:中国思想家们是站在中国语境中来理解封建与郡县范畴对中国历史和文化的决定作用的,韦伯则是站在历史的外部来使用这个范畴。因此,前者更能体受家产官僚制和儒家伦理各自的现实困境,却因为缺乏外部视角而难以走出封建和郡县的羁绊;韦伯容易超越这对范畴的束缚,但也就少了一些切身体受这种紧张在中国历史上绵延两千年所根基的内在合理性的机会。

要理解其中的合理性,需要从对家产官僚制的解析开始:一方面,它仍然是一种家父长制,"普天之下,莫非王土;率土之滨,莫非王臣",在秦统一六国以后,皇帝就是最大的家长。但这个时候的家长跟父爱主义脱离了干系,只是一个至高无上的、拥有绝对权力、可以任意处置其王土和王臣的专制统治者,所谓"一君万民"是也。另一方面,由于秦统一后的帝国地大物博、广土众民,单靠皇帝本人无能治理,但又要将大权集于

---

① Max Weber, "Social Psychology of the World Religions", in *From Max Weber: Essays in Sociology*, H. Gerth, Wright Mills (tran. and eds.), New York: Oxford University Press, 1946, p. 280.
② 尾形勇:《中国古代的"家"与国家》,张鹤泉译,北京:中华书局,2010年。

一身，因此不得不推行郡县制，建立一支官僚队伍。但是，在这种纯粹利益和权力的背景下，无论是君对臣，还是官对民，都不可能是以"正当性"（legitimacy）为依据，而只能依赖暴力和利益，特别是"君"的绝对地位，没有任何力量可以制衡。换言之，家产官僚制也好，家产制和官僚制的合作也好，都只能以暴力和利益为基础。秦二世而亡，是对这种纯粹暴力的家产制和官僚制结合效果的否证。正是这一点，构成往后统治者及其幕僚反思统治方式的依据。这个节骨眼上儒教的引入和儒教士人占据官僚机器起到的作用，不单单是降低理性化和中央集权程度，而是通过"拟家"的伦理建构，一方面对绝对专制权力和官僚权力进行事实上的引导和限制，另一方面从伦理上建构对家产官僚制的情感和道德接受即赋予其支配以"正当性"。从这个角度看，封建制与家产官僚制或曰士人身份团体与家产官僚制之间，并非全然对立，而是相互支持的关系，特别是前者对后者的支持。

当然，韦伯看到的紧张也始终存在。在"天下为家"这一根本前提下，就如前文引述的韩格里关于"孝"的社会结构意义的观点所显示的那样，儒教想象通过礼制和法律构建起统一的政治和社会秩序即家的金字塔，皇室处在金字塔顶端，其他家庭在金字塔结构中也有自己的位置，各安其位，每个个人作为家庭成员又在各自家中各安其位。支持这个金字塔的伦理也源于"家"，即将"孝"从亲亲推到尊尊，从父子关系推到臣民关系、君臣关系，整个国家俨然成了一个大家庭，皇帝是大家庭中至高的父亲。这种金字塔结构的想象可以被视为儒教为适应家产制变动而从封建制的井田制转换而来，既承认家产制的正当性，又规避家产制的不稳定性。但是，这种想象同家产官僚制存在本质性冲突：家产官僚制下，为确保皇权的绝对性，实行的是"一君万民"，换言之，普通家庭在政治上没有正当性。但儒教的家国同构想象不仅给皇室以正当性，而且给所有普通家庭以正当性，更给大家庭以正当性，这在北宋以来士人积极倡导"敬宗收族"和地方以家族为自治单位的运动中表现得很是明显。家国矛盾或曰普通家庭与皇家之间的矛盾，以及韦伯看到的家族与官僚制之间的矛盾,也由此凸显出来:首先也是最为普遍的现象是忠孝何以两全,譬如:"既然个人神圣的社会伦理义务有可能自相矛盾,它们就必须被相对化。这明显表现在家族利益与国库利益的强制性划分,以及父亲宁愿自杀而不愿亲自逮捕(谋反的)儿子上。"①其次是家族自身在伦理上的正当性有可能成为削弱和抵制官僚制和皇权的力量。由此可以说,韦伯关注的封建制与家产官僚制之紧张其实是皇权和其他族权之紧张,是不同家族之间的紧张,是皇室家族为了自身的稳定和秩序而控制其下的家族所产生的紧张,是不同家族各自的祖宗崇拜之间的紧张。但是,对地方家族势力的打击,又是对儒教伦理正当性的否定。这种悖论,始终缠绕并阻止官僚制的推展,客观上支持了家族在地方自治中的地位和作用的提升和维系。但是,值得注意的是,家族与官僚制之间的冲突并没有因此而全面激越化,因为不仅有从亲亲到尊尊、从孝到忠和诚的家国一体的伦理体系作为黏合剂,而且更现实地看,官僚制的担纲者士人身份团体的另一只脚深深地嵌入在家族关系中。费孝通②关于皇权与绅权关系的讨论,就提供了这样的答案。儒教背景下皇权与绅权、官僚制与家族之间这种斗而不破的关系,呈现在韦伯注意到的家产官僚制的各个方面,譬如现实操作中的地方分权现象、法律的道德化倾向、家族对自由交换经济的抑制、所有公共关系的私人化等等。这样看来,如韦伯所发现的,士人身份团体、家族、儒教伦理,的确都在降低官僚制和家产制运作的效率、形式正义和理性化,一言以蔽之,妨碍了普遍主义的经济和政治伦理的可能性。但是,反过来看,在传统中国的所有想象力都局限于封建和郡县这两个选项时,儒教伦理与士人身份团体向家产官僚制的渗透,实际上有助于阻遏家产官僚制的极端化,即遏制家产制和官僚制或相互配合的独断专行或彼此反动的肆无忌惮。家产官僚制的独断

---

① 韦伯:《中国的宗教 宗教与世界》,康乐、简惠美译,桂林:广西师范大学出版社,2004年,第290页。
② 费孝通:《乡土重建》,长沙:岳麓书社,2012年;费孝通:《论绅士》《论"知识阶级"》《论师儒》,均载费孝通等:《皇权与绅权》,上海:华东师范大学出版社,2005年。

专行,正是韦伯批评的传统中国没有独立教权制而唯有"国家理由"的典型体现。韦伯如果看到这一点,或许会在书中表达几句对儒教的同情,即儒教在一定程度上是作为教权制的替代项发挥作用。当然,这样来言说儒教与家产官僚制的关系,并非否定韦伯的洞见,恰恰相反,唯当韦伯这样的外部视角进入我们的想象力时,中国文明才有可能走出要么封建要么郡县的两难选择,踏进现代性的大门。笔者之所以在这里不厌其烦地申说这一点,是想重申,我们如果不能理解韦伯的中国论述背后蕴含的这种意图,就可能出现两种想象:一种是与韦伯的论述相反,简单地同情儒教的正当性,另一种是简单地以为韦伯是在张扬家产官僚制的理性主义。这两种想象都不可能超越封建郡县之辨来思考问题,但第二种想象的现实危害性会更大,因为它通往的是放弃儒教和封建制想象以为家产官僚制的所谓效率和理性清理路障的方向,即从"国家理由"出发,无所忌惮地"以利为利"或"以暴易暴"。

## 六、讨论:比较历史社会学何以可能?

无论是韦伯的哪本著作,都会有不同文明之间的直接比较,譬如,《宗教社会学文集》"前言"从多个角度罗列了欧洲文明不同于其他文明的独特之处①;《印度的宗教》亦如此开篇;如前所述,他在《中国的宗教》的第六和第八章也对儒教与清教做了大量直接对比。如果我们只是就这些直观比较来理解韦伯的比较历史社会学,会发现其中存在的各种相互矛盾,譬如:中国儒家文明在理论理性和形而上学上有短腿,但印度教和犹太教在这方面并不缺乏,那么为什么两种文明都被韦伯视为传统主义的呢?清教的预定论同儒教的祖先崇拜都蕴含了巫术性质,但为什么

---

① 韦伯:《新教伦理与资本主义精神》,康乐、简惠美译,桂林:广西师范大学出版社,2007年;Max Weber, "Prefatory Remarks to Collected Essays in the Sociology of Religion", in *The Protestant Ethic and the "Spirit" of Capitalism and Other Writings*, London: Penguin Books, 2002, pp. 356 - 372。

前者走向了现代性而后者深陷于传统主义不能自拔呢？同样是自我控制，为什么儒士的自我控制与清教徒的自我控制被赋予完全不同的意义呢？印度社会和中国社会都有家产官僚制，为什么韦伯赋予中国的家产官僚制以更高期望？诸如此类，不一而足。

与这种直观比较相关的是，韦伯的问题的确是欧洲的，是其"作为现代欧洲文明之子"所独有的问题，其目的是寻找欧洲社会独有的特征①，其比较的参照点也是欧洲的，并从欧洲历史出发建构了多维度的代表普遍历史的分析框架，其他文明只是作为欧洲文明的"衬托"才被发现②，但韦伯何以凭此考察世界其他文明类型的特质并得出相应的结论？想想看，如果没有近代东西之间的交往，韦伯或许能基于基督新教与天主教的对比而提出这个问题，但这个问题压根儿没法被东方文明理解，这就像马戛尔尼与乾隆皇帝的冲突发生了几十年后，虽经鸦片战争，国门开始洞开，但类似的文化冲突依然还在咸丰帝身上重演一样。③

韦伯的社会科学认识论早就承认，问题的提出有赖于某种价值支持。但是，对于韦伯而言，这种比较的价值，与其说是得出结论，不如说是提出问题，真正的答案不是来自参照系，而是蕴藏在每种文明自身之中，只有找到构成每种文明之本质的内核和独特机制，才能回答直观比较提出的问题。当然，文明比较也需要建立在某些预设基础之上。韦伯不是从进化论角度预设不同文明都有走向共同终点的内在动力，而是预设人类以及最初的人类组织有着共同的自然起点，只是因为文化和社会的原因而出现了文明的多样化，"愈往上溯，愈能发现中国人及中国文化与西方的种种相似之处"，"中国基本的特质……或许纯粹只是历史与文

---

① Guenther Roth, "Introduction", in Max Weber, *Economy and Society*, Oakland: University of California Press, 1978, p. lxiv.
② Jack Barbalet, *Confucianism and Chinese Self*, New York: Palgrave Macmillan, 2017, p. 3.
③ 裴士锋:《天国之秋》，黄中宪译，北京:社会科学文献出版社,2014年。

化影响下的产物"。① 在韦伯时代,一个基本的共识就是人类第一种支配模式是家父长制,第一种经济形式是家户的自然经济,第一种情感是家庭情感,一言以蔽之,人类社会的最初组织模式是"家"。当然,"家"不是单一的,在边界、内部关系等方面都有各种可能性,受具体际遇以及其他不可知因素之影响,不同人群对"家"的理解和想象以及应对会各有千秋,并在历史绵延中不断地变动和再建构,由此表现为不同的文明类型。有鉴于此,韦伯一方面把"家"作为所有文明的共同起点,另一方面又着力呈现不同文明中"家"的具体形态及其在该文明建构中的具体机制和效果。本文力图呈现的就是韦伯视野中的这种家与文明的具体关系:基督教文明是一个挣脱家、将家在公共领域中清理出去的文明,个人主义和基于个人主义的普遍主义伦理是其文明的本质特征。在犹太教中,家在公共领域中的地位虽然逐渐消隐,但按照家内家外这种内外有别的方式来区分正统和异端的思维始终占据犹太文明的中心位置,由此决定了犹太文明走不出贱民民族的窠臼。在印度教中,家的逻辑以世袭性的家族卡里斯马在职业分工中发挥作用,充实雅利安人入侵印度大陆时建立起来的依照人种差异建构的阶序制度,建立起牢不可破的种姓制,将职业、伦理都锁定在种姓边界之中。儒教文明中"家"的作用更为复杂,独占文明建构和维护的总体性地位。也就是说,家不仅是权力垄断和传承的实体——这特别体现在皇权上——以及家产官僚制下封建制遗存的载体,如家族在地方支配和士人身份团体中的中心地位,而且是一种想象和建构社会秩序的思路,从天人关系、家国关系到政治和社会伦理逻辑,再到人际关系想象,均是由家即父子关系出发,由"孝"铺陈和演绎而成,因此个人修养是从齐家开始一步步进入平天下。总之,韦伯的文明比较或者说比较历史社会学,其实就是比较不同文明对"家"的理解的不同方式。只要"家"的逻辑存留于一种文明的核心地带,这种

---

① 韦伯:《中国的宗教 宗教与世界》,康乐、简惠美译,桂林:广西师范大学出版社,2004年,第314页。

文明就必然被内外有别、亲疏远近的伦理和法律逻辑所支配,一言以蔽之,即为特殊主义而非普遍主义所支配。职是之故,韦伯回答了自己提出的问题,即为什么"在——且仅在——西方世界,曾出现朝着(至少我们认为)具有普遍性意义即价值的方向发展的某些文化现象"①。

毋庸置疑,韦伯的视角无论怎么辩解都是欧洲的。但需注意的是,这种视角没有影响他对一种文明的认识和判断,而是相反地让他能够更清晰地洞察每一种文明的实质。对于印度种姓制,正如前文所述,杜蒙显然比韦伯有更为细节的把握和直接的体认,但若搁置韦伯的资料掌握不足以及二人立场之不同等来判断,二人的结论其实是一致的。韦伯对古犹太教的认识亦有如此效果,如艾森斯塔特(S. N. Eisenstadt)②虽然批评韦伯只是从宗教角度来理解犹太文明过于狭隘,难以发现犹太文明的历史变动性,但从其论述看显然接受了韦伯对古犹太教的基本判断。同样,他对于中国文明的论述,虽然也遭遇各种批判③,但其关于士人阶层的历史转型,关于家产官僚制与封建制、官与吏、家族与皇权、中央与地方以及不特别重要的大同与小康④等范畴的讨论,不经意地跟中国学者从中国历史经验中直接提炼出的范畴一一对应:封建与郡县、法与儒、

---

① 韦伯:《新教伦理与资本主义精神》,康乐、简惠美译,桂林:广西师范大学出版社,2007年;Max Weber, "Prefatory Remarks to Collected Essays in the Sociology of Religion", in *The Protestant Ethic and the "Spirit" of Capitalism and Other Writings*, London: Penguin Books, 2002, p. 356。
② 艾森斯塔特:《犹太文明:比较视野下的犹太历史》,胡浩等译,北京:中信出版社,2019年,第1章。
③ Gary Hamilton, "Patriarchalism in Imperial China and Western Europe", *Theory and Society*, Vol. 13, No. 3 (May., 1984), pp. 393-425;苏国勋:《马克斯·韦伯:基于中国语境的再研究》,《社会》2007年第5期;苏国勋:《韦伯关于中国文化论述的再思考》,《社会学研究》2011年第4期;苏国勋:《重读〈儒教与道教〉》,《江海学刊》2015年第1期;Jack Barbalet, *Confucianism and Chinese Self*, New York: Palgrave Macmillan, 2017。
④ 对"大同"的理解,暴露了韦伯对中国文明掌握的有限性。在他看来,"大同""此一无政府主义式的社会理想的描述,远超出儒教经验性的社会思想框架之外,并且特别是如此地与所有儒教伦理之基础的孝道无法兼容"。参见韦伯:《中国的宗教 宗教与世界》,康乐、简惠美译,桂林:广西师范大学出版社,2004年,第291页。韦伯不知道,"大同"理想同样建立在"家"和"孝道"伦理基础之上,是通过自觉践行这一伦理而实现的。但韦伯的这种判断,也再次表达了他将"家"和"孝道"当作儒教伦理的根本的观点。

官与吏、皇权与绅权、央地关系、道统与政统,他把家产官僚制与封建制的关系视为上述所有对立关系中最为基本、通贯中国历史和伦理的范畴,也同中国学者的认识如出一辙①,即"抓住了几乎所有重要问题"②。不仅如此,韦伯没有停留在这些范畴本身的讨论,而是进入形成这些范畴的根基即"家"这一论题上,分析了"家"是如何作为一种实体和方法来建构中国人的世界观、价值观和人生观,一言以蔽之,建构政治、经济和社会伦理的。此外,就如上文将杜蒙和韦伯进行对比时所折射出的光芒那样,如果我们先悬置韦伯的问题意识,并宽容韦伯在资料和历史变革顺序把握上的各种缺陷,就会发现,即使是一个儒家文明的保守主义者,也能通过阅读《中国的宗教》而将韦伯引为同道。有意思的是,阿姆斯特朗依据韦伯的学生雅斯贝尔斯的"轴心时代"观对公元前8—前2世纪的世界诸宗教的横向比较所得出的观点也同韦伯的比较宗教社会学的结论有诸多异曲同工之处,其中最重要的共同点是:阿姆斯特朗认为轴心时代的几个重要宗教包括犹太教、印度教、儒教和道教都走向了内心世界而非外在世界,走向了"克制自我,改造自我"和"富于同情心的生活"③。虽然阿姆斯特朗的目的是由此引出对今天的各种原教旨主义的反思和批判,但轴心时代的诸文明的这种共性也是韦伯判断它们走不到现代资本主义的根源。④

　　韦伯的论说之所以能取得如此多的共鸣,特别是与那些生长于这些文明个体中的研究者对自身文明的认知发生共鸣,一方面在于韦伯对所

---

① 费孝通:《乡土重建》,长沙:岳麓书社,2012 年;费孝通:《论绅士》《论"知识阶级"》《论师儒》,均载费孝通等:《皇权与绅权》,上海:华东师范大学出版社,2005 年;渠敬东:《中国传统社会的双轨治理体系:封建与郡县之辨》,《社会》2016 年第 2 期;肖瑛、薛金成:《"天下为家"与封建郡县的相对相寓》,《新视野》2019 年第 1 期。
② Sprenkel 语,转引自 Jack Barbalet, *Confucianism and Chinese Self*, New York: Palgrave Macmillan, 2017, p.3.
③ 阿姆斯特朗:《轴心时代》,孙艳燕、白彦兵译,海口:海南出版社,2010 年,第 449 页。
④ 只是阿姆斯特朗没有像韦伯那样有逻辑地指出,除了佛教徒拥有"无量"的视野外,轴心时代的其他文明还真没有如她所愿的那样"同情不能只被限制在我们自己的群体中"。参见阿姆斯特朗:《轴心时代》,孙艳燕、白彦兵译,海口:海南出版社,2010 年,第 456 页。

有文明的共同点的准确想象,另一方面则源于他的比较历史研究方法,即普遍历史与历史个体既相互对立又彼此嵌入,换成费伊的说法,就是对《经济与社会》中的形式化概念框架的历史运用。[1] 这种在欧洲史的研究中建立"一般化的历史概念",然后以之为参照深入非欧洲的其他文明之中,在普遍概念之下对这些文明的特殊性做出准确的"历史解释"[2],让比较成为可能的方法,是韦伯给我们的最大启示。这一方法有助于规避比较研究——包括历史比较和思想比较——的三条主要歧路:要么只是在宏观上推展像韦伯在提出问题时铺陈的那种直观对照,要么在进入历史实质分析之后只能以相对主义来否弃可比性,要么以"××中心论"为借口来拒斥任何一种比较的尝试。

---

[1] Tony Fahey, "Max Weber's Ancient Judaism", *American Journal of Sociology*, Vol. 88, No. 1 (Jul., 1982). 这对范畴在一定程度上可以置换为我们所熟悉的宏观历史与微观历史范畴,参见应星:《"把革命带回来":社会学新视野的拓展》,《社会》2016 年第 4 期。
[2] Gary Hamilton, "Patriarchalism in Imperial China and Western Europe", *Theory and Society*, Vol. 13, No. 3 (May., 1984), pp. 393 - 425.

Departing from "Family": A Reinterpretation of Weber's Comparative Study of Civilizations

Xiao Ying

**Abstract**: Universalism is a better keyword for Weber's definition of modern capitalism than rationalism. The opposite of universalism, the particularism, finds its cornerstone in "family", and the distance of a particular civilization from capitalism is influenced by its understanding of "family". Weber applies the method of historical sociology in his comparative study of civilizations, builds up a universal theoretical framework based on European history, and delves into a specific civilization from the perspective of "family". This approach leads to rich description of substantive characteristics of historical individuals, while makes possible comparison between civilizations. The constructive functions of "family" in a specific civilization, and its manifestation in historical individuals vary according to historical conditions: in ancient Judaism, while "family" gradually retreats from public sphere, during Confederacy and after the Exile, when the "Jews" change from "a political group" to a "religious group", the Jews continue to differentiate between insiders and outsiders according to the logic of "family", resulting in a Pariah character. In Hinduism, "family" functions alongside a hereditary religious charisma in division of labor, supplementing the class system built by the Aryans after the invasion into India. The resultant caste system rigorously covers all professions and ethics. In Confucianism, "family" occupies a central place in construction and maintenance of civilization, and the logic of "family" is established in Chinese economy, politics, religion, laws and ethics. In sum, as long as a civilization keeps "family" at the center of its public sphere, its economic life is will be dominated by a particularism which differs between insider and outsider, and between families and strangers.

**Keywords**: Weber, family, comparative study of civilizations, comparative historical sociology, universalism, particularism, Confucianism, ancient Judaism, Hinduism

# 平等与卓越的张力
## ——美国社会变迁中的教育

刘云杉\*

**摘要**：平等与卓越的张力贯穿了近代以来美国的社会变迁。本文以教育领域中影响深远的"杰斐逊主义与杰克逊主义之争"为线索，追溯"美国梦"的兴与衰，探究教育在这一历史进程中的地位和功能。研究发现，普及教育贯彻了共和的理念与愿景，旨在个体层面奠定自由、平等的基础，然而社会治理的选贤任能又体现了资本主义的效率精神，政治民主的愿望和经济垄断的利益深刻交织在"人"的教养和培育过程中，并随着美国社会的发展变化呈现不同的历史面貌。我们看到，民主社会中的机会均等与个人主义催发了向上的自我奋斗，同时也开启了激烈的竞争和淘汰机制。在社会整体向上的趋势渐缓、财富两极分化并通过代际加以承袭延续的当下，劳动力市场对"英才"的筛选标准日益严苛，家庭资本强势介入，依靠教育搭建"社会阶梯"、完成个体阶层跃升的"追梦"之路日趋坎坷。

**关键词**：教育平等　机会均等　教育筛选　精英治理　家长主义

---

\* 刘云杉，北京大学教育学院教授。

## 一、教育民众：政治理想的钥匙

1831年，托克维尔（Alexis de Tocqueville，1805—1859年）在美国旅行时，写下了这样一段话：

> 同世界其他地方相比，人们很少担忧大量的人因教育超出了他们的机遇而给一个国家造成麻烦，或者他们的不安可能导致社会动荡。这里，大自然提供的资源依然十分丰富，人的一切努力取之不竭，以至于没有任何道德力量、知识活动找不到便捷的食粮。①

旅行中，他制定了与美国对话者的详细问卷提纲，在"国民教育"类目中包括这样的提问："是否有大量的人受到比初等教育更高的教育？教育的结果都好吗？你们是否认为一个人在接受了比他的社会地位高的教育之后，就会变成一个不安分和爱闹事的公民？"②

他的疑问中有明确的假设：超出机遇的教育可谓过度，机遇既指外在环境所提供的资源与可能，也指个人凭借其禀赋与努力所能把握的机会；过度教育会使人不安，也会导致社会动荡，还给国家造成麻烦。他的疑问来自旧大陆的法国，在1831年6月给友人的信中，他进一步写道：

> 你知道我们（我们及数以千计的其他人）在法国曾多少次为了弄明白到底应该期望还是担忧教育深入一切社会阶级，而大

---

① 转引自索尼娅·沙博：《阿历克西·德·托克维尔著作中的公民教育、国民教育与教育自由》，载雷蒙·阿隆等：《托克维尔与民主精神》，陆象淦等译，北京：社会科学文献出版社，2008年，第142—143页。
② 转引自雷蒙·阿隆等：《托克维尔与民主精神》，陆象淦等译，北京：社会科学文献出版社，2008年，第142—143页。

伤脑筋。对于法国来说,如此难以解决的这个问题,在这里似乎并没有出现在人们的头脑里……(他们说)知识是我们拥有的克服群体之间差距的唯一保障。①

今人或许会诧异于托克维尔的疑问:普及化的教育为什么不构成一种威胁?在托克维尔的疑问中,虽有对美国民主例外论的羡慕——在这有无限社会流动机会的新大陆,宗教的情感、互助的精神平衡了普及化教育的有害后果,也不乏对民主以及教育在民主社会的限度的深刻忧虑。在法国,即使一些有自由思想的人,也反对下层阶级通过学校教育向上攀爬。狄德罗(Denis Diderot,1713—1784年)就主张学校采用严格的学术标准,"打消一些家长不合理的要求,因为他们想让自己的孩子接受神职、医学和法律等方面的教育,以摆脱自己卑微的职业。对社会而言,最不幸的事情就是,这些家长藐视自己的职业,愚昧地想从一种生活状态转变到另一种生活状态"②。

不同的政体有不同的教育法。君主政体有明确的等级,知识与教育构成不同等级之间的壁垒。底层人民是否需要教育,需要什么样的教育?在英国,社会上层倾向于通过慈善事业缓解大量穷人所面临的不幸,而不愿通过教育彻底消除它。人口学家马尔萨斯(Thomas R. Malthus,1766—1834年)检讨:"我们在穷人身上已经投入了无数金钱,为此我们有充分的理由说这无疑是在加重他们的痛苦。"③他及其所代表的社会上层思虑的出发点在于"教育应使他们成为幸福的人和更安宁的公民",然而,"如果底层阶级所接受的教育超出他们命定的范围,就

---

① 转引自雷蒙·阿隆等:《托克维尔与民主精神》,陆象淦等译,北京:社会科学文献出版社,2008年,第142—143页。
② 约翰·S. 布鲁巴克:《教育问题史》,单中惠等译,济南:山东教育出版社,2012年,第92页。
③ 约翰·S. 布鲁巴克:《教育问题史》,单中惠等译,济南:山东教育出版社,2012年,第35页。

会导致他们对自己的不幸和命运感到不满"。① 1724年,道德学家伯纳德·曼德威尔(Bernard Mandeville,1670—1733年)宣称:"在艰难的生存环境中,为了国家安宁和人们幸福,就必须使他们中的大多数人既无知又贫穷。知识既会增强他们的欲望,也会使他们产生新的欲望。因为人的欲望越少,这些欲望也就越容易满足。"②

如果说君主制需要通向分层的教育,每一阶层的公民在社会秩序中都有自己的位置;那么在美利坚这片亟待建设的新大陆,教育法也需要改变。韦伯斯特(Noah Webster,1758—1843年)就批评殖民地时期的学校教育:"国家宪法确定了共和制政体,而教育法却推行君主制。宪法赋予每一个诚实和勤奋的人以公民权,而教育法却剥夺了大部分公民最有价值的遗产。"韦伯斯特强调:在专制统治下,很可能要限制教育,因为他们害怕启蒙教育会动摇统治根基,如果共和政府不尽一切可能普及公众的启蒙教育,那么,他们的领导地位就会受到威胁。③

教育法应与政体的形式紧密相连,共和制需要通向美德的教育,美德将激励人们趋公利而避私利。年轻共和国的缔造者们认识到美国不仅需要政治革命,更需要一场教育革命。1783年,本杰明·拉什(Benjamin Rush)告诫他的同胞:我们已经改变了政府的形式,但还需要在原则、观点和行为上来一场革命,从而适应我们业已接受的政府形式。美国第三任总统、《独立宣言》的撰写者杰斐逊(Thomas Jefferson,1743—1826年)指出:政权最稳固的基础在人民,如果人民没有知识和广阔的视野,那么他们就是不安定的因素,教育是自由的重要基石。在共和国,法律所确认的自由就是人民的意志,但是,不能让多数人仍然处于无知状态而去支配它(自由)。第四任总统麦迪逊(James Madison,

---

① 约翰·S.布鲁巴克:《教育问题史》,单中惠等译,济南:山东教育出版社,2012年,第35—36页。
② 约翰·S.布鲁巴克:《教育问题史》,单中惠等译,济南:山东教育出版社,2012年,第92页。
③ 约翰·S.布鲁巴克:《教育问题史》,单中惠等译,济南:山东教育出版社,2012年,第45页。

1751—1836年)认为,在一个无知的国家里,实行自由是如此荒谬,甚至难以断定这种自由是一个悲剧还是喜剧。① 因此,普及教育是建立共和政府必不可少的条件,如果缺少这一条,自由就很快变成放纵,普选权会变成多数人的专制。杰斐逊这句话影响深远:"如果一个国家在文明状态下渴望愚昧无知和随心所欲的生活,那么它所希望的是过去绝没有过而将来也绝不会有的幻想。"②

在共和主义的教育思潮中,共和国的成功——不! 应该说共和国的拯救——有赖于教育。③ 教育是许多政治理想的钥匙,教育完成政治所不能完成的任务,政治调节利益冲突,教育则培育新人。在1795年美国哲学会举办的论文竞赛中,史密斯(Samuel H. Smith)的论文获奖,他很好地遵循了杰斐逊的思路:

> 这些公民经过了启蒙,将成为真正意义上的自由人。他熟知自己享有的权利,也理解他人的权利;他洞察明了自身利益与保障这些权利间的关系,从而坚定地捍卫他人的权利,而毫不亚于捍卫自身的权利;他见多识广而不至于被误导;他正直善良而难以被腐蚀。他既不会忽而如孩童般幼稚地盲从地追随爱国主义,也不会忽而像奴隶般地盲从愚忠与专制,我们所看到的他基本上是始终如一的。他的品行纯洁无瑕,他始终不渝地为人诚实,他感受到自身天性之尊严,并欣然顺从天职之驱从。④

这是一位杰斐逊式记者的慷慨陈词,但这番激扬表白又何尝不会出

---

① 约翰·S. 布鲁巴克:《教育问题史》,单中惠等译,济南:山东教育出版社,2012年,第45—46页。
② 克雷明:《美国教育史(第3卷):城市化时期的历程》,朱旭东等译,北京:北京师范大学出版社,2002年,第171页。
③ 克雷明:《美国教育史(第2卷):建国初期的历程》,洪成文等译,北京:北京师范大学出版社,2002年,第128页。
④ 克雷明:《美国教育史(第2卷):建国初期的历程》,洪成文等译,北京:北京师范大学出版社,2002年,第129页。

自一位像韦伯斯特这样的联邦主义记者之口,出自一位像塞缪尔·史密斯这样的长老会成员之口,一位像托马斯·潘恩(Thomas Paine)这样激进的自然神论者,甚至像威廉·曼宁(William Manning)这样一位纯朴的农民之口呢?① 这是当时各信仰团体、各利益派别所达到的最大共识。

民众需要如何教育?

> 美国人的性格特征相对稳定……倘若这些人聪明睿智,何以做到选优任能?倘若这些人雷厉风行,何以做到因势利导?倘若这些人技艺纯熟,何以做到控制其僭越天命?……何种力量才能激活这个如此庞大而又异质的社会?除了物质理想之外,这片民主之地又该追求什么目标?②

政治的本原由教育奠定,杰斐逊等的教育理念与构想中的教育制度,需要由教育家的实践来落实。贺拉斯·曼(Horace Mann,1796—1859年)是美国早期公立学校运动的领导人,日常政治的磨炼使他具有精明审慎的智慧。③ 在他看来,缔造共和国并非难事,但要造就一批共和主义者却无比艰难:仅仅改变社会表层的革命可以是一日之功,但深入改变人类性格中最重要的品性的革命,解除曾长期处于支配地位的受压抑的心理能力的革命却不可能在一次剧变的运动中完成,不管这个国家的方方面面曾多么努力地致力于此。④

他指出,1770年以来的政治剧变粉碎了历史上曾经使人处于奴役

---

① 克雷明:《美国教育史(第2卷):建国初期的历程》,洪成文等译,北京:北京师范大学出版社,2002年,第129页。
② 亨利·亚当斯(Henry Adams,1838—1918年),曾任美国历史学会主席,亚当斯政治家族的后人,在分析美国在詹姆斯·麦迪逊第二个总统任期内的历史时写下这段文字。转引自尼古拉斯·莱曼:《美国式"高考":标准化考试与美国社会的贤能政治》,戴一飞等译,北京:北京大学出版社,2018年,扉页。
③ 克雷明:《美国教育史(第2卷):建国初期的历程》,洪成文等译,北京:北京师范大学出版社,2002年,第145页。
④ 克雷明:《美国教育史(第2卷):建国初期的历程》,洪成文等译,北京:北京师范大学出版社,2002年,第142页。

中的种种枷锁,赋予人们以自由,但正是这种自由也使人的感情放任自流。除非感情受制于道德,除非道德力量取代身体力量,否则自由的果实将会比僭政的痼疾还要可怕("最残暴的僭主,一旦成了自身情欲的奴隶,则比他的奴隶还要更可鄙更卑贱")。人类所渴求的乃是一场品格上的革命,公正、真理、仁善、尊敬等伟大理念将珍藏于人们的内心并凌驾于人们的行为之上,这样一场革命便是学校所担负的使命。①

培养领袖还是教育民众? 普及面向民众的初等教育与创办面向领导人的大学,谁更优先呢? 贺拉斯·曼坚定地选择了前者,他相信在一个共和国里,领导人永远不可能远远超出一般的智力水平,给予大多数民众教育才是重要之举。如果国民是聪明的,那么领导只需管好其自身就行了。他认为:"根据一种类似控制流体平衡的自然法则,选举人与被选人、任命者与被任命者往往趋于同一个水平。一个理智而受到启蒙的选民群体会拒绝将公职官位交给一个粗鲁而放荡的人,即使偶然选上他,也会把他赶下台,这是必然的。就像一个愚蠢或道德沦丧的选民群体一定会抛弃或驱逐一个聪明人。"他所关注的是一般学生的最为普遍的进步,是全体学生的普遍进步,而不是少数学生的显著进步。②

贺拉斯·曼深信通过创建一种"免费公立学校"(common school),马萨诸塞州将实现:

> 一种免费的学校制度。它不涉及贫与富的差别,奴隶与自由民的差别……它的大门向全州的儿童敞开,它的恩惠全州儿童都能得到。它像太阳一样,不仅照耀着好人,也照耀着坏人,由此坏人将会变成好人;它像雨水一样,不仅赐福于公平、正直

---

① 克雷明:《美国教育史(第2卷):建国初期的历程》,洪成文等译,北京:北京师范大学出版社,2002年,第142页。
② 杰斐逊曾坦言,如果被迫在两者之间做出抉择,他将选择前者。但当前者政治上受阻,而后者政治上可行时,他却选择了后者;贺拉斯·曼却是言行一致,始终如一。参见克雷明:《美国教育史(第2卷):建国初期的历程》,洪成文等译,北京:北京师范大学出版社,2002年,第146页。

的人,而且也赐福于不公平、不正直的人,由此这种不公正会远离他们而去,再不为人所知。①

每一所乡村学校均被视为共和国建设的堡垒,它是公众的希望和抱负所在:普及教育能够成为人类环境的"伟大平衡器""社会机构的摆轮"以及"无穷财富的创造者"。贫穷无疑将会消失,标志全部人类历史的"富人"和"穷人"间充满仇恨的不和也将随之消失。罪恶将减少,疾病将减轻,普通人将生活得更长久、美好、幸福,教育将影响年轻共和国的命运。② 进而,教育被视为医治国家与社会一切弊病的万应良药,共和政体的自由价值能否实现取决于学校履行其使命的能力。学校能渗透到国民生活最细微处,它能从最根本处既启蒙民智,又匡正民心;从培植人性入手,进而移风易俗,最终改进社会。

教育如何缓解政治难以调和的利益冲突？贺拉斯·曼所置身的社会情境日趋复杂:资本主义经济产生了富裕和贫困,一方面民主政治高昂,另一方面劳资冲突尖锐,既有的秩序被削弱,混乱接踵而至,社会面临分裂。"劫富济贫"是其时盛行的斗争策略,这一策略宣扬:有些人之所以穷,是因为其他人富;这一策略假设社会财产的数量是一定的……而要解决的问题是,如何把财产从富人手里转移到穷人手里。

与之相对,贺拉斯·曼相信教育具有行善的能力,这能缓解阶级冲突:"它应该平和地消除由巨大的财富和可怜的贫困的共处所带来的一切苦难。它具有一种更高的功能。除了具有扩散旧财富的能力以外,它还具有创造新财富的特性。"③教育的魔术力量不在于重新洗牌,它是一种加法模式。

---

① 鲍尔斯、金蒂斯:《美国:经济生活与教育改革》,王佩雄等译,上海:上海教育出版社,1990年,第250页。
② 克雷明:《学校的变革》,单中惠等译,济南:山东教育出版社,2009年,第7—8页。
③ 鲍尔斯、金蒂斯:《美国:经济生活与教育改革》,王佩雄等译,上海:上海教育出版社,1990年,第246页。

教育所具有的魔术力量从哪来？首先，普及教育能从根本上减缓阶级对立："只有普及教育才能防止劳动向着资本统治和奴役劳动的方向发展。如果某个阶级占有所有的财富和教育，而社会的其余人却是无知的和贫困的……那么，实际上，后者将成为前者奴役般的依附者和从属者。"①

既然教育提供了新的机会，那么一个人的职位就是由他的工作能力和意愿所决定："那些有幸得到良好的免费公立教育的人，将在他们所从事的劳动中上升到越来越高的职位上去，同时也将获得更高的劳动报酬，而无知的人则像废物那样沉沦下去，人们往往会在最底层找到他们。"②

平等的机会既解放了每个个体的力量，同时也调和着阶层之间的矛盾：这一制度既能给穷人机会，它能防止贫穷；也能消除穷人的不满，更重要的是使他们面对社会差异时不心生嫉妒，能够接受且尊重这些差别。

学校可以塑造清醒、聪明而又善良的人，新人所具有的新性情，将是新制度的民情基因。在此基础上，建立新的社会大厦，则无需采用激进的革命，推翻现时的占有者。这一建设方略，史密斯表述得很清晰：

> 国民教育制度能充分调动一个国家的精神资源，将使我们的政治机构更趋于完善，使公正的观念更加普及，更加深入人心，使人人能够切身体验到充分自主，不受干扰地享受安宁，人人以勤为乐，我们之间的相互依存的关系更加显明，最终的结果是和谐共处。失和与冲突常发生或源于无知与冲动。但当前者不复存在，后者得到积极疏导、正确引导时，那就彻底根除了产

---

① 转引自鲍尔斯、金蒂斯：《美国：经济生活与教育改革》，王佩雄等译，上海：上海教育出版社，1990年，第33页。
② 转引自鲍尔斯、金蒂斯：《美国：经济生活与教育改革》，王佩雄等译，上海：上海教育出版社，1990年，第33页。

生误解的每一个原因。①

教育既能消除无知,也能疏导冲突,建立和谐共处的秩序。在童年温暖氛围中,公立学校让不同背景的孩子和睦相处,培养相互尊重的精神,借以摆脱社会的各种矛盾。贺拉斯·曼致力于建立学校教育与政治之间无法割裂的联系,"既然孩子乃是未来孩子的父亲,那么教室中培训就可以扩展为国家的制度与命运的培训"②。

贺拉斯·曼的教育理念中充满杰斐逊的共和主义、基督教的道德主义以及爱默生的理想主义。他持有进步主义立场,进步主义者基本是温和的,面对社会矛盾,他们更有耐心,他们需要时间;成功的学校领导,要用完美的技巧同时照顾工人受伤害的自尊心、富人经济上的活力、穷人的地位抱负以及文化人在文盲大众的冲击下的羞怯的防卫。③ 不同于激进的阶级斗争策略,他们选择将教育作为社会建设、政治改革的阵地,爱默生(Ralph W. Emerson,1803—1882年)曾言,"总有一天我们将学会用教育来取代政治"④。并不激进的贺拉斯·曼把学校作为建设美国这个共和国的火车头,追随他的进步主义者们也将教育作为实现美国梦的工具。⑤ ——这不仅是一代人的信念,也成为一个国家的基本信念。

1916年,杜威(John Dewey,1859—1952年)发表的《民主主义与教育》中对这一信念有充分的阐述:"学校环境的职责在于平衡社会环境中的各种成分,保证每个人有机会避免他所在社会群体的限制,并和更广

---

① 克雷明:《美国教育史(第2卷):建国初期的历程》,洪成文等译,北京:北京师范大学出版社,2002年,第127页。
② 克雷明:《美国教育史(第2卷):建国初期的历程》,洪成文等译,北京:北京师范大学出版社,2002年,第143页。
③ 克雷明:《学校的变革》,单中惠等译,济南:山东教育出版社,2009年,第11页。
④ 鲍尔斯、金蒂斯:《美国:经济生活与教育改革》,王佩雄等译,上海:上海教育出版社,1990年,第24页。
⑤ 克雷明:《学校的变革》,单中惠等译,济南:山东教育出版社,2009年,第79页。

阔的环境建立充满生气的联系。"①

杜威将教育民主定位为两个基本特征——共同的利益与自由的交往:

> 民主主义不仅是一种政府的形式,它首先是一种联合生活的方式,是一种共同交流经验的方式。人们参与一种有共同利益的事,每个人必须使自己的行动参照别人的行动,必须考虑别人的行动,使自己的行动有意义和有方向,这样的人在空间上大量地扩大范围,就等于打破阶级、种族和国家之间的屏障,这些屏障过去使人们看不到他们活动的全部意义。②

在共和国缔造初期,平等不仅是一种重要的思想资源,更是一种具有极强动员力的社会资源,自古以来困扰共同体的嫉妒和围绕"不平等的支配"的斗争将寿终正寝,新世界所期盼的和谐和公共美德将由此产生。③

平等的原则如何进入具体的教育?

## 二、承认差异:社会正义的前提

> 普及教育是必定能推翻任何一种等级制的力量。它必定能铲除一切人为的不平等和抛开先天的不平等,以找到他们真正相称的地位。
>
> ——沃德:《论教育》(1872 年)④

---

① 约翰·杜威:《民主主义与教育》,王承绪译,北京:人民教育出版社,1990 年,第 27 页。
② 约翰·杜威:《民主主义与教育》,王承绪译,北京:人民教育出版社,1990 年,第 97 页。
③ 戈登·S. 伍德:《美利坚共和国的缔造(1776—1787)》,朱妍兰译,南京:译林出版社,2016 年,第 71 页。
④ 鲍尔斯、金蒂斯:《美国:经济生活与教育改革》,王佩雄等译,上海:上海教育出版社,1990 年,第 38 页。

教育真能铲除一切"人为的"不平等和"先天的"不平等吗？铲除人为的不平等将持守"机会均等"，主张因材施教，实施教育筛选；若不止步于铲除人为的不平等，还要抛开先天的不平等，所信奉的是"结果均等"，相信"教育万能"。

沃德（Lester F. Ward）在1872年写作《论教育》，教育被设想为人类最重要的活动以及克服所有社会弊病的"万应灵药"。关于教育机会，沃德是绝对平均主义者，他强调人在智力上不存在高低优劣之分；若有差异，应归因于环境的不同。他基本上是一个环境决定论者，宁愿强调人具有普遍的潜力，也不愿正视潜力所具有的限度。①

然而，在美利坚早期的思想家那里，并没有直接将平等理解为"社会均平"（social leveling）。1776年，最激进的革命者也承认自然差异不可避免：软弱与强壮，聪明与愚笨——甚至偶发的差异，如富裕与贫穷，有识与无知。前者可谓自然的差异，后者则是外在的、人为的，因而被视为偶然的、机运带来的差异：

> 毋庸置疑的是，在真正的共和制社会中，只要它们不是完全建立在自然差异基础上，非自然的、偶发的差异永远不会变得过于极端。人们普遍相信，机会平等必然导致地位的大致平等，只要社会上下升迁的渠道保持开放，那么任何非自然的贵族或短时间膨胀起来的巨富都不可能维持太久。如果社会的上下流动完全基于业绩和才干，任何差异都不能经久固化。②

平等并不意味着打破必要的服从与正当的支配，重要的是权力根源于能力、禀赋与美德。在君主制里，庇护与偏爱是擢升的基础，共和制承认并尊重"自然贵族"。1813年，杰斐逊致信约翰·亚当斯（John

---

① 克雷明：《学校的变革》，单中惠等译，济南：山东教育出版社，2009年，第87页。
② 戈登·S. 伍德：《美利坚共和国的缔造（1776—1787）》，朱妍兰译，南京：译林出版社，2016年，第71页。

Adams,1735—1826年,美国第2任总统),当时两位国父均已卸任总统职位,信中写道:

> 吾与汝一样,认可人中龙凤皆为自然之贵族,其根据即在于,美德与才能……于吾而言,无论在教化、互信抑或社会治理方面,这些天生贵族皆为弥足珍贵之财富……吾辈终不能断言究竟何种政府架构,才可最为高效地将自然贵族选入政府担任公职,岂非此乎?①

正如约翰·亚当斯指出,在选择统治者时,能力、精神和事业心将替代财富、地位和家族以及其他所有过去用于评价人的考虑因素。②"驾驭国家的权力完全甚至可能由一贫如洗的人的儿子掌握,如果他拥有适合这一要职的能力",因而,建立在美德、节制、自主以及对共和国挚爱基础上的自然贵族制得以维持。正是因为自然贵族制,林肯(Abraham Lincoln,1809—1865年,美国第16任总统)才能从肯塔基的小木屋里走出来,成为美国总统;本杰明·富兰克林(Benjamin Franklin,1706—1790年)的《自传》真实地叙述了一个印刷厂的学徒如何实现自己的雄心与抱负,这是"美国梦"的典范。1843年出版的《麦格菲读本》是美国第一本全国通行的中小学教科书,这样激励孩子们:"通向财富、荣誉和幸福的道路,向所有人都开放,每个人都可以成为对社会有用的人,只要愿意为之努力,每个人都可以踏上成功之路,成功可以说是唾手可得。"③

美国梦即是自我奋斗之梦,坚信出身并非命中注定,强调无论何种阶级出身,只要恪守工作伦理,美国社会都会为其提供平等且毫无限制

---

① 参见尼古拉斯·莱曼:《美国式"高考":标准化考试与美国社会的贤能政治》,戴一飞等译,北京:北京大学出版社,2018年,第55页。
② 戈登·S.伍德:《美利坚共和国的缔造(1776—1787)》,朱妍兰译,南京:译林出版社,2016年,第69页。
③ 罗伯特·帕特南:《我们的孩子》,田雷等译,北京:中国政法大学出版社,2017年,第38页。

的向上流动机会。① 承认"自然贵族",就意味着教育应强调给那些具有天分却家境贫寒的孩子以机会,让他们可以改善自己的境况。

美国梦还是平等之梦,它既美丽又模糊,早期思想家所期待共和制下的美利坚是一个既没有巨富也没有赤贫的社会,他们相信人们会欣然接受来自正当努力的贫富差别,人们在一定程度上接受"机会均等"。然而,走进民主社会人的心里,平等更可能意味着"每一个人认为自己与别人同样的好,且不受富人或自认为更优越的人的威胁及恫吓"②。这就涉及民主中的一个困难:如何面对显而易见的天然不平等? 在民主制度中,每个人都认为自己与他人平等,这种"平等的想法"比"不平等的事实"更强有力,因为它可以凭空臆造出平等;进而无视甚至否认有比自己更优秀者的存在,或者认为优秀者看上去和自己一样——托克维尔将此心理概括为"相似者"。③

既然有自然贵族,就一定有普通大众:他们具有普通的禀赋、正常的努力以及一般的命运。故而,才智高于常人的"自然贵族"应有机会改善自己的命运,甚至将其提升到正常命运之上,这与"社会均平"的平等观相左。这就触及了平等的内在矛盾:一方面,它强调机会的平等,承认存在着社会区别与差异;另一方面,它又重视境况的平等,"社会均平"否认社会区别与差异的合理性,其锋芒指向底层民众的悲惨命运和不平等地位,其根源在于不公正的社会制度剥夺了他们在教育和政治上的机会。更进一步,如果存在不平等,那也是不平等的社会境遇与不平等教育的结果。

---

① "美国梦"作为一个概念被正式表述于 James Truslow Adams, *The Epic of America*, Boston: Little, Brown and Company, 1933. 在他的畅销书中,亚当斯写道:美国梦是这样一种梦,在这片土地上,每个人的生活都应该更好,更丰富,更充实,每个人都有机会根据自己的能力或成就……它是……一个社会秩序的梦想,在这个社会秩序中,每个男人和每个女人都能达到他们与生俱来的最高境界……不论出生或地位的偶然情况。参见厄尔·怀松等:《新阶级社会:美国梦的终结?》,张海东等译,北京:社会科学文献出版社,2019年,第4、291页。
② 戈登·S.伍德:《美利坚共和国的缔造(1776—1787)》,朱妍兰译,南京:译林出版社,2016年,第72页。
③ 哈维·C.曼斯菲尔德:《托克维尔》,马睿译,南京:译林出版社,2016年,第43页。

美利坚人在使用平等概念时往往把这两种含义交织在一起,难以区分。① 教育机会均等谨慎地处理这一内在矛盾,将其内核修正为:一方面,强调机会的平等,意味着尊重自然禀赋的区别与差异;另一方面,重视境况的平等,意味着对后天成就的区别与差异有所限制。然而,就民主社会的政治文化心理而言,承认先天的自然禀赋的差异是困难的;就资本主义的经济效率与垄断利益而言,缩小后天的区别、限制成就的差异也是困难的。这两重困难——且各持相反的力量,将如何左右教育的制度与结构呢? 教育公平是应恪守教育机会均等,还是持有更激进的平等观?

激进的平等观不仅有广泛的民意基础,也不乏思想资源与实验尝试。以沃德为代表的"社会均平"派否认智力存在高下优劣之分,将人的差异归因于社会境况的差异。他们相信人的潜能,也相信教育的万能。"教育万能论"在教育思想史上渊源深厚,爱尔维修是重要代表,他否认有所谓的天才,批判任何强调心智有纯粹的天赋、特别机能的学说都是神秘主义。他认为,所谓心智不过是各种感觉的灵敏度,人出生时都一样,差异是后天的机会与教育形成的。他进而推论,如果两个人在完全相同的条件下生长,享受同样的教育,他们的心智会完全一样。由此推断,教育者通过控制学生的生活环境,给他们必要的教育,可以把学生培养成他们所希望的样子。②

这一思想在启蒙时期得到进一步支持,理性主义者笛卡尔表达了十分乐观的观点:所有的人的天资,即良好的感官,都是最为均等地分布在每个人身上。③ 境况平等说在罗伯斯庇尔主政时催生了一项教育议案:应该强迫所有儿童(不分性别)进入统一的公立学校接受教育。儿童不

---

① 戈登·S. 伍德:《美利坚共和国的缔造(1776—1787)》,朱妍兰译,南京:译林出版社,2016年,第69页。
② 博伊德等:《西方教育史》,任宝祥等译,北京:人民教育出版社,1985年,第287页。
③ 约翰·S. 布鲁巴克:《教育问题史》,单中惠等译,济南:山东教育出版社,2012年,第37页。

仅在同样的学校里学习,而且应得到同样的食物、同样的衣服、同样的教育。①

美国的进步主义深受来自卢梭的浪漫主义影响,浪漫主义强调人作为个体,具有无穷的可能性;如果能够摧毁压迫性社会秩序且重建社会,这些可能性将有机会得以实现。②浪漫主义到了美国,表现为儿童中心:人在童年时期就像刚从上帝那边来一样,具有活力,是世界上最完美的象征。③秉持儿童中心的教育学怎么可能承认人的限度?进步主义教育家贺拉斯·曼深受行为主义心理学的影响,坚信人性能够得到改善,合乎需要的能力通过训练而得到培养,不合乎需要的能力由于不用而受到抑制。教育能够通过改善儿童个人的性格来建设美好的社会,对于教育改革家来说,这是一种多么奇妙的心理学啊。④他们怎么可能认识到教育的限度?

平等派重要的政治代言人为美国第七任总统杰克逊(Andrew Jackson,1767—1845年),他发迹于边远的田纳西,常被当作民主的边疆居民的典型。"边疆"意味着无限的机会,来自边疆的总统自然将教育视为新的"边疆",他指出:

> 任何公正的政府治下也总是会存在社会差别。才能均等、教育均等或财富均等不能靠人类体制产生。就充分享用天赐之物及因过人的勤奋、节俭和品德而获得的果实而言,人人都有权受法律之保护;但如果法律保证要在上述天赋公正之利益之外再添加人为差别,授予权利资格、优惠及专有的特权,使富者愈富,强者更强,则社会的下层成员——农人、技工和工人——有

---

① 约翰·S. 布鲁巴克:《教育问题史》,单中惠等译,济南:山东教育出版社,2012年,第37页。
② 雷蒙·威廉斯:《文化与社会:1780—1950》,高晓玲译,长春:吉林出版集团有限责任公司,2011年,第207页。
③ 克雷明:《学校的变革》,单中惠等译,济南:山东教育出版社,2009年,第93页。
④ 克雷明:《学校的变革》,单中惠等译,济南:山东教育出版社,2009年,第11页。

权对政府的不公正发出怨言,因他们既无时间也无办法为自己争取上述好处。政府并非必然有弊端,弊端只是存在于政府滥用职权之中。如果政治只限于施加平等的保护,如同上苍普降惠雨,泽及之处不分高低贫富一般,那将是绝对的幸事。①

杰克逊代表新兴中产阶级的哲学,他的宗旨是要为人民的创造事业打开一切可能的途径,并非激进的平均主义运动哲学。然而,教育中的杰克逊主义却将其本意做了转译:它强调要给普通人提供机会,并主张教育是每个人的权利,没有必要设置教育资格条件,也可称为"有教无类"。

教育中的民主还有杰斐逊主义,更重视向有能力者提供舞台。

杰斐逊从未幻想儿童的天资才能是一样的。他承认人的天性并非一成不变,人可以通过教育不断完善自己,将人性中之邪恶卑污、桀骜顽劣转变为美德与社会认可的品性,他甚至乐观地宣称:教育将一个全新的人嫁接于天然胚料之上。② 但他从未幻想教育万能,他所主张的是在法律和经济制度保障下,无论什么场合人的才能都有可能得到发挥。③

杰斐逊的教育观是因材施教,即承认差异,教育的任务就在于发现一个人的禀赋,循序渐进地加以训练,应用于社会;社会中每个人都能按他的自然禀赋做有益于别人的事情,社会就能稳固地组织起来。这一思想传统来自柏拉图的正义观,正义的原则即人尽其才,各得其所。在一个公正的社会秩序里,国家进行一种教育,对各个人进行筛选,发现他们有什么用,并提供一个方法,给每个人分配与他的禀赋适合的工作,每个

---

① 理查德·霍夫施塔特:《美国政治传统及其缔造者》,崔永禄等译,北京:商务印书馆,2010年,第73—74页。
② 克雷明:《美国教育史(第2卷):建国初期的历程》,洪成文等译,北京:北京师范大学出版社,2002年,第116页。
③ 约翰·S.布鲁巴克:《教育问题史》,单中惠等译,济南:山东教育出版社,2012年,第46—47页。

人做他分内的事情，永不侵犯他人，以维持整体的秩序和统一。①

柏拉图正义论的核心在于"以禀赋予人"——不受限于出身，将品质最优良者选拔出来担任公职，因此"护卫者"可以来自社会各个阶层，他借用腓尼基神话：

> 虽则父子天赋相承，有时不免金父生银子，银父生金子，错综变化，不一而足。所以上天给统治者的命令最重要的就是要他们做后代的好护卫者，要他们极端注意在后代灵魂深处所混合的究竟是哪一种金属，如果他们的孩子心灵里混入了一些废铜烂铁，他们决不能稍存姑息，应当把他们放到恰如其分的位置上去；如果农民工人的后辈中间发现其天赋有金有银者，他们就要重视它，把他提升到护卫者或辅助者中间去。须知，神谕曾经说过"铜铁当道，国破家亡"。②

杰斐逊设想建构一套教育筛选机制，"借此，可不拘一格遴选具有价值、具备天分之人，让其接受系统而充分的教育，并使之在竞争中击败生来富贵之徒，赢得公众信任"③。

在1814年的一封信中——后世广为引征，杰斐逊将公民划分为两大类，即劳动阶层与学识阶层，他据此阐述了要为全体白人儿童设立初等学校及要为那些将走向政界、社会与学术界领袖地位的人提供在"普通学校"和"专业学校"进一步接受教育的机会：

> 初等教育的目标：使之具备自我计算之能力，具备表达与保留其思想、合同与账簿之能力；通过阅读完善个人修养，提高自

---

① 约翰·杜威：《民主主义与教育》，王承绪译，北京：人民教育出版社，1990年，第99页。
② 柏拉图：《理想国》，郭斌和等译，北京：商务印书馆，2002年，第128—129页。
③ 尼古拉斯·莱曼：《美国式"高考"：标准化考试与美国社会的贤能政治》，戴一飞等译，北京：北京大学出版社，2018年，第55页。

我能力;理解其对邻里与国家所负之义务,完满履行二者所交托之职责……

高等教育的目标是:培养政治家、议员和法官,他们乃是民众繁荣昌盛之所依,个人幸福快乐之所系;发展年轻人的理性思维能力,丰富其思想,培养其德行,发展其美德与秩序之精神;……使之养成思考及正确行动的习惯,成为他人的道德典范、同侪幸福的表率。①

杰斐逊的教育双轨制,奠定了美国教育结构的层级化:在高层,存在着具有高度选择性的贵族传统,有训练未来领袖的精英大学;在底层,是为所有人服务的民众教育,致力于社会进步和社会控制。这两种传统始终并存。② 即民众教育推行平等与权利,而精英教育强调筛选与资格。在具体的实施中,又有私立教育与公共教育之分,教育的实际样貌更为复杂。

复杂的教育形态后,逐渐浮现不同的价值主张与实践取向,这就出现了美国教育史上的"杰斐逊主义与杰克逊主义"(the Jeffersonian and the Jacksonian),前者指向"有才干者的发展",后者强调"普通人的机会",前者培育卓越,后者坚守平等。③ ——教育领域中的民主体现为这两重理念各有持守,实践相互竞争,结果却相互补充的力量。平等与卓越的矛盾在这里凸显,准确地说是民众的教育与英才的教育在此短兵相接。如果仅仅着眼卓越,过于艰深的内容将使一半以上的学生陷入学习困难,备感挫败与痛苦,他们的优点和潜力难以被认识、尊重;如果只注重平等,又将沦为乏味的平等主义,难以发现与促进有能力者的成长。④

---

① 克雷明:《美国教育史(第2卷):建国初期的历程》,洪成文等译,北京:北京师范大学出版社,2002年,第112—115页。
② 鲍尔斯、金蒂斯:《美国:经济生活与教育改革》,王佩雄等译,上海:上海教育出版社,1990年,第43页。
③ 哈佛委员会:《哈佛通识教育红皮书》,李曼丽译,北京大学出版社,2010年,第26页。
④ 哈佛委员会:《哈佛通识教育红皮书》,李曼丽译,北京大学出版社,2010年,第26页。

在这一分歧后,平等究竟是提供一样的教育还是给不同的人不同的教育?进而,民主的社会中如何培养英才?哈佛大学的使命就是培养精英,以哈佛为案例,我们进一步考察其教育理念及实践中所面临的困难。

埃利奥特(Charles W. Eliot,1834—1926年)任职哈佛大学校长长达40年。1869年10月19日,在就职典礼上,他承诺:"最穷的学生和最富的学生都在这里受到同样的欢迎,只要他们的贫穷或者富裕相伴随的是能力、志向和纯洁。在这个唯以赚钱为务的国家,学者的贫穷有着不可估量的价值。……是那些有担当的贫穷学者和教士使现代社会免受其自身的财富的破坏。奢侈和学问永远是同床异梦。"[①]

哈佛必须向所有人开放,精英应当来自社会的各个阶层,只要展现出足够的能力和优秀品格,只要他有头脑,就不能因为没有钱而黯然离去。教育公平指应由自然贵族替代世袭的财富贵族。他认为教育能给普通人带来向上流动的机会,这个机会能有效地防止要求平等的社会运动:民主国家所准许的自由与社会流动,的确会带来(生存)条件的不平等;在一个民主社会,即便今天大家被强行均贫富,明天不平等现象依然还会再现——除非我们彻底摧毁个人自由,废止社会流动。[②] 埃利奥特主张的是自由:"自由很危险吗?是的!但是它对于人类品格的成长是必要的,这也是我们生存的目的……我们在自由中经历考验而培养出品格。选择造就了人性的高贵。"[③]

在埃利奥特看来,民主的精髓在于每个人都应被视为自由的个体,学生应该被当作自由的个体来对待。他曾对刚入学的新生使用激将法:"你们想成为自动机呢?还是想成为本身就受制于外力的齿轮所驱动的轮子上的齿牙?……意志是首要的动力,你们只有在自由中才能训练意

---

[①] 查尔斯·埃利奥特:《哈佛大学校长查尔斯·埃利奥特的就职演说》,载哈佛燕京学社主编:《人文学与大学的理念》,牛可译,南京:江苏教育出版社,2007年,第11页。
[②] 杰罗姆·卡拉贝尔:《被选中的:哈佛、耶鲁和普林斯顿的入学标准秘史》,谢爱磊等译,北京:中国人民大学出版社,2014年,第42页。
[③] 劳伦斯·维赛:《美国现代大学的崛起》,栾鸾译,北京:北京大学出版社,2015年,第92页。

志。"埃利奥特相信,理想的大学生应该养成"对书本、流行习俗、当前事件进行独立思考的"习惯,这些品质是可以培养的,但是决不能强求。他非常独特地把大学定义为"高度独立的个体自愿合作的联盟",并且说,这一概念"在精神上是彻底民主的"①。

他直率地说:"我们的社会并不需要给所有的孩子高阶段的教育,只要给精英(那些通过努力能证明自己的能力,且坚韧有恒心的人)如此教育就够了。"②他坦白地指出:"不要强迫富人与穷人融洽地共处,反之亦然。他们基本上有不同的生活方式,一方的日常表现会让另一方感到不安。他们没有共同的兴趣,他们在娱乐方面就和他们在更严肃的活动上一样互不相同。"③共和制度中的平等主张与阶级社会是兼容的,教育公平既能向"贫穷的学者"开门,也能剔除那些"有钱人的傻儿子"。④

自由与平等是什么关系?在1897年发表的《民主社会中教育的功能》一文中,他指出:民主社会的学校……应该用生动形象的方式让孩子们明白,不平等是自由的必然结果。⑤进而,他提倡大学的自由选修制度,这一制度对普通个人的智慧有更多的信任。埃利奥特的思想"是陈述式的,而非虚拟式的"⑥,在自由优先的原则下,他接受的平等是机会均等。

什么是机会均等?雷蒙·威廉斯(Raymond Williams)饶有深意地指

---

① 劳伦斯·维赛:《美国现代大学的崛起》,栾鸾译,北京:北京大学出版社,2015年,第96—97页。
② 杰罗姆·卡拉贝尔:《被选中的:哈佛、耶鲁和普林斯顿的入学标准秘史》,谢爱磊等译,北京:中国人民大学出版社,2014年,第42页。
③ 劳伦斯·维赛:《美国现代大学的崛起》,栾鸾译,北京:北京大学出版社,2015年,第94页。
④ 杰罗姆·卡拉贝尔:《被选中的:哈佛、耶鲁和普林斯顿的入学标准秘史》,谢爱磊等译,北京:中国人民大学出版社,2014年,第719页。
⑤ 杰罗姆·卡拉贝尔:《被选中的:哈佛、耶鲁和普林斯顿的入学标准秘史》,谢爱磊等译,北京:中国人民大学出版社,2014年,第712页。
⑥ 劳伦斯·维赛:《美国现代大学的崛起》,栾鸾译,北京:北京大学出版社,2015年,第90页。

出,这个词实指"变成不平等的机会均等"(equal opportunity to become unequal)①,准确地说通向卓越的机会均等,不应受阻于外在的财富匮乏。胡森(Torsten Husen)将教育机会均等概括为:

  教育制度应该被设计为能够消除经济或社会等外部障碍,这些障碍既阻碍着出身低微但有才能的学生用其天赋的智力去取得好成绩,也阻碍他们行使由此应得到的升迁性的社会流动权利。进而,这种教育制度不仅关注出身于下层阶级但有才能的年轻人得到升迁性社会流动,还能把出身于上层阶级但能力有限的儿童引向低水平的教育,以便使他们随后去从事一些没有什么声望的工作!教育应该使每个人进入由其天赋能力所预先确定的社会地位。②

  机会均等这一原则,借用帕森斯(Talcott Parsons)的话语描述,它强调普遍性而不是特殊性,主张靠成就而非先赋性因素,它凸显的是个人——不是家庭、社会或国家,是社会的唯一单位,承认个人存在自然差别——在天赋、精力、潜力、动机和愿望上存有差别,社会体制应该确立一套程序公正地调节必要的竞争,以实现这些因人而异的愿望和能力。社会安排要允许个人实现其自由——通过劳动获得财产,通过交换满足

---

① 雷蒙·威廉斯在梳理英语中"平等"一词的演变时发现,与其后的社会思潮、社会结构密切相关,平等主要有两个派别,其一是持续的平等化的过程,基本前提是所有人是生而平等的;在这种过程里,任何世袭或新创的状态(强调某些人地位高于其他人,或赋予某些人权力去宰制他人),在规范性原则上,必须被废除或减少。其二是废除天生特权的过程,其前提是所有的人要有"起点的平等"(start equal)——虽然结果很可能是他们在成就或其他状态不是平等的。equality 的道德意涵整体说来只局限在最初的平等状态,后来所产生的不平等被视为不可避免或是正当的。平等最普遍的形式就是"机会均等",这个词可以解释为"变成不平等的机会均等"(equal opportunity to become unequal,成为伟大的机会均等)。参见雷蒙·威廉斯:《关键词:文化与社会的词汇》,刘建基译,北京:生活·读书·新知三联书店,2005年,第153页。
② 托尔斯顿·胡森:《平等——学校和社会政策的目标》,张人杰译,载张人杰主编:《国外教育社会学基本文选》,上海:华东师范大学出版社,2009年,第172页。

需求,通过升迁达到与其才智相称的地位。①

机会均等的本质既是非历史的,用个人成就否定时间的积累,也是非社会的,它的重点在个人,而非家族,亦非社区;它反对出身优先、裙带优先、庇护优先。机会均等原则的目的就在于废除继承法,权力和优势在每一代结束时都自动清零,这样连接祖先与后代的长长的链条被打断,环环脱落,大量的"个人"出现了。

机会均等原则既确保又培植了美国梦中的自我奋斗及其后的个人主义。19世纪的美国社会,像极了一群自由旋转的原子,每颗原子都为了释放自己的能量,实现自己的意志,努力寻找属于自己的位置。②饶有意味的是,1922年,胡佛总统写了《美国的个人主义》,他断言,幸运的是,个人主义在美国受到机会均等这一伟大原则的制约:

> 虽然我们的社会建立在个人所获得的成就之上,但我们保证使每个人都有平等机会享有他的才智、性格、能力和愿望使他有资格占有的社会地位;我们使社会问题的解决不依仗固定的社会阶层;我们鼓励每个人努力取得成就;通过加强责任感和理解协助他实现这一目的;但与此同时他必须经受得住竞争这块金刚砂轮的磨炼。③

机会均等原则又如何制约个人主义?竞争——这一金刚砂轮在具体的历史与社会情境中又如何旋转起来?

---

① 丹尼尔·贝尔:《后工业社会的来临:对社会预测的一项探索》,高铦等译,北京:商务印书馆,1984年,第469页;丹尼尔·贝尔:《英才治国与平等》,包秋译,载张人杰主编:《国外教育社会学基本文选》,上海:华东师范大学出版社,2009年,第210页。
② 尼古拉斯·莱曼:《美国式"高考":标准化考试与美国社会的贤能政治》,戴一飞等译,北京:北京大学出版社,2018年,第66页。
③ 理查德·霍夫施塔特:《美国政治传统及其缔造者》,崔永禄等译,北京:商务印书馆,2010年,第355页。

## 三、机会均等:成功神话的限制

> 我碰巧暂时占据了这座白宫。你们的孩子中任何人都会像我父亲的这个孩子这样向往来此,我就是活着的见证人。
>
> ——亚伯拉罕·林肯致第166俄亥俄团[①]

林肯正是自我奋斗的典范,他的成功神话既激励着美国人的雄心,吸引住了美国人的想象力,还启动了个人奋斗、社会竞争的引擎。如今,机会的疆域已转战于教育领域,公共教育如同早期的西部边疆一样,赋予每位公民"出人头地"的机会。

科南特(James B. Conant,1893—1978年)1933—1955年任哈佛大学校长,他自视继承了杰斐逊与杰克逊的衣钵,置身于挑选"自然贵族"的精英教育与追求平等的大众教育之间,在教育筛选论与教育万能论之间谨慎平衡,他奠定了"一种向民主的英才教育前进的方向"[②]。任职之初,他为美国顶尖大学描绘了一幅大胆而新颖的前景,他引用杰斐逊的话,哈佛这样的机构肩负着从各个阶层人士中精选那些拥有才华和德性的自然贵族(natural aristocracy)——上帝为穷人和富人赋予的天分是相同的,一个才能和美德兼备的自然贵族应该从各种人群中去寻找,包括贫穷和缺乏教养的人,给他们必需的资源,让他们尽可能接受最好的教育。

科南特坚持用"自然贵族"替换"财富贵族",用个人奋斗的"大众精英"替换"世袭贵族"。然而,在平等原则所奠定的民情与心理结构中,杰斐逊的"自然贵族"还被承认吗?精英如何向大众证明自己的卓越?

---

[①] 理查德·霍夫施塔特:《美国政治传统及其缔造者》,崔永禄等译,北京:商务印书馆,2010年,第110页。
[②] 杰罗姆·卡拉贝尔:《被选中的:哈佛、耶鲁和普林斯顿的入学标准秘史》,谢爱磊等译,北京:中国人民大学出版社,2014年,第207页。

机会均等与个人奋斗激励着建国父老和美国制度的进步,但民粹主义平等力量从来没有沉默过,杰斐逊主义与杰克逊主义之间的斗争也从来没有停息。① 我们不妨稍作停留,来回溯民主社会人们的心理结构。

在民主社会,平等首先是一种激情,它激励人的雄心。在社会的阶梯上,贵族下降,平民上升,他们的距离逐渐缩短,不久就能汇合。身份平等的逐渐发展,是事所必至,天意使然。② 因此,美国人多怀奋进之心,他们相信:通向财富之路,就像一条收费公路,对乞丐的后代与国王的子孙都一视同仁。所有人都要付出代价,但每个人都有权利,我们要做的只是行使这些权利。③

这样的成功模式对任何人都适用,每个人都应该为之奋斗,不管其最初的生活机运和社会身份如何。进而,为成功而奋斗并非个体偶然流露出来的人性深处的贪婪,而是社会的期待;这里的社会期待更应该被理解为社会的要求,甚至社会的强迫。这就是美国的成功文化教义:不仅使每个人都渴望出人头地,也让每个人都相信自己能出人头地,同时还要求他们为之而奋斗。要知道,当人只靠先赋出身而不靠成就努力来划分等级时,每个人都清楚地知道他在社会阶梯中所处的地位,他既不想往上爬,也不怕向下跌落。当出身和财产的特权一旦取消:

> 公民之间立刻展开了一场暗斗。一些人千方百计要进入或表面上看来似乎要进入比自己高的那些人的行列,而另一些人则不断奋战,力图击退想要夺取他们的权利的人,或者毋宁说这是一个人的两面作战:一方面在设法爬到最高阶层,另一方面又在不断防御底下的人往上钻。④

---

① 克拉克·克尔:《大学之用》,高铦等译,北京:北京大学出版社,2008年,第69页。
② 托克维尔:《论美国的民主》,董果良译,北京:商务印书馆,1997年,第7页。
③ 罗伯特·K. 默顿:《社会理论和社会结构》,唐少杰等译,南京:译林出版社,2006年,第309页。
④ 托克维尔:《论美国的民主》,董果良译,北京:商务印书馆,1997年,第707页。

各种职业对一切人平等开放,谁都可以依靠自己的能力登上本行最高峰,所有雄心壮志的人都以为自己有无限光明的前程,觉得自己的命中注定要干出一番大事业。托克维尔说,这是一个依靠经验可以立刻矫正的错误观点。① 这不过是一个想象——"觉得自己前程远大"的平等臆想:实际上是使全体公民各自变成了软弱无力的个人。这种平等从各方面限制着人的力量,但同时又在扩大人的欲望。②

他们虽然推翻了同胞中的某些人拥有的特权,但又遇到了要同所有人进行竞争的局面,只是改变了形式而已。平等既把每个人变成相似者,又使相似者之间构成无休止的竞争,既激发人的雄心,又不断遭遇挫败,陷入"心神不宁"——持续的焦虑是民主社会人们的第二个心理特征。

嫉妒是第三个心理特征,民主制度使人们心中的嫉妒感情发展到了最高点,与其说是因为民主制度给每个人提供了使自己与他人拉平的手段,不如说是因为人们总是觉得不能得心应手地使用这些手段,民主制度唤醒和怂恿了永远无法完全满足的要求平等的激情。③ 平等争创卓越的激情,把卑微的人抬到伟大的层面;同时,嫉妒滋生的低级趣味,怂恿弱者将强者降低到自己的水平④:

> 随着人们越来越没有差别,平等的原则日益稳步地深入整个制度和民情,升级的办法就规定得越来越死,而升级的速度也就越来越慢,迅速升到某一显赫地位的难度加大了。
>
> 所有的人不管能力如何,都不得不在同一个筛子上过来过去,统统经过许许多多预备性的小小实习或训练,从而浪费了自

---

① 托克维尔:《论美国的民主》,董果良译,北京:商务印书馆,1997年,第669页。
② 托克维尔:《论美国的民主》,董果良译,北京:商务印书馆,1997年,第669页。
③ 托克维尔:《论美国的民主》,董果良译,北京:商务印书馆,1997年,第224页。
④ 哈维·C.曼斯菲尔德:《托克维尔》,马睿译,南京:译林出版社,2016年,第13页。

己的青春,使自己的想象力消失。①

在民主所激发的雄心,雄心所伴随的焦虑,焦虑所滋生的嫉妒之下②,科南特面临什么挑战呢?一方面,升级的速度越来越慢,所有人不得不在同一个筛子上过来过去;另一方面,人人都要出人头地,谁是真正的"出类拔萃者"?哈佛的成功取决于能否把最有才华的人吸纳进来,是能力而非出身决定教育进阶。客观地说,挑选有突出才智者虽非容易,但真正的困难却在于:如何抚慰平等所臆想的"人人都能成为精英"的热望。

回避"智力天才"的存在现实,而相信每个孩子都"能够通过适当的教育,成为他所期待的人"——针对这一美国教育梦,他辛辣地批判道:"如同把拐子培养成足球运动员一样,是不切实际的期望",这是"杰克逊主义"遗风——"杰克逊式的民主坚称所有人生而平等,嫉妒智力上的先天优势,并鼓吹所有人的教育权利平等的原则"——这是一种不切实际的平等主义,也是一种过度的平等主义。③

在过度的平等主义蛊惑下,大众日益高涨的教育期待如何冷却下来?科南特坚持教育要将杰斐逊的"自然贵族",以及他的时代的"大众精英"超拔擢用。爱默生是科南特喜爱的一位美国作家,爱默生的《贵族政体》阐述"自然贵族"有绝不同于"世袭特权"的存在合理性:"只要建立在真才实学的基础上,上流社会的存在就没有什么坏处。"重要的是,

---

① 托克维尔:《论美国的民主》,董果良译,北京:商务印书馆,1997年,第792页。
② 高等教育的平等有哪些体现呢? 1868年,康奈尔宣布要创建一所"任何人能学习任何学科"的学院之后,"所有领域的学习都是平等的"成为改革者的口号;1869年,"民主"这个词替换"共和"而进入高等教育领域;民主意味着进入大学的学生享有平等的待遇和条件。进而,试图消除在校生之间的社会和学术歧视,在中西部,学术差别比社会差别更令人反感。在威斯康星,学生相对于其他人的学业名次是不会公开的,这是为了使人们相信,凭C等成绩取得学位与凭A等成绩取得的成绩一样"好"。斯坦福和密歇根都尝试完全抛弃字母分级的做法。参见劳伦斯·维赛:《美国现代大学的崛起》,栾鸾译,北京:北京大学出版社,2015年,第64页。
③ 杰罗姆·卡拉贝尔:《被选中的:哈佛、耶鲁和普林斯顿的入学标准秘史》,谢爱磊等译,北京:中国人民大学出版社,2014年,第185、194页。

应该用"人类学标尺"衡量每个人的特长:"我愿意看到对每个人施以考查,使每位公民都会借此知道自己的斤两,从而被安排在自己才能相适应的位置上,被赋予与之相应的权力,以履职尽责。"①

这把"人类学标尺"应该贯穿于教育之中,科南特认为教育系统的使命就是鉴定学生不同的天赋能力,并引导其进入与自己心智能力、成年后适合的劳动岗位相符合的教育渠道。高等教育至少有一半的任务,是对学生进行筛选、分类和分等。

科南特主张,所有人都将接受中小学教育,然后进行严格选拔,最有前途的学生利用公共资源进入大学深造,而其余学生则一部分进入两年制的学院就读。科南特并不热衷于扩大教育机会,他指出美国高等教育的问题不在于入学人数有限,而在于进入大学的学生太多了,至少应当将其中"大约二分之一淘汰出局,用才能出众之士替补"。杰克逊的平等与杰斐逊的卓越必须同时兼顾,所能坚持的只能是机会均等原则:每个人都应从相同的起点出发,有能力者因为值得培养,经过严格选拔向上攀升至高位;美国应当动用政府力量,不断再分配每代人"有的和没有的"资源,从而促进社会的流动性。唯有通过公共教育,"能力必须给予评价,才干必须得到发展,而抱负也必须接受引导",这是公立学校的使命。②

在科南特的构想中,这个社会应该是无阶级社会——"无阶级社会"与其说是社会建设的蓝图,毋宁说是用来社会动员的远景,其目的在减少"阶级冲突":科南特所身处的时代,财富世袭的趋势日益明显,社会有过多的世袭权力,贫富两极分化,既使社会阶层更加固化,又催生阶级

---

① 尼古拉斯·莱曼:《美国式"高考":标准化考试与美国社会的贤能政治》,戴一飞等译,北京:北京大学出版社,2018年,第58页。
② 尼古拉斯·莱曼:《美国式"高考":标准化考试与美国社会的贤能政治》,戴一飞等译,北京:北京大学出版社,2018年,第56、63页。

意识,埋下了社会运动的隐患。① 科南特指出,威胁美国社会制度的是日益尖锐的阶级界限和工业封建主义的蔓延,特权阶级的子女成为企业主和管理层,劳工子弟只能过劳工阶层的生活,劳工阶层对美国梦失去信心,如果缺乏财产的大多数人都不相信他们的孩子还有机会,自由的私营企业也将在"有产者"和"无产者"的冲突中遭受破坏。身为化学家的科南特将工业封建主义和普选制比喻为一种不稳定的混合物,它迟早会爆炸。② 20 世纪的工业封建主义"常常导致纳粹主义",法西斯主义崛起威胁着他珍爱的美国政治的价值,那就是"自由"与"无阶级"。

他忧心忡忡:"如今的俄国是无阶级的,但是没有自由;英国虽有自由,但不是无阶级的,还有特权;德国既没有自由,也不是无阶级的。"③ 其时的美国,正遭受来自左右两方的威胁,"自由"的价值与"无阶级"的状态都岌岌可危:一方面,"极端右翼"的保守派固守特权,使得社会阶层固化;另一方面,左派的激进分子又将阶级斗争的意识形态引入。左右冲突的加剧将使美国陷入一个"为阶级所左右的社会",进而"危及人人自由的社会"。

科南特深知美国作为一个自由社会的生存之道,取决于教育制度能否打破世袭特权的障碍,用自然贵族制替代世袭贵族。作为一个秉持杰斐逊传统的教育家,他不希望教育成为阶级斗争的火药库,竭力避免教育为阶级冲突所绑架。1940 年,科南特发表《为无阶级的社会而教育》(Education for a Classless Society)一文:"无阶级的社会"是一个高度分层、充分流动的社会,教育改革的要害在于提高流动性——这是防止社

---

① 20 世纪 30 年代,即二战以前的十年,美国经历了漫长、深刻的和影响广泛的萧条期。1933 年失业率达到了 25%,并且整个十年中一直保持在 15% 以上。大萧条扩大了下层阶级的规模,使阶级之间的界限更难以逾越。大部分美国人被固化在社会底层长达十年甚至更长的时间。参见厄尔·怀松等:《新阶级社会:美国梦的终结?》,张海东等译,北京:社会科学文献出版社,2019 年,第 13 页。
② 杰罗姆·卡拉贝尔:《被选中的:哈佛、耶鲁和普林斯顿的入学标准秘史》,谢爱磊等译,北京:中国人民大学出版社,2014 年,第 190 页。
③ 杰罗姆·卡拉贝尔:《被选中的:哈佛、耶鲁和普林斯顿的入学标准秘史》,谢爱磊等译,北京:中国人民大学出版社,2014 年,第 187 页。

会动荡的刹车;提高社会流动性的关键又在于提高社会分层机制的复杂性,以及减弱社会层级的"显著度"。一方面,模糊社会阶层之间的边界,以对抗左翼致力于凸显阶级区分的透明度,甚至激化阶级冲突,以使大众站起来反对资本主义的目的;另一方面,加速社会流动性和复杂性,从而使社会与经济不平等之下所潜藏的社会分层模糊化,稀释且削弱保守派的特权。他所坚持的原则是机会平等:我们需要的不是"财富急剧平均化",而是"机会的平等分配",只要每一代人都相信自己能够"改变命运",并且凭借勤奋和能力能够获得公正的酬奖,美国人就能免于困扰欧洲的两大问题——阶级冲突与政治极端主义。①

科南特如同一个排雷高手,冷静地置身其间。一方面,他对过度的民主以及过度的教育持有深刻的怀疑,甚至一定的恐惧,面对纳粹德国,他警示美国,德国人在战后十年的经验告诉我们,如果一个国家培养了大量的专业人才,而社会却无法雇佣那么多人,这样的国家便会处在危险之中。② 另一方面,对美国激进主义者致力于"把斧头砍向世袭特权的根源",他思虑更多的是"特权之根如何砍断":这把砍向特权的斧头,同样砍向每一个人——自由竞争的金刚砂轮必须高速地旋转起来,他能接受的唯一办法是确保机会均等——哪怕用激烈的措施,"将坚决地要求(通过制度化的手段)每过一代都将其所有财产没收一次"。为了做到这一点,"将需要一个真正有效的遗产和赠予税,并且击碎托管基金和财产权"③:"每一代人都从一个全新的起点上开始自己的生活,用努力的工作和能力……获得自己的回报",美国理想需要一个"持续的过程,在这个过程中,每一代结束的时候权利和特权应该被自动重新分配"。④

---

① 杰罗姆·卡拉贝尔:《被选中的:哈佛、耶鲁和普林斯顿的入学标准秘史》,谢爱磊等译,北京:中国人民大学出版社,2014年,第187页。
② 杰罗姆·卡拉贝尔:《被选中的:哈佛、耶鲁和普林斯顿的入学标准秘史》,谢爱磊等译,北京:中国人民大学出版社,2014年,第185页。
③ 杰罗姆·卡拉贝尔:《被选中的:哈佛、耶鲁和普林斯顿的入学标准秘史》,谢爱磊等译,北京:中国人民大学出版社,2014年,第189页。
④ 杰罗姆·卡拉贝尔:《被选中的:哈佛、耶鲁和普林斯顿的入学标准秘史》,谢爱磊等译,北京:中国人民大学出版社,2014年,第719页。

科南特即便长于排雷，也在不自觉地布设新雷。在构思乌托邦方面，他并非高手：只要承认自由，不剥夺自由，那么，再怎么重新开始，也依然会产生新的差异，并因此而依然会形成新的阶级。若非如此，就无需像科南特所主张的那样周而复始地每过一代都"重新清零"了。——正是这激烈的措施确保机会均等！准确地说，机会均等与自由竞争嵌套一体：前者宽和，后者自由；前者稀缺，后者严酷。要让机会均等变成现实，必须有更大规模的社会流动性。美国梦的核心是通过教育产生较大面积的社会流动，《退伍军人权利法案》(G. I. Bill of Rights)打开了美国高等教育大众化的水闸，受过教育和拥有技能的新劳动力成为美国经济的新兴力量，数百万人借此走上了跻身民主社会中产阶级的康庄大道。也正是在这黄金时期，公立高等教育史无前例地扩张，各种私立学校前所未有地敞开大门，高等教育的大众化为美国培育了一个庞大的中产阶级群体。美国的阶级结构从金字塔型蜕变为"橄榄型"结构，人们有足够的机会向上或向下进入这个庞大的群体。[1] 德鲁克(Peter F. Drucker)在1994年出版的《后资本主义社会》中指出，西方历史每隔几百年，就会出现一次大变革，他称之为"时代的分水岭"，他认为《退伍军人权利法案》正是迈向"知识社会"的指针，"未来的历史学家极可能视此为20世纪最重要的事件"[2]。

当新社会扑面而来时，科南特却对推开这扇大门的"意外之手"持有疑虑——他是《退伍军人权利法案》的主要反对者。反对的理由仍然是他所坚持的"机会均等与自由竞争"：退伍军人入学是基于服役时间的长短，而非表现出来的学术能力；如果没有竞争，不设置淘汰机制，让每一位老兵得到本已人满为患的象牙塔的免费通行证，这将导致灾难性的后果。他坚持大学必须抵制情感的压力和财政的诱惑，坚持学术上的高水平，否则"我们只能看到参加过二战而能力低下的一代，却不是那些真正

---

[1] 厄尔·怀松等：《新阶级社会：美国梦的终结？》，张海东等译，北京：社会科学文献出版社，2019年，第15页。
[2] 彼得·F. 德鲁克：《后资本主义社会》，傅振焜译，北京：东方出版社，2009年，序言。

有能力的人,在占用着美国高等教育的资源"。大学校园不应成为伤痕累累的退伍老兵的减压阀。①

愤怒的士兵抗议科南特的观点,抱怨"他的教育不过是让聪明人更加聪明,同时理所当然地,让那些脑子不够灵光的倒霉蛋就保持他们倒霉的样子"。这是美国高等教育最早的大众化与精英化之争,真正的争端在四分之一个世纪后爆发。②

科南特坚持用学术上达尔文式的竞争确保卓越的才能得以显现,精英的资格得以开放,机会均等这一民主社会的底线得以固守:

> 这个国家早期坚持的教育机会均等,并未使得每位学童都成为银行总裁、铁路大亨或者一船之长。但对于一位有才能且选对发展方向的年轻人而言,上述的职位并非可望而不可即。
>
> 今天,这架天梯的底端就是教育。要想攀登这一天梯,就必须具备在一个世纪前争夺财富机会所需要的那种竞争力。③

科南特期待教育所奠定的无阶级社会,是一个高度分层和竞争极度激烈的社会。机会均等必然带来高度的竞争,竞争能激发活力,加速流动。至于高度竞争所激发的贪婪,竞争所带来的倾轧与分裂,科南特策略性地回避了,他笼统地用了一句政治修辞:消除竞争所带来的反社会性。他更愿意强调竞争所带来的建设性的力量。④

科南特治理下的哈佛为其后的高等教育奠定了许多重要的制度,他

---

① 尼古拉斯·莱曼:《美国式"高考":标准化考试与美国社会的贤能政治》,戴一飞等译,北京:北京大学出版社,2018年,第76—78页;莫顿·凯勒等:《哈佛走向现代:美国大学的崛起》,史静寰等译,北京:清华大学出版社,2007年,第39—40页。
② 莫顿·凯勒等:《哈佛走向现代:美国大学的崛起》,史静寰等译,北京:清华大学出版社,2007年,第40页。
③ 尼古拉斯·莱曼:《美国式"高考":标准化考试与美国社会的贤能政治》,戴一飞等译,北京:北京大学出版社,2018年,第78页。
④ 杰罗姆·卡拉贝尔:《被选中的:哈佛、耶鲁和普林斯顿的入学标准秘史》,谢爱磊等译,北京:中国人民大学出版社,2014年,第205页。

强力推行 SAT 考试,坚持对学生进行严格分等;他主张增加两年制初级学院的数量,对于绝大多数人来说,只需提供一定的职业训练和初步的博雅教育,初级学院将是他们的终点。① 面对大众日益增长的高等教育需求,他固执地坚持平等且分化的原则——更复杂的分等,更多元的分类,更激烈的竞争,更严格的考试,既分散民众教育的选择,也挫败民众教育的热望。反讽的是,"自由"的价值需要激烈的竞争、严格的客观考试来保障;"无阶级"的阶层模糊却需要教育制度中严格的分等、细密的分层来实现,这不是制度的悖谬,这是制度的理性。——这是朝向民主的"精英教育"的内在悖论,机会均等与自由竞争下的自我奋斗之梦实质是个人主义。

平等带来的独立使这些人无所负于人,也无所求于人,他们习惯于独立思考,认为自己的整个命运只操于自己手里。自由竞争滋生只顾自己而又心安理得的情感,它使每个公民同其同胞大众隔离,同亲属和朋友疏远。托克维尔对这民主时代新出现的观念赋予了一个新名词——个人主义(individualisme)——个人主义使公德的源泉干涸②:

> 民主主义不但使每个人忘记了祖先,而且使每个人不顾后代,并与同时代人疏远。它使每个人遇事总是只想到自己,而最后完全陷入内心的孤寂。③

2015 年帕特南(Robert D. Putnam)在《我们的孩子》中指出,美国人总是把自己想象成为"坚定不移的个人主义者":暮色苍茫,一名孤独的牛仔骑马走向远方,他孑然一身,到西部去,拓土开疆。但是严格说来,美利坚民族的创业史并非如此,更准确的形象应该是一列马车队伍,上

---

① 杰罗姆·卡拉贝尔:《被选中的:哈佛、耶鲁和普林斯顿的入学标准秘史》,谢爱磊等译,北京:中国人民大学出版社,2014 年,第 185 页。
② 托克维尔:《论美国的民主》,董果良译,北京:商务印书馆,1997 年,第 625—626 页。
③ 托克维尔:《论美国的民主》,董果良译,北京:商务印书馆,1997 年,第 627 页。

面满载着同心戮力的边疆拓荒者,他们筚路蓝缕,以启山林。美国历史是在个人至上与共同体至上之间缓慢地游移摇摆的历史。①

美国建国之初教育普及的正是培育公共美德,而教育平等的步步发展却陷入了自由竞争的个人主义,美德的源泉随之干涸。——这是历史的诡异!共和秩序的政治蓝图,建立的路径却是自由主义,自由主义将带来社会的团结还是社会的分裂?它带来丛林法则:

> 机会均等的原则是竞争激烈、四分五裂的社会的产物,是一个割裂的、将个人主义……奉为道德原则的社会,它将所有的人与人之间的关系都看作一种竞争,每个人都与其他人在争夺有限的资源,在这种竞争中,一方赢必然是以另一方输为代价的。机会均等原则建立在一个非常诱人的准则之上,那就是每个人只要能力允许,都有足够的机会改善他们的生活条件。②

这一丛林法则将如何塑造教育的内部秩序?这一内部秩序与教育之外的政治经济结构又是什么关系?每个人皆赌命运于身手,他所持有的只能是天赋与努力——这更似一个虚拟的轮盘赌实验,也似罗尔斯的无知之帷幕。③帷幕后命定的智商究竟扮演什么角色呢?

## 四、选优任能:资本逐利的修辞

一个民族不论如何努力,都不可能在内部建立起完全平等的社会条件。假如有一天真的出现了这样的绝对而完全的平等

---

① 罗伯特·帕特南:《我们的孩子》,田雷等译,北京:中国政法大学出版社,2017年,第232页。
② 约翰·莎尔:《机会均等及其他》,载杰罗姆·卡拉贝尔:《被选中的:哈佛、耶鲁和普林斯顿的入学标准秘史》,谢爱磊等译,北京:中国人民大学出版社,2014年,第738页。
③ 丹尼尔·贝尔:《后工业社会的来临:对社会预测的一项探索》,高铦等译,北京:商务印书馆,1984年,第486页。

局面,智力的不平等仍将存在,因为这种不平等是上帝直接所赐,人间的任何法律对它总是无可奈何。

——托克维尔:《论美国的民主》①

柏拉图假借腓尼基的神话隐讳含混的叙说,20世纪的"心理测验"为其提供了可供证实的科学依据。法国心理学家比纳(Alfred Binet)和西蒙(Theodore Simon)制定出一套测量方法,在测验中,儿童的智力年龄如果低于实际年龄,被视为迟钝儿童,迟钝程度通过从常规年龄中减去智力年龄而确定;智商(IQ)即为这两个因素之间的常数关系,以常规年龄除以智力年龄得到智商,以此测评普通儿童、超常儿童以及迟钝儿童。② 心理学将"弥天大谎"变成可验证的科学事实。

心理学认为智商不仅可以预测一个人的发展潜力,还能衡量个人承担各种工作的适应能力,1923年美国心理学家刘易斯·特曼(Lewis Terman)用他的经验研究,建立了智商与就业机会之间的匹配:智商低于70的人,充其量只能承担非技术性工种;智商在70—80的人,显然只适合半技术性的工种;智商在80—100的人,可做技术性或者普通的文书工作;智商达100—110或115的人,可从事半专业性工作;智商超过上述指标的人所具有的智力等级,可使他们得以进入专业领域。③

智商的限制为社会的分层提供了简洁直观的理由,不同的职业具有不同的社会声望与社会地位,职业的内核是从业者的智力高低,外显的标志是社会地位高低。不同职业,社会地位不同,经济报酬不同,对智力的要求也不同,建立在智商基础上的选优任能的秩序得以确立,根据智商,个人被细加区分地进入社会各个阶层。

---

① 托克维尔:《论美国的民主》,董果良译,北京:商务印书馆,1997年,第669—670页。
② 约翰·S.布鲁巴克:《教育问题史》,单中惠等译,济南:山东教育出版社,2012年,第176页。
③ 菲利普·布朗等:《资本主义与社会进步:经济全球化及人类社会未来》,刘榜离等译,北京:中国社会科学出版社,2006年,第99页。

心理学家所勾勒的人群中智商分布的"钟形曲线",与正在形成的社会结构的"橄榄型"外围曲线,多么完美的相似!难道不是钟形曲线的起伏决定着橄榄型中段腰鼓的胖瘦吗?心理学家的乐观显然太天真了。

政治经济学家看到的却是截然不同的机制,鲍尔斯(Samuel Bowles)与金蒂斯(Herbert Gintis)提出这样的疑问:一个权力主义的、不平等的经济体制如何借助智商、以智商为基础的教育主义,使基于教育的选优任能制合法化,从而使每个人安于他们在这个体制中的地位?人们相信智商所具有的内在价值时,就促进了合法化。[①] 智商又是如何对其进行掩饰?

首先,中性的智力演变为社会性的智力商数,智商被建构为具有分等、分类的社会标签,成为权力筛选或排斥的工具。政治学家李普曼(Walter Lippmann)1922 年撰写了一系列文章抨击以智商为基础的新限制主义,他极为反感 IQ 测试与其后的优生学印记,他将其称为"心理学界的死亡部队"。作为一种实用方法的智力测验,其积极作用在于把人放在教育中适当的位置,即因材施教,而非以智商为限制,将人标签为不可教育者。李普曼尖锐地批评到,心理学应从为新势力提供欺骗性证据的耻辱中走出来。[②] 杜威同样强调:智力测验可以为进步事业服务,而非以科学的名义使个人陷入数字的等第。[③]

其次,将智商主义转换为教育主义,智商与努力决定教育成就,经济的成功又取决于专业技能与认知技能的掌握,因而,教育系统以一种有效的、公正的和不偏不倚的方式来提供这些技能,以及相应的经济地位。借助选优任能制度——教育中的成就合理地被统合进雇主的绩效取向(performance orientation)与组织理性(organizational rationality)的利益体

---

① 鲍尔斯、金蒂斯:《美国:经济生活与教育改革》,王佩雄等译,上海:上海教育出版社,1990 年,第 175 页。
② 克雷明:《学校的变革》,单中惠等译,济南:山东教育出版社,2009 年,第 170 页。
③ 克雷明:《学校的变革》,单中惠等译,济南:山东教育出版社,2009 年,第 171 页。

系中。① 正如帕森斯所言：

> 学校是一个专门机构，它不仅是一个社会化的机构，还将越来越成为选择的主要渠道，以便人们在一个日益分化的、逐渐向上升迁的社会里与其所期望的相一致。如果"白手起家的人"的传说不是指那些从低贱的出身到高级地位的公正流动（这倒确实是接连不断发生的），而是指没有正规教育的帮助，却通过"生活这所学校的磨炼"而获得高地位的话，那么，这种传说里就含有一种怀旧的罗曼蒂克的成分，并且注定要逐渐成为一种神话。②

那把"人类学标尺"此时已由智商转换为教育成就以及相应的文凭，教育制度如同一台"庞大而复杂的机器"，输入口是不同智商的儿童，输出端对应不同技术结构（techno-structure）的职业岗位所需要的知识和技能，不同背景的儿童在其中被分类、训导、谋划并安排不同的生活路线：高智商者，可选择学术性科目，获得高等文凭，进而从事专业或管理工作；相应，低智商者，可分流去接受实用性项目的培训，获得初中级文凭，及早毕业，进入半技术或非技术型工作岗位。教育的筛选正是基于开放的、无偏见的、表面上看来是选优任能的制度。

然而，智商基础上的选优任能制度既建构了什么秩序，又虚构了什么秩序，还遮蔽了什么逻辑？

> 处于（社会或学校）这种弱肉强食的世界中所有的居民，都

---

① 鲍尔斯、金蒂斯：《美国：经济生活与教育改革》，王佩雄等译，上海：上海教育出版社，1990年，第132页。
② 塔尔科特·帕森斯：《作为一种社会体系的班级——它在美国社会中的某些功能》，载张人杰主编：《国外教育社会学基本文选》，上海：华东师范大学出版社，2009年，第437页。

应该被安顿在同一面旗帜下面——对所有儿童不论其年龄、宗教信仰和肤色,只有一个标准,只用一种教科书,只有一种公共资助方式。天赋最高者、有抱负者、聪明者和强者理应取得成功,笨人和懒人则注定要失败,总把过失归咎于学生(也可以怪罪于家长,可怜的孩子!),但肯定不归咎于学校或社会。①

在这个竞争丛林中,智商具有新的法力,如同孙悟空头顶的紧箍,遗传或天赋所赐的智商高低,决定能力的高低与社会位置的高低,这就是"智商主义:如果你真聪明,为什么你不富裕?"②如果你真努力,为什么你不成功?不是你不努力,就是你不聪明,或者怀疑你的品德,或者质疑你的智力。社会达尔文主义的核心正是生物达尔文主义,进而,对社会达尔文主义的纠正也落入了生物达尔文主义的窠臼。

在20世纪60年代激进的民权主义运动中,教育成为新的政策杠杆,试图以补偿教育、及早计划等积极措施,扫清黑人与穷人孩子文化上的障碍。约翰逊(Lyndon Johnson,1908—1973年,美国第36任总统)1965年为《代达罗斯》(Daedalus)《美国黑人》一书的专号撰写的前言中使用了戴脚镣的长跑者的比喻:想象在100米冲刺时,两个运动员中有一个戴着脚镣。他只跑了10米,另一个就冲过了50米,裁判员认定这场比赛不公平。仅仅是把一个多年被锁链束缚的人解放出来,把他带到赛跑的起跑线上,告诉他,你可以自由地跟其他人一起竞争:"仅仅是摘下脚镣让比赛继续进行,这就是'机会均等'吗?但是另一位运动员已领先了40米。如果让原先戴脚镣的运动员先赶上这40米或两人重新开

---

① 彼得·施拉格:《一场荒唐不羁的梦境》,转引自托尔斯顿·胡森:《平等——学校和社会政策的目标》,张人杰译,载张人杰主编:《国外教育社会学基本文选》,上海:华东师范大学出版社,2009年,第175页。
② 鲍尔斯、金蒂斯:《美国:经济生活与教育改革》,王佩雄等译,上海:上海教育出版社,1990年,第172页。

始跑,不是更公平一些吗?"①

只是简单地打开机会之门是远不够的,还需要给他走过大门的能力,不仅是机会的平等,更要结果的平等。然而,所有这些努力都收效甚微,智商真是决定"教育中的宿命论"(determinism in education)吗?②

诚如施拉格(Peter Schrag)1970年在《星期六评论》上撰文指出的:几乎十年时间,教育机会均等是根据社会达尔文主义来设计,学校能够使人人平等乃是一场美国梦,人们还期待学校成为一个能够消除经济上和社会上所有不公正的机构,这不过是一场荒诞无稽的梦境。③在这场形式体面、实质荒诞的梦境后一定还有另外的逻辑,美国不仅是一个民主主义社会,也是一个资本主义社会。民主允诺教育机会是没有限制的,资本主义经济生产却有不同的利益与逻辑。

在自由平等的面纱之下,资本主义经济恰是不平等的。资本主义经济生产的原动力在于对利润的追求:尽可能多的劳动,尽可能低的报酬。它需要陡峭的分层与大量的底层劳动者,绝大多数人(工人)的行动是受少数人(所有者和经理)操纵的,这塑造了资本主义企业的极度不平等的结构。

这就触及了美国资本主义的经济体制,也触及了政治理念,还触及了美国教育的实际功能。资本主义政治经济的悖论正是:极度不平等的经济制度被嵌入于一个形式上的民主政治体制之中,经济体制和政治理念在维持其适当功能时却构成截然相反的力量。民主政治的核心是:保

---

① 张人杰主编:《国外教育社会学基本文选》,上海:华东师范大学出版社,2009年,第213页;菲利普·布朗等:《资本主义与社会进步:经济全球化及人类社会未来》,刘榜离等译,北京:中国社会科学出版社,2006年,第94页。
② 该质疑来自巴格莱(William C. Balgley)——这位要素主义者,自称为进步教育的主要反对者,此时为教育的进步提供了猛烈的弹药:智商正确地解释了强制的力量,这种力量不是为了限制自己,而是为了发展,一个民主社会可以提供的教育机会是没有限制的——既为智力超群者,也为每一个人。智力测验的唯一作用是告诉教育工作者从哪里开始工作,教育工作者和社会的眼光最终瞄准教育机会平等的目标。参见克雷明:《学校的变革》,单中惠等译,济南:山东教育出版社,2009年,第171页。
③ 转引自张人杰主编:《国外教育社会学基本文选》,上海:华东师范大学出版社,2009年,第175页。

证大多数人最大限度地参与决策,保护少数人不受多数人的歧视,保护多数人不受没有代表性的少数人的威胁利诱。就经济体制而言,核心原则几乎完全颠倒,美国资本主义的核心逻辑包括:保障大多数人(工人)最低限度地参与决策,保护少数人(资本家和经理)违背多数人的意愿,并且使没有代表性的少数人能最大限度地左右大多数人。①

教育正是这一冲突的战场。教育改革家需要清醒地认识到,不平等的根源既不在于机会的不平等,也不在于人的智商高低;既不在于人的智商或努力,也不在于所掌握技能的多与寡、技术革新的快与慢。一句话,不平等的根源不在于教育系统本身,而在于经济生活的原动力——对利润的无限追求。教育改革者还需要诚实地认识到,教育不仅是政治平等的推土机,更是经济利益的操作杆。正是源自资本主义经济与民主政治这对时而冲突、时而合作的张力,既推动了教育的普及化,也重构了教育的内部制度逻辑,更埋下了教育扭曲与异化的病灶。

关于民众公共教育的起源,鲍尔斯与金蒂斯讲了一个既不同于共和主义,也不同于自由主义的故事:在工业化之前,任何一个社会大多数孩子都不会把青春期大多数时间花在教育机构里,家庭是生产的基本单位,劳动的技能多在家庭作坊间自然习得,社会交往、行为习惯也多在亲友同伴间耳濡目染、潜移默化,家庭的生活经验为进入更大的社会生活做好了准备,而教堂承担灌输价值、牧养心灵、塑造灵魂的责任。

经济的飞速发展,资本的迅速集中,家庭作为儿童自然教养的单位与生产自主劳动的单位,或被侵蚀,或被瓦解,劳动者丧失了对劳动的控制权,农民和工匠沦为雇佣劳动者,他们的自主与自由同时被剥夺了。生产劳动中旧的社会关系不见了,人们被简化为"人手"(hands),侍候着那些"纹丝器大人、多轴纺织机大王、纺线大人"②。更重要的是,在生产

---

① 鲍尔斯、金蒂斯:《美国:经济生活与教育改革》,王佩雄等译,上海:上海教育出版社,1990年,第80—81页。
② 科贝特:《政治纪事》,载雷蒙·威廉斯:《文化与社会:1780—1950》,高晓玲译,长春:吉林出版集团有限责任公司,2011年,第23页。

过程中，劳动者生产的不仅是物质产品，还生产着他自己。马克思在《资本论》中指出，人在劳动中，人自然作为一种自然力与自然物质相对立，"为了在对自身生活有用的形式上占有自然物质，人就使他身上的自然力——臂和腿、头和手运动起来。当他通过这种运动作用于他身外的自然并改变自然时，也就同时改变他自身的自然"①。学校教育如何参与经济生产，改变受教育者以适应劳动生产呢？

这是初等教育——免费义务教育建立的经济前提，教育普及的动力来自地位下降、心怀不满的农民或工人，他们指望学校教育可以弥补自己所失，可以防御子女进一步下滑沦落。然而教育改革的领导权却为资本家所控制，他们左右着改革的方向：不同背景的儿童必须离开家庭，来到学校，接受服从与顺命这一重要的课程。

学校训练工厂制度需要的劳工，他们既被捏塑成机器生产中不可替代的"人手"，还被培养为可靠的"人力"，具有敏捷的行为与守秩序、听命令的习惯；学校的隐蔽课程强调心育（heart culture）甚于脑育（brain culture）。②——与其说是心育，毋宁说是反复训练身体的基本习惯，正是从细小且细密的行为习惯入手，学校强化学生自我控制的能力，将儿童改装成合格的"人力"，经由学校教育的传输带，被整合进资本主义的机器生产中，亚当斯1880年写道："实际上，你们中的大多数人不得不成为那些庞大的、机械式的教育机器或教育工厂的基本部分。我相信，他们是我们时代和国家所特有的，他们这样组织起来为的是把棉纺厂和铁路的主要特征与国家模范监狱的特征尽可能地结合在一起。"③

如果说工厂制度的诞生刺激了19世纪民众初等教育的形成，公司资本的兴起则孕育了20世纪的进步教育运动，这构成美国教育史上第

---

① 马克思：《资本论》第1卷，北京：人民出版社，2004年，第207—208页。
② 鲍尔斯、金蒂斯：《美国：经济生活与教育改革》，王佩雄等译，上海：上海教育出版社，1990年，第244页。
③ 鲍尔斯、金蒂斯：《美国：经济生活与教育改革》，王佩雄等译，上海：上海教育出版社，1990年，第225页。

二个重要转折点,同时赋予现代中等教育以鲜明的特征。① 20 世纪的美国教育史不仅是进步教育的历史,也是资本主义的权力结构、企业价值与社会关系塑造学校教育的历史;这一时期教育的实践,既受杜威与亚当斯等自由思想的指引,也受到泰勒的行为科学、管理主义与测验运动的强势殖民。

1930 年,美国进步教育学会成立了"学校与大学关系"委员会,开始"八年研究"计划,他们指出,美国的中学不能真正继承和发扬美国的传统,不能富有成效地指导或激励学生,课程是毫无生气的大杂烩,与年轻人真正关心的东西毫无关系,学校教育既没有为公民做充分的准备,也很少使有天赋的学生充分发展其才能。委员会邀请了 20 多所公立和私立中学参加一个实验,重新制定他们的课程,委员会声明:"我们将努力培养学生把教育视为对人生意义一种持久的探索,而不只是累积学分;使学生渴求学习,勇于探索新的思想领域,在学习上不断进取;使学生懂得如何安排时间,如何更好地读书,如何更有效地运用知识原理,对所必须履行的义务更有经验。"②

然而,站在学校教育背后的却是公司资本主义,以及其对中层雇员的需要。福特生产模式奠定公司资本主义的生产效率,复杂的工艺与技能被细分、肢解为若干简单的动作,被组装成流水线上重复性的操作,每个工序简单得如同把螺母拧在螺丝钉上一样。利润来自速度与效率,来自时间的精准与动作的精确,无冗余的时间,无拖沓的动作。这又建立于一套自上而下的权力路线——泰勒管理模式基础上,泰勒将大多数工作简化为执行简单又非常明确的指令,任务切割,分层管理,高度监督,严格控制——一套官僚化的组织、等级制的权力、不平等的报酬生产形态得以确立。

公司资本主义要求学校训练一支新型的无产阶级队伍,企业管理的

---

① 鲍尔斯、金蒂斯:《美国:经济生活与教育改革》,王佩雄等译,上海:上海教育出版社,1990 年,第 270 页。
② 克雷明:《学校的变革》,单中惠等译,济南:山东教育出版社,2009 年,第 227—228 页。

逻辑侵入学校,学校的管理者多为实业家或行政管理人员,而非专业的教育家,管理的出发点是经费与控制,而非学生的成长体验与教学的质量;在管理逻辑下,教师被视为简单劳动者,对于课程、教学与训练毫无支配的权利;学生成为管理的对象,为避免学生空闲而布置作业,过多、过碎、重复的作业,过量的练习以及细密的测验——学习过程中的高度控制与高度监督,使学生毫无自主的乐趣与自由探索的可能。① 重要的是训练福特流水线所要求的行为惯习,学校中的各种社会关系严格复制了劳动的等级分工,等级关系反映在从管理者到教师再到学生的纵向权力控制上;异化劳动反映为教师对其教学失去控制,反映为学生与课程内容的疏离,反映为学校追求的是外部评价与奖励,而非学生学习的内在满足。②

进步教育天真地将学生的兴趣视为学习的动力,进步教育主张人的劳动与学习应是受内在动机激发的活动,却无视学生成长所面临的严峻处境——资本的异化劳动却有碍于内在动机的激发。进步教育追求人性的圆满发展,然而,并没有抽象的、空洞的人的"内在本性"的自由发展,只有走入经济生产与社会生活,人性才能获得具体的内容。

杜威的错误在于把民主的社会制度视为教育改革的前提,遗憾的是,官僚制的劳动分工反映在政治上恰是专制的。因而,教育系统把青年一代统合到资本主义经济体系的功能,与促进社会平等发展的政治功能,以及满足人性的圆满发展的功能,这三重功能具有不可调和的矛盾,甚至构成强烈的冲突,这是进步教育失败的根源。③

康茨(George S. Counts)认识到这一点,1929 年,他在《中等教育和工业主义》一文中指出:根本的问题在于美国的教育改革从来没有真正

---

① 鲍尔斯、金蒂斯:《美国:经济生活与教育改革》,王佩雄等译,上海:上海教育出版社,1990 年,第 67 页。
② 鲍尔斯、金蒂斯:《美国:经济生活与教育改革》,王佩雄等译,上海:上海教育出版社,1990 年,第 195 页。
③ 鲍尔斯、金蒂斯:《美国:经济生活与教育改革》,王佩雄等译,上海:上海教育出版社,1990 年,第 70 页。

面对工业文明的社会现实,教育改革不过是修修补补,表面抹光,如果不接触社会的底层和社会生活的源头,那只能是另一种学究式人物感兴趣但肯定要夭折的教育实验。①

究竟是认识的盲区还是虚假的改进?泰勒模式企望以做大蛋糕来缓解劳资冲突,进步教育策略性地回避劳动的异化,把制度之恶转嫁为个人的缺陷,引入甚至强化严密的科学管理模式。无论是泰勒管理主义还是行为科学,均无视结构性的矛盾,只从纠正个人行为入手;无视政治性的前提,只着力于提高管理效率。公司资本所主导的改革继续在教育实验的道路上大步前行。

拉格(Harold Rugg)最初学过土木工程学,然后学习心理学、社会学和教育学,他从工程学转到教育学没有什么困难,这两个领域都因热衷于精确的测量方法而耗尽人的心力:我们处在一大堆表格之中,并将堆积如山的数据采用新的定量方法进行压缩、概括和解释。周围充满着正规曲线、标准偏差数、关联系数和回归方程式。②

他出版了《应用于教育的统计法》,学校教师需要用统计和图解法确定学校实践的现状并科学地指引学校的发展,正是这精确的测量所推崇的测验、考试、教学效率,将企业管理的方法、工具理性的逻辑引入学校的教学教育中,这看似科学的"专业化"给教师的专业自主、学生的学习自主带来了灾难!

在所谓的科学管理下,课程、评价、教材选编、教学方法的控制权,全部落在专家手里。一大群专家出面处理教学工作中的琐细事务,思考、决策和落实教育目标的任务由高层次的管理人员来完成,看似更易于提高管理效率,然而,学校越来越非人格化了。③ 教育中不见"人"了,人的教与学,人的情与意,均被简化为各种指标与数据,教师不过是数据的收

---

① 克雷明:《学校的变革》,单中惠等译,济南:山东教育出版社,2009年,第204页。
② 克雷明:《学校的变革》,单中惠等译,济南:山东教育出版社,2009年,第162页。
③ 鲍尔斯、金蒂斯:《美国:经济生活与教育改革》,王佩雄等译,上海:上海教育出版社,1990年,第309页。

集者与填报员,学生既被各种测验、各种指标所诊断、校正,也被表格、各种曲线所分类分层,或选拔或淘汰。

在学校的科学管理之后是一套结构复杂的劳动力垂直分级制,是现代公司日益复杂且精细划分的官僚等级,如何将个体统合进陡峭、复杂且精细的分级分层中——其后是不平等的报酬、不平等的地位?这是非常不容易的工作,需要特别的机制为其合理性进行辩护。① 重要的是个人如何接受日常劳动世界的不民主与不平等,甚至将其视为理所当然的结果?不仅要安于经济生产中的角色,还要甘于接受自己的命运?

弗兰克·弗里曼 1924 年在《教育评论》发表《选拔学生》:"帮助学生形成有关生活中各种不平等现象(不管是在才能还是在报酬方面)的看法,以至于他可以使自己适应生活环境,尽可能减少阻力——这就是学校的职责。"② 课堂中频繁、严苛的测验与教育效率运动正是这一防卫机制,准确地说,这是一个既激发又冷却的机制:通过强烈的竞争、高淘汰的考试、大面积的学业失败,不断降低学生的志向,遏制他们的热望和抱负,大多数学生学业结束时,已经有足够的理由使其确信自己没有能力达到命定机会之上了。正是通过竞争、课堂中的失败与成功,使其安于社会地位。③

作为社会选拔与资源分配的"筛选装置",教育制度承担着一对截然相反的任务:一方面鼓励竞争,将教育机会不断扩大到更多的群体,以便人尽其才,人尽其能,这是其"加热"机制;另一方面又要将被激发起来的人群限定于经济岗位、社会结构能够承受的限度内,因此不可避免地

---

① 鲍尔斯、金蒂斯:《美国:经济生活与教育改革》,王佩雄等译,上海:上海教育出版社,1990年,第125页。
② 参见弗兰克·弗里曼:《选拔学生》,载鲍尔斯、金蒂斯:《美国:经济生活与教育改革》,王佩雄等译,上海:上海教育出版社,1990年,第154页。
③ 鲍尔斯、金蒂斯:《美国:经济生活与教育改革》,王佩雄等译,上海:上海教育出版社,1990年,第160页。

要将大多数人定义为学业失败者,这是其"冷却"机制。① 教育筛选的要害正在于平衡这一悖论:既要努力提拔为数不多的"有才能的人",又要试图"抚慰大多数人"。

正是在这对既激励加热又冷却排斥的张力下,形式不断开放扩大,实质又进一步地垄断封闭,教育所能开拓的"机会疆域"被迅速地用尽。高等教育从象牙塔转为社会的加油站,高等教育也被统合进入雇佣劳动制中。白领无产阶级的出现,大学生失业率不断攀高,资本主义的政治动力学发生了转变,过去是政治的民主与经济的垄断之间的冲突,此时却逆转为经济要求更高的能力,而政治却要防止人的自主能力不断扩大:如何限制整个中等后教育系统的发展速度,以便将白领劳动者后备队伍的规模限制在政治稳定能接受的水平上?② 安德烈·戈兹(André Gorz)在1973年出版的《社会主义与革命》中做了扼要的表述:

> 大公司正试图调和这两个对立面:一方面,现代生产过程需要更高度地发展人的能力;另一方面,在政治上则需要防止这种发展导致个人自主性的不断扩大,从而将威胁现在的社会职能的分工和权力分配。③

1960年,《加利福尼亚高等教育总体规划》让克拉克·克尔(Clark Kerr)享誉世界,《时代》(Times)将他选为封面人物,并冠以"总体规划师"之名。克尔"每个人都能上大学"的宣称,掀起了大众求知热。克尔在哈佛的"1963年度古德金演讲"中以"巨型大学"之名,描绘美国大学

---

① 菲利普·布朗等:《资本主义与社会进步:经济全球化及人类社会未来》,刘榜离等译,北京:中国社会科学出版社,2006年,第97页;天野郁夫:《社会选择与教育》,载张人杰主编:《国外教育社会学基本文选》,上海:华东师范大学出版社,2009年,第130页。
② 鲍尔斯、金蒂斯:《美国:经济生活与教育改革》,王佩雄等译,上海:上海教育出版社,1990年,第311页。
③ 转引自鲍尔斯、金蒂斯:《美国:经济生活与教育改革》,王佩雄等译,上海:上海教育出版社,1990年,第311页。

的第二次转型。在他所憧憬的"才智之都"中,知识前所未有地成为社会活动的核心动力,一个不断扩张的教育系统将不可避免地成为技术世界中社会垂直流动的途径,中产阶级精英将掌握权力。

然而,四年之后,在高涨的民权运动与学生抗议下,克拉克·克尔被拉下神坛。高等教育这一"社会加油站",已经用完了汽油。

## 五、精英治理:社会阶梯的陷阱

成就原则战胜了世袭原则,要求平等的热望却被残酷的竞争所取代,竞争造就了新的社会秩序:每个人在社会上的地位取决于其"智商与努力"。到 1990 年左右,智商超过 125 的人都可以跨入英才的行列。

——迈克尔·杨:《精英治理的崛起:1870—2033》(1961 年)

1961 年,杨(Michael Young)撰写了《精英治理的崛起:1870—2033》,大胆而调皮的作者在自己的文字中玩起了时光穿越,宣称这是在 2033 年撰写的一则寓言。科南特高竞争、高流动的"无阶级"的社会在杨的寓言中却成了反讽的乌托邦。应该给这个新体制取个什么名字?用杨自己的的话来说,这个体制"与其说是人民统治,还不如说是聪明人统治"。"贵族政治"(aristocracy)在希腊语中意指由最好的人统治,但到了 20 世纪 50 年代,西方语境中这个词的含义已经转变为由"财富继承者的统治",杨自造了"精英治理"(meritocracy)①一词,他将 aris 这个希腊语改成了拉丁文 meri,这一生造的新词吓坏了他的一位哲学家朋友:

---

① meritocracy 翻译为"英才主义""贤能主义""精英治理""精英主义",是与"平民主义"(mass democracy)对应的概念,强调重优慕强,优秀的人获得更多的机会与资源,在教育领域体现为"择优录取""英才培养",在工作领域则表现为"选优任贤""选优任能""唯才是举""唯才是用"以及"绩效管理制度主义",是一组意涵复杂的相关词汇,在不同的语境中所强调的内涵不同。

将拉丁文与希腊词根组合在一起,违反了所有正确的语法规则,简直形同暴行。①

由"聪明人"替代"最好的人"来统治。"出人头地"的"聪明人"有什么特征?他们的策略是什么?他们各自的处境又是什么?精英治理是如杨的寓言所示,在某个时间点上轰然倒塌,还是一个慢性的、不可逆转的衰竭过程?

在二战后的"辉煌 30 年"(1945—1975 年),人们相信"经济增长的大潮可以使所有的船只都扬帆起航",库茨涅茨(Simon S. Kuznets)画出了一条让人振奋的"钟形曲线":收入的不平等必然会先扩大后缩小,在工业化早期,收入不平等的加剧是因为只有少部分人从新财富中获益,随着进一步的发展,尤其是教育与技术你追我赶的赛跑,越来越多的公众参与分享经济增长的红利,收入不平等自动减缓。② 在这一背景下,精英治理富有成效,释放出各方的活力。整个欧美世界,对教育及教育所拓展出的代际的地位传递寄予希望:

> 我们既不是生活在一个世袭社会里,也不是生活在一个地位随机再分配、代际之间互相阻隔的社会里。我们还得记住,在过去一代人的时间里,职业结构的变动对向上流动产生了更多的机会,整个社会从整体上构成一个净的升迁性流动。尽管社会机遇的骰子根据阶级出身而加权,然而这场"比赛"日益依赖孩子们锻炼出来的机智,学校通过颁发文凭而做了裁判。教育成为代际之间地位传递的中介,教育也是通向独立于家庭的能力中介,教育传统地被认为是获得成就的主要机构。③

---

① 尼古拉斯·莱曼:《美国式"高考":标准化考试与美国社会的贤能政治》,戴一飞等译,北京:北京大学出版社,2018 年,第 149—150 页。
② 托马斯·皮凯蒂:《21 世纪资本论》,巴曙松等译,北京:中信出版社,2014 年,第 11—15 页。
③ A. H. 哈尔西:《趋向于能人统治吗?——英国实例》,载张人杰主编:《国外教育社会学基本文选》,上海:华东师范大学出版社,2009 年,第 122 页。

20世纪50年代,在帕特南的故乡,俄亥俄州克林顿港的市镇上,所有的孩子无论出身,都能获得体面的人生机遇,这是一处美国梦的甜美梦乡。在《阿甘正传》这一美国梦的经典中,人们感动且感慨这句话:"我妈妈常说,生活就像一盒巧克力,你永远不知道下一颗会是什么味道。"

1976年,鲍尔斯与金蒂斯出版《资本主义美国的学校化:教育改革与经济生活的冲突》,可谓盛世危言。在经济腾飞的大潮下,隐藏着哪些问题呢?

竞争主义的精英教育需要平衡底层的抱负、精英的权威、经济增长的效率、政治宣称的公正,以及落实于教育中兼顾"平等"与"卓越"的"质量"。它的公正体现在既能免于忽视工人阶级中有能力者造成的浪费,激发他们的活力,重建对制度的信任与遵从,又寄希望于扩大教育机会,精英阶层能重新洗牌,择优慕强,纳新吐故,使其内蕴权威性,外显经济活力。竞争性筛选的要点在于筛选的尺度松与紧、时机的早与晚,谨慎的平衡激励抱负与抚慰失败的尺度,既鼓励不同阶层积极参与,勇于竞争,以此培植对制度的忠诚、对精英的服从,失败虽不可避免,但失败却可以个体化,但在成功的幻觉中,牢固地树立统治的秩序——如何利用"社会阶梯"不断向上。

在这一阶梯的作用下,底层分散了,共同的文化消失,进而分裂了。在精英治理下,个人的向上流动,虽然艰难,仍有可能;然而,个人的离开(背弃)却是对原生群体的分裂,这一逻辑将最有潜力的领导者招安为一个安全但无用的"顺从者",个体的成功背后是整体的溃败:

> 它通过为低级社会阶层最优秀、最有抱负的成员制造从目前的困难条件中脱离出来,走向更有希望的未来这样富有诱惑力的条件,打破了双方应共同面对的生活条件不平等的原则。游戏规则依然没有改变,社会经济体系的基本特征根本没有变化。现在所发生的一切只不过每个人比过去多了一些向上挣扎

的机会,在社会阶层阶梯上稍微改变了一下自己的位置,并将自己后面的人踩在脚下。①

精英治理建立了新的秩序,用个人的能力高低使不平等合法化,少数脱颖而出者获得了通往社会上层的通行证;用严酷的竞争重构了赢家和输家,赢家将成功视为自己的能力与努力,输者自责能力差、运气坏,在看似平等的竞争后,"成者为王败者寇"的冷酷替代了强者对弱者的庇护。一方面,无视每个人处境的不同,用形式上的公平将外在机运的差异转换为内在品质的高低,成功者获得尊严感,提升自尊心,失败者被羞辱为智力上的低能儿、品德上不可靠的懒惰者,令其对命运的抱怨转变为对自己低劣的羞愧。更进一步,另一方面,在或者别无选择或者不断上演的"竞争—失败"的循环中,建立起对成功者、竞争逻辑以及其背后整个权力结构的深度沉迷与自觉遵从,或沮丧且麻木的顺从——秩序由此建立。

英国文化学者艾略特(Thomas S. Eliot)批评说,精英理论本质不过是对社会"不干涉主义"的一种巧妙发挥,教育机会平等学说不过是经济个体主义学说的一个侧面而已。个人机会背后是一个"阶梯观念"的意象,它提供了个体向上爬的机会,但削弱了共同的价值,将等级制度变成裹着糖衣的毒药,让人沉醉着魔。②

美国学者理查德·桑内特(Richard Sennett)和乔纳森·科布(Jonathan Cobb)在《阶级的暗伤》中用细致的访谈敏锐地捕捉了工人阶级子弟矛盾的认识与复杂的态度:受过教育的人能够控制自己,他们跟社会底层感情用事的芸芸众生不同。"能力标记"为受过教育的人赢得了尊严,然而能力的实质是虚假、矛盾的。他并不怀疑受过教育者的判

---

① 约翰·莎尔:《机会均等及其他》,载杰罗姆·卡拉贝尔:《被选中的:哈佛、耶鲁和普林斯顿的入学标准秘史》,谢爱磊等译,北京:中国人民大学出版社,2014年,第738页。
② 雷蒙·威廉斯:《文化与社会:1780—1950》,高晓玲译,长春:吉林出版集团有限责任公司,2011年,第257页。

断能力,也不怀疑他们的统治能力。他认为他所相信的东西本身就没有什么尊严,并觉得这是正当的;在承认受过教育者的能力的同时,他越发感到自己不合适、比较脆弱,也没有尊严。①

这是一种进退失据、左右为难的边缘心态。他与原生阶层生活的常识、常理以及常情格格不入②,他不得不"向上看",自己的经验与情感既不给予"切己"的支持,同时被压抑、贬低甚至被羞辱,他理性却是空洞、概念化地承认(精英的)"判断力"与"统治能力",他努力把自己变得"像"他们中间的一员。这个脆弱的底层子弟,在不属于自己的水域,或者成为"仪式主义者"——他刻板认真地遵守制度规范,但却在文化所滋生的价值目标、审美趣味、生活风格中,或者笨拙地模仿,或者格格不入,进而退却,从"空心人"进而成为"透明人"——他只是在社会里,却不属于任何一个群体,不归属任何一个价值群体,逃避是彻底的,冲突也得到了消除,个体却非社会化了。就统治秩序而言,他安全,但没用。③

原本是一个传递文化、延续整体生活方式的学园却被异化为一架体制性的"社会阶梯",学校被扭曲为一个竞争的赛场。有机的、团结的社会蜕变为原子化的社会。④ 精英群体更有领导力了吗? 替代了"最好的人"的"聪明人"有什么特征?

特纳(Ralph H. Turner)睿智地指出竞争性流动所隐含的"意外"特征——制度的意外,却是人事的常情常理。其一,在竞争性流动中,一个

---

① Richard Sennett, Jonathan Cobb, *The Hidden Injuries of Class*, Cambridge: Cambridge University Press, 1977;参见菲利普·布朗等:《资本主义与社会进步:经济全球化及人类社会未来》,刘榜离等译,北京:中国社会科学出版社,2006年,第106页。
② 英国学者对工人阶级出身但接受中产阶级教育的学生做出经典研究:那些工人阶级出身的孩子幼小时便丧失了他们的根子,通过贪婪地阅读"达官显贵"的生平,他们现在有了那种呆板的中产阶级口音;回顾自己出身的社会时,他们在那里所看到的不过是昏暗,或者"标本";在他们身上有着某种无限悲惨的东西。参见菲利普·布朗等:《资本主义与社会进步:经济全球化及人类社会未来》,刘榜离等译,北京:中国社会科学出版社,2006年,第108页。
③ 罗伯特·K. 默顿:《社会理论和社会结构》,唐少杰等译,南京:译林出版社,2006年,第286—291页。
④ 雷蒙·威廉斯:《文化与社会:1780—1950》,高晓玲译,长春:吉林出版集团有限责任公司,2011年,第257、342页。

才智中等者运用常识、机智、进取、胆识、成功的冒险而取胜,要比一位智力非凡者或受过最良好教育者获胜更令人赞赏,竞赛的规则奖励的是最有功绩者而非最有能力者,巧妙地运用规则获胜更令人钦佩。其二,激励落后者而非鼓励领先者,体育比赛中,在万众瞩目之下跑完全程的落后选手会得到特别的赞赏,因此要制定出许多规则以确保比赛进行完毕。竞争性流动复制了这些特征,不允许做出非成熟的判断(不在比赛结束前做出任何判断),不为任何时候的领先者提供特殊的优惠,竞争性流动把最终奖品的颁发推迟到一场公平竞赛的结束。①

继而,他推论出,在美国的竞争性流动中,教育作为地位升迁的手段而受到重视,教育内容本身却不被高度重视。他援引托克维尔一个世纪以前的判断:"美国并不存在使求知的爱好随世袭的财富和悠闲而代代相传,从而以脑力劳动为荣的阶级,可见,美国人既没有专心从事脑力劳动的意志,又没有专心从事这一劳动的毅力。在美国,人的知识处于一种中等水平。所有的人都接近这个水平:有的人比它高一点,有的人比它低一点。"②

公平且自由的竞赛强调让每个赛跑者参与决赛,然而参赛者是否有能力参赛,是否需要资格遴选成为关键。教育中的肯定性行为强调关注的弱者,人们通常假设学习优胜者不需要特殊照顾,而成绩差者则需要帮助,以便确保他们在竞争中不被淘汰,并有可能在最后的鏖战中一决雌雄。③

对竞争性社会阶梯的修正,是不再强调资格遴选的完全开放。杰克逊的平等主义又占上风,教育陷入荒地。1953 年,贝斯特(Arthur

---

① 拉尔夫·H. 特纳:《赞助性流动、竞争性流动和教育制度》,载张人杰主编:《国外教育社会学基本文选》,上海:华东师范大学出版社,2009 年,第 79 页。
② 托克维尔:《论美国的民主》,董果良译,北京:商务印书馆,1997 年,第 58—59 页。
③ 1958 年的盖洛普民意测验中,当询问教师是否应为聪明的学生付出更多时间时,26%的回答"是",67%回答"否";当问到针对"迟钝"儿童时,86%的回答"是",仅有 9%回答"否"。参见拉尔夫·H. 特纳:《赞助性流动、竞争性流动和教育制度》,载张人杰主编:《国外教育社会学基本文选》,上海:华东师范大学出版社,2009 年,第 85 页。

Bester)在《教育的荒地》中追问:美国人民对教育寄予无限的信仰,可为什么近来学士帽与学士服却成为漫画家笔下愚蠢和无能的象征?因为教育日益成为一个奢侈的消费品,在强调令人愉快的教育体验中,自由教育被错误地表达且贬低了,反智主义猖獗,不仅威胁着学校,也威胁着自由本身。①

科南特也不得不出来说话了,1956 年,他发表《知识的堡垒》——这是他一直捍卫的阵地。他一以贯之地强调"针对天才儿童"的教育,天才虽然只是全体学生中的少数,而这少数人却太被忽略了。美国社会不具备努力学习的压力,美国家庭(甚至高薪阶层)常责问校长(甚至私立学校校长):为什么约翰必须继续学习那么困难的数学?毕竟我们并不要他成为一个爱因斯坦!欧洲式的那种"严格"教育在美国家长中并不存在,欧洲的孩子"不管愿意不愿意"被迫去学习一些他们未必喜欢的功课,而美国的孩子不会因为"书本学习"重要而去承担这一艰巨工作,他们幼年时已经学会问:为什么我应该那样做?

解决困境的出路仍是因材施教,鉴别学生的学业才能,鼓励被挑选出来的学生尽力学习,让他们以此自豪,并给予恰当的奖赏。科南特重申了杰斐逊主义的原则,公平的竞争是有前提的:

> 恰如在体育运动中一样,有天赋才能的人被选择是理所当然的事。没有一个人期望大部分儿童学会演奏一种乐器,但几乎人人都希望鼓励有音乐天才的儿童发展他们的才能。②

机会均等与自由竞争的前提是"有能力"与"可竞争",让有天赋有能力的个人脱颖而出,"自由"且"不干预"——这是自由主义对教育平等接

---

① 阿瑟·E. 贝斯特:《教育的荒地》,载王承绪等编译:《西方现代教育论著选》,北京:人民教育出版社,2000 年,第 176—185 页。
② 科南特:《知识的堡垒》,载王承绪等编译:《西方现代教育论著选》,北京:人民教育出版社,2000 年,第 167—174 页。

受的限度。保守主义对形式上的自由竞争持有怀疑,它从根本上否定机会均等,英国哲学家罗杰·斯克鲁顿(Roger Scruton)在其所著的《保守主义的意义》中指出,任何使机会均等的尝试都将产生平庸之才,"机会均等"是一种谬论:

> 是一种看上去既没有可能,也不值得向往的事情。一个缺乏才智的孩子非得去分享一个要求智力的机构所赠予的好处,能有什么机会呢?他的情况跟一个相貌平平的女孩去跟一位天姿国色的姑娘竞争模特职位没有什么两样。①

再回到智商主导的"教育宿命论"吗?晚近心理学的发展,加德纳(Howard Gardner)用"多元智能"消解了科南特的"智商门槛",他以此挑战杰斐逊的"自然贵族";克拉克·克尔乐观于知识产业所释放出的技术、活力与效率,他以"大学之用"挑战马克思的劳资冲突……在经济大潮中,大众社会一路前行,波澜不惊;杰斐逊主义与杰克逊主义并驾齐驱,和谐共治。

随着石油危机的到来,教育机会均等与知识经济效率双重目标均受到严峻的挑战,20世纪60年代教育的投入并未减缓1973年的石油危机以及经济的衰退。随着年轻失业者的增加,70年代中期,教育改革的共识已死,各方皆在指责:教育既提高了年轻人的失业率,也不能满足工业的需要。② 1983年,在里根(Ronald W. Reagan,1911—2004年,美国第40任总统)的倡议下,《国家处于危机之中》③的报告得以发表:

---

① 菲利普·布朗等:《资本主义与社会进步:经济全球化及人类社会未来》,刘榜离等译,北京:中国社会科学出版社,2006年,第204—205页。
② Phillip Brown, "The Third Wave: Education and Ideology of Parentocracy", *British Journal of Sociology of Education*, Vol. 11, No. 1 (1990), pp. 65-85.
③ National Commission on Excellence in Education, "A Nation at Risk: The Imperative for Educational Reform", *The Elementary School Journal*, Vol. 84, No. 2 (1983), pp. 112-130.

我们的教育基础正在被一股平庸的浪潮所侵蚀,它威胁着我们国家和民族的未来。

倘若一股敌对的外国势力要将今日存在的平庸教育强加于美国身上,我们会将其视为战争行为。然而,我们自己坐视事态的发展,我们甚至对苏联卫星上天的挑战都倍感无力,我们浪费了学生们的才智,因为我们早已拆除了支撑这些成就的基础,我们做了轻率的、单方面的教育裁军。

报告检讨:美国人们似乎忘记了学校教育的基本目的,忘记了到达教育目的所必要的严格要求、严格的纪律与艰苦的努力;学校教育之所以羸弱不堪,正是因为它们承担大量自相矛盾的要求,他们的学校常被遣去处理家庭或其他机构所不愿也不能解决的个人、社会乃至政治难题,这使学校既付出财力,又付出质量代价。

新一轮的教育改革如何重启呢?这一时期,英美国家开始了经济转型,美国冠名为"新经济"(英国称为"磁体经济"),呈现出以下五个特征:新自由主义、金融化、新技术、全球生产和跨国力量以及二元劳动力市场。① 新自由主义主导了教育领域中的市场化改革,人们不再被动接受统一的教育制度,因为在统一的制度内,学生是根据能力、成就和资源平等来接受教育,报酬丰富的中产阶级、专业人士和精英阶层希望能为其子女购买优质的教育,以便进入全球职业精英队伍。在教育市场化下,有形资本转变为文化资本,能够负担得起的家长会把越来越多的钱投入私立教育中,以减少其子女在公开成绩竞争中失败的风险。

当教育被视为一种商品时,父母有无经济能力,成为决定子女教育和生活机会的一项日益重要的因素,基于父母"选择"基础之上的消费者

---

① 厄尔·怀松等:《新阶级社会:美国梦的终结?》,张海东等译,北京:社会科学文献出版社,2019年,第44页。

权力被凸显。精英治理终止于家长主义(ideology of parentocracy)——一个孩子所接受的教育,更多取决于父母的财富和意愿,与孩子的能力、付出的努力相关减弱。从基于"成绩"的选拔转变为基于"市场"的选择,精英治理的核心是智商与努力基础上的成就,家长主义的核心是由兴趣与资源所决定的选择。①

在教育选择多元、教育供给充足的背后,穷人的学校与富人的学校、彼此的教育机会与生活机遇相差悬殊。反讽的是,2002年布什(George W. Bush,美国第43任总统)签署《不让一个孩子掉队法案》,却大大地促进了公共教育私有化的努力,以"休克主义"或"灾难资本主义"的形式,摧毁公共教育体制,金融界越来越多地把美国的公共教育视为一个未开发的市场机遇,推动公共教育私有化。② 学校日渐蜕变为大型公司利润中心。高等教育市场化趋势日益显著,二战以后的人口红利在20世纪80年代逐渐衰退,政府开始减少投入,学校不得不面临学生短缺的局面。政策制定者开始通过贷款和助学金的形式向学生提供大量资金,开始把高等教育的运作模式转型为消费者驱动的市场模式。③

与教育选择及教育市场化相伴的是中产阶级消亡,向上流动的阶梯被拆除,美国——这一机遇之地,让位于逐渐加深的贫富两级化。单一钻石的阶层结构蜕变为双钻石结构:特权阶级——由所有者和雇主构成的超级阶级(1%—2%),由管理者(9%—11%)和专业人员构成的文凭阶级(12%—19%),它们共同构成了上一个钻石,在占有丰富资源的组织中,从事有保障、高薪专业或担任管理职位,他们具有高水平的生成性

---

① Phillip Brown,"The Third Wave: Education and Ideology of Parentocracy", *British Journal of Sociology of Education*, Vol. 11, No. 1 (1990), pp. 65 - 85.
② 厄尔·怀松等:《新阶级社会:美国梦的终结?》,张海东等译,北京:社会科学文献出版社,2019年,第44页。
③ 威廉·德雷谢维奇:《优秀的绵羊》,林杰译,北京:九州出版社,2016年,第61—62页,该书英文标题为 *Excellent Sheep: The Miseducation of the American Elite and the Way to a Meaningful Life*。

资本(消费、投资、技能和社会资本);双钻石的下部分由安逸阶级(14%—16%)、不稳定就业阶级〔雇佣劳动者(44%—46%)和自雇者(3%—4%)〕以及受排斥阶级(10%—15%),这构成了80%的新工人阶级。①

新经济隐藏慢性危机,好工作大量流失,二元劳动力市场出现。工作成为美国社会新的身份标志,同时也出现了社会阶层的"时间隔离"带:顶层拼命工作,没有时间休息,但可以积累大量财富,以工作和财富来定义自己;传统中产阶级的两级化,一部分往上,以高强度的工作来获得一份高薪,用钱去购买体面与地位,再投入教育,让他们的后代也能稳步踏入精英阶级,进入名校与华尔街;新一代的年轻人,开启了新一轮的精英—资本循环,将全部的青春、精力和时间,卷入资本游戏之中;另一半中产阶级走入下坡路;在公司管理文化中,被定义为"不再被需要"的中层管理人员,是企业审计文化中面临"被裁的"冗员,是绩效表格中无用的、低效的单元;再往下滑,是只能接受简单的、重复的劳动,来换取毫无晋升可能、一条路走到黑的底层工作。

教育选择究竟意味着什么?好工作成为特权,2011年,年龄在25岁以下的美国大学毕业生中,有53%的人要么失业,要么没有得到充分的就业机会。② 2011年始于纽约的"占领华尔街"运动,抗议的矛头指向精英主导的由99%的人买单而1%受益的现状——他们举起了"我们都是99%"的抗议标语。精英主义已经成为一个神话,对特权阶级来说是一种安慰,对非特权阶级来说是一种幻觉。神话创造了不存在的事实(你可以成为你想成为的人),否定了存在的事实(一个贫困的孩子进入

---

① 厄尔·怀松等:《新阶级社会:美国梦的终结?》,张海东等译,北京:社会科学文献出版社,2019年,第30—31页。
② 据美国劳工部统计局预测,由于2010—2020年本科毕业生的增长和替代需求,总计有856.2万个工作岗位空缺,但这十年间,美国大学和学院每年有约160万个学士学位毕业生(整个十年将会产生1600万名大学毕业生),每年造成大量的剩余毕业生。如果每年有15万大学生进入研究生或专业课程,超额的数量仍有59.4万,未来十年,直接进入职业生涯的机会非常有限。参见厄尔·怀松等:《新阶级社会:美国梦的终结?》,张海东等译,北京:社会科学文献出版社,2019年,第94页。

特权阶级的机会非常渺茫)。① 正如帕特南所言:穷孩子的教育红利是一种幻想,他们努力拼搏,却只是为了赶上一道不断下行的自动扶梯。②

社会流动的"阶梯"已经蜕变为两部并行的自动扶梯,一部向上,另一部向下,教育的选择极为严峻与残酷。在双钻石的结构中,或者高居自动上行的扶梯前端,头顶光环,如鱼得水;或者使出全力,跻身上行扶梯,却时刻防止下滑,或被残酷地甩出;或者在自动下行的扶梯的上端,所有的努力,不过是避免跌落得太惨;或者干脆不做任何挣扎。

两轨自动扶梯的背后是教育的双轨制,从能力分组、课程选择、课外活动、SAT成绩、学生之间的竞争等学校内部的分层竞争,移步为家长主导的不同学校的分轨,最终完成于为特权服务的双层教育体系③:私立学校—常春藤学校—顶级专业—起薪六位数—特权阶层④;或滑入资源匮乏的城市或乡村高中—非精英学院或大学,再不得不走入脏的、充满不确定的临时工作环境中。而轨道的体制性已经从家庭的庇护变成制度性庇护,精英家庭、名牌学校、顶级公司之间环环庇护,建立了信任的契约,跳起了声誉游戏的探戈,社会闭环已经完成:具有相同资格者在群体内部展开的个体竞争。资格的门槛再次被竖起,却不再是个体的智商与努力,而是家长的财力与见识,科南特的民主时代的大众精英重新回到世袭——聪明人的后代——不仅是财力,也靠智力,更靠对规则的熟悉。

---

① 厄尔·怀松等:《新阶级社会:美国梦的终结?》,张海东等译,北京:社会科学文献出版社,2019年,第221页。
② 罗伯特·帕特南:《我们的孩子》,田雷等译,北京:中国政法大学出版社,2017年,第209页。
③ 厄尔·怀松等:《新阶级社会:美国梦的终结?》,张海东等译,北京:社会科学文献出版社,2019年,第234页。
④ 劳伦·A.里韦拉:《出身:不平等的选拔与精英的自我复制》,江涛等译,桂林:广西师范大学出版社,2019年。

在孩子的成长中,"直升机式父母"出场了①,他们盘旋在空中,既如"教练"一般时时督导,监控施压;也如"规划师"一般,灵活调整方向,提供资源保障。他们不仅深谙"守门人"的标准,甚至能左右"优秀"的内涵与"杰出"的指标,即"量化的美德"——在大学申请表上高光的履历、炫酷的活动。精英治理中的 merit 绝非客观中立的指标,而是由精英群体所定义的,是他们在特定的社会情境中,对什么有价值、什么值得奖赏的认定。merit——有时是智商与成绩,有时是体育与个性,有时是素质与绩效,不同的内涵既塑造一套权力关系,又被这种权力关系所塑造。丹尼尔·马科维兹(Daniel Markovits)直接指出:这不过是一种意识形态的骗术,被创造出来给一种不公平的利益分配进行洗白。② 教育与学校不过是为特权阶层提供满意服务的代理人,真正的守门人、教练乃至裁判正是这些来自精英阶层的家长们。

"世袭的聪明人"能更好地治理社会,更好地管理自己吗?2001 年,《纽约时报》的专栏作家大卫·布鲁克斯(David Brooks)聚焦普林斯顿案例后,用"体制青年"③来描述普林斯顿大学学生的特征:从小就生活在复杂的排名、严苛的激励体制之中,目标导向是他们行为典型的特征,学习、跑步健身、戏剧小组、社区服务、创办学生社团——无论什么活动,参加的目的都不是活动本身,而是达成其他目的的手段。

2014 年,在常春藤名校浸泡了 24 年,在耶鲁任教 10 年的威廉·德雷谢维奇(William Deresiewiez)出版《优秀的绵羊》④一书,认为:精英教育系统培养出来的年轻人大都聪明,富有天分,而且斗志昂扬,但同时又充满焦虑,胆小怕事,对未来一片茫然,又极度缺乏好奇心和目标感——

---

① 威廉·德雷谢维奇:《优秀的绵羊》,林杰译,北京:九州出版社,2016 年。
② Daniel Markovits, *The Meritocracy Trap: How America's Foundational Myth Feeds Inequality, Dismantles the Middle Class, and Devours the Elite*, London: Penguin Press, 2019;也见劳伦·A.里韦拉:《出身:不平等的选拔与精英的自我复制》,江涛等译,桂林:广西师范大学出版社,第 10—11 页。
③ David Brooks, "The Organization Kid", *The Atlantic* (Apr. 2001).
④ 威廉·德雷谢维奇:《优秀的绵羊》,林杰译,北京:九州出版社,2016 年。

他们被包裹在一个巨大的特权泡泡里,所有人都在老实巴交地向着同一个方向前进;他们非常善于解决手头的问题,但却不知道为什么要解决这些问题;他们虽有超强的大脑,却严重缺乏对自己的洞察力;他们表现出对成功和成就有一种被压迫性的追求,实质心理动机却源自恐惧——害怕失败。

假若科南特"回到"半个世纪后的校园,坚持精英教育的他会尴尬地发现:"哈佛是难——但并不是大多数人所说的那个意义上的难。被哈佛录取是艰难的;跟数千个才华横溢、充满动力的年轻人竞争荣誉和职位是艰难的;在课外活动的竞技中保持头脑冷静是艰难的;在社交漩涡里保持心灵完整是艰难的;当大学即将结束时,竞争法学院的名额和投资银行的职位是艰难的……是的,所有这一切都很难。但是,学业上并不难,学业是容易的。"①

科南特所强调的学业为什么会是容易的?因为学生来到这里,并不仅是为了学习,甚至不是为了成长,而是为了成功,美国的精英大学已经逐渐抛弃了"教育"——educere(引导出)的功能,它更像一条工厂流水线,为广阔的世界生产未来的银行家、律师、政治家。教室只是给履历表上添加内容的机会之一,他们必须在那里搜罗必要的分数以及必要的推荐信,以便将自己送到生活中的下一站。他们必须聪明地学习,而非刻苦、踏实地学习,如何创造性地偷懒,逃避学术劳动方面的精力。聪明人想方设法以最小的努力来获取最高的分数。今日哈佛的容易,是因为几乎没有任何人抵制这种学术标准降低的现象,分数膨胀之后,既有学术标准对精英尊严的维护,也有在学术资本主义之下教授们的妥协及学术权力的让步。②

在"聪明人"的另一面,严苛竞争下是教育市场中的消费主义热潮以

---

① 罗斯·多塞特:《特权:哈佛与统治阶层的教育》,珍栎译,北京:生活·读书·新知三联书店,2014年,第137页。
② 罗斯·多塞特:《特权:哈佛与统治阶层的教育》,珍栎译,北京:生活·读书·新知三联书店,2014年,第108—137页。

及民主时代盛行的反智主义。在"欢迎光临"的客户友好体验中,"孩子被宠到根本不去想是不是自己蠢"——学校教育有两个典型潜规则:其一,学生不能不及格;其二,如果学生的成绩是 D 或 F,那一定是教师没教好。① 孩子们常把老师的纠错当作一种侮辱,名不副实的夸赞和徒有其表的成功让学生养成一种脆弱、不堪一击的傲慢,自尊自负又进一步侵蚀了学习能力,长期灌输下对成功的错觉和对知识的过度自信一直跟随他们到成年。

大学不再是通往智识成熟的道路,而是投资与经营,是消费与延缓,是推迟步入社会的缓兵之计,是追逐学历的仓鼠转轮中的越来越高的债务。② ——精英阶层以及想象中的精英阶层早已"上钩",而这一切正是缔造精英阶层的"精英治理"机制一手布下的"陷阱":我们这个精英阶级(the meritocratic class)已经熟练地掌握了以牺牲别人的孩子为代价来巩固财富和传递特权的旧伎俩。在我们这个时代财富集中的过程中,我们并非无辜的旁观者,我们是一个慢性扼杀经济、破坏美国政治稳定和侵蚀民主的过程中的主要帮凶。精英主义的幻觉让我们意识不到我们这个新阶层的出现所代表的问题的实质。我们倾向于认为我们成功的受害者只是那些被挡在俱乐部门外的人,但历史很清楚地告诉我们,在我们玩的这场游戏中,到最后不会有一个赢家。③

撕裂的声音早就从教室的深处响起,各方力量不过是用更热闹、更响亮的噪声不断试图遮盖;在众声喧哗中,这沉闷的声音越来越急促:

---

① 托马斯·M. 尼科尔斯:《专家之死:反智主义的盛行及其影响》,舒琦译,北京:中信出版社,2019 年,第 86 页。
② 托马斯·M. 尼科尔斯:《专家之死:反智主义的盛行及其影响》,舒琦译,北京:中信出版社,2019 年,第 77—112 页。
③ Matthew Stewart, "The 9.9 Percent is the New American Aristocracy", *The Altantic* (Jun. 2018), https://theatin. tc/2GmRqEw;中译本参见马修·斯图尔特:《我们是美国的新贵族》,张海云等译, https://mp. weixin. qq. com/s/ZfsMWrEJfPfculGDtHqrLg。

超出四分之三的美国人……说他们相信美国梦。

这就是为什么他们称之为美国梦,你只有睡着时才能相信它。①

准确地说,只有不愿意醒的人,才相信有梦。

## 六、结语

2034年,大众起来造反了。领导人却是科学家们的夫人们,她们婚后,出于培育高智商孩子的需要而潜心家务。他们的口号是:生活不能由"数学方法"来治理,这场运动斗争的目标是一切人平等,建立无阶级的社会。过了半个多世纪,精英治理结束。

——迈克尔·杨:《精英治理的崛起:1870—2033》(1961年)

杨不仅杜撰了这一怪诞的乌托邦,他还给自己安排了死亡:在一场低智商暴民所发动的血腥起义中遇害。精英治理所带来的巨大经济成就,将被其所导致的更大的社会不公所湮灭。②

精英原本分散于社会各个阶层与群体,因而每个阶层与团体都有自己的自然领袖。"精英治理"将全社会的高智商者集中起来,构成一个精英集团,他们凌驾于芸芸众生之上,准确地说,悬浮于碎片化的社会群体之上。精英治理用向上的"阶梯"抽干了各个群体最有活力与健康的部分,在社会群体失去自身的领袖而解体的同时,精英失去了他的支持者与生长根基,他不过是一个持续的竞争中竭尽全力地"出人头地"的暂时

---

① 厄尔·怀松等:《新阶级社会:美国梦的终结?》,张海东等译,北京:社会科学文献出版社,2019年,第3页。
② 尼古拉斯·莱曼:《美国式"高考":标准化考试与美国社会的贤能政治》,戴一飞等译,北京:北京大学出版社,2018年,第151页。

"获胜者"。

在聪明人所信奉的筛选法则下,新的穷人出现了,他被预设为具有同样弱点的父母所生的,作为低智商的低能儿,他们不能自由地竞争,甚至难以胜任普通的工作。传统穷人向往有更好的经济和社会地位,但缺乏机会;新的穷人因为看不到出路,缺乏长远改善的期待,他们没有能力或者不愿意去利用机会,产生了一种依赖性贫困文化。他们被批评为:穷人的道德被福利败坏了,出现了消耗上层社会的能量、精神和财力的新的"下层阶级"。在新穷人那里,教育并不是一条走出贫困的道路,而是一条让他们感到自卑的道路。①

聪明人真能世袭吗?激烈的竞争确保每一代人都清零,机会均等才能在同一条起跑线赛跑,精英治理要求每一代人都有精英人物的更替,这种更迭除了延续精英本人的专长、"出人头地"的意志、赛道逻辑的精通之外,共同文化少之又少——人与人之间自然连带、代与代之间的传承均被侵蚀。美国人普遍相信,政治不平等比经济不平等更可怕,代际之间的不平等比一代人之内的不平等更恶劣。疏离与冷漠腐蚀美国可贵的"共同体"传统,人人都变成原子化的个体,整个社会如同消极被动的一盘散沙。阿伦特(Hannah Arendt)在《极权主义的起源》中指出,群众人的主要特征并不是野蛮或落后,而是他的孤立,缺乏任何正常的社会关系。这些无门走入正式或非正式的集体生活的人,也最容易被极端的意识形态所操纵,一夜之间歇斯底里。②

本文聚焦于平等与卓越这对张力,检讨教育改革的内外限度。借助美国教育史"杰斐逊主义与杰克逊主义之争",力图还原历史现场中的思想、人物与争论。从教育平等的内在限度起步,杰斐逊主义强调教育的平等仅限于消除人为的、偶然的、外在的差异,而承认且尊重内在差异,

---

① 韦恩·厄本等:《美国教育:一部历史档案》,谢爱磊等译,北京:中国人民大学出版社,2008年,第448页;菲利普·布朗等:《资本主义与社会进步:经济全球化及人类社会未来》,刘榜离等译,北京:中国社会科学出版社,2006年,第200页。
② 罗伯特·帕特南:《我们的孩子》,田雷等译,北京:中国政法大学出版社,2017年,第268—269页。

精英教育所寻找且培养的是各阶层之中的"自然贵族",它既指"从垃圾中耙出金疙瘩",也指"将有钱人的傻儿子扔出去"。教育中的杰斐逊主义的平等承认且培植卓越,它秉持着正义的原则——人尽其才,各得其所。杰克逊主义力主教育可以铲除一切人为不平等与先天不平等,在教育万能论之后是激进的、过度的平等主义,恰如科南特所言,将瘸子培养成运动员是不切实际的教育平等梦。在境况平等与结果平等的臆想中,教育逐渐被工具化,去缓解社会冲突与处理政治难题,激进平等的代价是丧失卓越,表现为进步教育中的"儿童中心",民权运动中的"肯定性行动",以及教育市场化后的"用户友好"的消费主义,不断地将教育推向"荒地"——在追求平等的美国梦中,教育被寄予无限的期待,也正是这热望,导致"不断的、单方面的教育裁军",数量的不断扩张后是质量的平庸。

在民主社会中,如何证明自身"卓越"?这是杰斐逊的后继者们不断面临的挑战,用自然贵族更迭门第与出身,用科技英才削弱财富世袭。机会均等原则旨在兼顾平等与卓越,它激进地废除了继承法,将所有人拉到了同一条起跑线。在激烈的竞争中,能证明自己的天赋、能力与德性者脱颖而出,这是美国梦所崇尚的自我奋斗——机会均等既滋生自我奋斗,又限制个人成就。

机会均等与个人主义借助竞争这一金刚砂轮,既淬炼真金,激活社会才智,又用细密而模糊的分层、大面积的社会流动以消解不平等所导致的怨恨与冲突。然而,教育制度从来不是政治理念的抽象演绎,也不是精巧的实验室设计,它在回应具体问题中妥协、修补且困顿。教育平等与卓越这对张力同样置身于美国的政治经济文化结构中,面临着经济垄断与政治民主的深刻矛盾,它既要加热,平等的诉求将教育机会不断扩大到更多的群体,更要冷却,学校系统在提拔少数有才能者的同时,更要使大多数人甘于且安于接受资本主义经济不平等的结构,以确保资本垄断的利益。这一矛盾贯穿于美国教育的三波浪潮:民众公共教育源于工厂劳动所需要培养合格的雇佣工人,进步教育运动中中学的兴起、中等教育的普及源于公司资本对中层雇佣的要求,而 20 世纪 60 年代以后高等教育的大众化与白领无产阶级化密切相关。①

晚近资本主义的政治动力学却发生了逆转,全球资本主义经济要求高竞争与创新活力,而政治的稳定却要限制个人自主能力的扩大;在随之而来的教育市场化进程中,家长主义用财力与选择,将家庭的庇护延展至制度性的庇护,新的社会闭环形成。

共和时期致力教育平等、社会团结的教育,民主社会追求机会均等、自由竞争教育,何以一步步陷入此困局? 教育不是困局的症结所在,教育或许是解决问题的手段所倚,因此,它被寄望为政治理想的钥匙、经济利润的推手、机会均等的门栓、社会流动的阶梯——唯其如此,问题的解决者变成了麻烦的制造者,多数时候,被政治、经济绑架的教育改革,不过是往沸腾的热水锅里,再掺些许冷水:或者延迟矛盾,或者转移矛盾。

回到托克维尔的疑问,美国社会中的宗教的情感、互助的精神减缓了普及教育带来的危害。然而,美国民主已经逐渐失去了其宝贵的"例外",今天它是毫无例外的现代社会。本文所揭示的也正是现代社会与现代教育的困难。

1951 年钱穆专题谈论"中国历史上的教育"时指出,现代中国教育的失败在于:在教育的框架下应有宗教教育、国民教育(国家教育)以及个人自由的教育(知识与职业的教育)。如果缺失了信仰教育,国家教育又没有尽其应有的职责,便成了一种个人主义自由竞争的机会教育在鼓荡,成了一种赛跑式的教育:

> 借了国家教育的机会,爬上他们个人自由教育的前程,趋向求知识谋职业的道路去各自奔竞。如是则使人生只有斗争,只有分离。而社会上也只有聪明强壮的成功,不管愚笨病弱的失

---

① 鲍尔斯、金蒂斯:《美国:经济生活与教育改革》,王佩雄等译,上海:上海教育出版社,1990 年,第 225—362 页。

败。尽他们的痛苦、怨恨、忌刻和反抗,教育是不负责任的。于是中国的现代教育,不仅不见有成效,还更发生了许多反作用。①

这启示我们,在谈教育平等时,要认识到宽松教育可能带来的平庸;在谈机会均等时,要认识到自由竞争的残酷;在谈卓越人才培养时,也要清楚更有可能被竞争后的拔尖所架空;在谈教育选择时,要认识到多元选择背后隐含的社会分化甚至分裂。

当"办人民满意的教育"成为国家的教育宗旨时,更要清楚教育中国家的作用绝不仅是教育消费的供货商;在教育沦为家长主导、各利益群体博弈的战场时,国家应谨慎调和平等与卓越的张力,还原教育的根本。

---

① 钱穆:《中国历史的精神》,北京:九州出版社,2012年,第91页。

## The Tension between Equality and Excellence: Education in the Transitional American Society

Liu Yunshan

**Abstract:** The tension between equality and excellence runs through the historical transformation of American society since modern times. This paper takes "the dispute between Jeffersonianism and Jacksonianism" as the clue, which has a far-reaching influence on education, then traces the rise and fall of the "American dream" and explores the role and function of education in this historical process. Study found that the universal education implements the idea and vision of the republic and aims to lay the foundation of freedom and equality in individuals, however, the desire of meritocracy in social governance reflects the spirit of the capitalist efficiency. With the development and change of American society, the aspiration of the political democracy and the appeal of economic monopoly intertwined in the cultivation of the "man" and revealed different historical appearance. We have seen that equality of opportunity and individualism in a democratic society have led to an upward self-struggle, as well as a fierce competition and elimination mechanism. In the present condition, the upward trend of whole society is slowing down, and the inequality of wealth distribution solidified through inter-generational transmission. The Labour market has tougher criteria of "talent", the strong intervention of family capital makes the social ladder to higher class that rely on education become increasingly impossible.

**Keywords:** educational equality, equal opportunity, educational selection, meritocracy, ideology of parentocracy

# 规模红利还是公共服务?*
## ——中国城市治理进程及其演进机制

何艳玲**

**摘要：**依据规模红利与公共服务这两个维度，可以对中国城市治理进程及其演进进行分析。是规模红利还是公共服务主导了这一进程？在这两个维度的相互交织下，中国城市治理表现出五个阶段的持续变迁，并形成了相对清晰的三大进程，即规模红利先行，规模红利优先同时兼顾公共服务，规模红利与公共服务并重。一方面，规模红利与公共服务作为城市发展的双重目标，根源于国家治理的经济增长和维持稳定这一双重目标，同时又因其内在冲突性而影响着城市治理及各类城市问题。另一方面，承载国家目标的城市治理会对国家治理产生反向影响，即要求国家在治理层面予以回应，完善风险资源配置和以市民权为核心的权利配置。

**关键词：**城市治理　国家治理　规模红利　公共服务

　　城市既是了解中国特色社会主义制度的重要场景，也是解释中国经济增长奇迹的关键机制。2015年12月，中央城市工作会议在北京举

---

\* 本文系国家社科基金重大项目"中国改革开放创造的治理经验及政府理论提升研究"（项目编号：19ZDA125）、国家自然科学基金面上项目"抱怨群体的用户画像及其在复杂社会治理中的应用"（项目编号：71974216）的阶段性研究成果。赵俊源博士、周寒博士和宋锴业博士是本文研究团队的主要成员，感谢他们的工作。

\*\* 何艳玲，中国人民大学公共管理学院教授。

行,会议不仅奠定了中国城市管理向城市治理转型的基调,也确认了城市治理在国家治理体系中的重要地位。在中国城市治理历程中,两个核心维度——规模红利和公共服务,相互交织、更迭和替换,成为中国城市治理进程演进的关键。

## 一、两种研究脉络:"在城市的治理"与"属于城市的治理"

在众多城市治理研究中,存在两条不同的脉络。

第一是"在城市的治理"。它将城市当作场景和地方,城市治理即"地方治理",是国家治理体系的一部分。相应研究大多关注构成地方治理体系的城市政府如何运作和回应国家治理的各种需求。改革开放以来,特别是分税制改革以后,城市政府被视为追求土地财政收益、经济增长和晋升激励最大化的组织,许多理论描绘出城市政府作为地方政府是如何实现这些目标的。代表性观点有地方法团主义[1]、地方政府即厂商[2]、村镇政府即公司[3]、地方发展型政府[4],等等。2004年,十六届四中全会提出了"构建社会主义和谐社会"的目标,同时,官员问责制度不断完善,使得城市政府的目标不完全以土地财政、经济绩效为中心,而是具

---

[1] Jean C. Oi, "Fiscal Reform and the Economic Foundations of Local State Corporatism in China", *World Politics*, Vol. 45, No. 1 (1992), pp. 99 – 126; Nan Lin, "Local Market Socialism: Local Corporatism in Action in Rural China", *Theory & Society*, Vol. 24, No. 3 (1995), pp. 301 – 354.

[2] Andrew G. Walder, "Local Governments as Industrial Firms: An Organizational Analysis of China's Transitional Economy", *American Journal of Sociology*, Vol. 101, No. 2 (1995), pp. 261 – 301.

[3] Peng Yusheng, "Chinese Villages and Townships as Industrial Corporations: Ownership, Governance, and Market Discipline", *American Journal of Sociology*, Vol. 106, No. 5 (2001), pp. 1338 – 1370.

[4] 郁建兴、高翔:《地方发展型政府的行为逻辑及制度基础》,《中国社会科学》2012年第5期。

有"风险规避"的特质①,即以"不出事"和社会稳定作为主要标尺②。城市政府开始注重公共服务职能,回应并满足日益增长的公共服务需求。③ 在此背景下,很多研究指出城市治理的不足及转型方向,提出构建社会取向型政府、回应型政府等。④

总体而言,上述研究呈现了城市政府的施政重点经历了从促进经济增长,到保持社会稳定,再到回应社会与民众诉求的过程,并从政府角色、职能转变、行为策略等方面构建城市治理的中国经验。⑤ 这些讨论集中在作为地方政府的城市政府如何处理与社会、市场的关系,以及这种关系下的治理目标、治理方案和协作过程等方面。⑥ 而多数时候,城市只是作为场景,城市本身的特质并没有被区分出来。这就使得城市治理仅仅被界定为作为地方政府在处理某一特定场域时的事务。在"在城市的治理"的研究中,城市政府与城市本身的关系并没有被充分讨论。而事实上,城市性(城市特质)构成了城市治理的限定性条件。

第二是"属于城市的治理"。这一研究脉络主要聚焦于城市性,回答城市性如何被塑造及其产生的影响,并将城市化进程的特殊逻辑与其他社会进程进行区分。在此,城市被赋予了三层意义:其一,集聚是城市的本质,它要求生产要素与城市空间相互匹配。空间经济主义将城市视为生产要素的聚集场所,通过分享、匹配和学习三种机制,实现规模经

---

① 何艳玲、汪广龙:《不可退出的谈判——对中国科层组织"有效治理"现象的一种解释》,《管理世界》2012年第12期。
② 贺雪峰、刘岳:《基层治理中的"不出事逻辑"》,《学术研究》2010年第6期。
③ 蔡禾:《从统治到治理:中国城市化过程中的大城市社会管理》,《公共行政评论》2012年第6期。
④ 薛澜、李宇环:《走向国家治理现代化的政府职能转变——系统思维与改革取向》,《政治学研究》2014年第5期;李琼、吴姿怡:《政策抗争中地方政府风险收益与回应选择逻辑研究——基于三个地方政策抗争案例的比较分析》,《公共管理学报》2019年第3期。
⑤ 彭勃:《从"抓亮点"到"补短板"——整体性城市治理的障碍与路径》,《社会科学》2017年第1期。
⑥ 徐顽强、王文彬:《建国七十年来我国城市治理变迁、经验与未来走向》,《西南民族大学学报(人文社会科学版)》2019年第8期。

济。① 其二,新自由主义城市理论将城市视为资本流动和剩余利润的生产场所,城市与资本不仅高度契合,还重构了资本循环过程,成为消耗资本剩余的重要场所。② 同时,不变性(spatial fixity)的城市空间可以转变为可流动的资产,以此获取租金利润。③ 全球化促使发展中国家卷入到全球资本的流动中,进而影响其城市建设和城市发展战略。④ 其三,新马克思主义城市理论将城市定位为劳动再生产的场所,按照桑德斯(Peter Saunders)的观点,"城市系统的特殊功能在于劳动力再生产"⑤。资本的流动性让企业摆脱了地方性限制,城市不再是生产中心,而是劳动力的聚集中心。城市发展的关键不在于劳动力的生产,而在于劳动力的消费。这种消费形式不只是劳动者的个人消费,还有由国家和城市政府才能提供的公共服务和集体消费品,如住房、教育、医院、社会保障、基础设施等,从而实现劳动力的再生产。⑥ 斯科特(Allen J. Scott)等人提出,城市土地关系(urban land nexus)是理解城市本质的核心,城市土地关系实际上是一系列土地开发活动,这导致空间的分异、极化以及空间"马赛克",并折射到城市生产和生活中。⑦ 生产、生活以及流通空间共同构成城市空间的基本类型。也有人认为城市不应停留在增长维度

---

① Gilles Duranton, Diego Puga, "Micro-Foundations of Urban Agglomeration Economies", *Handbook of Regional and Urban Economics*, Vol. 4 (2004), pp. 2063 - 2117.
② David Harvey, *Spaces of Capital: Towards A Critical Geography*, Edinburgh: Edinburgh University Press, 2001, pp. 237 - 248.
③ Kevin Fox Gotham, "Creating Liquidity out of Spatial Fixity: The Secondary Circuit of Capital and the Subprime Mortgage Crisis", *International Journal of Urban and Regional Research*, Vol. 33, No. 2 (2009), pp. 355 - 371; Shen Jie, Wu Fulong, "The Suburb as a Space of Capital Accumulation: The Development of New Towns in Shanghai, China", *Antipode*, Vol. 49, No. 3 (2017), pp. 761 - 780.
④ Ted Rutland, "The Financialization of Urban Redevelopment", *Geography Compass*, Vol. 4, No. 8 (2010), pp. 1167 - 1178.
⑤ Peter Saunders, *Social Theory and the Urban Question*, London & New York: Routledge, 1983, p. 131.
⑥ Manuel Castells, *The Urban Question: A Marxist Approach*, London: Edward Arnold Ltd., 1977, pp. 39 - 49.
⑦ Allen J. Scott, Michael Storper, "The Nature of Cities: The Scope and Limits of Urban Theory", *International Journal of Urban and Regional Research*, Vol. 39, No. 1 (2015), pp. 1 - 15.

上,而且还要扩展到社会和文化维度。因为,城市是由不同区域功能联接并实现系统运作的[①],随着交通以及信息技术的发展,跨国别的经济往来变得日益密切,城市充当着外部连接的节点枢纽。基于本国、本民族、自身文化信仰的差异将会越来越多地反作用于城市经济合作,需要从文化维度来理解城市间的差异并划分全球城市的类型。[②] 总之,城市本质上是承载着社会生产、交换、消费及城市文化的地理空间,政府则通过城市空间来提供集体消费品和公共服务,确保社会稳定并实现社会再生产。

基于这三种含义,城市治理面临的问题有所不同:第一,城市作为生产要素聚集的场所,当生产要素的聚集与城市规模不匹配时,会造成资源配置低效率。[③] 第二,城市作为资本流动的场所,资本积累不仅产生生产剩余,也导致了城市不均衡发展。因为,资本的空间流动产生剩余利润和超额地租,而租金收益最大化所导致的士绅化(gentrification)成为一种全球现象[④],城市原住民外迁以及城市劳动者职住分离都是这种现象的集中体现[⑤]。一旦经济危机引发的城市危机扩展到生活领域,贫民和弱势群体将面临破产甚至是无家可归的困境。第三,城市作为劳动再生产的场所,生产逐利性与再生产分配性之间的紧张关系使得城市矛盾凸显。由于政府提供的集体消费品和公共服务是实现再生产的基础,公共服务一旦出现偏差,就会导致城市社会的空间不平等。由此产生的社会分化导致城市空间分层,这种空间分层又会反作用于城市社会,导

---

[①] Neil Brenner, Christian Schmid, "Towards a New Epistemology of the Urban?", *City*, Vol. 19, No. 2 (2015), pp. 151-182.
[②] Jennifer Robinson, "Cities in a World of Cities: The Comparative Gesture", *International Journal of Urban and Regional Research*, Vol. 35, No. 1 (2011), pp. 1-23.
[③] 陆铭、陈钊:《在集聚中走向平衡——城乡和区域协调发展的"第三条道路"》,《世界经济》2008年第8期;韩立彬、陆铭:《向空间要效率——城市、区域和国家发展的土地政策》,《城市治理研究》2017年第1期。
[④] Neil Smith, "Gentrification and the Rent Gap", *Annals of the Association of American Geographers*, Vol. 77, No. 3 (1987), pp. 462-465.
[⑤] 郑思齐等:《城市空间失配与交通拥堵——对北京市"职住失衡"和公共服务过度集中的实证研究》,《经济体制改革》2016年第3期。

致城市社会不稳定。

可以认为,这些研究从不同角度探讨了城市性的意义及影响。本文将沿着第二条脉络继续推进,并基于城市性来梳理城市治理的演进。从城市性出发,城市被定位为生产要素集聚、资本流动的场所和劳动再生产场所,集聚、生产与消费、再生产是城市性的正反两面,形成了两个对于城市治理而言非常重要的概念。其一,城市的集聚和生产形成了规模红利。它包含三层含义:与人口红利、技术红利、资本红利不同,它是基于城市性产生的,即只有当人口、技术、资本等要素在城市中相互作用,才能形成规模红利。同时,在中国场景下,城市规模红利是由国家任务和政府政策建构起来的。规模红利包括生产要素集聚形成的规模效应,土地资本化所形成的资产增值,城市功能区分形成的级差地租,城市消费形成的经济循环;参与城市建设的主体获得的规模红利有所不同,政府从中获得财政收入、经济增长、社会稳定,企业从中获得经营利润、资产增值,城市居民从中获得收入增长。其二,城市的消费和再生产指向公共服务,即由于人口集聚导致城市公共服务不足,特别是公共服务的拥挤问题,如交通拥挤、教育学位不足、住房紧缺等。① 总之,规模红利和公共服务是城市最重要的特质。城市治理的内在矛盾,正是通过规模红利获得与公共服务供给表现出来,这两种要素交织在一起,推动城市治理不断变革。

基于此,本文对"城市治理"的界定是:以政府为主体并协同其他主体,共同回应基于城市性而产生的各类公共问题的过程与机制。在这些公共问题中,公共服务,特别是拥挤性公共服务的供给是一个突出问题;但对中国来说,发展型国家的本质意味着规模红利同样是重要的问题。为此,本文着重完成两个任务:一是围绕规模红利与公共服务的双维互构,讨论城市治理演进的基本轨迹,探讨其对新中国成立以来城市治理的影响,以期对城市治理的支配性机制进行阐释;二是从国家治理的角

---

① 踪家峰、林宗建:《中国城市化 70 年的回顾与反思》,《经济问题》2019 年第 9 期。

度推进中国城市治理逻辑的解释,在此基础上阐述城市治理与国家治理的相互联系,进一步锚定并深化中国城市治理研究的内涵。

## 二、城市功能的确认与中国城市治理发展阶段

根据规模红利与公共服务这两个维度,可以将中国城市治理进程划分为五个阶段。在每个阶段,城市功能不断被确认,使得规模红利获得与公共服务供给交替倚重,不仅塑造了不同阶段城市治理的重点议题,更塑造了城市发展动力。

### (一)小城镇建设与乡镇企业发展:城市作为工业化容器

新中国成立初期,首要任务是从落后农业国变为先进工业国,实现国家工业化。城市被视为工业生产的容器而被纳入到社会主义工业生产体系中,并进行了相应改造。其一,城市被改造成为工业项目的载体。一五计划期间,苏联援建工业项目被分布在以沈阳为中心的东北地区、以北京为中心的华北地区和以武汉为中心的华中地区。为了配合这些援建项目,邻近的城市开始建设重点工程项目。为了满足工业生产,在自然资源丰富的地区新建或扩建功能单一的资源型城市,也奠定了新中国的工业基础。其二,城市被改造成为社会主义生产组织的载体,即城市单位制。单位制是生产功能、动员功能、行政管理功能高度统一的社会组织形式,它通过中央和地方政府的行政指令进行生产并分配公共服务。

这一期间,国家和中央实施了一系列城市政策。1955年,国家建委召开工业布局与城市建设座谈会,提出"发展中小城市,不发展大城市"。特别是1962年9月和1963年10月,中共中央、国务院分别召开了两次全国城市工作会议,针对城市人口规模扩大、城市化率提升的现象,提出"城乡人口必须保持合理比例的原则,减少了过多的职工和城镇人口"和"继续严格控制城市人口。在今后相当长的时间内,城市一般不

要从农村招工"。一系列"反城市化政策"限制着城镇人口规模和城市数量,为社会主义工业化建设积累了生产剩余。

改革开放之初,社队企业和乡镇企业逐渐兴起。为了激发经济活力,小城市(镇)发展便成为这一时期城市建设的主要形式。1979年,十一届四中全会通过《中共中央关于加快农业发展若干问题的决定》,明确"有计划地发展小城镇建设和加强城市对农村的支援"。1984年,国务院颁布《城市规划条例》以法律形式明确了乡镇的建设原则,如统一规划、合理布局、节约用地、适当集中、控制分散等。小城市(镇)发展模式促进农村剩余劳动力就近就业,"离土不离乡,进厂不进城"①,不仅促进乡镇企业发展,也为农村工业化、就地城市化创造条件。在1979—1998年间,中国小城市(镇)数量从2000多个迅速增长到1.8万个,中小城市从153座增长到583座。② 这一阶段的城市发展目标是实现城市工业生产与城市人口规模的最优平衡,这就需要对城市的数量、规模、人口进行控制,一方面限制大城市规模和数量,减少城市消费和公共服务,另一方面又要保持一定比例的中小城市,使其成为大城市与乡村"中转站",以缓解人口流动的压力。

## (二)城市经营与土地开发:城市作为增长机制

随着市场化改革深入,经济增长的场所从乡镇转向城市,标志性事件是1978年3月国务院召开的第三次全国城市工作会议。会议明确指出:"城市是我国经济、政治、科学、技术、文化、教育的中心,在社会主义现代化建设中起着主导作用。城市建设是形成和完善城市多种功能、发挥城市中心作用的基础性工作。"同时,行政分权改革和分税制改革促使城市政府角色发生转变。政府从国家企业家主义转向地方企业家主义,从"经营企业"转向"经营城市"。土地是政府经营城市的重要资源,也

---

① 夏柱智、贺雪峰:《半工半耕与中国渐进城镇化模式》,《中国社会科学》2017年第12期。
② 王小鲁:《中国城市化路径与城市规模的经济学分析》,《经济研究》2010年第10期。

是财政收入的主要来源,土地制度变革是城市从工业生产容器转向经济增长机制的第一步。

其一,土地有偿使用及"招拍挂"制度使得土地变成可交易、可流动的商品。政府在土地开发中获得土地出让金,而农民在土地开发中获得地租收入,激发了政府和村集体企业的积极性。1997—2000年,中国城镇建设年均征用土地456平方千米,2001年后征用规模急剧增加,2001—2010年间总征用土地达1.6097万平方千米。① 其二,城市土地的功能从提供工业生产转变为促进生产要素集聚。在计划经济时期,城市基础设施建设和空间规划目标在于生产尽可能多的工业产品。市场化改革以后,城市基础设施的建设和空间规划旨在满足生产要素的优化配置。为了促进资金、原材料、人口的集聚,城市建设以道路交通、港口码头、工业园区为主。其三,行政分权改革和分税制改革促使城市政府在经济发展中发挥更为主动的作用,加之经济增长成为官员晋升的重要依据,政府通过提供具有竞争力的税收优惠和土地政策来招商引资,形成"城市创业精神"。②

这些转变说明,土地对于政府和地方经济尤为重要,而城市自身的地理环境和自然资源禀赋同样塑造了城市的比较优势。为了实现经济增长,中央通过行政赋权和区划调整来实现公共资源与城市的匹配。其一,确定城市的行政等级。1989年,全国人大常委会通过《中华人民共和国城市规划法》,按市区和近郊区非农业人口数量将城市规模等级划分为大城市(50万以上)、中等城市(20万—50万)、小城市(20万以下)三级。1995年,中央机构编制委员会印发《关于副省级市若干问题的意见》,将原14个计划单列市③及济南、杭州列入副省级市。大连、青岛、

---

① 张平、刘霞辉:《城市化、财政扩张与经济增长》,《经济研究》2011年第11期。
② 尹来盛、冯邦彦:《从城市竞争到区域合作——兼论我国城市化地区治理体系的重构》,《经济体制改革》2014年第5期;何艳玲、李妮:《为创新而竞争——一种新的地方政府竞争机制》,《武汉大学学报(哲学社会科学版)》2017年第1期。
③ 原14个计划单列市为沈阳、大连、长春、哈尔滨、南京、宁波、厦门、青岛、武汉、广州、深圳、成都、重庆、西安。

宁波、厦门、深圳这些非省会计划单列市在被确定为副省级城市之后,仍保留计划单列资格,财政收支与中央挂钩,无须上缴省级财政。因此,不同级别的城市所控制的人口规模和资源不同。城市在政府行政序列中的等级越高,所掌握的公共资源越多,也更有能力招商引资并带动区域发展。其二,20世纪90年代末开始大规模的行政区划调整,如撤县设区、撤镇设街、成立经济特区和产业新城,等等。这两种改革的结果是创造了一批行政级别较高的城市,并通过空间重组来向外扩张,从而开启了以大城市为核心的城市发展阶段。在晋升竞争和经济增长的双重目标下,城市政府既要谋求自身行政级别的提升,提高其在行政序列中的地位,从而获得更多公共资源,还要通过行政区划调整来扩大城市规模,不断进行招商引资,建设基础设施,开发工业园区,开放人口流动。这一时期的城市治理目标是实现资金、技术、劳动力等生产要素在城市的集聚。

### (三)城乡发展不平衡与基本公共服务均等化:城乡统筹发展

资源向大城市倾斜的政策设计和规划安排实现了生产要素的集聚,但也会造成中小城市和城镇的收缩和衰落。特别是与大城市相比,城镇吸纳农村剩余劳动力的能力较弱,且乡镇企业因为规模较小、相对分散,无法形成规模优势。因此,偏重发展大城市的策略加深了城市发展差距,造成小城镇发展停滞甚至衰败。当小城镇无法成为联接大城市与乡村的节点,则又会加剧小城镇资源和人口流失,造成城市之间、城乡之间发展不平衡,既无法促进农村经济转型,也无法为城市工业和服务业提供新的发展空间。

自20世纪90年代开始,中央多次强调要缩小大城市与小城镇、城市与乡村之间的差距,构建新型城乡关系。1995年,国家体改委、建设部等部委制定《小城镇综合改革试点指导意见》,选择一批小城镇进行改革试点,完善小城镇政府的经济社会管理职能,深化规划改革,促进多元化投资等。1998年,十五届三中全会指出"发展小城镇,是带动农村经济和社会发展的一个大战略"。2000年,中共中央、国务院出台《关于促进小城镇健康发展的若干意见》,提出发展小城镇是实现我国农村现代化的必由之路,培育小城镇经济基础,完善小城镇的建设用地规划与使用,改革小城镇户籍管理制度,等等。①

中央不仅要实施城乡统筹发展战略,还指出了实现这一战略的路径,即公共服务均等化。2002年,十六大报告提出"统筹城乡经济社会发展"。2005年,十六届五中全会提出"按照公共服务均等化原则,加大对欠发达地区的支持力度"。2006年,十六届六中全会通过《中共中央关于构建社会主义和谐社会若干重大问题的决定》,将推进基本公共服务均等化纳入政府议程。2007年,十七大报告强调基本公共服务均等化对推动科学发展、社会和谐的重要意义。2012年,国务院发布《国家基本公共服务体系"十二五"规划》,明确城乡公共服务均等化的范围、对象、保障标准以及覆盖水平等。2013年,十八届三中全会提出"统筹城乡基础设施建设和社区建设,推进城乡基本公共服务均等化"。这一时期的城市治理目标是大城市与小城镇兼顾发展,既要确保大城市的经济增长,也要对过度发展大城市的负面影响进行纠偏,通过公共服务均等化来保障小城镇协同发展。

### (四) 城市极化与区域差异:区域全面协调发展

城市作为技术、人才、资源的集聚地,当大城市的溢出效应扩展至周边城市时,使得区域发展红利显现,并成为经济增长极。但不足在于,一旦城市之间的发展差异越来越大,会导致区域之间差异明显。② 为了弥补这种差异,中央采取了一系列政策措施。

其一,对欠发达地区进行大规模财政转移支付。例如,2000年中央

---

① 蓝志勇:《新中国成立70年来城市发展的进程与未来道路》,《福建师范大学学报(哲学社会科学版)》2019年第5期。
② 周岚等:《新时代大国空间治理的构想——刍议中国新型城镇化区域协调发展路径》,《城市规划》2018年第1期;陈进华:《中国城市风险化——空间与治理》,《中国社会科学》2017年第8期。

单独设立了民族地区转移支付政策,2005年中央财政出台"三奖一补"县乡奖补转移支付,2008年设立国家重点生态功能区转移支付,等等。这些一般性或专项性转移支付有力促进了区域协调发展。其二,在建设用地指标的分配上,对于欠发达地区更为宽松,并收紧东部沿海城市与中西部大城市的土地供应。其三,出台一系列关于区域协调发展的政策性文件。2013年,十八届三中全会强调"建立和完善跨区域城市发展协调机制"。十九大提出,要实施区域协调发展战略和乡村振兴战略。此外,深化户籍制度改革,促进劳动力跨区域流动。2014年,国务院印发《关于进一步推进户籍制度改革的意见》,提出全面放开建制镇和小城市落户限制、有序放开中等城市落户限制以及合理确定大城市落户条件等一系列政策。这一时期的城市治理目标是既要利用大城市集聚所产生的辐射效应,促进区域发展,但同时面对更大范围的区域发展差距,又要通过一系列的财政、产业、土地政策消解区域发展不平衡。

### (五)中心城市与新经济增长极:城市群作为国家战略

大城市对周边城市存在着吸纳与扩散的双重效应,城市蔓延会促使相邻城市之间的产业分工日趋成熟,形成以大城市为核心的中心—外围城市群(都市圈),并逐渐取代单个城市成为经济增长极。城市群不是简单将多个城市拼凑在一起,而是城市功能的相互融洽,是传统单体城市向城市共同体转型的新模式与新形态。[①] 2005年十六届五中全会提出"把城市群作为推进城镇化的主体形态";2007年十七大报告提出"以增强综合承载能力为重点,以特大城市为依托,形成辐射作用大的城市群,培育新的经济增长极",城市群概念形成。此后,国务院先后提出长江经济带、京津冀协同发展战略,形成全面联动的城市群发展新格局(表1)。十九大报告明确提出"要以城市群为主体构建大

---

① Allen J. Scott, "Globalization and the Rise of City-Regions", *European Planning Studies*, Vol. 9, No. 7 (2001), pp. 813 – 826.

中小城市和小城镇协调发展的城镇格局"。

表1 国务院近年批复的八大城市群

| 城市群 | 战略定位 | 省级行政单位 |
| --- | --- | --- |
| 兰西城市群 | 国土安全、生态安全、"一带一路"倡议建设 | 甘肃、青海 |
| 呼包鄂榆城市群 | 高端能源化工基地、向西向北开放战略支点、生态文明合作、民族团结 | 内蒙古、陕西 |
| 哈长城市群 | 振兴东北老工业基地、北方开放门户 | 黑龙江、吉林 |
| 中原城市群 | 新经济发展增长极、内陆地区双向开放新高地 | 河南、河北、山西、安徽、山东 |
| 长江三角洲城市群 | 世界级城市群、改革开放排头兵、资源配置中心、科技创新高地 | 上海、江苏、浙江、安徽 |
| 长江中游城市群 | 新经济增长极、中西部新型城镇化先行区、内陆开放合作示范区 | 江西、湖北、湖南 |
| 成渝城市群 | 西部开发开放、长江经济带、统筹城乡发展 | 重庆、四川 |
| 北部湾城市群 | 中国—东盟合作、服务"三南"（西南、中南、华南）、蓝色海湾城市群 | 广东、广西、海南 |

城市群的性质取决于国家发展战略布局，并呈现出空间功能的差异性。其中，东部沿海城市群以科技创新、打造世界级城市群为主要目标，东北城市群承担着振兴老工业基地的重任，西部城市群则以国家安全、生态安全作为发展定位。2010年，城乡建设部编制的《全国城镇体系规划（2006—2020）》首次将北京、上海、天津、广州和重庆列为五大国家中心城市，着力推动建立国家中心城市、区域中心城市、地区中心城市、县城中心城市（镇）的多中心群网络化的四级城市体系。2016年，国家发改委、住建部联合发布《成渝城市群发展规划》《促进中部地区崛起"十三五"规划》，支持成都、武汉、郑州建设国家中心城市。2018年，《关中平原城市群发展规划》提出支持西安建设国家中心城市。与区域全面协调发展战略有所不同，城市群发展仍以大城市为核心，着重激发中心城市的辐射效应。这一时期的城市治理目标是发展中心城市，打破相邻城市的行政边界，促进生产要素流动和匹配，促使相互

毗邻、不同规模、不同级别的城市从竞争转向合作。

表 2 城市治理的五大阶段及其目标转变

| 不同阶段 | 标志性事件 | 城市治理目标 |
|---|---|---|
| 城市工业化阶段 | "一五"计划期间苏联对新中国的援助以及1962—1963年召开两次城市工作会议 | 限制发展大城市,合理发展小城市 |
| 大城市发展阶段 | 1978年3月召开第三次全国城市工作会议以及1978年12月召开十一届三中全会 | 开发城市土地,扩大城市的数量和规模,促进城市聚集 |
| 城乡统筹发展阶段 | 1998年10月召开十五届三中全会以及2002年11月召开中国共产党第十六次全国代表大会 | 统筹中小城市和乡村发展,促进公共服务均等化 |
| 区域全面协调发展阶段 | 2013年11月召开十八届三中全会 | 促进区域发展的同时弥合区域之间的发展差异 |
| 城市群发展阶段 | 2007年10月召开中国共产党第十七次全国代表大会 | 推进以国家中心城市为核心的城市群发展战略 |

# 三、规模红利—公共服务的双维互构与中国城市治理的特征

规模红利与公共服务的双维互构,既决定了中国城市治理的不同阶段,也决定了城市治理的基本特征,并推动着城市治理变革。

## (一) 规模红利—公共服务的更替

从新中国成立后到改革开放之前,是城市治理的第一阶段,即城市工业化阶段。为了促进工业尤其是重工业发展,建立了以城市为载体的计划经济体系。其结果是与1949年相比,1978年国民收入中工业所占份额从12.6%上升到46.8%,初步建立起独立而且全面的工业体系。这一阶段,城市的空间布局受到工业布局的支配,城市资源和产出由中央计划统筹分配。由于人口、资金、技术的自由流动受到限制,也就无法形成生产要素集聚和规模红利,加之以工业增长为中心的城市建设过于

重视工业生产,城市公共服务不足而且标准较低。因而,这一阶段的城市既无法孕育规模红利,公共服务也受到限制。

第二阶段是发展大城市阶段,时间为从市场化改革以后到住房商品化之前。在分税制改革和土地市场化改革的激励下,城市政府通过开发土地来促进生产要素集聚,实现经济增长,从而形成了第一次城市规模红利。与此同时,为了获得竞争优势,城市政府通过低廉的土地价格和劳动力优势来降低企业生产成本。因此,尽管这一阶段需要通过扩大城市规模、数量和人口来实现集聚和规模红利,但在城市建设中过于重视水、电、气、交通、工业园区等基础设施开发,而相对忽视了城市居民的居住、生活需求,尤其是流动人口的公共服务需求。

第三阶段是城乡统筹发展阶段。随着城市化进程的深入和住房商品化改革的开启,城市的消费功能凸显,土地的使用方式从建设工业园区、经济开发区转向商业地产开发。政府从积极的招商引资转向了促进房地产开发。[①] 加之土地资源日趋紧张和城市土地价值的提升,城市空间价值的增值成为经济增长的动力,形成了第二次城市规模红利。但这种规模红利建立在房地产开发并成为支柱产业的基础上,过度开发不仅造成城市产业结构失衡,而且使得公共服务和资源配置偏向城市中心区域,造成城市内部、城市与乡村发展不平衡。为此,中央和地方政府将公共服务均等化纳入到城市治理的重要议题中,以此缓解小城镇的收缩和衰落,并回应城市问题和居民需求。

第四阶段是从部分城市地区优先发展转向区域全面协调发展阶段。大城市扩张不仅会促使生产要素向周边城区转移,也促使人口向周边城区转移。城市治理不再是城市范围内的治理,而是区域层面的资金、技术、劳动力以及公共资源的流动与匹配。区域发展是城市集聚和扩张的必然阶段,规模红利溢出到周边城市,并进一步创造更大的规模红利。但这也意味着,城市之间的发展差距越大,区域之间的差距也就越大。

---

① 邵朝对等:《房价、土地财政与城市集聚特征》,《党政视野》2016年第2期。

而区域发展打破了城市政府的属地边界,需要从中央层面出台公共政策,特别是公共服务政策来消解区域发展不平衡。

第五阶段是城市群发展阶段。城市群作为城市化的主要形式,促使城市治理的内涵再次发生改变。一方面,强调中心城市的发展及其对毗邻城市的经济协调和辐射效应,规模红利的来源从单个城市的经济集聚转向了城市群集聚。另一方面,城市群集聚意味着城市之间的联系更为紧密,要素流动更为频繁,以属地管理为基础的城市公共服务供给属地化问题凸显。而当属地化的公共服务不能匹配要素流动时,城市政府要在交通网络、政务服务、人才流动、文化交流等方面加强合作,实现公共服务供给的区域协调。

## (二) 中国城市治理的特质及其矛盾

由此,中国城市治理也呈现出"双维性"。一方面,城市政府通过经营城市来获得规模红利和递增效应,另一方面,面对这一过程所产生的城市问题、城乡发展不平衡、区域发展失衡等问题,公共服务供给成为城市政府消解城市问题、维护社会稳定和回应市民需要的重要机制。二者相互抵牾。在早期,中央和地方采取一系列措施来强化增长要素,如鼓励乡镇企业、土地使用权有偿流转,等等。相应的城市政策则尽可能限制公共服务的供给,如控制大城市、发展小城市(镇)策略。以1998年的住房商品化改革和"村改居"为分界点,在城市功能偏向居住和消费、流动人口增多、农村人口转为城市人口的背景下,公共服务紧张问题由此凸显。之后,中央和地方采取一系列措施来强化公共服务供给,如强调基本公共服务均等化、财政转移支付、放宽或限制建设用地指标,等等。其动力旨在促进东中西部的区域协调发展,同时统筹城市内部的协调发展。一种具有继起关系的中国式城市治理图景被绘制出来。一则,围绕经济增长,城市形成了一套与之匹配的治理系统——GDP导向的政府绩效考核机制[1];另则,虽然规模红利与经济增长一直是城市治理的主

---

[1] 何艳玲:《理顺关系与国家治理结构的塑造》,《中国社会科学》2018年第2期。

线,但这一主线逐渐融入复合逻辑中——既有规模也有服务,即规模红利先于公共服务,而公共服务构成对规模红利的约束。特别是近些年来,城乡基本公共服务均等化、区域协调发展以及户籍制度改革等,都体现了城市治理向复杂、混合的进阶。规模红利获得与公共服务供给在不同层面的混合,塑造了中国城市治理的内在矛盾。

首先,城市规模红利的获得需要生产要素自由流动,弱化了城市行政边界。但同时为了促进规模红利的产生,中央对城市进行行政赋予,使城市具有行政等级,相应的公共服务和公共资源在具有等级的城市中分配。在城市发展的早期,城市的集聚效应不明显时,规模红利和公共服务也是匹配的。一旦城市集聚效应扩大到区域和城市群,二者之间出现不匹配。这对城市产生了两种影响:对城市群来说,中心城市与周边城市的行政级别不一致,中心城市创造了大量规模红利,但公共服务在城市群中分配不均衡;对发展较快但级别较低的城市来说,尽管创造了大量规模红利,但其低行政级别使得公共服务配置标准较低,常常面临"小马拉大车"局面。因此,城市群不仅要连接城市间的物理边界,还要开放城市间的行政边界,促进生产要素的自由流动和公共服务的均等配置,缩小地区发展差异。城市从集聚发展走向均衡发展,以此来解决规模红利与公共服务之间的矛盾。

其次,城市投资的扩张与公共服务需求之间存在矛盾。城市不仅是企业生产的场所,也是劳动者的消费场所。城市化进程的深化,更凸显城市的消费和居住功能。这使得城市规模红利的来源从政府招商引资、建立工业园区和产业集群,转向了开发房地产和商业中心,重视城市居住空间和公共服务配套。[①] 但是,国家出台的一系列紧缩性地产政策,限制了城市政府的土地出让和房地产开发,进而使得城市规模红利减少。为了增加城市建设资金,政府将土地视为资本市场的信用担保,促

---

① 范剑勇等:《居住模式与中国城镇化——基于土地供给视角的经验研究》,《中国社会科学》2015 年第 4 期。

使土地从商品化转向了金融化。这会产生一个问题，即城市建设按照资本市场的逻辑运作，城市投资偏向于周期短、利润率高、见效快的领域，忽视了关乎民生但收益率低、见效慢的领域，挤占城市公共服务和资源。与此同时，城市规模的不断扩大，流动人口逐渐增多，居民对于个人消费品和集体消费品的需求日益增多，增加了政府的公共服务负担。因而，土地金融化增加了城市投资，但却让城市投资集中流向高收益领域，并因而减少了公共服务；但城市功能的转变却增加了居民的公共服务需求，二者构成了城市治理的主要矛盾。

## 四、中国城市治理、国家治理及其相互关系

"规模红利—公共服务"的双维互构并非偶然，而是植根于中国的国家治理中，并在本质上由国家治理在不同阶段的任务所决定。

### （一）国家治理对城市治理的塑造

计划经济时期，城市集聚所产生的规模红利非常有限，且公共服务受到限制，二者并没有构成城市治理的支配逻辑。1978年，十一届三中全会以后，中央提出"以经济建设为中心"的发展方针。1992年，邓小平南行讲话后，以经济建设为中心的改革方略得到进一步深化。同年十四大又提出建设社会主义市场经济体制。1993年，"实行社会主义市场经济"被列入《宪法》条文，经济发展逐渐成为现代国家建设的重要任务。这一方略体现在城市治理上，就是将城市改革放在国家建设的重要地位，并在城市治理领域进行了一系列变革。国家治理目标与城市性和城市功能是匹配的，国家治理目标发生转变，必然要求城市也发生相应改变。当国家治理目标转向以经济增长为中心，意味着城市作为要素集聚的容器，被定义成重要的增长工具。由此来看，城市治理过程中所蕴含的效率优先原则（规模红利）根源于国家的治理需求。正是国家治理对于经济增长的需求，城市治理中的"以规模增红利"才被激活。自20世

纪90年代以来,通过一系列的人口、土地、住房、金融等政策,促使城市发展进入快车道。

一方面,城市转型为生产要素的集聚场所。在改革开放之初,主要沿海城市通过"三来一补"、税收优惠政策、基础设施建设、设立专门性招商机构来引进外来资本,以解决城市开发和经济发展的资金短缺问题。1990年5月,国务院颁布实施《中华人民共和国城镇国有土地使用权出让和转让暂行条例》,推行城市土地的有偿使用政策,城市土地既成为可交易的生产要素,也成为可增值的商品。之后,随着土地制度和金融制度改革,城市土地和住宅从商品化转向金融化,土地成为融资融债的信用担保,有助于资本的流动和增值。以经济增长为中心的城市空间规划和公共设施布局与生产要素的流动保持一致,以此来强化城市的集聚效应。另一方面,城市功能从强调生产转向生产与消费并重,城市再生产成为关键。2019年3月,国家发展和改革委员会发布《2019年新型城镇化建设重点任务》,提出大城市取消或放松落户限制,北上广深等超大城市要大幅增加落户规模。而在新一轮城市"人才大战"中,各个城市政府通过人才引进政策取代了人口限制政策,包括提高人才补贴、降低落户门槛、取消落户购房等约束。消费城市的出现是城市商品化的必然结果。

城市转型彰显了城市规模红利来源,即城市生产要素集聚、空间交换价值的增值与扩张。但是,城市规模红利的获得也带来了各类社会问题,特别是公共服务问题,即公共服务的空间不均衡以及不同人群之间的分配不平等。由此来看,城市治理过程中所蕴含的公平正义原则(公共服务供给)也根源于国家治理需求——即改革开放以来所形成的保持社会稳定的诉求。正是国家治理对于社会稳定的需求,城市治理过程中的"以公共服务求稳定"才被激活。因为,随着人口规模和数量的增加,每个城市居民所得的公共服务份额会减少,不断增加的需求与不断拥挤的公共服务可能会带来社会稳定压力。为此,除了保障经济增长的总体性治理目标,维护社会稳定同样成为国家治理中不可或缺的重要组成部分。体现在城市层面,国家相继出台了一系列旨在平衡公共服务的城市化政策。它包含两个层面的平衡,其一,城市之间、城乡之间的均衡发展。十九大提出,从2020年到2035年,"要实现城乡区域发展差距和居民生活水平差距显著缩小,基本公共服务均等化基本实现,全体人民共同富裕迈出坚实步伐"。由此建立了城乡教育资源均衡配置机制、城乡居民医疗保障机制、对欠发达地区的财政转移支付机制,等等。其二,城市内部均衡发展。除了城乡、区域的均衡发展,还要实现城市内部的公共服务均等化。2014年,《国家新型城镇化规划(2014—2020年)》提出"加强市政公用设施和公共服务设施建设,增加基本公共服务供给,增强对人口聚集和服务的支撑能力"。例如,在教育方面,重视农民工随迁子女公平接受义务教育,并为随迁子女进城提供财政保障。在市政建设方面,从分重点运营转向全面投入、多元经营,等等。

可见,中国城市治理嵌入在国家治理体系中。经济增长与社会稳定是国家总体性治理的内在要求,为了顺应这两大需求,规模红利与公共服务的双维互构成为城市治理的核心机制。前者回应经济增长目标,要求国家推进以资本流动和生产要素集聚为核心机制的城市化进程。这种城市化进程必然会造成公共服务的失衡和城市社会的分化。公共服务则隐喻着社会稳定的国家意图,要求通过公共服务均等化政策来弥合这种失衡和分化。借助于城市的规模红利及其增长效应,国家治理中的经济增长目标得以实现。而城市治理本身所产生的问题也在深刻影响着国家治理的目标选择和策略安排。

### (二)城市治理对国家治理的影响

虽然中国城市治理过程中所呈现的"规模红利—公共服务"的逻辑事实上植根于中国的国家治理逻辑,但城市的发展又会对国家治理产生重要影响。

第一,规模红利所带来的城市发展不均衡,是国家治理需要回应和解决的问题。在相当长的时间里,规模化发展确实提高了城市经济发展水平。如果仅仅从经济增长角度来观察城市的规模化,通常会将城市的规模红利与中国的经济奇迹相联结。但城市发展还带来了另一个结果,即城市经济规模扩张所带来的发展不均衡。对于一个大国来说,真正面对的问题不仅仅是城市发展过程中所带来的各种城市性问题,也需要超出城市本身,解决城乡之间、城市之间、区域之间不平衡不充分的问题,这对中国国家治理提出了更高要求。

第二,快速的城市扩张和城市竞争所带来的城市金融风险,并需要在国家层面予以回应。1994年分税制改革后,为弥补财政缺口以及追求晋升政绩,城市政府通过配置土地参与到资本循环过程中并追求利润最大化,并通常采取两种渠道融资:一是以土地出让收入进行直接融资;二是以政府划拨的土地作为抵押品或者以土地出让收入作为偿债来源从银行获取贷款和发行"城投债"来间接融资。① 城市发展过程中的城市债务在提供建设资金来源的同时,也引发了不容忽视的债务风险,即所谓"风险大锅饭"。② 从这一角度来说,城市金融风险已成为国家治理中需要特别防控的问题。

第三,城市发展带来的居民权利诉求成为国家治理的新特征。在中国城市治理进程中,规模化、集中化生产方式塑造着城市,也塑造着城市社会结构的多样化及附着于其上的权利诉求:一方面,城市居民的权利底线不断提升,内容也不断丰富,人们的权利意识不断得到启蒙和强化;另一方面,城市社会支离破碎且存在着极大的互异性。③ 随着农民工、新兴业主、网民等多个社会群体以城市为中心集聚,他们对政治、经济、文化、社会等各个方面产生了多元且异质性的诉求。这要求国家治理结构必须在经济领域之外的更广泛领域对居民权利进行回应。

---

① 张莉等:《土地市场波动与地方债——以城投债为例》,《经济学(季刊)》2018年第3期。
② 刘尚希:《中国财政风险的制度特征——"风险大锅饭"》,《管理世界》2004年第5期。
③ 陈忠:《城市权利:全球视野与中国问题——基于城市哲学与城市批评史的研究视角》,《中国社会科学》2014年第1期。

## 五、调适性均衡：城市治理实践的未来

理解城市治理演变是理解国家治理转型的重要窗口。从实践层面上看，城市治理与国家治理也存在互构。首先，国家治理转型以城市变革为基础。国家发展目标从实现工业增长转向实现市场经济增长，城市成为规模红利的来源。由此，规模红利的来源从就地城市化、注重小城镇发展转向了以大城市发展为中心。更进一步来说，城市通过生产要素的集聚而使得规模经济逐渐显现。随着城市扩张和区域一体化进程的加快，以城市群为核心的发展战略成为新一轮规模红利产生的重要机制。其次，城市变革中的不稳定因素对国家治理形成挑战。市场化转型所产生的社会结构分化、城乡和区域发展不均衡未能在治理层面被及时回应，继而引发社会的不稳定。而城市因其拥挤性、异质性和多元性成为社会问题集中爆发的重要场域。同时，城市的空间扩张和宏观紧缩性调控政策促使城市政府为弥补财政缺口而进行融资，由此产生了潜在的城市债务和金融风险。因此，社会不稳定和城市风险与规模红利扩大相伴随而产生。

从理论层面上看，基于"规模红利—公共服务"的城市治理对现有研究形成了两种增进。第一，将既有研究围绕着城市治理的特征、矛盾及其原因的各种解释置于一个统一的解释框架内。具体来说，以规模红利为目标的城市治理与以公共服务均等化为目标的城市治理之间始终存在张力。这种矛盾尤其体现在要素的跨区域流动与公共服务按区划而非需求配置的矛盾，导致人口规模与公共服务不匹配、土地指标与经济发展不匹配、城市经济集聚而无法达到最优规模。而也正是规模红利和公共服务之间的偏重和选择塑造了城市与国家相互关联的主导逻辑和制度脚本。基于此，理解中国城市治理需要实现两个超越。一是超越地方（local）范畴，从国家治理理解红利与均衡的实现，并提出"西部大开发""振兴东北地区等老工业基地"和"促进中部地区崛起"等区域协调

发展战略以及户籍制度改革,缩小地区之间由于市场潜能差异而导致的地区经济增长差距。二是超越城乡二元空间结构的想象,在城乡一体的视野下理解中国城市治理,强调城乡统筹,消解因城乡二元划分所带来的治理偏差。第二,不再局限于"国家治理对城市治理"的讨论,而是拓展为"城市治理对国家治理"的研究,基于此,可提出"调适性均衡"的中国城市治理特质。城市治理的经验问题塑造了国家对城市政策的调整和推进。在这个意义上来说,城乡统筹发展、区域均衡发展等国家治理目标的提出都是在回应城市治理层面所面临的挑战,由此体现出国家治理的调适性。均衡则是支撑调适背后的逻辑。这里的均衡不仅指向经济规模最优,更指向治理层面资源分配的平衡以及市民需求回应的满意。基于此,调适性均衡是理解城市治理如何塑造国家治理的关键。

沿着"规模红利—公共服务"的双维互构,城市治理正在经历着两种转换。一种是治理尺度的转变,"在城市的治理"变成在区域、在城乡的治理,它要求公共服务的扩展与规模红利的扩展保持一致。另一种则是增长的动力机制的转换。城市增长机制的变化使得规模红利的获得机制发生转变。公共服务本身也可以成为规模红利的来源。公共服务的质量改善和区域一体化进程本身就为打破生产要素自由流动和实现更大规模红利的制度壁垒和管理约束提供可能。同时,高质量的公共服务也是新的城市竞争来源和新的城市竞争资源。

当前,城市治理正逐渐从规模红利优先并兼顾公共服务转向"以人民为中心的治理",这折射出城市发展不平衡、社会不平等和城市风险对国家治理形成的挑战,以及治理层面的调适性回应。因此,在城市治理实践中,均衡的意义更加凸显。即,面对尚未终结的中国城市化进程,国家治理需要持续与之匹配的动态重构,而城市治理也将迎来一场全面而深刻的变革!

## The Evolution of Urban Governance and its Dominant Mechanism in China
He Yanling

**Abstract:** With the dual dimension including the dividend of scale and public service, we can analyze the evolution of urban governance and its dominant mechanism. China's urban governance has shown continuous changes in five stages and has been divided into three relatively clear processes. The initial process is that the dividend of scale comes first. And the second process is to give priority to the dividend of scale while taking public service into account. The dividend of scale and public service are both important, which consist of the third process. On the one hand, the dual goals of the dividend of scale and public service are rooted in the demand for national governance. It not only promotes the development of Chinese cities but also shapes urban governance and leads to various urban problems because of its internal conflict. On the other hand, urban governance will have a reverse impact on national governance. The state has to respond the urban governance on the ideological level, improve the allocation of risks and dispose of the rights centered on urban rights. The complicated interaction between urban governance and national governance has also shaped the process of China's reform to a certain extent.

**Keywords:** urban governance, national governance, dividend of scale, public service

# 评 论

# 传染的社会与恐惧的人*

渠敬东**

## 一、正常与反常

在这个非常时期,病毒在威胁着人的身体和心理,威胁着生活和社会。作为一名从事社会学研究的工作者,我首先想从学科的角度来反思我们既有的研究理路。今天来看,特别是在一个特殊的危急时刻,当我们都有一种扑面而来的切身感受和体悟时,我们就重新有了认识自己、认识社会和认识世界的机会。同时,这种认识和以往的认识不同,因为有强烈的身心刺激,所以它更有感触,更通彻,更刺骨,也更有启发性,会激活我们的生命体。从晚近的社会学,无论是就西方还是中国,或是世界范围的社会学研究来讲,我们可以讨论一个很关键的问题,就是我们的学术研究对于特别的时代、危机的时代、有巨大风险的时代的变化是准备不足的,甚至在很大程度上是无语和无助的。

---

\* 本文为作者 2020 年 3 月 5 日在北京大学文研院以《传染的社会与恐惧的人》为主题进行的一次讲座。
\*\* 渠敬东,北京大学社会学系教授。

为什么如此？是因为长期以来，我们的学术研究，特别是社会科学研究，都在一个常规的思路里，在一个既定的范式里，在一些狭小的中层研究里运行。一些无关痛痒的人与他的时代有着非常大的距离，在没有切身、切肤的体会这种情况下，做了大量的常规研究。因此，常规研究的方法、理论和基本模式也大行其道，所以我们今天可以看到，当我们突然面对一个极其危急的时刻，知识分子可以说除了像平常百姓那样，或者是像一些公共意见那样去面对，很难提出严肃的、深入的思考。

### （一）社会研究的两大议题：不变与突变

这就意味着，我们要重新反思社会学、社会科学，乃至学问本身存在的意义。在我看来，社会学从它诞生之日起，就担负起探索"人的科学"的这样重大的历史任务。所谓"不变"的常规研究、日常生活的研究，只是晚近以来发展出的研究模式。但社会学自其诞生之日起，研究的就是那些突变的、革命的、危机的、风险的年代。我们说社会学的三大创始人以及其他的经典理论家，无不应对法国大革命、工业社会、资本主义甚至是理性化宰制的灵魂危机，无不应对社会中的繁荣和贫困并行出现的那些触目惊心的矛盾，还有人内心中的那种撕裂感、虚无感和恐慌感，由此才产生了真正意义上社会学的思考。[①]

可以说，社会学永远都面临两大主题，一是我们日常生活的形态，二是社会的急剧变迁、急剧冲突，甚至是意想不到的突变所带来的政治、社会、文化、宗教，乃至人心的影响。这种突如其来的变化，即"社会变迁"（social change），是社会学研究的经典议题，也可以称之为卡尔·波兰尼（Karl Polanyi）所说的"大转型"（great transformation）。[②]

突变的时代有几个明显的特点：一是社会很容易陷入失序状态；二

---

[①] 雷蒙·阿隆：《社会学主要思潮》，葛秉宁译，上海：上海译文出版社，2015年；S. G. Mestrovic, *The Coming Fin de Siecle: An Application of Durkheim's Sociology to Modernity and Postmodernism*, London & New York: Routledge, 1991。

[②] 卡尔·波兰尼：《大转型：我们时代的政治与经济起源》，冯钢、刘阳译，杭州：浙江人民出版社，2007年。

是既有矛盾的淤积很容易造成社会危机；三是日常中潜伏的反常，也很容易发展到极端状态，构成全方位的挑战。① 问题是，当社会处于危险边缘的时候，那些既有的观念和认识，无论是思想上的，还是实践上的，无论是治理意义上的，还是心理准备意义上的，都没有充分的准备，无法给出可解决的通道，所有的矛盾全都促发和聚集在一起，特别容易形成整体社会的危机。人们平常的一些反常情态，被遮蔽起来的、潜伏中的那些无论社会还是人的心理和情感的逻辑，在一个特别短的时间内，都会发展到极端状态。② 这样，不仅对于人的认识，更重要的是对于人的生存、人的秩序均衡，都构成了无限的挑战。这一点，才是社会学诞生之刻，那些经典理论家们关注的实质问题，因此他们对于人类历史和文明也做出了最重大的贡献。

### （二）社会学研究要突破常态思维，突破大数定理的思维

由此看来，我们务必要好好检讨今天的社会学和社会科学研究的常规思维。我们用的方法仍然遵循着大数定律的思维模式，用一些所谓常态分布的方法来理解世界，这就是我们常说的"正态分布"（normal distribution）。这虽然只是统计学意义上的方法，却根深蒂固在我们的思想中，所谓 normal，是指我们仍然假设社会是一个在日常整体上秩序化的模式，因此我们往往按照既定的秩序化模式来理解我们自己的生活和社会变化。③ 假设检验的研究模式，本质而言是一种日常预期模式，是一种日常观念的自我循环。但是，世界的突变，无论是政治性的、军事性的，还是文化性的、宗教性的，特别当我们的生命面临流行瘟疫的时候，整个社会也同样面临着最严重的挑战和危机，所以我们必须要突破

---

① 埃米尔·涂尔干：《社会分工论》，渠东译，北京：生活·读书·新知三联书店，2000年，第二版序言。
② 参见渠敬东：《缺席与断裂：有关失范的社会学研究》，北京：商务印书馆，2017年。
③ 这里悖谬的是，normal 一词，本来是带有有关社会秩序的价值指涉的，即"规范"（normal）。但依照大数定律的纯技术思维，则突出强调了"常态性"，往往上述价值意涵去除掉，仅仅成为一种分布的描述。

这种常态的思维。换句话说，突如其来的变化，突如其来的危险，是不是我们就全然没有能力去面对它？我们怎样从人类以往的历史和现实生活里发现、寻找突变的规则和轨迹，从而有潜在可能的准备，这一点，更是社会科学的使命。

面对真正的突变和社会急剧变迁，我们必须要突破常态和正态思维，把那些常态思维设法排除掉的反常的、疾病的、变化的、风险的、预料不到的、潜在的所有人心和社会问题，都应该纳入到一个整体的思考范围里，只有这样，当危机来临的时刻，我们才会有丰富的、沉稳的、有效的反应，并将这些准备彼此连带，发挥出协同的成效。我们以往的学术、思想、文化意识，各种各样的资源都蕴含着很多，我们需要特别尊重，并加以利用。人类社会的发展晚近以来、二战以来，特别是这几十年以来，似乎大家感觉到我们已经进入到一个彼此能够依托的全球世界里；似乎科学技术的发展，治理制度和手段的建设，都能保证整个世界大体可以秩序的方式来运转，至少可以如此期待。但是，我想这些判断都太过于乐观了，我们今天可以看到，整个世界、整个历史正在发生巨大无比的变化，甚至是极其深刻、充满危机的变化。我们可以看到，今天当一个地区有新病毒出现的时候，瘟疫就像网状一样遍布，它往往会超出地区、国家的范围，形成一个全球相关联的网络传播系统。

同样，我们可以说，今天的经济危机、金融市场，也同样像病毒一样是连带性的、扩展性的，即刻便可形成一种风潮，产生极大的变化和挑战，甚至是瓦解和坍塌。同样，在整个国际政治经济秩序上，仍然也面对着文明冲突强大的挑战，那些新兴的宗教，甚至是有些带有极端倾向的宗教，也像瘟疫一样蔓延开来，渗透在世界的各个角落。所有这些，都是潜在的、可能的甚至是必然的历史，我们在日常的研究中几乎不给予充分重视，却很容易形成急剧变化，瞬间爆发危机。而就在这非常的时刻，大家今天完全可以感受到，这样的危机一旦产生，对整体社会的政治、经济、文化，乃至人心的影响有多么的巨大。应对突变和巨变的社会研究，是我们必须面对的，无论是过去，还是现在，哪怕是未来，更应该着重思考和面对的突出的学术问题。

### (三) 历史与现实的双重变奏：重大事件与宏大叙事

这几十年来，整个的学术研究都在日常化，都在面对那些最平常的、普通的、小时代的生活，于是就有了各种细微的、琐碎的、中层(middle range)意义上的理论和研究，人们的视野往往局限于此。[①] 以至于我们似乎要摸清人的世界，以这些研究作为职业的学者们，面对危机更是束手无策，毫无准备。我们整体的学问应该重新得到召唤，回到重大事件，回到重大或宏大叙事的传统来，和日常研究并行发展，才是一个比较健全的学术发展的体制和方向。

我们都知道，以往的历史记载，留存的常常是那些政治、社会面临着矛盾时刻和危机时刻所浮现和造就成的具体的人、具体的事，以及由此形成的辗转变化，甚至是划时代的巨变，这是历史学提供给我们的丰富的给养。不过近些年来，微观史学、专门史学、日常史学、社会生活史，虽说要给人们提供这些事件背后的解释，可研究者往往囿于认识和经验的局限，往往使我们的眼光越来越脱离这些重大历史事件的理解、判断和体悟。在这一方面，我们可以说学术获得了发展，但另一方面，也可以说学术遭遇了重大的损失。同样，在社会学研究方面，一直以来我们在宣扬中层理论和微观研究，所谓的那些形式漂亮的、合乎规范的研究，但对于那些最重大变化的历史和现实，却越来越失去敏感度和思考力。为什么？因为我们失去了经典理论和面对那些巨变历史和现实的思想曾经提供给我们的刺激和激发。从这一点来讲，我个人认为要重新考虑我们社会中正常和反常的关系，要重新考虑秩序和变迁的关系，要重新考虑日常生活和重大危机时刻的关系，要重新考虑经典历史和理论与我们今天中层研究的范式和方法的关系，要重新回到人与社会的生命关系上

---

[①] 渠敬东：《他山攻玉：谈当代美国社会学》，载陈龙编：《探寻社会学之旅：20位当代美国社会学家眼中的社会学》，北京：北京大学出版社，2019年。

来。正在这个特别的时刻,我们才有机会得到了这样的一些教训,得到了这样的一些教益。任何危机,终究都是人的危机,思想的危机。

## 二、现代社会中的传染机制与系统风险

以我们小时代的人及其心理感受来说,其实,我们对于几十年来的稳定生活和社会发展过于适应了,而对于横亘在人类历史各个时期的那些重大灾难和变化却失去了充分的认识,越来越失去了感知和领悟能力。我们知道,人类自有文明始,就伴随着无数的危机,有的时候相隔时间较长,有的时候则瞬间爆发,我们也可以看到很多记载。比如,修昔底德是希腊一个著名的历史学家,他在25岁的时候就染上了瘟疫,在雅典他经历了非常痛苦的过程,他后来写成的《伯罗奔尼撒战争史》就有清晰的记载:"感染疫病的人从头到脚都发生了恶化的病情,然后转移到胸部,疼痛、咳嗽、呕吐、痉挛。"他也描绘过瘟疫的场面:"由于看护别人,结果染上疾病的人,像羊群一样死亡,而且这样死亡的比因其他死亡的还要多,许多人全家都死光了。这种瘟疫的场景并不是能够用一般的语汇可以形容的,至于个人的痛苦是人绝对无法承受的。""鸟吃了这些尸体以后也死光了,甚至绝迹了。"[①]这样的瘟疫传播,最终使雅典整个的政治、经济和军事完全陷入了一个特别虚化的状态里,甚至改变了西方历史的进程。

这些情况在很早的历史里发生,有悲痛在,有忧戚在。现代世界形成伊始,这样的情况变得越来越严重。从14世纪起,就出现了大规模的瘟疫潮流,在意大利,在埃及,从威尼斯到热那亚,后来到了佛罗伦萨,人口总量失去了半数以上,最后蔓延到了英格兰、爱尔兰,蔓延到了北

---

[①] 修昔底德:《伯罗奔尼撒战争史》,谢德风译,北京:商务印书馆,1985年,第138—149页。

欧。① 这种情况都是人类历史曾经经历的,但是我们可以看见,随着现代社会的产生,这种可能性和影响面不是变得越来越小,而是越来越大。② 为什么？我们直到这种极端时刻,才会有切肤的体会,我们才能重新理解那些经典思想家和历史学家们曾经的关切在哪里。

## (一) 聚集社会:容量、密度与社会潮流

涂尔干(Émile Durkheim)在《社会分工论》批评斯宾塞(Herbert Spencer)的学说时,就很早讨论到了社会容量、社会密度的问题。我们可以说,唯有在现代社会里,人类社会的容量才会空前加大,但更重要的,涂尔干认为,一个关键的决定性因素在于社会密度的增加。③

我们可以看到,迄今为止,在二战以后几乎没有重要战争的情况下,人类社会,整个世界人口的增长量,以及人口的密度,已经到了几乎饱和的程度。在这样的密度里,在这样一个特别紧密的人群聚集的时刻,其含义已经远远超出了物理的层面,在心理的相互作用上,在国家治理、社会影响、意见相互传播上,当然也在病毒流传上,都会出现相互聚集扩散的效应。人口的聚集、社会密度的增加,使得现代社会发生了重要的变化,这个变化不再像是以前,城乡、地域,乃至国家都是以分割形态而存在,而在今天,则完全以广域流动的、相互渗透的形态出现。所以,涂尔干还有一个很重要的概念,他称之为"传染",即传染社会的来临。这个词便是直接从流行病学借来的,就是我们常说的 flu。

一个传染的社会,意味着人民在瞬时间内,或者是在长时段里,都可以突然爆发地或潜移默化地普遍关联,而产生彼此的强烈影响和聚集效应,也因此,涂尔干认为,孟德斯鸠很早就发现了这样一种社会运行的机

---

① 威廉·H. 麦克尼尔:《瘟疫与人》,余新忠、毕会成译,北京:中国环境科学出版社,2010年。
② 劳里·加勒特:《逼近的瘟疫》,杨岐鸣、杨宁译,北京:生活·读书·新知三联书店,2008年。
③ 埃米尔·涂尔干:《社会分工论》,渠东译,北京:生活·读书·新知三联书店,2000年,第219页。

制。孟德斯鸠的教诲直到今天都非常重要,因为他清楚地看到,我们理解整个社会和政治的构造,不能再像以前那样,只是从政治体制和权力分配的角度来理解。因为整个社会的流动性和传染性不断增加,所以我们必须要考虑在广大的民众那里,人们的情感、心理、意见状态,甚至是这种身体上的彼此感染的巨大影响。

### (二) 孟德斯鸠的教诲:体制与民情

孟德斯鸠很清楚地告诉我们,我们研究这个世界、我们身处的生活,必须从两个角度入手。一方面,是从体制或制度的角度入手,即政治和社会的基本结构、权利的结构和权力的分配;但是另外一方面,一定要看人们相互传染的感情、情绪、气氛和意见的影响,这些因素相结合,可以塑造出另一个庞大的系统,他称之为"民情"(mores)。①

所以孟德斯鸠认为,一个好的社会与社会秩序,在于要在政治体制和民情状态之间找到适当的平衡,只有在两个方面达成协调的时候,我们才可以说是一种好的治理。只有在权力的分配系统和人们情感和情绪的具体状态之间达至一个平衡,我们才可以说是一个好的、宽和的秩序(moderate order)。孟德斯鸠的教导非常重要,因为我们可以看到,在现代社会中,那些冲破家庭、社会、国家的界限,传递到世界的流动性,是不以每个国家的各种体制和社会机制为转移的。病毒没有祖国,恐惧也没有边界,现代世界的这层面向,才是危机的根源所在。

我们可以看到,在强大的社会传染系统里,会形成涂尔干所说的强大的社会潮流。这个潮流在常规的生活形态下,只是每天海上的一些小小的波浪,似乎有着常规的法则。但是在特别的时刻,会形成翻卷的巨浪,台风海啸,惊涛拍岸,对社会产生强大的震荡和破坏。我想说的是,我们研究和思考一个社会在面临重大疫情、重大危机的时刻,一定要从这两个角度加以观察和分析。

---

① 参见孟德斯鸠:《论法的精神》,许明龙译,北京:商务印书馆,2009年。

## (三) 社会传染中的制度瓶颈与恐慌心理

从这个角度来讲,今天的社会虽然找到了人乃至社会运行的各种手段和方法,有着强大的系统性的秩序,但是同时,我们如果从社会的密集度、社会的潮流、社会的民情聚焦的角度来看,这个社会才更加充满了系统性的风险。这就是乌尔里希·贝克(Ulrich Beck)讲的风险社会的到来。① 所以,在社会强大的传染机制里,以往治理的制度和社会的秩序,一定会出现巨大的瓶颈。在短时期内,社会可以完全陷入了聚集的恐慌状态,恐惧心理蔓延成为比病毒的毒性还要强好多倍的一种强大的传染系统。

今天来看,在整个战"疫"即抗击疫情的情势里,很多人是因为强大的心理恐惧而倒下,很多人是因为强大的恐慌而使自己的免疫系统出现了问题,甚至一些人没有感染到病毒,却因感染到恐惧,而在未来相当长的时间里没有了生活的勇气。在瘟疫初期,也是因为有很多人有强烈的恐惧心理聚集到医院而产生感染。所以,病毒所产生的效应,在现代社会的机制里面,不是单一因素产生的结果,而是在短时间内,人的心理效应、社会的意见效应,乃至于权力治理的各个系统,都会在强大的刺激下,产生一种极端的反应。这种极端的反应极有可能是有效的反应,也有可能是完全无效的反应;有可能是能够重新使社会尽快恢复秩序的反应,但也非常有可能是使社会全面失效的反应。

## (四) 偶然性的必然性:系统的风险

从这个意义上来讲,现代社会中,我们以为科学和技术给我们提供了很多必然性,我们能够控制自然,治理自然,能够有效地进行社会管理。事实上,这种看似的必然性中则越来越产生出极其强大的偶然系统,这种系统的风险是我们必须面对的,我们必须要有准备,准备好做各

---

① 乌尔里希·贝克:《风险社会》,何博闻译,南京:译林出版社,2004年。

种层面多重的调试。一个社会的必然性越充分,偶然性便越有可能形成,而且一旦形成,便是总体上的挑战。自然不会完全服从于人类的意愿,总会找到机会给我们最大的教训和惩罚。

总体说来,现代社会是一个传染的社会,是因为社会的密度增加,而产生了人与人之间不以每个人的意志为转移的瞬间即可感染的社会。这种传染不仅不会停留在病毒、有形物上,还会形成心理的意见和恐惧的传染,最终酿成人类的自我迫害。所以,我们在研究社会时,一定要从历史、思想和我们曾经各种各样的反思中出发,不断要回到偶然的、重大的危急时刻,我们才能获得真正的勇气。

### (五) 世界历史的效应:全球流动与风险扩张

近几十年或者说十几年来,我们可以看到更加突出的情况,这就是马克思在一个多世纪以前所预料的那样——世界历史的到来。在全球化的时刻里,人口、资金、商品、意见甚至是宗教的全球流动,乃至人类潜在的心理和信仰的危机,都是在全球大范围系统中传布和蔓延的。我们今天更加面对空前的风险的扩张,病毒只是风险的一面,在其他的领域,我们可以看到这种风险也像病毒一样逼近,非常脆弱的金融系统、生态系统、价值系统等等,及其掩藏的深刻危机借着全球化的通道而向整个世界扩张。我们今天的学者,只有有这样的眼光,只有有大视野大胸怀,才能去看到世界蕴藏的潜在的深刻危机,我们才能反过来观察自己最细微、最日常的身边的生活。

我们今天经历着这个特殊时刻,使得我们的情感、我们的焦虑、我们关注事情的方向,瞬间从自我小的生活世界里,而拉入到一个更大的、能够把更多人扭结在一起的共同的恐慌和反思的平台上,这就是现代世界。所以,传染的社会使现代世界产生了深刻的变化,也产生了我们意想不到的更大的系统风险,这个风险如果我们不准备好去面对,将来就会演化成更大的危机,时刻逼近我们。

## 三、人性中的恐惧

现在,我们沿着另外一条思路来做一些探讨。上文说到,我们今天在一个似乎确定的时代里,充满着不确定性。伊恩·哈金(Ian Hacking)说过,现代世界一直都处在"驯服偶然"的过程中。① 但是极端悖谬和吊诡的事情,就是我们越加驯服这些偶然,所谓的偶然性就越大,强度就越强,而且突如其来。核危机、瘟疫扩散、金融风暴、基因编辑等等,突如其来的危机,会打乱我们以往所有科学技术给我们留下的一些既定的思想和方向。所以,在一个不确定的时代里,特别是在一个带有危机性的时刻到来的时候,每个人都在偶然之中,被置于一个彻底的偶然的时空内。

### (一) 不确定的时代:死亡概率的挑战

疫情来的时候,我们虽然知道科学告诉我们,整个人群的感染率有多少,死亡率有多少,传染的扩张性有多大,我们每天都会面临这些数字。但是事实上,我们每个人置身其中的时候,几乎都不会考虑这些概率问题、机率问题。就像买彩票一样,每个人都盯着五百万的大奖,其实那个概率非常之低。但是当瘟疫来的时候,我们面对病毒,只要是不能保证自己百分百不被感染,就会产生百分百被感染的想象心理,我们都觉得自己赤裸裸地暴露在病毒的攻击情况下,无论它的概率有多大:每个时点,每寸空间,病毒都会袭来,侵入体内,我们也会像感染了病毒的患者那样,用想象经历他们的苦痛和挣扎、生与死的过程。

这就使得我们要反思,在这个不确定的时代里,在广大的人群的流动和聚集里,我们每个人都陷入了一个不确定的心理状态,焦虑、暴躁、愤怒、不安,所有这些都会伴随着我们,扩充我们的风险感知,陷入极端

---

① 伊恩·哈金:《驯服偶然》,刘钢译,北京:中央编译出版社,2000年。

恐惧之中。因此,我们需要在这紧要关头重新反思,在现代的世界里,人究竟是怎样被构造、塑造和认识的,人是怎样构造、塑造和认识自己的。

## (二) 自我保存中的不安

可以说,今天我们的自我认识,是从西方近代形而上学和人性论的判断中来的。我们都认为人的自我保存,即所谓的 self-preservation,是最根本的自然权利。这是整个自然法则最要害的地方,所以整个政治社会的制度,都以自我保存这一基本前提作为设计。①

但是,我们知道,人越是在一个自我保存的强大激情里,人其实就同样会越来越产生强烈的不安心理(unease)。每个人都珍惜自己的生命,但是什么是生命,这个问题如果只是为了身体的安全,那么我们时时刻刻会遇到突如其来的危险,而使我们在这个危机时刻,完全陷入茫然无措的恐慌状态。这是一种孤立的个体的体验,他把整个世界的危险都聚集在自己的身上,并借助无限的想象来扩展这样的危险,仿佛孤零零地置身其中,不知所以,也不知所措。一个人单靠自己,应对着整个世界的威胁,他无法战胜世界,就像无法战胜自己一样,这种心理的风暴,是生命完全无法承受的。

## (三) 信任与怀疑:信息、知识和心理依赖

这种状态,跟现代人的基本心理结构密切相关。一方面,在人的整体的孤立无助感被唤起的时候,怀疑就作为人构造的基本底色,发挥着极其关键的作用。也许大家在这个非常的时刻会有这样的一种感受:我们无论得到多少信息,都会即刻产生怀疑,所有在特殊历史时刻产生的各种各样的知识、信息流,无论是公共的说法,还是私底下的说法,都会使我们陷入深深的怀疑之中。因为所有现代教育和信息对人的影响,都使我们产生无限的想

---

① 参见霍克海默:《自然法与意识形态》,载《霍克海默集》,曹卫东、渠敬东译,上海:上海远东出版社,1997年;霍克海默:《启蒙的概念》,载霍克海默、阿道尔诺:《启蒙辩证法:哲学片段》,渠敬东、曹卫东译,上海:上海人民出版社,2003年。

象、无限的否定、无限的怀疑,甚至是自我怀疑。我们会把自己有可能遭遇的危险和攻击想象到最大的程度,我们用人性的想象和激情,会使所有生活存在的极端情况,都置于想象之中、怀疑之下。

但同时我们也同样会体会到,在这种怀疑里,我们自己又不能成为自足的、给自己安慰的来源。另一方面,我们不断地要求保全自己的生命,可是孤立的自己若要保全自己,就必须要相信各种各样既有的说法,借助各种各样既有的手段。无论是在信息、知识还是心理上,我们都需要无限的依赖。这就是现代人是一个自反性的,甚至是背反性的身心状态。从这个意义上来讲,人非常容易陷入恐惧,陷入瞬间自己必须依靠自己、自己又必然失去自己的矛盾之中。

我并不完全依照霍布斯(Thomas Hobbes)对恐惧的界定来理解这种状态,但是我们可以知道,特别是遭遇到瘟疫、经济危机、恐怖事件等这样一种极端的攻击的情况下,人就瞬间会陷入虚无和恐惧之中,因为他的自我保存的保障被瞬间摧毁掉,自我保存的原理也会瞬间崩解。所以在这个意义上,我们可以说,现代人是在两端上发展而成,一方面,他有强大的想象和知识能力与前所未有的自信;但另一方面,这种强大的想象和知识能力,会很容易转化成为怀疑和恐惧,转化成自我的瓦解。这就是我们在疫情状态下,所常看到的一个人的基本的构造。

### (四)赤裸的生命:面对死亡

为什么这种突变,对于时代的影响非常之大? 因为在这种情况下,我们会把最赤裸的生命暴露出来,没有任何的遮挡。① 当我们深陷恐惧

---

① 这里所说的"赤裸生命"(bare life),是借用了阿甘本(Giorgio Agamben)的概念,但其含义则与之并不相同。阿甘本最早在《Homo Sacer:主权权力与赤裸生命》中指出,以赤裸生命生存的个体,是人法和神法的双重例外,不在于福柯所说的疯癫,而在于陷入一种纯粹的例外状态(exceptio)。也就是说,这一概念是从政治排斥的角度来理解现代人的处境的,参见 Giorgio Agamben, *Homo Sacer: Sovereign Power and Bare Life*, Daniel Heller-Roazen (trans.), Stanford: Stanford University Press, 1995;阿甘本:《例外状态》,薛熙平、林淑芬译,台北:麦田出版有限公司,2010年。本文则从非常时期的角度,来理解丧失所有社会保护的个体的极端处境,甚至会从社会连带上产生一种自我排斥的心理。

之中,现代人最深刻的危机就会被彻底体现出来。孟德斯鸠说过,在人类历史上,并没有一个绝对好的政治制度,也没有一个绝对好的情感模式,但是唯有一种是最糟糕的,就是恐惧。① 如果一个社会的成员普遍地陷入一个恐惧状态中,这个社会必然是不宽和的,一定是充满着危机的。所以,怎么样呵护暴露出来的赤裸的生命,是我们在思想、理论和现实实践中最重要的挑战。现代人已遗忘对死亡的思考,因为我们前面说到我们只是在自我保存、自我安全的状态下来理解和认识自己,但是我们并没有像以往的人那样,或者像那些最重要的思想家提醒我们的那样思考,我们真正应该如何面对生死问题。

弗洛伊德(Sigmund Freud)曾讲过,我们对于死亡的遗忘,恰恰使我们遗忘了生命的驱动力。对于死亡的理解,完全不能只局限在个体的心理、个体的想象和个体的经验感受上,只有回到与我们相关联的生命史、政治与社会的文明史,以及神圣存在的领域中,我们才能对死亡问题有了真正意义上的理解,我们才能真正面对死亡。② 同样,海德格尔(Martin Heidegger)也讲过,以往形而上学的最大问题,就是对于死亡全然漠视,没有理解,没有体悟,没有存在论上的把握。也许,疫情危机的真正时刻,正是对已有的人性预设的挑战时刻,这是一次警告,也是一次棒喝。

从中国的角度来讲也如此,我们历史上曾经对生与死、天命与无常等问题有着极其丰富的思考。在今天的危急时刻,这些认识和讨论并没有充分展现在大家面前,没有成为在极端情况下,我们重新进行生命反思的资源,没有成为我们重构自我认识的动力。人类社会中危险无处不在,以恐惧面对危险,以个体摆脱恐惧,只会让恐惧不断循环,让危险更加危险。

---

① 孟德斯鸠:《论法的精神》,许明龙译,北京:商务印书馆,2009年。
② 孙飞宇:《从灵魂到心理:关于经典精神分析的社会学研究》,北京:生活·读书·新知三联书店,即出,第136页。

### (五) 恐惧的传染与聚集: 反向的社会作用

现代社会正因为有人的这种自我保存、自我安全的基本预设, 才使得恐惧更加容易传染, 更加容易聚集, 并产生强大的反向社会作用。为什么？因为我们对人的这种设定, 对人性的狭隘理解以及基于此对生活和危机的体悟, 限制住了我们对这些问题整体的把握。自然永远不会束手就擒, 我们必须抓住这样的机会, 在学理、经验、有关人性和自然、社会、政治甚至宗教上全面做出反省, 重新回到历史, 回到经典, 才能去体会和认识这样刻骨铭心的问题。

人的恐惧就是生命的梦魇, 会加速人的死亡, 加速社会的危机。人在无限的想象中已经死过很多次了, 而且未来还会不断死去。恐惧比病毒的扩散要迅猛得多, 而且始终伴随着人们, 不会消失。如何走出恐惧, 才是在这个剧变时代我们面临的更为深刻的问题。如果我们仍然只以个体来面对整个世界寻求获得生命的保全, 如果我们不能超出个体自我的范围来获得力量, 危险就会永久侵袭我们。

## 四、保卫生命与保卫社会

现代社会反映出了两个方面的重要特征: 一是社会的传染性急剧加大, 二是人在自我保存的基本原则下, 很容易陷入不安、焦虑和恐惧之中。并且, 两者相互作用, 产生出更大的恐慌潮流, 从而对社会产生摧枯拉朽般的破坏力。这使得我们必须要反思, 我们何以重回秩序, 如何建造秩序, 如何在风险之中重新找回我们自己, 重新使社会回到一个正常运行的轨道上来。我们必须要讨论国家、社会乃至宗教和文化对于危机时代有什么样的治理和重建作用。

### (一) 全能国家的兴起

按照查尔斯·蒂利(Charles Tilly)的讲法, 近代国家是在一个强大的资源动员、资本化的逻辑以及剧烈的国际竞争的环境里形成的。① 所以,它既有资源的调动、管理和生成的作用,同时也带有绝对主义的倾向,如安德森(Perry Anderson)所说。② 不过,在这个巨大的国际竞争系统中,国家也会失去自己的目标。

特别是当危机突如其来时,这个全能国家既很容易明确自己的目标,又容易无所适从。为什么? 因为一方面它有充分的资源调动能力,但另一方面则在以往的路径依赖中,不容易做出全面判断和及时反应。

所以,如果国家面临两方面的问题,如果国家不能对于突如其来的情势做出充分认识和准确判断,就不能有的放矢地调动资源来解决这些问题。同样,如果国家仍然在一个国际竞争的世界里来理解自身定位,也会错失自己的目标。只有在危机时刻,才更能促使我们思考,什么是国家的原则,什么是国家的能力,什么是国家的根基。

### (二) 国家主权中的生命意识

因此,整个近代的国家系统,其责任除了维护领土和安全,维持自身的文化和文明系统之外,就是照料人民的生命安全。所以,我们要把人民的生命安全、对生命的关照突出地理解为国家主权的重要组成部分。准确地说,国家主权中的生命意识是一个非常重要的维度。这种生命不仅是对于公民个体而言的,也是对于人们相互连带的生命状态而言的。在这个意义上,如何让人民摆脱恐惧的情感,依然在治理的范围之中。

所以说,国家主权中的生命意识,是一个整体的理论和实践体系。同样,在这样一种生命意识下,在突如其来的危机下,治理过程也会遇到突然的矛盾。国家必须在解救危机的情况下,充分地考虑到民间的反

---

① 参见 Charles Tilly, "Reflections on the History of European State Making", in Charles Tilly (ed.), *The Formation of National States in Western Europe*, Princeton: Princeton University Press, 1975;查尔斯·蒂利:《强制、资本与欧洲国家(1990—1992)》,魏洪钟译,上海:上海人民出版社,2007年。
② 佩里·安德森:《绝对主义国家的系谱》,刘北成、龚晓庄译,上海:上海人民出版社,2001年。

应,这种反应不只是各种意见、看法和观点上的潮流,也必须要考虑到民众恐惧心理的传染和传播机制。这些都是料理、照料生命最重要的组成部分。

怎么样防范病毒的入侵和扩散是一个很重要的问题。同样,如何防止恐惧的聚集和扩散,也是另外一个维度上的重要问题。在这种情况下,信息的相互流通,知识和情感的相互疏通,如何解决效率与百姓安全之间的关系,就成为国家和社会治理的关键问题。

### (三) 保卫社会的生命

国家主权的生命意识,表现在对于每一个普通公民的照料和尊重上面。这不是一些冰冷的统计数据。疫情中,我们都听到过一种说法:死了多少人,并不只意味着死了多少人,还意味着活生生的人死了多少次,至亲的家人死了多少次。每一个具体的生命,都带着他具体的生命价值和社会关联,都是一个具体发生的故事。但同样,我们也必须要清楚,那些已经死去的生命,会使现实里的多少人陷入痛苦、悲伤和对死亡的恐惧之中。所有这些,都构成了生命意识最重要的内容。

国家治理必须要照料到现实具体的生命,照料到身体和心灵的生命,也要照料到生命背后的那些故事、痛苦、危险,也必须照料到那些失去生命的传播效应。可怕的,是生命个体的死亡,更可怕的,是依然活着的人正在死亡,社会的生命受到威胁。

因此,在这个治理过程中,如何把握危机前端的征兆,如何在多重信息中做出判断,如何解决不同系统之间的平衡,是突破在危机状态下国家治理和社会治理之瓶颈的重要问题。我们可以看到,信息、知识和心理的保障,在这个过程中有多么重要。我们必须在保卫生命的同时也保卫社会,因为只有构建出丰富畅通的社会渠道,才能及时把握危机的征兆,才能及时疏通和化解危机带来的恐惧,才能让国家和民众有充分的信心。

危机治理中的良好秩序,必须要靠联动机制来塑造。让行政部门做出有效的、积极的、准确的反应,发挥调动资源的能力,让专家及时提供合理的、准确的科学知识,以及保障安全的技术手段,让媒体和民间的公众,及时反应潜在的危险信息,在相互团结中塑造勇气,让知识分子和学者能够从人类历史和文明以及当下不同社会、不同文化中,对于生与死、人的存在和彼此关联、人的身体和心理等等提供充分的知识和智慧,提供心灵的慰藉。只有这样,才能在空前危险的状态下,构建一种人性和社会的平衡,而不是陷入一种单一的孤立、怀疑和恐惧状态中。

只有这样,恐惧才会得以释放和缓解,解救危机的政令才能通畅。只有民众的自我认识和历史认识得到普遍提高,只有国家以及行政的部门能够从人性的角度,能够从人性复杂的构成面向,从那些我们曾经以往的历史经验和我们对于危机的现实性和超越性的思考中,才能找到解决现实危机的资源和德性。

我们可以说,在这方面中国传统士大夫的思考、态度和实践有很多的教益,他们并不是沦落成为一个局部专家的官员,也不只是按照一成不变的思维来行使自己的公众责任,也不是公众意见的抱怨分子,也不像老百姓那样茫然无措。只有重返人性的理解,只有把民众的生命价值和生命意识始终放在第一位,只有为他们提供充分的心理支持和信息支持,才能真正找到解救危机的途径。

### (四) 时刻为世界的剧变做准备

保卫生命是国家主权的重要组成部分,然而保卫生命并不只是身体的生命,医疗也不只是解救人身体的医疗。中国人讲,治身者为下,治心者才是最重要的。所以,我们要从人的生命整体的构造的角度来理解这场瘟疫,理解这场危机。我们要由此为线索,而为时刻可能出现的危险做准备。

我们必须建设不同领域的人群所形成的联动机制,我们也要思考当生命面临威胁的时候,需要哪些呵护。这不只是在所谓科学意义上的身体和心理健康的呵护,还包括我们如何重造人们相互间的人伦关系、相互友爱的关怀,以及对人类的普遍同情,还有那些我们从不同的文化,甚至宗教中体现出来的信仰和对人的呵护。所有这些,都构成了我们思考这场危机,或今后面临危机最重要的力量来源。

总之,我们必须时刻为世界的巨变做准备,我们的生活并不只是通过常规的路径而塑造的。如果把我们的生活连同人类曾经经历的历史文明拉开来看,整个世界的历史,很多时候或者绝大多数的时候都有可能是由变迁,甚至是剧变来构造的。我们若不从这样的角度做准备,我们才会真正遗失掉我们自己的生命。

## 五、小结:重建面向变迁的社会学

从学术的角度来反思,我们必须重建面向变迁甚至剧变的社会学,必须重新塑造我们面向危险的,面向重大变化的学问。生于忧患,人类的历史无论从思想上,还是从经验上,很多的内涵都是从这些重大事件中获取的。

特别是在今天,当社会普遍产生一种传染的机制,当恐惧散布在世界各地,当不确定性始终伴随着我们,当偶然性不断从必然的秩序里突然出现的时候,我们必须重新回到世界历史的面向,重新回到社会构造的各个复杂的系统,重新回到人性的构造,去整体上检视我们真正经历到的生活。只有这样,我们才不会遗忘,因为现代世界的特点,还在于我们遗忘得太快。即使我们有充分的技术手段,有大量的学者,有大量的信息系统去记载我们曾经发生的事情,但是事实上,我们遗忘得太快了。一旦疫情过去,一旦危机过去,我们似乎就回到了从前,我们似乎好像保全了自己的生命;但如果遗忘得太快,我们就不知道,也许更大的危机就会发生,就会降临。

将一切有关生命的历史和现实牢记下来,这是学者的责任,也是所有人真正面对自己生命应该做的事情。

# 关于"儒家伦理与社会秩序"的对谈*

翟学伟　张　静　周雪光　周飞舟　渠敬东　应　星**

【张静】今天讨论的主题是"儒家伦理与社会秩序"。这是一个非正式的环境,所以可以开诚布公。可否请学伟教授先说说自己文章①里关心的一些问题?

【翟学伟】20多年来,我一直在思考一些关于中国人与中国社会的问题。我一直觉得儒家伦理应该占有一定的位置。但是这个位置到底是什么?应该说,社会学学科、中国社会学界并没有好好地讨论过这个问题。西方又没有这样一个问题。

我最早是通过"面子研究"进入对中国人自身的社会文化和行为研究里面去的。研究人情和面子或者加上关系这样的概念,很自然地会涉及儒家思想这一部分。但是我想,从人情、面子去看儒家思想的作用,比直接研究儒家思想要真实。因为从儒家思想研究社会的真实性,是不太

---

\* 本文为作者2015年3月23日在北京大学社会学系围绕"儒家伦理与社会秩序"进行的一次对谈。会谈初稿由吴柳财、李松涛、左雯敏、王斯敏等人整理。
\*\* 翟学伟,南京大学社会学院教授;张静,北京大学社会学系教授;周雪光,斯坦福大学社会学系教授;周飞舟,北京大学社会学系教授;渠敬东,北京大学社会学系教授;应星,时为中国政法大学社会学院教授,现为清华大学社会学系教授。
① 翟学伟:《儒家伦理与社会秩序》,载汪丁丁主编:《新政治经济学评论》第33卷,上海:上海人民出版社,2017年,第39—58页。

够的。中国社会的名实分离比较厉害,就是"说一套做一套""口号的巨人,行动的矮子"。这个问题今天依然存在。说得很好听,可行动起来往往不按照说的去做。我们开玩笑讲,西方有认知失调理论,中国人无所谓认知与行为上的一致性。这些问题可以通过对面子的研究发现,因为面子和里子可以不一样。我开始研究面子对中国人的生活来说意味着什么。这里面就涉及了儒家思想。

另一个背景是中国改革开放以后,大学也改革开放。过去我们是希望有机会到国外的大学里面去进修、读书、拿文凭,现在多少开始反过来了,有些外国大学毕业的博士想到中国高校来找一个职位。我周边有一些亚洲的学者,不管会不会讲中文,在没有进入中国之时做知识准备,会被教导那是一个儒家思想的发源地,你会进入一个重视儒家思想的地方。但是他们到了中国以后觉得非常惊讶,觉得完全看不到事先学到的任何一点儒家的东西。他们很困惑:每天和形形色色的中国人打交道,看到的东西完全不是事先认为的那样。他们自然想找个人来回答疑惑。他们找到我,让我来回答。

我试图回答这一问题。儒家思想在过去的真实性,我们只有通过读历史文献来感受。但是儒家在现代中国如何?我们自己在生活中的感受明显很糟。但在发表的文献里,大家仍然把儒家思想抬得很高,说得很好。我就想,说得很好听对中国社会的影响在哪儿?说得很好听的人,他自己是不是像正人君子一样生活?这都构成我要思考的问题。这些问题构成了我这篇文章想探讨的背景,当然最终还是要落实到儒家思想究竟给中国带来了什么样的社会秩序上来。

需要说明的是,这里谈到儒家思想的真实性问题,不表明儒家思想对中国社会没有影响,更不表明这只对知识分子有影响。人情、面子和关系是中国老百姓都懂的,如果我能在人情、面子、关系里面找到和儒家思想的衔接点,那在某种程度上也回答了,中国的老百姓还是受到儒家思想的影响的。这个影响是怎么过来的,也是我一直思考的。我觉得,站在社会学的角度看儒家思想,首先应该关注更真实的中国社会是什么样子,也就是说,是关注儒家思想在真实社会中是什么样子,而不是儒家思想本身说什么。这一点,台湾和香港地区的学者做得不太好,似乎把二者想当然地融为一体了。

研究儒家思想本身可能与社会学学科之间有一定的距离,但是我们能不能在社会学学科里寻求到一些概念,有些概念可以和儒家思想发生各式各样的联系,从这个联系中看到儒家思想有关秩序的论述、观点,是如何影响到我们这个社会的。这是我写这篇论文的想法。我是回顾目前文人学者的基本特征是什么,如果社会学者要进入,可以关注一些什么样的话题。当然,这是一个探讨性的题目。

从社会学角度,我认为对儒家思想能看到这样几个方面。

第一,社会学的特点注重宏观和微观的不同划分,但是,儒家看到的社会,没有清晰的宏观和微观划分,它很希望在一个微观意义上寻找到一个概念,或者寻找到一对关系,再把这个概念扩展到宏观领域中。举个例子,比如三纲五常。三纲是在汉以后的国家层面的一个概念,但是三纲里面的内容其实是一个很小的微观社会学概念,可它的倡导、贯彻却是在宏观层面上。这一点与我们社会学区分宏观和微观是有差别的。社会学认为微观所关注的问题和宏观是不一样的,后来的社会学家也想将它们连接起来,可是连接点总有问题。但儒家思想的思考在微观跟宏观上没有什么不一样。它可以在微观上做,做出来的东西拿到宏观上去用。再比如"孝"。孝道最初要讨论的核心是父子关系的伦理原则。但是儒家把这个概念用到治天下上面去,它的微观逻辑起点和最后要实现的宏观意图是连贯的,我称这一特征为"连续体"。用儒家自己的语言来说就是修身齐家治国平天下。为了尊重社会学的做法,我在文中还是先守在微观和宏观两个层面里看社会秩序,看完以后再把两者的衔接点找到。也就是说,依照社会学,我们可以在微观里面做,也可以在宏观里面做,但最后需要找到它们在真实社会中的衔接之处。

第二,孔孟的重要性是研究儒家的人谈得最多的,但是站在社会学的角度来看,至少我觉得,荀子的观点跟社会学离得近一些。这个近的部分,在我的文章中想体现的,主要是制度化。很多东西,不能停留在思想层面。它的意义需要进入另一层面:操作化为了解、认识和接受这个思想的人,是如何按照这个思想去做的。但是,这样做是个体性的,或者说是君子在做。如果一套思想体系最终能在社会上发挥作用,最大的可能是通过一种制度化的方式建立起来,所以我们要讨论儒家的宏观意义,应该讨论它的制度化意义。这样一来就可以发现,更多的人,无论你愿意不愿意,都活在一种制度中,它形成一种社会文化的力量。我所说的儒家思想的制度化,不是典章制度的部分,而是指行动的社会结构,希望这个结构可以解释中国社会的超稳定性、中国人的行动逻辑和中国人的奋斗目标。或者说,如果儒家思想对中国文化的影响有制度化含义的话,这个文化,在儒家的制度化意义上,它让中国社会变成了一个什么样的社会结构,并如何指引了中国人的人生道路?这是我比较关心的一个问题。

儒家自己从微观到宏观是连续性的。按照这样一个思路,可能就跟我们北大 20 世纪 90 年代提出过的一个口号一样:"从我做起,从现在做起。"国家被想象成:每一个人好,这个社会就好;每一个人从现在做好,国家就慢慢变好。这就是儒家的思维方式。儒家设想,每一个人都修身,每一个人都做君子,每一个人都去学做圣人,这个社会不是挺好嘛!它的一个奇怪想法是,你可以根据个体的表现加出一个总和,这个总和就是社会。但是我们知道,个体无论怎么相加,是加不出一个制度层面的含义来的。事实上,在儒家思想制度化的运行当中,它也没有加出一个总和出来。社会规模越大,人人都好的假设就越不可能存在。你好,我好,我们两个人的好,在一起加出一个结果,那是可能的。我们让一家人好,或者我们让组织里面的每一个成员好,我们也许能加出一个组织的优良品质。但是你要让一个上规模的社会来确保中间的每一个人好,我认为这个假设本身就不存在。既然它不存在,这个社会就无法靠儒家自身宣扬的那套做人理念来治理这个社会,它得靠儒家的制度化来治理这个社会。这样一来,这个制度化以后产生的中国社会结构到底是什么样子的,就成了有意思的社会学问题。

关于中国社会结构有很多说法,我在这些说法的基础上做了一张图。这张图就是一个葫芦。我借中国人的一个说法:儒家社会的葫芦里究竟卖的什么药呢?社会长久以来划分出的两大阶层靠什么把它们贯通起来,其连续性是怎么体现出来的?这个里面的最重要之处就是有一个上升通道。在中国社会百姓这一层,或者叫"民"的这一层,其内部分成士农工商,而这个士作为民里面的最高一层,是离上升通道最近的一群人,他们通过读书考试便可以走到官僚体制里面去。如果这样一个讨论是成立的,那这个结构就有了很多丰富的含义,这些含义表现在,民当中有了通过读书进入官僚阶层的机会,这就是向上流动。官僚阶层不是世袭的阶层,不存在血统的观点。这样的流动至少保证了官员在不出任何问题的情况下会告老还乡,从官又回到民。那么,这个模型在暗示,他回到民以后,他的后代继续通过读书这条途径可以再进来。民当中的家人,如果他自己世世代代没有做过官,依然也可以通过读书,走到官场里面去。这样一来,这个社会结构就是一个充满活力的结构。一切皆因为有一个考试的途径和上下流动的通道。这个社会跟种姓制的特征有差

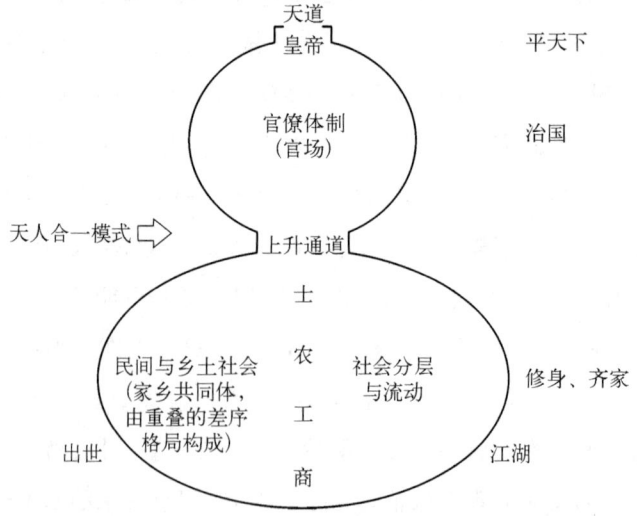

图 1　葫芦模型:中国人的社会构造与政治图景

异,和现代开放社会也有差异。说得形象一点,它是有门的,但是虚掩着。这个社会把上流社会设计为一道门槛,看谁有本事进来,有的人最终进来了,有的努力半天进不来,但也没关系,他自己的失败会让他的下一代继续努力,一代一代,就成了中国人的希望。这是我在宏观上大概想说的一个观点。

中国社会还有一个特点,因为它是由微观到宏观构成了一个连续性关系,儒家思想在秩序意义上,想在微观和宏观的关系上找到一个共同的秩序。不管是儒家谈人、谈孝道,还是谈别的,这个微观的秩序按照社会学家韩格理(Gary Hamilton)的说法,跟费老的差序格局有点像:在一个同质性的逐层放大的关系里面,中国人都遵循相同的原则,就是和谐。你在家庭中,你就去寻找家庭中的和谐;你是做官的,你就在官场里面去寻找和谐;你是治天下的,你就在天下中去寻找和谐。在每一个层级之内,每一个层级之间,都构成了关系上的和谐,也构成了自组织内的和谐。

儒家并不是一个严谨的逻辑意义上的思想体系。它在社会生活中强调情境性,研究儒家思想本身的情境性也是很强的。孔子从来没有给"仁"下过一个定义,他是面对不同的学生做不同的解释。那么不同的学生,不同的场合,遇到的不同的问题,学生智力的高低,都是孔子对他讲"仁"的时候要考虑的。这样一来。你按照逻辑去思考,这样的思想体系内部是有一些矛盾的。比如说,做正人君子的思想和孝道思想。君子在儒家思想中很重要,孝道在儒家思想中也很重要,那这两个同样重要的东西放到一起看,矛盾就出来了。为了孝道,很多时候君子是做不起来的,比如说,做君子,正直很重要,君子首先做人要正,可君子为了行孝道,不能违背父母的意愿。那就说不通了。我要正,我觉得父母也有可能有不正的行为,父母也有头脑发热做错事的时候,那我怎么对待父母呢?其实这个问题不是我今天提的,《论语》中孔子的学生已经提出,而孔子的回答似乎是偏向于亲情,说孝道比正直要更重要。要求人把亲情放在首位,和要求君子去做一个正直和坚持原则的人就有矛盾。这种矛盾对我要展开来讨论的人情、面子很重要。

研究儒家思想的学者,总希望去拔高"仁"的品质,但实际上,中国社会有一个比品质和君子理想更脚踏实地的内容,这个内容让那些想有品质、有人格的人甚至都做不到。这就是权力和关系,孝道的内在逻辑中包含了关系和权力。从国家的等级建构上看,官和民之间,强调了官的权力,官的权力无所不在,无所不能。中国人的官也好,民也好,一人得道,鸡犬升天,在儒家思想制度化的意义上,已经出现了整个社会对关系和权力的趋之若鹜。这个现实部分地是从儒家秩序的思想中推导出来的,它的现实存在,反过来妨碍儒家思想层面的很多东西实现。这就是我这篇论文的基本看法。希望听听大家的批评意见。

【周雪光】这个讨论会上的各位在这个领域都有深入研究,我是外行,是抱着学习心态来的。我读了翟学伟老师的文章,感觉是恶补了一课。我简单说一下自己的体会,和大家交流一下。这些体会更多是个人的直观感受,不是一个学理上的体会。翟老师的文章从研究的角度提出了,中国社会的特殊性在什么地方。在这个基础上我们可以去解读它,去分析它。如果在实际意义上还能重构中国社会的话,假设还有这种可能性的话,首先需要有着对它的基本理解。有时我们在讨论中国社会、中国文化时,用很大很抽象的词汇来概括,而不是从具体实在的内容着眼讨论,就把很多基本的问题掩盖了,这种讨论就变成一个文献解释学了,而不是社会学意义上的理解。从这个意义上来讲,我觉得翟学伟的文章非常有意义。

关于如何看待中国社会本土性这个议题,我个人有着一种矛盾的心态。到今天为止,我在美国生活的时间超过了在中国生活的时间,但在最近的 20 多年里,我每年的暑假都在国内度过(只有一年除外),而且其他时间也有多次往返旅行。在这个意义上,我更多地体会到了一种跨文化的感受。在美国,在许多情形下会感受到自己是一个中国人,是身处异国他乡的,跟美国人是不一样的。回到国内又常常体会到各种社会交往上的不同,更容易注意到中国社会中的许多文化特征。可以说,更多感受到的是文化冲突或不同。这种经历也让我想到了一些事情。

第一个感受是,我非常同意翟老师提出的这个观点,即文本和实践之间要做一个区别。中国的儒教和其他的古典思想传统,在历史上留下了各种各样的解读和阐释。这些思想传统的文本解读本身,就是一个巨大的学问。但我认为,理解儒学对中国的影响,更为重要的是从实践的角度,看它在中国社会中实际上产生了什么影响。从这个意义上来讲,我们从社会学角度需要关注的是:文本解读和儒教实际上表现出来的社会秩序,两者间是什么样的关系。两者之间一定是有关系的,但不是一一对应的。我们需要首先在两者间做一个区别,然后需要有意识地探讨它们间的关系究竟是什么。如果再说得直白一点,我觉得我们需要考虑思想观念的整体性意义。有一些文化教义的规则在一个侧面看极有道理,但可能隐含着其他的社会意义。例如,尊老爱幼的社会道德在不同文化中都有反映,但可能是建立在不同的社会意义上的,比如说可能是建立在等级制度基础之上的。这是我想提出的一个想法。

第二个想法是社会与政治之间的关系,这也和刚才翟老师讲的观点是一致的。儒教建立的社会秩序从修身、齐家,到治国,直至平天下。我们每个人身处这个过程中,身心随时可以感受到,礼教的很多内容都是在家庭日常生活中传递接受的。我和飞舟都是从山东来的,在山东家里,日常生活中对文化礼节没有太多感受。但我离开山东到外地就学工作后,其他地方的朋友经常提到,你们山东人的规矩多。开始还不怎么觉得是这么回事,后来时间长了才意识到,的确是这样的。小时父母常教导我们,对哥哥、弟弟、妹妹应该是什么态度,对父母、长辈应该是什么态度,在日常生活中不断地教育你。我们在成长过程中不断吸收这些文化观念产生的习俗。这种滋润于日常生活中的社会化过程,在很大程度上影响了我们在社会中最基本的定位,怎样在社会上处理人与人之间的关系。这是社会层面的意义。在我看来,儒教在中国政治秩序上也有着类似的重要影响。记得当年打开黄仁宇的《万历十五年》一开始就读到这样一段话,大意是说,中国皇帝的统治有两个重要方面,一是人事,二是礼教。万历皇帝要到皇太后那里去请安。按照黄仁宇的说法,这个仪式就是要给全国做一个示范,通过礼仪来体现出一个等级秩序安排。

后来读了一些这方面的文章,包括飞舟关于"五服"的研究,也说了这个道理,用翟老师的话说是"连续体"。那么,社会中人际关系的基本构造,与宏观的政治秩序是什么关系?这是一个需要关注的问题。现在公共话语中的所谓道德治国和依法治国,也反映了两者之间的微妙关系。

第三个想法是传统社会与现代社会的关系。儒教中国为传统社会提供了主流的大一统意识形态,当然,中国历史上也有着多民族、多区域的文化差异。史学家谭其骧就提出,历史上的中国社会也是多元的。孔孟之教在中国一些区域中占主流地位,特别是通过官方的科举制度推行而来。但在其他边远地区的很多地方,民众有着不同的民间信仰,例如门灶神、财神,等等。而历史上中国社会的多元化是民间的,官方的意识形态是大一统的。这是中国传统社会的特征之一。与传统社会相比,现代社会是一个多元社会,有着群体间、理念上、利益上的极大分化。在这个多元社会中建立的社会秩序,需要一个与传统社会不同的意识形态基础。这一点从跨文化角度来看尤为明显。例如,我们大学中的师生关系还有着传统的等级结构的痕迹,学生和老师间时常有着师徒、父子般的关系。在这个环境中成长起来的中国学生到美国大学后就有些手足无措了,特别是从中国文化角度来看。他们或许试图按照原来中国社会中师生关系行事,在老师面前鞍前马后,让人觉得别扭。如果中国学生完全按照美国学生方式来处事呢,你也会觉得特别别扭,似乎文化角色没有扮演好。记得在美国时,在一场以中国学生为主的讨论会上,有个学生称我为"雪光老师",大家都笑了。有一位学生当场评论说,这是典型的中美文化的嫁接。在美国大学中,师生间都直呼其名("雪光"),但是中国学生这样做特别不习惯,所以就在我的名字后再加一个"老师"的称谓。我也注意到自己的这个变通。我在杜克大学时,和林南先生是同事,但林先生又是我的老师。所以,我在有美国人在场用英文说话时,就称林先生"Nan",但在中文场合总是以"林先生"称谓。另外一个例子,斯坦福大学亚太研究中心时常会接待一些中国来的学术团体,有时我也参加这些接待活动。这些代表团有时会赠送礼品。礼品的贵重价值不一。他们会把小礼品送给我们这些"一般学者",把最为贵重的一件礼品送给中心主任。其实,中心主任也不过是我们斯坦福的一个教授而已,与我们参会的其他教授并无身份差异。每逢此时,那位中心主任总很尴尬。可以说,中国传统的文化角色定位,人与人之间等级关系的规则,在不同文化场合下和跨文化交流过程中有一些尴尬。传统社会与现代社会之间的紧张以及如何弥合,我觉得这是一个问题。

现在中国走上世界舞台的中心,扮演着大的角色,同时也面临着价值观念的竞争。中国传统社会的一个突出特点,是法律的儒家化,即法律的差异化,不同身份、不同阶层在法律面前有不同的遭遇。当然,在西方社会中"法律面前人人平等"这个原则也并不总是可以实现的,但至少在形式上可以大致做到。但在中国社会中,法律面前的差异性对待常常是公然明朗的,而且似乎公众可以接受。这种地位身份的不平等对中国社会的能量是一个重大约束。中国学生从国内到国外以后,很多人突然感到身上的各种束缚被解脱了一样,变得非常自主,非常主动进取。在国内这些学生常常被套入到一个特定关系网里面,有着各种各样的约束性。儒教传统中个人的角色与其他的文化,现代多元文化,怎样共处,怎样兼容,怎样竞争?这些都是大问题。我们到台湾地区,到日本,都能感受到社会层面上非常浓厚的儒家文化,但同时这些社会也兼容了现代政治架构的诸多特点。如何建立这样一个兼容并蓄、传统与现代共生互补的平衡,这是一个大的问题。

与此有关的是策略的问题。我对儒教的社会实践包括政治实践持有批评态度。这个批评态度不是否定儒教中倡导的所有行为规范。许多行为规范我自己也去实践,也希望周围人都这么实践。其实,许多生存下来的文化都提出了处理人际关系的基本规则,这些不同文化间的规则有着许多共性。例如,前面讲的"尊老爱幼"在西方文化中也多有体现,有些方面甚至做得更好。更为重要的是,它们背后的理念可能是不同的。尊老爱幼可能是体现了对一般人包括人之间差异的尊重,也可能是建立在等级制度的身份差异上的。我觉得,中国社会的当今要务是需要向一个新的方向转化。文化上的反思应该是其中一个方面。在儒教实践长期沉淀渗透的中国社会，要推动它的进步，需要大力提倡新的方向。如鲁迅所言，你要想开窗，你必须嚷着要掀开屋顶，这时候才有可能做到开窗。换句话说，儒教在现代社会亟待一个新的更新和发展。现在有一股思潮要把中国社会拉回到传统轨迹之上，回到传统的等级秩序和人际关系中去。在这个意义上，我们大声呼喊一下儒教所蕴含的政治秩序和社会秩序的问题和困难，也许结果是在实践上有着一个传统与现代、一统与多元之间的平衡。

最后是关于儒教社会的学术研究的问题。怎样去研究儒教和社会秩序之间的关系？我们注意到，我们仰慕的社会学大家如潘光旦、费孝通等，他们的研究工作对中国社会有着深入的观察和分析。我们读他们的作品时不难发现，正是因为他们有了其他文化背景下的教育经历，从跨文化的角度更能够看到中国伦理的很多细微之处，有着不同于生于斯、老于斯经历的独到感受。所以，谈中国传统思想文化，需要对其他文化有着深入的理解和研究，而不是依靠贴标签式的批判或浮光掠影般的印象。与此相关的是怎样去借鉴当代社会科学的分析工具，把儒教文化的方方面面变成可以研究、深入探讨的问题，建立起一个知识积累的过程，推动研究的不同思路，在这个学术研究过程中有一个争鸣、学术评估的过程。

【周飞舟】两位老师都谈到了一些重要的问题，是一些重要的思考维度。我写《差序格局和伦理本位》[1]文章的时候，也是关心这个维度。就是刚才两位老师提到的，中国人所说的关系、面子、人情，中国人为人处事的一些原则，和所谓的儒家伦理思想，到底有什么样的关系。那篇文章的核心观点是说，这两者之间有着潜在的、很深的联系，即，从一套以"仁义"为基础的社会伦理，如何化为"亲亲尊尊"的社会行为原则，再变成所谓"宗法""封建"的社会建制和政治秩序。这是西周时期的一个理

---

[1] 周飞舟：《差序格局和伦理本位——从丧服制度看中国社会结构的基本原则》，《社会》2015年第1期。

想社会形态。到了秦汉以后的郡县体制时,宗法封建的政治和社会秩序已经被破坏了。儒家有一套理想,并且力图将其化为一套政治和社会秩序,这套理想在西周的时候到底实现了多少,我们不得而知。但是从整个"宗法"和"封建"的精神来看,它是体现了儒家思想的义理的,就是从"仁义"到"亲亲尊尊",我认为基本上是这样的。到了秦汉之后,外面的政治和社会秩序其实完全是变化了,在政治形态上不能实现那套理想了,所以历朝历代儒家的知识分子都在讲三代之治,因为儒家的理想是那样一个政治和社会秩序。但是历史的现实是,确实回不到那个地方去。然而,这样一套政治和社会秩序虽然变化了,崩坏了,那套核心的义理原则是不是也没有了呢?我们受一些流行的历史观念的影响很大,总觉得一定得在现实中有一套政治和社会秩序体现这些原则,它们才会继续存在,否则就会没有了。

我这篇文章其实是从社会现实着眼的,我是在社会学对经验现实的研究中深切感受到了儒家的义理和我们今天所处的现实还是有着很强的联系。这就好比一个人的身体死了,没有了,但是灵魂还在,或者叫作"阴魂不散",影响着后面的那些人。那我们研究后面的人的时候,研究当代中国人和中国社会的时候,就要注意到它们的影响。比如,很多人在行动的时候,不一定纯粹是"以利为利"的。他一定是觉得做一件事情有利益,还要觉得做这件事是"对"的,他才会去做。大部分人都是这样。我们在说别人的时候不是这样,别人如果说我们是纯粹利益至上,根本不管"对"不"对",我们就一定觉得不公平。我觉得后面这半句话适合于所有人。别人这么说你的时候你一定是觉得不公平。那你认为"对"的东西,你这套道理到底是在哪里,它的根源在哪里,其实这个是我主要想谈的问题。

刚才翟老师也谈到了,就是说,"说一套做一套",这个我们体会太深了,就是大家说起来都是正人君子,做起来就有可能是阴险小人。我是觉得,这牵扯到我们认识一个人的基本的理念问题,并不纯粹是一个逻辑问题。虽然很多人的行动都是这样,言行不一,但是现实中虽然做不到,他心里认为是不是应该做到?我接触的西方社会有限,在美国待过一年,在香港地区待过很多年,接触过很多有宗教信仰的人,他们也有一套很强的理想和理念,我觉得他们认为爱和同情、爱和正义这套理念,丝毫不比儒家讲的要差,甚至更强一些,因为那是神的旨意。但是他们现实生活中怎么做的呢?我接触的一些人,一些把宗教信仰、爱和正义挂在嘴边向我传教的人,做起事情来一点也不比中国(内地)人做得好。平常他会特别关心你,但是你会觉得,那种关心根本不是在关心你,而是在完成上帝交给他的一个使命,你只是他完成爱的使命的媒介而已。真到了有利益纷争,比如说要分奖学金的时候,他做的真就不比中国(内地)人好。我可能有些以偏概全,只是就我个人的经历来谈,因为那是我接触到的等于是异己的文化。我觉得可能所有社会都有这个问题。也就是说,在现实社会中,所有人的行动都是有两面的,一面就是现实利益和权力,导致他做了一些自私的事情,但是他自己未必认为这么做就是正义的,就是好的。他只是没有做到而已。但是,他即使没有做到,那个东西仍然很重要。因为他只要认为这是对的,就有可能做到。我觉得这是每一个文明的理想和精髓所在。可能正是因为他没有做到,没有去实现,才更加有意义,它没有体现在每个人的实际行动上才更加有意义。其实你怎么样才能让一个人生气呢?或者惹恼、激怒一个人呢?如果是利益纷争,都是可以冷静去谈、去交易的。当你说他做的是不对的,说他不讲道理,没有爱和同情,这个时候他才会真生气。尽管他确实也是那么做的,但是你不能这样指责他,他会跟你急。因为他虽然知道自己没做到,但是不认为自己没有,也不认为自己不想做到。我觉得这个是我们去理解一个人的时候特别重要的问题。需要把这些道理在理想层面上先理解到,才能深刻地理解一个人的社会行动。有很多人是这样的,他不承认,但是他在实际生活中对人对事的时候,他经常去"索引"儒家的一些道理。就好比有些人不太认同中学课本里学的理论,但是他在对现实问题的认识上经常不自觉地"索引"那些道理。这样一来,我们把一些理想和现实行动做对比的时候,行动就不够完美,不够符合那些道理。就咱们经常说的人情、关系、面子而言,一般人并不清楚这背后的一些理想性的观念,包括儒家讲的"仁义""爱有差等"等等。

从正面来谈一下这个问题。所谓"伦理本位",梁漱溟先生在提这个词的时候进行了仔细的解释,他说为什么不说家族本位而说伦理本位呢?因为家族本位的社会已经变掉了,不存在了,家族本位的社会是宗法社会,西周时期的社会叫家族本位的社会,才最合适。现在简单地批评这个伦理本位,很多人是把它当成家庭本位来批评,认为家庭本位不足以构成和解释社会。梁先生的本意恰恰是在说,宗法封建的社会已经不存在了,但是由家庭所生发出来的一套伦理深刻地影响了一个非宗法的社会结构,这是梁先生要辨别这两个概念的深刻用意。我觉得这个说法很重要,即中国社会结构就是靠家庭伦理建构起来的,它深刻影响了这个结构。

从家庭里出来的这套伦理,比如说"孝",或者"仁""义",蔓延到了非家庭的结构里,影响或者渲染了社会的结构。所谓渲染,并不是说人们以对待家庭成员的态度来对待外人,而是说对待外人,一方面要有像对待亲人或者家庭成员的仁心,其实核心是一种爱和同情的东西,另一方面又要有所节制,所谓"义者,仁之节也"。义就是要有所节制,要分清对方是什么人。他不是你的家庭成员,你是以朋友还是以"政治"的态度来对待他,比如说对待君主,用现在的话说,对待上级领导、老人长者、有恩于你的人、有德行的人,就是我刚才举的这些人,你都应该有一个尊敬的态度,这叫"义"。用儒家的话来说就叫"尊尊",其实是"义"的原则的体现。这些都是"门外之治"。这一堆人,其实都不是家庭成员。对待家庭成员是所谓"门内之治"。门内之治,以恩情为主。门外之治,是以"义"为主,爱和同情要有所节制,有所不为,这就更加重要一些。这就是随着"伦"有所不同,背后的"理"也有所变化。比如关羽对待曹操,曹操也不是他家人,但是他是出于"义"的原则,在华容道把曹操放了,中国人不但没觉得他做得不对,反而认为这是"义"的最高代表。这个"义"的原则,其实出自"仁"的原则,因为曹操对他有恩。

这些仁义观念,从家庭当中出来,然后在社会上,影响了人们的行动原则。怎么影响呢?是按照某种结构和脉络展开其影响,而不是像天上下雨一样,一下子就滋润万物。是从我这里一层一层地推出来,是"老吾老以及人之老,幼吾幼以及人之幼"。这样一个社会秩序,并不是一个外来的秩序,也不是一种超验力量安排的秩序,而是每个人心中的、以自己为中心的社会秩序。这个社会秩序,可能人人都不同,但是人人都又相同,在结构的意义上,人人心中的秩序其实是相同的。

这个秩序的特点就是差别化对待,这是它特别重要的特点。它和人的身份、地位特别有关系。比如说你是一个普通的老百姓,你所做的事情,你的行动原则,就是以"仁"和"义"的原则或者以"亲亲尊尊"的原则去对待身边的人、家人以及朋友。别人呢,就谈不上了,因为那并不是一种你必尽的责任。如果你地位更高一些,责任就更大一些,你就应该用这个原则去对待你能够影响的更多的人。比如说老师,除了以这个原则对待他的家人、朋友之外,还要包括他的学生。如果你是一个单位的领导,那么除了你的家人朋友之外,还要包括你单位的下属,这个叫"老吾老以及人之老,幼吾幼以及人之幼"。这是一个秩序性或者次序性非常强的东西。

现在我们可能觉得,制度和规则本身就已经能够保证一个组织运行了,又何必在此之上多加上一套所谓同情、宽容和义的制约呢?其实加上这一套东西非常重要,因为任何组织都是由人组成的,是人就有各种特殊、具体和为难的情境,是制度和规则不好处置的情境,需要有仁义之心来处置。我觉得这是儒家对组织运作的理解。现代社会谈企业文化、组织文化的时候与之比较接近。组织是这样,国家也是这样,从个人行动到国家,有层层的搭建。实际上,仁义观念在秦汉以后并不表现为一套现实的社会结构,而是一种像风气一样的东西,蔓延、延伸到了这个社会结构,到今天仍然存在。

一个组织只靠严格执行规则来运行会怎么样呢?这个组织其实是不行的,很容易成为权力的工具,人也只能成为被动执行规则的机器。在这种结构中,人本身就不太重要,结构性的位置更重要,什么人在这个位置上并不太重要。但是如果我们把儒家这套伦理原则也放进去以后,人就变得很重要。人是什么样的人,他对待别人是什么样的态度,他什么出身,他什么样的性情,对我们理解一个组织的运作来说,这些东西就变得非常重要。当然,我说的这个是一个理想状态,可能从来也没有完全实现过。但是我认为,这个理解是带有普遍性的理解,它不完全是个人化的理解。用今天的词语来讲,我认为这种理解是对组织更加"社会学"的理解。一个人到公共领域去,是否可能摆脱私人关系的束缚,用另外一套原则行事?中国人还是会按中国这套伦理本位,或者家庭本位、"亲亲尊尊"的伦理原则来行事。

刚才两位老师批评的中国现实社会正是这个问题。但是,如果我们期望一个中国人,他分得非常清楚,在私人领域按照传统原则行事,一到公共领域,就完全摆脱掉私人关系,比如说,我在家里和朋友吃饭,是那样行事,但是我一来到学校,渠敬东立刻变成了我的同事,我完全用另外一套原则来对待他,这是否行得通?我觉得这种社会建设的挑战实在是太大,也太遥远,我本人就很难做到。这个太困难了。而且我把不准,就是真的成功了,结果会不会更好。至少从目前来看,这离现实还是很遥远。这个目标和当前现实的距离,比刚才说的中国人说一套做一套,差别更大,也更远。

举个例子。比如说一个外企公司,外国人办的,他要按照自己的模式搭建这个组织。但是他只要一雇佣中国人,他们就立刻在公司里面发展出各种亲疏远近的关系,西方社会学把这些叫作"非正式关系"。这些关系其实是为了他的行动而发展出来的。比如某个人工作没完成,要加班不能回家,但是家里有些私事,他需要找别人帮他来完成这些工作,找与自己关系亲密的人来帮忙。中国人解决这个问题一般不按照公共原则行事。按照公共原则办,需要一个很重要的前提条件,就是公司里面人人都有一个公共性的意识,都有公共责任感,还得有兼爱之心。中国人缺少的就是爱所有人的这种心,就是我喜欢帮一个人,无论我和你关系亲疏远近我都愿意帮你。如果公司里所有人有了这种心,有了这个基本的意识,我觉得才能做到按照公共原则办。我认为,刚才描述的这种状态,在西方社会可能也是一种理想状态。西方人可能有上述的兼爱之心,但西方社会也一定是有好人坏人,有热心和不热心的差别,我觉得这个一定都是有的。所以当你遇上具体困难,你会找谁帮忙呢?找一个最愿意帮你的人。那个人和你有一些关系,你才会去找他,帮你加这个班。那些外企公司的老板,在中国体会应该是更加强烈,这个可能对他们来说是最难面对的。在这方面,我和两位老师观点的确不太一样。

【渠敬东】我觉得两位老师提出的问题是很重要的。这倒像是一种感受性的问题,不一定完全是理论上的问题。翟老师说,如果理论不回到经验,特别是现实生活经验里的话,恐怕会遇到一些挑战。这个问题本身,不单是两位老师有感受,我们都有感受。两位老师的顾虑和忧虑,我也同样有。比如说,我特别不喜欢今天很多人天天讲月月讲中国传统文化复兴这个事,这是标语,是口号,是立场,单靠这些,中国传统文化是没法复兴的,因为靠这个不能正心诚意,也不能融化在平常的生活里。像刚才翟老师说的,就是有可能变成两面派。所以,今天很多讲儒家、儒学的人,不少是有害于中国传统学问的。不是因为他研究了中国传统学问,就有利于中国传统学问的恢复和发展。这一点要识别清楚。因为这东西一旦热了,成了潮流,就很麻烦。所以这一点,我们心中的顾虑和忧虑是一样的。

我并不认为,如果对中国传统的东西感兴趣,目的就是把它变成一切历史之本,或者一切历史之根。因为中国传统的东西,本身是一个更开放的系统。传统的原则并不能完全造就中国未来的政治制度,传统的原则也不能完全成为今天做人的所有原则。我觉得这个都不符合中国,而且也不知道真正的传统是什么,今天就我们的研究来看,在我们不一定能深入理解中国自身传统更大的开放性的条件下,我们很容易将其教条化。这就涉及刚才周老师说的现代和传统、中国和西方、制度和道德的问题。我觉得这些问题都统合在一起,所以不敢轻易下结论,关于这一点,我们有大量的工作要做。

如果讲中国的社会,不能不去研究历史,当初佛教进来的时候,对儒家产生的最大影响,就是很多人进了寺庙,连孩子都不生,众人平等。这对强调差等原则的儒教产生很大的伤害,对宗法系统造成破坏。但为什么佛教能在中国扎下根来,并成为洋洋洒洒的大乘佛教?钱穆在《中国文化史导论》中说,佛教之慈悲观与平等观,不仅抚慰了乱世中的人心,"掌握了社会大众的教育权",亦由一种"反心内观"的思辨精神,径入儒家子弟之思想世界。他们走进庙宇,摆脱一切兵火盗贼之灾,"既得师友讲习之乐,又获书籍翻阅之便","偏重在学理而偏轻于信仰",将宗教转化为教化,将佛法转化为义理,将"无我"转化为"天伦",遂成"大乘"之说,竟开出一种印度本来未有的新宗派。钱穆总结说:"魏晋南北朝时期民族新分子之掺杂,只引起了中国社会秩序之新调整,宗教新信仰之传入,只扩大了中国思想领域之新疆界。在中国文化史里,只见有'吸收、融合和扩大',不见有'分裂、斗争与消灭'。"①

没有佛教的刺激,不会产生理学的创新。所以,传统不是要抱守残缺,只去讲一个教条。同样,赞成传统的容易沦为教条,反对传统的也容易沦为教条。我们可以批判中国传统的社会政治,但很多人一谈到传统社会政治,就说是专制社会、官本位、家本位,随便扣上帽子,却不知,帽子一旦扣上了,就无法深入去研究了,无法去同情理解了,无法去深切体会了。所以我觉得,我们不要急于下结论,应该好好去研究它,去体会它。飞舟刚才讲的是体会,我不觉得飞舟讲的对这个经验的感觉是完全对的,但他举得这些例子完全对。如果单纯拿一个制度主义的原则,拿一个公天下的原则,我们就不一定能体会这件事情的道理。但一个人一旦体会到了这个道理,他就会逐渐地去内推和外推。一个人在生活里的体验如此,一个学者更应该去这么做,所以我们要用同情的态度去理解这种学问,理解传统。我们现在缺少对传统的温情。同样,拿传统这根大棒去打现代,反西方,反佛教,也仍然缺少对传统的温情。你把传统越教条化,越缺少对传统的温情。因为你只要想想,你设身处地在现实里

---

① 钱穆:《中国文化史导论》,北京:商务印书馆,2000年,第151—152页。

活着的话，那个时代的人也同样是在现实里活着，他不是在一个理想世界中活着，孔子在一个礼崩乐坏的时代里活着，他的理想才有现实基础，才有终极价值。人们越是按照理想的严格标准贯彻现实生活，就越傻，说明他根本就是个不明事理、不通感情的人，是个智力未开的人，这不是人心之本。所谓人心之本，就是在一个非常复杂的世界里从道理上去体会复杂的生活。这是我讲的一个意思。

我讲了对前三位老师发言的体会，赞成也好，批评也好，都不重要，重要的是理解。今天中国最要命的问题，是学统被破坏，道统已不再，所以怎样恢复它们，是我们首先要做的事情，这个是着急不了的。着急了，路就走歪了。这其中，首先要做的是研究，这一点我可能跟两位老师的观点不完全一样。说到学术研究，我认为经验研究是社会学意义上的研究，这个非常重要，没有经验感，没有现实的体会，历史也是僵死的。但怎样去理解传统因素在现实里的作用，必然要回到理论本身的研究中去，回到经学的传统去。这并不等于说，要用经学研究的规则来衡量现实的一切，做判断和评判。但是，这个本，你若不去研究，就永远不会知道现实中究竟哪些东西在发挥作用，发挥什么样的作用，它的机理和机制在哪里。所以，我们要用尊敬的态度去研究经学的义理，这是必不可少的学问，哪怕对社会学来说也如此。费孝通晚年说，"中国社会学的本质仍然是人文学科"，就有这层意思在里面。寻文明之源，文化之本，西方人同样这样做，回到史诗、悲剧那里去，回到柏拉图、亚里斯多德那里去，回到古典的历史文本里去。所以，我们首先需要的是同情的理解，去理解那个时代的人，他心中的理想和社会的处境是什么。

其次，我想说的是，要矫正这个倾向，要矫正用现实篡改传统、用传统强加现实的做法，就要加大历史学的研究。社会学，特别是我们社会学系，要强化对历史的把握和理解。经学的道理，会应不同的情景、不同的情势发生变化，历史上，两千多年传统一直都在变异。从一个长时段的视角看，今天的现实，仍然是这个变异链条的一个部分而已，或者说只是一种变异的当前史而已。我的意思是说，研究经学原理及其构建的理想和制度，怎样在现实的诸多条件里去变异，这是矫正把经学教条化，同时把经验简单化的一个最重要的基础。社会学要做好，一定要加大史学研究。费孝通讲得很清楚，他说郡县制替代封建制的时候，所谓封建和宗法这套东西，就已经不再全然作为现实，而是变成了士大夫的一种情结，以及知识分子所讲的构成文明最基本的精神。所以，士大夫们才会有时候不惜性命，不断对现实的制度有反动和制约。实际上，道统的存在，就是要把原初的这套精神融入每一次历史的变异里，去守持这个精神，而不是说完全再造一套制度。历史从来没有实现过标准的五服制或宗法制，封建制也从来没有完整出现过。想当初周代分封，一半是同姓诸侯，一半是异姓诸侯，并不纯然是按照大宗小宗的逻辑来构建现实的。但是，如果返观这种体制，它更具有理论上的封建特征，因为同姓异姓各半的分封制度，却在另一个方面奠定了夷夏之辨的治理基础，为解决中国特有的族群关系，以及文明一体的结构，做出了重大贡献。因此，宗法制不是封建制的死理，封建制还有更重要的面向需要研究。

　　我赞同翟老师说的要用制度化的研究办法来研究传统，而且我也觉得，费老等前辈做的也都是制度化研究，他们已经开辟了这种尝试。不过，这里有一个问题需要辨析。翟老师文章中的一个观点，就是家族主义或家庭主义是损害公天下的，这个判断我有些担心。如果我们细致研究西周的封建制，会发现封建制不是纯粹的"家天下"，而是"家"和"天下"。我考证了一下，周公建立了一整套所谓的宗法制度和封建制度，分茅胙土。但是，大家并不注意周代还追了一个始祖，这就是后稷，后稷说白了就是一个无从所考的始祖，带有神话学的味道。换句话说，周的宗室与后稷是没有血缘关系的，这就是有意思的问题了。对于周代的所有祭祀和礼制，如果我们现在只去讲丧服或服术，再加上宗庙这个部分，这是不够的。周代还有很多国家礼仪，比如说大蒐之礼。这有什么意思在里面呢？周代以后稷为自己的始祖，其实是以天为祖，以天命为祖。所以孟子和孔子不断在讲"天命使然"。我们说周代在礼制意义上是循着两条线索进行的，一个是宗法，一个是天命。你看《论语》和《孟子》无数次讲到天的概念,这说明,一方面,在现实的制度里要循着五等之制建立一个所谓礼制的等级关系,或爱有差等的原则;但另一方面,在不同等级里,都有君的概念,若从最小的井田一层层扩大到诸侯,到国家,那么每一层所受到的最核心的礼制教育,都必然有一个与其对应的对自然和天的理解。

在这一点上,儒家是最讲天命的平等观的,但这不一定是现代意义上的平等观,而是在讲这样的道理,天命不可违,君为天子,也不能胡作非为,无论是《中庸》还是《礼记》对这个道理都讲得非常清楚。民是顺天之自然而形成的核心概念,后稷是一种象征,是一种自然生养的象征,后稷教人稼穑,教人种地,让老百姓养育了国家,因此从这个意义上讲,民为父,君为子。我觉得,中国传统经学里若没有这种普遍性的关怀,整个政治社会是不成立的。说白了,人们对于饿殍遍野的现象,有不忍之心,这不仅是宗法制给出的理解,而是一种源自天命概念的形而上的理解。大至一个国家,小到一个单位,都如此。所以我的意思是说,这里的公私的逻辑并不是现代制度意义上的公私逻辑,但是,它所蕴含的特殊性和普遍性,可以让中国人保持修齐治平的理想,能从修身到平天下。董仲舒后来讲天人之际的理论,跟这个也有密切关系。所以钱穆先生说,孔子是第一位,有了孔子才会有老庄,他考察老子活在孔子之后,指的是孔子的理论会发育出这些不同的派别。孔子的学说直接对应的是墨子而已,墨子才是他真正的对手。

我的意思是说,对于中国传统,我们既要知道我们认识的有限性,也要尊重它。就像我们研究西学一样,去尊重这些前人,去理解他的理想和现实关怀,才能逐渐渗透到它的本质和制度化的方式之中,否则,我们只能停留在意见和判断的层面上,做个中国人好还是西方人好,我认为这是个学理不充分的问题。如果没有对中国人理解,没有对传统理解,就没法判断这些问题。如今,文明还在延续,学统却断了大概几十年。所以,我们应该抱一个谦虚的态度,抱一个在现实生活里面有界限的态度,才能从这里边摸清楚我们还欠缺哪些东西。我刚才只是从经学的角度来讲，但是历史的演变不完全是按照这个来的，甚至几乎完全不按这个来的。这又怎么样呢？我们今天既要懂得古人心中的理想，又要懂得历史的变化，他们曾经的处境，只有这样，我们才能真正理解我们的经验现实。

【应星】我同意渠敬东讲的，要尽可能抛弃立场先行的东西，无论是新儒家还是西化派，都不应是靶子，我们要本着"少谈些主义，多研究问题"的态度来讨论。

翟老师的文章让我重新去思考，对传统的研究在社会学中到底应该摆在一个什么样的位置上。在以前的学科划分中，这种研究路数属于本土心理学，或者是社会学分支学科里的一个——历史社会学。但我们近年越来越强烈地感觉到，社会学研究应该要有一种超越以现实问题研究为界的格局。我把现在的社会学主流研究称之为"双峰并峙"，一峰是量化研究，另一峰是田野调查。在原来的这个格局中，由于历史没有中心性的位置，我们对许多现实问题都缺乏根基性的理解。而当退守到现实中时，我们会越来越丧失社会学的想象力。中国社会学重建已经30多年了。反思这30多年的历程，也许可以感悟到历史感的缺乏所带来的一些重要缺陷。比如翟老师文中涉及的重要问题，在今天的社会学研究中很难找到位置。因此，我们不得不去考虑，中国社会学今天是不是需要重新奠基，或说是"第二次创业"。把历史带回来，把历史研究放到社会学研究的中心位置，就是这次创业中最重要的议题。

我们进入历史研究时会碰到一个很大的困难，就是社会学怎么进入中国传统社会中去提出要研究的问题。为什么这样说呢？因为社会学来自西学，它有一整套建立在科学分析基础上的概念模式，讲究的是严格的逻辑推理，有一套比较系统化的讲法。而中国的很多东西是需要意会的，它是一种意境，比如费孝通写的东西看起来就相当模糊，你可以去体会，但他与西方实证社会学的分析路数有很大的差距。而我们社会学传统的训练，是从西学那儿过来的，要讲一套概念，然后一步步进行逻辑推演。那么，中西这两个的研究关系到底怎么样搭建，是需要特别去讨论的。比如翟老师文章开始就讲得很明确,尽可能不要简单用西方的概念来理解"面子""孝"这些特别具有中国味道的东西。我想这个旨趣大家可能都是认同的。但是在实际的分析中,还是会碰到一些困难,比方刚才说到"孝",似乎有一种很强的社会交换论味道。那么,社会交换论能否恰切地理解"孝",这可能是一个问题。再比方说,张老师论文使用了"公""私"的概念,谈到了家庭主义私的关系在性质上不同于公的关系。那么,"公""私"这些概念是否适合来分析中国传统社会,这也是需要再讨论的。

梁启超在《新民说》中说:"中国的二十四史不过是二十四姓的家史而已",中国人"知有天下而不知有国家,知有一己而不知有国家"。这其实也是用西方式的公私观念来比附中国社会。西方的公私观念建立在以个人为本位、以团体格局为纽带的社会基础上;而中国传统社会观则是以家庭为本位、以差序格局为纽带的,其公私分野远不像西方社会那样泾渭分明。因此,当我们用西方的交换或公私概念来度量中国社会时,可能就会出现某些错位。

中国社会心理学的本土化问题从杨国枢那里开创出来后,已经形成了一个富于生命力的学术传统。但在其内部,实际上也一直存在着发展路向上的分歧。比如叶启政老师就对杨国枢和黄光国研究的"面子""人情"有过批评,说他们提出的本土化理论,背后还是没有完全摆脱西方的一些概念框架。叶先生是希望能够在理论上找到尽可能贴近中国人身心状态的呈现方式。这当然又是一个很含混的说法,什么叫"身心状态"? 又怎么去研究身心状态? 这都是可以讨论的。但至少我觉得,社会学在进入中国历史研究时,需要探索独特的理论呈现方式,慎用西方流行的一些概念。

一旦进入对中国传统的研究,就面临经与史的张力。飞舟从经学本身来呈现儒家的这一套东西,不管这些东西与我们当前的现实有多大的差别,这都是特别重要的,我完全同意。我们不能把孔子的讲法直接拿来跟今天的现实社会对照,因为存在着极其复杂的历史演变。举一个例子,最近几篇文章,都在围绕费孝通的"差序格局"概念展开。这种研究的确一层层地在深入,把平面的变成立体的,把模糊的变得清晰化。但回过来看,我们对"差序格局"这个概念的探讨仍然是非常不够的,因为至今没有看到学界从史的维度去呈现这个格局,展现差序格局在中国历史中的演化过程。一方面,"尊尊"和"亲亲"的关系从本原上如何理解,这固然是重要的;但另一方面,这种关系从远古到中古,从明清到近代,到底发生了什么样的变化,这也是非常重要的。钱穆在《国史大纲》开篇就讲,我们对国史应该有温情和敬意,但是他在具体讲中国传统政治制度时,又是沿着历史脉络一点点展开的,哪些制度在哪些朝代达到了什么高度,有着什么缺陷,到其他朝代又发生了什么变化。他对国史的感情,并不影响他探究国史的生原和病原是如何纠缠在一起的,又是如何由盛而衰的。

如果我们要进一步分析"差序格局"或"亲亲尊尊"这样的概念,是不是也可以把它们放到一个大的历史脉络中去观照。何况我们从近代到当代的中间,还经历了共产主义新传统的冲击。这个正是我现在做的东西。今天在什么意义上,你可以说这个东西是早期儒家那里本来就有的,还是传统历史慢慢演化出来的,或是共产主义新传统成长出来的东西,这都需要进行仔细的辨析。因此,我们必须把经和史的张力带进来,尤其是要重视史的演变,这样我们对传统概念的理解才能真正丰满生动起来。

回到对儒家伦理秩序的理解上,我还有一些困惑的地方。翟老师刚才讲,儒家伦理秩序的要害可能是权力和关系。我不知道理解得对不对,在这篇文章中,伦理的维度似乎比较虚,而权力的维度比较实。但在儒家建构的这种秩序中,伦理与权力的关系恐怕还值得进一步探讨。即使就权力的维度而言,学者们也似乎存在着分歧。比如,费孝通和吴晗强调传统政治在基层的无为和双轨;萧公权在《中国乡村》里强调的是外在的控制,所谓的自治并非真的自治,而是为国家所利用的治理形态。这种分歧的实质在于,对儒家伦理在社会秩序中的位置的理解有所不同。不管怎么说,对中国传统社会来说,伦理是比权力更关键的东西。因此,我们在谈及传统中国人的"面子"时,是不是不宜做太强的工具化、权力化的理解?在中国社会,人和人日常的相处中,除了权力和利益的考虑外,伦理到底占有一个什么样的位置?虽然多数人不可能完全按照儒家讲的那样去做,但他们到底会受到儒家伦理怎样的熏染?如《论语》中所说,"君子之德风,小人之德草,草上之风,必偃"。这种草上之风到底是如何行事的,是不是不宜都用权力运作来解释?老百姓受儒家伦理所熏染的状况,与现实社会种种利害处境到底是如何交织在一起的,需要更进一步的研究。

【张静】听得出有一些分歧在里头,很好,我喜欢坦率地讨论问题。

我自己有一篇已发表的文章,跟今天讨论的主题有关系,叫《公共性与家庭主义》①,讨论家庭主义原则与现代社会秩序的关系。在这一问题上,社会学的主流看法中有含混不清之处。我认为,关键的问题是认识到,私人关系与公共关系存在性质上的差别,这是我们讨论社会秩序问题的前提。因为治学和普通聊天不同,治学关注的重点在公共秩序,而非仅仅是我们作为个人身边的生活秩序。我的文章希望说明,在不同的社会结构中,家庭主义原则发挥的作用不同,在现代社会条件下,家庭关系的特殊主义原则,很难扩展至全体社会成员,成为通用于公共关系的基础原则。

我的理由,一是真实性问题,很简单的例子,如果人们真的是用家庭伦理处理公共关系,社会就不会是现在这个样子,比如"小悦悦事件"就不可能发生。二是掌握公权者的行为问题,比如官员利用权力为亲朋谋取优先利益,引发社会的普遍反感,这说明人们不喜欢这样的行事原则进入公共关系。三是个人道德和社会伦理的问题,秉承家庭责任和道德的人是一种好人,可是所有的好人也不一定能组成一个好的社会,个人

---

① 张静:《公共性与家庭主义——社会建设的基础性原则辨析》,《北京工业大学学报(社会科学版)》2011 年第 3 期。

伦理不等于社会伦理。

好人组成好社会这样的假定实际上无法成真,原因是人们在不同的环境中,针对不同的对象和情景时行为不同。所有人组成一个大家庭,像兄弟姐妹那样相互对待,仅仅是愿望而非社会事实,而我所理解的研究工作,须以社会事实而非愿望为基础。因此,如果我们不是从愿望,而是面对真正的社会现实,就会看到,用家庭规则构建公共社会的诸多困境。我甚至认为,这至少是中国社会公共关系诸种危机的来源之一。相对于传统社会,现代社会的活动范围大大扩展,要求社会规范的性质发生改变——不是针对某个特定组织中的成员,比如家庭成员,而是针对整个社会成员,合作与共处的对象变了,家庭中私人关系的规则,或者道德,就无法在陌生关系、公共社会中,为行动者提供对他人行为预期的指南。家庭主义的亲疏远近规则和内外边界意义,妨碍规则向非个人性的公共方向转化。因此在其基础上构建的社会秩序,可能是私人社会、团体社会、地方社会、宗族社会,而非公共社会,它与规则面前人人平等的价值相冲突,而这一价值正是组成公共关系的基础,也是法治背后的道德原则。这种坚信并非来自立场或者主义,而是活生生的社会现实。

飞舟、敬东和应星刚才的发言提出了一些质疑,但还没有说服我。我感到三位同仁的批评虽有锋芒,但重心在伸张一种面对传统伦理的态度,因此,我们的讨论中,通过展示根据、逻辑及客观作用(并非动机)的究理式交锋并没有发生。

对于一个论题的讨论,立脚点背后的目标很重要。这些目标会影响到学者的分析方向。比如传统伦理这个主题,我们经常可以看到三种不同角度的讨论:美学或者欣赏的角度——关心我们感到惬意舒适的生活方式和文化氛围是什么;教化或者是做人的角度——关心我们应该成为一个什么样的人,是否应该教育我们的学生成为一个好人;作用分析的角度——关心传统伦理对于社会行为的现实影响,及其整体后果是什么。三种角度的目的不同,背后的真正的焦点问题就不同。如果从做人的角度,毫无疑问,君子伦理是我们应该的修为;从审美角度,温情令人感到安全舒适;从作用分析的角度,我们关心的问题就变成,对于整个社会,特别是现代的、高度流动的、多元异质社会来说,传统伦理是否有助于解决社会秩序问题,对此我不确定,甚至非常怀疑。但这样的提问无关于审美和教化主题,无关当然就谈不上相互否定,因为这三个角度回答问题的逻辑不同,各自关心的基本问题是不同的。

飞舟提出国人不可能将公私分开,我也曾写文章阐明(华北西村人)公私混合的行为特点①,这说明在判定事实方面我们是一致的。分歧在对这一事实的评价,也就是说,这一事实对于社会秩序达成的意义,飞舟的评价正面,而我则比较负面。我想,差别也许来自我们对于"秩序"的看法或标准,即怎样算是一个"好"的社会,存在不同偏好。这个问题显然需要进入价值层次,才能形成真正的交锋。但价值属于信念和规范性议题,难以用证明性语言说明。敬东提出对于传统需要理解和同情的态度,带着尊敬的态度去了解,看中国人的行为特征有哪些不同的地方……如果批评就是不理解,不同情,或者不尊敬,谁还敢批评?如果我们的研究问题是关于国人和西人的行为差别,就没有超出20世纪80年代社会科学中国化的讨论。那个时候的基本问题正是这个,而且得出的结论到现在多数人是接受的,那就是中国人和西方人的行为方式有较大的差异。对这个事实问题有共识,说明它大致已经解决,已经有研究答案:我们这个社会和他们的社会有差别。对于回答事实性问题,这是一个中性的结论,本身无关续接或者反对传统的态度。在我看来,研究者分析传统本身——不管结论是肯定还是否定,已经说明了这一论题在他们视野中的重要性,加入研究,本身就是试图对其加以理解和尊敬的行动展示,对学问的理解和尊敬,在于探究,无关结论,无关赞同还是否定。

所以,不应停留在80年代已经解决的问题上,应当往前走,提出新问题、未解决的问题。我认为,更重要的问题在于做出判断:这些差别具

---

① 张静:《私人与公共——两种关系的混合变形》,《华中师范大学学报(人文社会科学版)》2005年第3期。

有什么样的性质，它会造成什么样的后果，它会把社会带到哪里去，它会形成什么样的行为标准，这些标准将形成什么样的社会，是不是符合人们利益的社会秩序。这里面棘手的研究问题很多，比如，如果传统文化能够解决现代社会的秩序问题，为什么它的效用下降了，为什么它在今天不怎么起作用了？既然那么多人很喜欢它——作为做人的道理，它在中国历史上也非常具有生命力，为什么今天它对于整个社会的规范效用在下降？这些问题靠感情反应，比如敬意、教化、温情和道德批判都无法给出令人满意的答案，如同鲍曼（Zygmunt Bauman）所言，在变化了的社会现实面前，任何道德说教都无济于事，如果说服力可以依赖情感成立，那么仇恨和暴力就会增强说服力，热爱和偏执就会提高公正性，但我们都知道，它们是截然不同的。

分析传统伦理和社会秩序的关系，虽然可以有不同的重点，像我刚才所说，从不同的角度一定会有不同的方向，但是，无论走向哪一个方向，都需要有一些基本的标准。这些标准包含基础性价值。如果这些标准不建立起来的话，很难有共同讨论的基点。目前的讨论当中，标准比较混乱，或者说还不太清楚。社会秩序虽然说是可以具有多样性的形态，没有两个社会是完全相似的，他们之所以可以互相比较，或者作为参照系的前提，是因为具有一些共同接受的标准。两个不同的社会根本就不该比较，还是因为我们没有找到标准，所以无法比较呢？比如有两种秩序，对等关系和等级关系，前者是可以相互约束的关系，后者则要有权威来约束下级，但权威自己不受下级约束，前者是双方都有自主性，后者是只有权威有自主性……在这个例子里，显然，必须存在一些标准才能评价这两种秩序：可制衡、对等性、自主性等等这样一些标准，就成为判断秩序的关键。没有标准是没有办法评估秩序的，更不要说能发展出有益的知识性讨论。

对于研究者而言，这些标准就是一些分析概念，不论出自哪里，中国还是外国，都可能构成分析标准。标准不是指那些只能说明一种现象的词，它应当满足系统性、非个人性、非偶然性、客观性等等条件，能够分析较多现象的分析概念。所以把中西不同作为一种标准划分不是一个有益的做法，因为它妨碍分析能力的发展，也妨碍中国的分析概念走向世界。比如，费孝通先生基于中国的事实证据，命名了一种分析概念——差序格局，只有作为一种组织关系类别，可以用它分析发生在任何国家和地区的类似现象，才能成为世界共享的标准。在这个意义上，公共性、公共领域、私人领域这样的一些概念具有同样的意义，不管它产生于哪里。如果它们获得接受，就可以成为一般性的分析概念，这样，中国可能产生普适的概念，西方也可能产生普适的概念，因为知识是公共品，对全人类有用。但如果用是中还是西来分类它们，就会妨碍知识进展。

还有一些问题，我觉得挺重要，很希望能够听到社会学者的回应。比如，传统伦理中的"亲亲尊尊"，和平等、自主这些价值的关系究竟是怎样的，是无关的、对立的，还是可包容的呢？比如恩情、情义，这些中国社会特别看重的伦理价值，和社会公正的关系是什么？还有，利益和伦理是否是矛盾的？二者的正当性根基各是什么，作为秩序规则，他们各自的社会后果是什么？利益背后有没有伦理，利益是背离伦理的，还是有不同与传统利义之分的伦理？求利则不义吗？求义则无利吗？规则伦理，换句话说制度伦理，和个人伦理之间的关系是什么？我不是儒家伦理专家，但我觉得，如果要讨论传统伦理和社会秩序的关系，这些都是比较重要的问题。我感到刚才的讨论中，不知道是不是我的误解，好像把伦理和规则看成是对立的东西，但在我看来，任何规则的背后，无论是否意识到，都是有伦理的，都会发生具有道德含义的行为激励。正因为如此，才会存在好制度和坏制度的差别。这是我提出来的问题。

对于社会伦理的特点，我有这样一些看法。第一，伦理是历史性的，就是说它是变化的，某种伦理不是永恒的。比如说利益作为一个具有正当性的伦理，其实是在市场社会以后才建立起来的，但在之前它肯定不是那么具有正当性。所有的伦理都随着经济社会的变化而变动。比如生育原来是利己的，现在就变成利他的。为什么同样是生育，会变得在伦理上有如此不同的地位？那是因为社会环境变了，一些要素的价值关系变了，福利制度也不同了。还比如，过去中国人的财产只传儿，这个现在也发生了很大的变化。与其说这是女权主义者战斗的结果，不如说是经济要素和价值的变化、财产的流动性、可交易性发展导致的结果。目前养老伦理的问题，我觉得也是这个样子。所以社会变迁总是伴随着一系列伦理的争议，其实新的伦理原则都是在争议当中建立起来的。目前中国就处在这样一个时期，我们对于伦理的争议会这么敏感，正是因为有些新的伦理原则出现，有些正在失去正当性。

第二，伦理的另一个特点，是情境性，它在不同的领域含义是不一样的。比如公域和私域、公共伦理和私人伦理。伦理是具有社会性的，就是说它具有非个人的意义。当一个人生活，像鲁滨逊在孤岛上生活，不需要伦理，因为他不会伤害到任何其他的人，也不会因为伤害到他人，反过来再伤害自己。所谓伦理其实是整体生存的条件，需要合作就需要伦理，集体生活需要伦理。最后，也是最为重要的，伦理依赖规则存在，否则没有办法延续它的生命。伦理需要表现在行为规则或是制度中，如果没有制度或者是规则作为实现伦理的形式的话，伦理就没有办法在群体生活中得到维持。从本体论上说，伦理始发的主体不一定仅仅是人，还有制度。

回应一下飞舟刚才讲到的一个现象。我认为这个现象非常有意义，而且具有普遍性。就是发现中国人无论在任何场合、任何环境里，总是在复制传统的人际关系。比如说经商，他用寻找关系、交朋友的方法。飞舟的意思似乎想说，这和西方人不同，西方概念也不能解释。我的看法是能解释。因为传统伦理关系规定了中国人的权利、责任和义务。只有在传统关系中，他才能确定和辨认这些权利、义务和责任，才能预期各自应当的反应，俗话说，就是知道自己该怎么做，他人会怎么做，知道该怎么相互对待。这些东西建立的安全性和确定性，相互的约束关系就此产生。但是当他进入到一个新领域，面对一些新关系，一些不熟悉、无法与之构造差等关系的人的时候，也不知道对方即将如何行为的时候，为了确定预期和合作安全性，他的做法就是重建传统熟悉的关系，这样来降低风险。复制这样一种关系的用途，有利于辨认自己和对方的权利、责任和义务，知道规则，不用再去学习陌生的规则，自己所不了解的权利、责任和义务。最简单的例子，有个德国老板在中国建厂，他说最头疼的事儿是一到春节，多数工人回家再也不回来了。他们完全没有企业忠诚的概念，没有人理会跟他的工作合约。换句话说，工人和老板签订的合约，是一种陌生关系中的权利、义务和责任合约，这个合约不能约束他对老板的责任，对企业的忠诚，但是他在亲人关系、朋友关系中则能，所以只有恢复这个旧关系时，这个真正的约束才会生效。在陌生人中复制特殊关系，是为了增强确定性和约束性。没有这个，就没办法行动。这是我的一个解释。这种解释使用了权利、责任、义务、确定性和约束性这些分析概念，它们并非不能解释中国式的问题。

如何明确、辨别、激励和约束责任的问题，在所有的社会都存在，在中国社会，是用传统的社会关系做到这一点，在西方社会，是用合约做到这一点。形式不同，但本质上都是解决责任的确定性问题。在我看来，这是社会秩序的核心问题。

【渠敬东】这可不只是一个制度问题，西方没有宗教的铺垫，几乎是不可能的。

【周雪光】你不觉得西方的宗教也是一种制度吗？

我想问问在座做研究的人，在你们的理想状态下，研究中国传统，不管是经史还是社会秩序，你们认为应该怎么样去做？从研究、教学、培养人才，还有其他方面，这个领域你们希望看到什么？不仅是你们个人的工作，而是这个领域你们希望看到什么状况？

【翟学伟】我们想得没那么大，就是在社会学教学中要有中国社会的内容，这个内容是中国社会学家通过努力做出来的成果。我们学社会学概论、分支社会学，中国这套东西却装不进去。身为中国社会学系的学生，除了自己生长在中国，中小学那一点点经历以外，他对这个社会的传统、历史和社会运行方式始终没办法知道。

【张静】他们知道的都是书本上的。

【翟学伟】或者说就是一些口号式的,理论课上跟现实生活有很大距离的东西。很遗憾,一个社会科学或社会学系的学生,没有通过专业了解到他身边真实社会的运行方式。我觉得这是不应该的。

【应星】在现在的学科发展形势下,我们需要更多像瞿同祖、杨开道、萧公权这样的历史社会学研究,这还不单是为了探究历史本身,而是与理解我们的现实生活紧密联系在一起的,这不是你去工厂蹲个点、发个问卷就能做的。中国社会学恢复30年,很少能看到这样把历史和现实打通的研究了。

【渠敬东】民国时候的燕京大学都教什么呢?我们回过头来讨论,问题就明显出现了。比方说,我们现在的课程都是分支社会学,但是老燕大的时候,民族学、社会学、社区研究,包括调查、历史研究,所有这些都统合在一起。

举一个例子,瞿同祖的学士论文就是做周代政治制度,中国封建制度,他打下了特别好的基础,不信去看看瞿同祖20多岁写的文章。他系统地学甲骨文,学很多东西,对西方的学问也懂。有这个基础才能使他在后面的研究中完整呈现出对问题的关心,无论是中国法律的儒家化,还是汉代社会结构、清代地方政府。所以,如果考察燕京大学的整个培养结构,是非常开阔的,这里的社会学学者,比如吴文藻和费孝通,和史学界的一把手,如顾颉刚,有完整的对话和争鸣。看今天社会学什么样,学分制啥也学不到。

【周飞舟】刚才讲得宏观一些,我是做经验研究的,主要做田野。田野调查里遇到的主要问题,其实是和读古代的东西有密切联系的。行动者认为"这个是对的"这件事特别重要,这个道理需要往前追。这是我做经验研究时最重要的感受。从方法论的角度说,要理解现实经验,就和传统的道理有关系。

【周雪光】我更关心生态学的问题。我们大家应该都有这个共识,传统对于理解现代社会很重要,而且社会学本来就该研究这些很有特点、有历史渊源的东西。我说生态学的意思是，这需要多方面的协作研究，协作并不是说有人要统起来研究，而是说要有一个氛围。我在想这个氛围是什么样呢？比方说飞舟在研究五服，或还可能转去研究其他东西，敬东在研究封建，还有刚才列的那几个关系，应星在研究党史，翟老师在研究人情、面子，我们日常生活中的人伦表现。那么你们希望其他人，怎么能和你们的工作有所呼应？我说的呼应不是你来领导他或他来领导你，而是说如果这个领域有很好氛围的话，是什么样的情况。举个例子来说，社会学的系科建设、理论流派或研究流派，应该是什么样的状态？我在想你们如果研究十年，还是孤零零在做研究，但如果有一批人，有各种各样流派在争论，情况会很不一样。

还有，从经的角度研究，对中国古典教义的理解，飞舟有一些研究，应星做的党史，也有点社会史的味道，讲到经史之间的相互联系。当然从某种意义上，六经皆史。但是从我们做社会学的角度，和别人不一样的地方是什么样子？

【翟学伟】读经以及弄清楚中国传统思想家在经上谈了什么东西，和你认为历史很重要，搞清楚历史是对现在的意义，这是两种不同的路子。我想问，中国的学术传统内部，经上谈了什么，对这个问题的认识，无论在史学界，还是思想史学界，明清的时候已经做得非常好了。现在你能够完成的，是他们没有做的东西呢，还是因为我们掌握了新学问，至少对中国传统学问来说是新的社会科学，能够找到不同的解读方式，才让社会学有新拓展的可能性？目前，至少从讨论中写出来的东西看，并不让我感到这是一个社会学科要进入的东西，也没让我觉得，历史学家和思想家做不了这个东西。

【渠敬东】这确实是很实质的问题。我还是想回到前辈上去。我觉得费老其实是在探索，用社会学的方式理解中国历史，比如《乡土重建》和《皇权与绅权》这样的书。书的写法，不是用历史学家的方式，也不是传统经学家的方式。传统经学一定本着所谓"天不变，道亦不变"的原则，历史学家一定要考证出历史具体发生的细节，或者说历史是否真实地这样去演绎。费老写的书不是这样的。费老写,什么东西是主导中国传统社会最重要的因素,这个因素怎么在历史过程中演变,发生的脉络是什么。费老讲双轨政治,特别是讲绅权的时候,他一定不是讲中国传统上就有绅权,他是讲从封建到郡县后绅权才出现的,所以历史条件非常清楚。

从广义上讲,这是社会学而不是历史学的分析模式。如果有误解说社会学家不能谈历史,那马克思(Karl Marx)、涂尔干(Émile Durkheim)、韦伯(Max Weber)全是历史学家,只是他们谈历史的方式和经典史学不一样,有着逻辑内在演变,包括结构条件发生的变化。社会学家应该做这种事情,他并不是对某一村落、家庭或某一朝代的具体制度、官阶,做还原性或考据性的研究,而是要看社会构成,看是社会底层、中层、上层相互联系的逻辑是什么,逻辑的演变是什么。我觉得这是社会学应该开拓的一个领域,这个领域不是社会学和历史学决然区分的地方,是可以慢慢尝试去做的。事实上,韦伯做的历史研究,本质上就是这样的。如果看中国和西方最经典的学者,社会学家非常重视历史,没有这个铺垫,你不知道现代社会从哪里来的,你根本不知道现代社会的脉络是什么。

【周飞舟】我还是从另一个角度补充。"社会学"三个字本来和中国古代的学问没关系,因为社会学是西方的学问。如果你这样定义,从西方来的就叫社会学,或者用西方方法研究的就叫社会学,那确实没有必要回到传统。但是如果你认为,社会学是谈一个社会的结构、民情,理解社会行动或社会组织的话,那这门学问可不只是西方人有,中国古代就有,只不过它不叫社会学而已。古代也没有其他现代社会科学门类,但它有一个渊源,就是关于人与人的关系。这些东西算不算社会学呢,它不算社会学算什么呢?它肯定不是历史学,很多东西都不是历史学。丧服这个东西是不是历史学,把丧服归入现代的哪个学科合适呢?其实是归不进去的,只能说是经学,但经学在现代学科中已经不存在了,这是纯粹从学科角度上面对的一个困境。现代和传统的学科设置有断裂,这是我们本身的问题。

我个人的思路,为什么要回到经学去寻找现代和当代中国人行动的意义?行动的意义包含了传统的东西、中间的变化和当下的东西。我觉得当下的东西、西方的东西(构成他行动意义的东西)相对好理解一些,受了社会学训练,可以用交换的视角分析关系,但缺的一块,是怎么理解行动中传统的意义。传统到底是怎么构成的?首先需要的是理解传统的意义是什么,这就是第一步。一个人非要那么做,纯粹是个性使然,还是其中也有社会的部分,有叫作客观意义的成分?社会学有这个信念,社会学不是纯粹个人性的东西。

【渠敬东】如果能让学生系统理解这个事,其实课程是应该有所调整的。但我的前提是,中西一定要有所对应,西方的课开得越好,中国的课才能开得越好,而不是这个强化,那个弱化。社会学如何做这件事?不在于我们拿历史、经学,让学生把所有的经都念了,这没有意义的,而是要念真正能构成社会结构的、社会关联部分的实质的"经",这是需要解读的。怎么做这个解读,也不是纯粹先从概念出发,而是第一,要先寻求读经的传统做法,然后和现代的解释做对话。这样既能理解古代社会是什么样,也能理解现代社会,我们理解现实,往往是因为有张力,才能构成对现实的理解。

第二,一定要看经所谓不变东西的变化在哪里。如果我们社会学来开中国历史课,我个人认为,不需要像历史系那样各个部分都要讲清楚,而是将中国历史上社会结构变化最核心的节点讲清楚。如果没有这个系统训练的话,在现实中看不到东西,也不知道背后的逻辑是什么。美国在很多领域里课题制已经被资本征服了,所以不要觉得美国做的是本来的学问。我说的意思是,任何时期的学术形态都有其限制,有不同的可能性,要看清楚美国的优缺点,制度的限制在哪里,思想的停滞在哪里,创新在哪里,才能明白自己的处境。我总的意思是,不要把美国彻底理想化,也不要把它妖魔化。美国传来的,非常 popular 的学问,我觉得不解渴,觉得他们的水平不高,很简单,就是这个直觉。但美国也有特别好的学问,要学这个东西,比如不论它对中国研究的讨论,还是在其他领域的研究,它的视野非常开阔,修养非常开阔,它永远不停留于某一问题单一解释的方法,我觉得这应该好好学,应该把这些人请到这儿来和大家好好聊聊。而不是整天模仿所谓标准化、程序化的方案,这样的学习,就是为了找工作而已。

【周雪光】稍微再往前面推一步,刚才你们讲的主要是个人研究,以及教学怎么去教的问题。我想问,追溯到中国传统的经和史的研究,在方法上应该有哪些特点?

宫崎市定出了一本书后,译者韩昇教授在他的序中写到,当时日本史学和中国史学的区别是,中国史学是考据学,日本史学是解释学。宫崎市定的特点,不是有一分史料说一分话,而是要多说几句,不仅要多说几句,还要嚷几句喊几声,引起大家注意。对过去的这些研究,是不是应该留给史学,社会学是不是更应该关注,经的传统它是怎样演化过来的,演化中有哪些过程机制强化了它,或改变了它,或在不同领域有怎样的应用?这块是不是社会学应该特别关注的东西?这就是研究方法和侧重点的问题,我想听听你们的意见。

【周飞舟】丧服制度是一个很特别的东西,它其实是一套制度和规则,它不是四书里讲的那套东西。你去看丧服,清代浩瀚的文献,没有人谈义理。没有思想家在谈这个应该咋样,那个应该咋样。大家纯粹是以讨论一个制度的态度来谈的,而且它特别像判例一样的东西,《通典》中有相当大一部分都是问答题,而且这问答题都是真实发生过的。死了,应该给他穿什么衣服,穿多长。去查《丧服经》,但《丧服经》里没有,有两种或三种答案,这个答案是说,根据《丧服经》的某一条原则,可以推出来他应该服这个服,他的问答是在论证他的推理过程。但另外有辩驳,有人有不同意见,说推理的某一逻辑或原则不符合儒家的经义,应该这样来推,所以最后他应该服那个服。有非常多的,非常复杂的制度讨论,它构成了一条线,就是丧服制度演变史。一直到民国,中国人确确实实就是这么服的,不服你就会丢官,有的还会被抓起来,会受到各种惩罚。它的基本形态有演变,而且演变的脉络极其清晰,因为这属于礼教,是官方文件里特别需要记载的东西。它又接到了上面的东西,因为属于经的地位,你从它当中看,怎么能够上面体现经义,下面又能实行。

像礼学里的其他东西,比如说丧礼、婚礼,历史演变就非常大,这和丧服不一样。我也不太清楚原因,可能是社会变化的结果,比方说封建制没有。因为按照丧礼的要求,一定得是卿大夫之家,有封地,才能按它这个礼的要求来办,没有封地的话,那些要求你做不到。比如说死一个人要摆 24 套衣服,到后来郡县天下之后就没有这个条件。我觉得这个变化是非常重要的,它是怎么一步一步变化,怎么在不同等级之间变化,老百姓的怎么变,士大夫的怎么变。变化肯定不是随意变化,是按照某个原则来变化,那么它变化的原则是什么?千变万化的丧服案例讨论,读起来是最麻烦的东西,我的学生都深有体会,现实的情况非常复杂,远远超出经里面谈到的内容,经里面只是列举了一些情况,但现实情况要复杂得多。这些服例就是在讲,在变化的情况下,你应该怎么做,你为什么应该这么做,并不是随意的。它在变化的情况下,变中有不变,不变中有变。我觉得经的意义主要是在这儿。

【翟学伟】但是从史学的角度上讲,社会史和文化史都会去同样讨论这些问题。

【周飞舟】别的我不太清楚,其实我的视野比较狭窄。丧服的研究就是基本上没有,很简单,丧服的文献很少。

【应星】我从另一个角度来补充一下。我的研究从原来的经验研究,转到所谓的党史和革命史的研究,它跟史学、传统的党史其实是有不同的问题意识的。第一个,我们通常说不仅要知道制度是怎么做的,还要知道制度是怎么想的。第二个,《大河移民上访的故事》里面最重要的结论是说,农民和国家不是简单对立的,农民上访和国家摆平其实是同一个思维,遵循同样的政治文化。表面上看,国家的权力之间有斗争,有分裂,国家不是一个整块,但是它的背后又有一些整体的东西,比如共产党人是怎么炼就的,他身上的气质是怎么出来的。目前社会学主流研究对此关注是很不够的,我们要回到共产党所塑造的传统去看。

最近我参加了一次和史学家的谈话,他们对我的革命研究既失望又觉得很好。什么意思呢?他们觉得我现在做得太像史学了,似乎没见到社会学进来后带来了什么新东西。而我的想法是要有耐心,要先进得去历史的深处。史学现在有两个较突出的问题。第一个问题是做高层的与做基层研究的是两拨人,相互分离的。杨奎松、沈志华等强调把传统的实证史学带进党史研究,但他们的研究集中在高层。杨奎松自己在会上说,学生做建国史的时候,缺乏对基层社会的经验感受。而我的想法是要带着总体史的关怀进入地方史研究。不是由材料直接决定问题,而是要按照自己的问题意识选择关键事件。但具体做的时候得尽可能比照史学那样去处理材料。

第二个问题就是在党史研究上的立场偏向很明显。关心古田会议和富田事变的似乎完全是两种路数。然而,这两个大事件几乎是在同一时期由同一些人经历的,它们之间有没有内在联系,这是以前史学研究很少去考虑的。有些研究仅从术的层面去理解政治文化,而有些对道的理解又停留在意识形态层面,还有些仅从史实去梳理势的变化。而我所感兴趣的是如何逐渐把道势术这三方面贯通理解。当然,这需要特别的耐心。历史研究本身是需要时间的磨砺的。就像福柯所说的谱系学的特点:"灰暗的、耐心的、细致的文献工作。"我们需要向史学学习,我们得承认,整个史学有其深厚的传统,以及比较成熟的处理材料的方式。当然,我们研究背后的问题意识并不是传统史学的。

【周雪光】我和应星讨论过,他说第一步就是要做到史学那么严谨,所以他确实在用史学的要求做东西。这让我想起在美国社会科学界一个相应的故事,提出来看能不能和大家讨论一下。芝加哥大学政治学系有一个人叫约翰·帕吉特(John F. Padgett),是个政治学家,他花了很多年研究佛罗伦萨资本主义兴起问题。他是政治学家,但受社会学很多训练,他从哈佛毕业的时候是做网络的,学了很多网络技术。拿到tenure以后,他一头扎进佛罗伦萨这个地方,那儿有很多大家族,他搜集家族的历史记载、婚姻网络、他们互相的资金网络等。

他邀我参加了一个暑假讨论会议,他这样说过,他希望自己的研究工作首先会得到史学家的尊重,也为此花费了很大气力。他花了很多力,他的文章也发表在史学刊物上,就是应星说的这个意思。

但是他和史学家的区别是什么呢?他用网络分析技术,把过去欧洲文艺复兴在佛罗伦萨这个地方的所有网络做了很长的历史性的收集以后,在美国社会学杂志上写了一篇100多页的文章,用网络角度来解释,为什么资本主义兴起会在佛罗伦萨这个地方。他讲几个不同的网络——婚姻的网络、权力的网络和资本的网络,最后怎么会有一个新的制度产生了。他用的是史学资料,但最后的文章是用现在的技术来回答这个问题。他最近和沃尔特·鲍威尔(Walter W. Powell)合写了一本书,叫《组织与市场的产生》(*Emergence of the Organizations and Markets*),引起了很大的讨论。就是用同样的想法,提出了很多模型的东西。

【张静】我这学期读书会正在读这本书。

【周雪光】他是一个社会科学家,很偏社会学,他也是在用史学资料来回答历史上的一个现象。但他的着眼点是关心现在,是想回答更一般性的问题。我在想你们也是在回答一般性的关于中国社会的问题。这些问题能影响我们看中国社会,给我们一个独特的角度,提供一个独特的研究方法,回答一个独特的问题。

【张静】我非常赞同。我们已经触及一些在方法层面很重要的问题。一个问题,就是我们处理的经验世界和分析世界不是完全一致的。我的看法是,必须是以经验世界为基础,但是让分析高于经验世界。如果我们把认识看成是一个纵向连续谱的话,那么往上走叫"抽象"、概念、框架和理论解释,往下走就是经验,具体丰富的社会事实。学者的工作依赖社会事实,但不完全停留在这里。因为如果完全停留在这里,他就没办法抽象,没办法用一个分析的世界去看待它。但如果纯在分析世界,则没有根据。研究工作,在我看来,是从经验到分析这么一个循环往复的过程。学术训练在某种程度上,就是训练我们这样做,这是专业工作和一般感受不同的地方。

比如我们分析一个案例,发生在中国历史或者党史上,发生在丧服或者经学里面,都没有问题,但我们的目的,是通过这个具体的案例去问一些更普遍的问题。任何一个具体的案例都是可以问普遍性问题的。不同的学科训练,差别不在材料,甚至不在对象,主要在角度、方法和提问意识。

【应星】刚才雪光老师说的我其实也非常赞同,我们的基本想法也是那样。只不过我们之前从没有从社会学进入党史研究的范例,无论材料还是方法。所以完全是在摸索,尽可能耐心点,一点点去做,最后希望能达成你所讲的。我们有这么多丰富的材料,肯定还是要找模式性的东西,只不过可能现在还做不到。

【渠敬东】周老师说意大利佛罗伦萨的例子,我觉得潘先生做的研究就是这样,他研究明清两代嘉兴的望族,和近代欧洲的人才,他就在讲为什么中国在家族里面保持血脉和优生,要如何编织社会网络。他没有社会网络分析这套概念,但其实做的是这个工作。但是他后面有更多的义理,比如说,他研究中国传统的家庭制度,或者研究"伦"这些东西的时候,他是说社会维持在这个位置的时候的网,换句话说,这个网络是为目的服务的,网格分析不是一个技术,它是为了家族能在一个特定的历史条件下延续这一目的服务的。家族在一个大的社会结构里面处在什么位置,有可能产生什么变动,或者通过联姻能达到什么效果,我觉得应该继承这传统。

社会学更应抓住什么,更应抓住那些能产生广泛影响的人,习俗、礼制、道德或者是人的风骨。怎么样能像风一样吹动老百姓,让老百姓借着风倒向了一边,他觉得我行为要是太过违逆这风向的话,就觉得不好意思,没面子。我觉得,这个东西是社会学问题。如果我们做社会史,应该做这种东西,而不是做单个人的研究。这个其实我们的前辈倒是做了好多贡献,我们应该好好向他们学学。

【周雪光】翟老师的文章提出的儒教礼学和社会秩序的问题,说到要进入社会学的视野,那怎么把更多的人带入到这个领域呢,让更多的人有兴趣进入,你们有什么想法?

【翟学伟】我的回答可能比较悲观一点。

我可能算是进入这种想法比较早的人,至少是在岁数上、客观上是比较早一点。我觉得整个中国的学术氛围,是在一套激励机制下在做。无论是国家社科基金,还是教育部的社科基金,以及中国与西方的接轨,和当代形势下抓热点是紧紧联系在一起的。要么不断用你之所学为政府服务的课题,有很多项目,设很多科研经费,不断鼓励这些人,他们在学校里的位置就非常重要。但是另一方面,它还鼓励什么呢?虽然政府机构不知道你做什么,也不知道这个话题好不好,深刻不深刻,但你有本事在国外刊物发文章,教育机构根据这个篇数也能决定你在学界的地位。按照这几个导向,如果这一块不为政府服务,又不是抓现在社会的热点,没有办法在外国顶级杂志上发表,比如说五服,用英文讲是说Wufu,同上面各项都对不上。那它就会有一大堆的问题需要去解决。学生大多数要到社会上找工作,他们都急于要在博士期间发两篇论文毕业,要做一个让接收他的学校或者单位觉得,"你搞的这个东西和我要的很吻合",这堆系统一运行,就让对这一话题感兴趣的可能变得非常小了。

【周雪光】我自己感觉,做研究做到最后,史学维度非常重要。我在想,为什么要在做这么多年以后,才意识到这个问题呢?这个维度能看得更深,解释得更有意思。但怎样才能在学术研究中更好地采用历史的维度呢?

【张静】我深感史学重要,自己这些年阅读的东西,有关历史的多起来了,从中学到不少。但对于史实,如何提问,如何解释,还是基本问题。我感到传统治学应该有的,不是优越感,应该是危机感。一方面,和"文革"时候相比已经有了很大的进步,很多的人受过专业训练,引进了很多东西。但另一方面,就是传统学术的提问方向还没有,或者还不能说有根本的动摇。这样,社会科学的一些基本逻辑、方法或概念、框架,包括解释,跟中国传统的研究有很大的不同。我认为费孝通先生等前辈,已经开启了新的尝试,虽然他们的研究对象有关中国传统,但提问和分析逻辑已经不同。我预感在这方面或有出现冲突和辩论。但这不是坏事,因为在传统学问的支配下,这样的辩论根本不会发生。这说明差别开始出现,不是指立场的左中右,而是说基本的方法和关注点,甚至目的,现在面临着变化,学生感到无所适从,也是正常。

【渠敬东】就别说中国传统了,问问学生究竟对西方理论有多大尊重呢？也没有的,不过就是表面上用西方的概念。

【张静】我讲的主要是方法逻辑和提问意识。刚才说到陈寅恪,我觉得已经非常接近我们今天所理解的方法逻辑。他能从具体的经验问题来解答一个普遍性的问题。还有瞿同祖、费孝通,问题意识都和现代知识有关。

【应星】传统中国和所谓西方,这两个东西在陈寅恪那里是怎么铸就的,这个是特别值得专门讨论的。

【渠敬东】涂尔干也讲统计学,最核心的概念就是风俗统计学,不是今天发问卷的统计学。统计学才是研究风俗、民风的学问,不是今天什么收入、教育程度,不是这玩意儿,我觉得要不断回到社会学的原初问题,包括西方和中国的。

我只用两个概念做个对比,其实是一个概念。我们如果提封建制的时候,这不是一个非常高端的分析概念,马克思讲整个欧洲的中间部分,无论政和教都和封建有关系。我们说封建制概念的时候,历来特别尊重马克思或后来马克·布洛赫(Marc Bloch)讲的封建概念,在知识积累里我们接受它,这是个分析概念,很重要。然而,我们要提到中国的封建制概念的时候,第一个感觉是这个西方概念不可接受,觉得这个东西非常糟糕。一般接受过教育的人,一般的学生,都觉得这个东西没什么内容。这就扭曲了。我的意思是,本来很有普遍性的概念,学生却很难去接受它是个普遍性概念。封建制对中国来讲是个要了命的,既是体制,又是精神,还是文明的实质概念,如果没有能力去了解,没有受过教育,就没有能力讲它凝结的最重要的成分是什么，反倒容易接受西方马克思主义讲的封建概念，比如说采邑、庄园这套东西。

【周雪光】但我没有读到就中国封建制的实质性内容进行讨论的文章。

【渠敬东】因为受了一套后历史学理论的影响，觉得可以全部解构啊，这个不行。何谓最核心的普遍性问题，这个东西你得有修养去接受、体会它。

【周雪光】程序化的东西能产生影响，有时候提出一个很好的分析性概念，包括封建制，别人拿很好使，打开了好多结，本来有个打不开的，但通过这一个概念赋予分析性的内容，就可以（做到）。从这个意义上来讲，我们缺少这个东西。这又回到刚才张静讲的，你能不能在现象里面提炼一些具有普遍性的东西，依靠分析性的工具。

如果有一个合适的分析概念，你能提出来，而且把古今贯通起来了，我觉得这恰恰是我们现在最需要的。如果在"经"这一块，确实有新意有成果，你们需要多说几句，甚至大喊几声。不是停留在原来的解释学上，说很多人很多种解释，又添了一种，尽管是社会学家又添了一种。那距离我们的目标还是比较遥远。

【渠敬东】我再举个例子。比如，在座的有一位同学写作业交给我。他研究傅衣凌的一田二主，因为明清普遍实行永佃制，说白了，地主也没有这个权力随时任意性地收回佃农的土地使用权。为什么这么讲呢，这个是跟国家思路有关系的，永佃制的核心是天子和民之间的关系。你如果大规模地兼并土地，其实天子就不能遵循道统里的一个核心地位，所以必须保证民有耕地种，特别是在一个农业国家。在这个意义上来讲，土地不归农民，还得保证他永久耕种。所以中国人的产权概念就发生了重大变化，地主的拥有权利和佃户的使用权利，又和西方的土地权完全不同，因为西方只要占有权发生了变化，使用权随着跟着走。我们这是你占有土地的人不能随便更改使用土地的权利。使用权就相当于某种程度的占有权。这难道不是跟西方产权理论的对话吗？

如果你要看现实,乡镇企业就是这个概念,村子的人办厂子,不要求股份,不是一个土地所有权的概念。他索取厂子给我永久性的保障,我遇到困难了你要借给我钱,我要不种地了你要让我上工。辖内的村民,要求的是土地权利,而不是工厂经营的利润获得权利,那么要求这个厂对我的保护性权利,但并不直接要分你的占有权。这不跟古代的传统社会有密切的关系吗?永佃制的权力关系对我们理解这个问题有共同逻辑性。农民你给他十足的占有权,他也不完全按照占有权处理事务,这是我反对周其仁的地方。你给他地,他第二天卖掉,回头还向村里要求保护。这个逻辑难道不在中国现实里发挥作用吗?乡镇企业是符合这个逻辑的,但是征地就不符合这个逻辑了,我会认为今天是历史的倒转。

【周雪光】将来各个领域的教科书里,都应该体现有中国特殊性的研究,纳入到教材里,比如说,经济社会学、土地关系、城镇化、社会关系、伦理等等。这是一个重要部分。如果有好的研究工作,能够达到一定层次,能对其他研究有启发,就会有借鉴的,别人就会拿来用,别人用了就会渗透到各个领域中,影响到各个领域的研究成果。将来有人总结要写教科书的时候那就说,比如说,封建制这个概念对我们的解释什么有用,已经有哪些研究工作了,自然而然会进入了知识整体的一个部分。

我觉得一个方向还是很有希望的。有一本书《分析性描述》,英文叫做 *Analytic Narratives*,所以叫 analytic,史学是叙述性的,可是这些学者又加上分析性。政治学家或经济学家,做经济学方向,但研究的都是史学现象。我在想,经史方面,能不能有些东西和分析性技术结合在一起。一方面要关注史学的东西,用史的资料来做研究,需要有人把细节的东西整理出来,然后另一方面进行分析,这个社会学趋势已有,问题就是怎么样做一个好的结合。做技术的和做实质性研究的人交流,一起来带学生,既满足了学生就业,又满足了要关注历史、整理历史事件资料的要求,提供了很多进一步分析的线索。这个是不是也可以考虑?

【张静】不是只满足于把资料挖出来本身,而是分析资料,关注这个资料说明了什么。

【周雪光】提供新的分析角度来看资料的意义。

【张静】几个小时的讨论,大家很辛苦,但看得出来,也很快乐。这种非正式的小型工作坊,通过聊天来交流,推进了问题,大家都有收获,比开大会,特别是社交性的会收获要大得多。我希望在北大能够经常这么做。

# 书 评

# "双重危机"与劳工研究再出发

## ——以《中国卡车司机调查报告》三部曲为例

闻 翔[*]

自2018年以来,由清华大学社会学系沈原教授领衔的学术团队接连推出三部《中国卡车司机调查报告》(以下简称"三部曲")[①],产生较大的公共反响,引起社会各界对于卡车司机群体及其生存处境的关注。在学界内部,三部曲也得到了一定关注,前两部还曾获评2019年"第五届中国社会学会年度好书推荐十大好书"。但可能囿于其调查报告的性质,学界对其的认知和讨论尚停留在其现实关怀的面向[②],还没有人从劳工社会学研究的层面对三部曲进行分析和讨论。众所周知,在社会学界,沈原是公认的劳工研究最有力的推动者之一。近15年来,沈原一直致力于将"社会学的马克思主义"对生产领域和工人阶级的关注引入对中国市场转型的社会学研究,并身体力行地主持和参与了一系列针对制造业、建筑业、服务业以及环卫工人、乡村教师的调查研究,由此也使清

---

[*] 闻翔,中国人民大学社会与人口学院副教授。
[①] 除沈原外,三部曲的作者还包括亓昕、马丹、周潇、游睿山、喻加耀等人。
[②] 例如,闻效仪:《关注卡车司机群体生存境遇》,《中国工人》2018年第8期。

华社会学成为劳工研究的重镇。① 最近几年,沈原将目光投向公路货运业,对卡车司机这一职业及其生态进行了大规模、持续性的追踪调查。在我看来,相较于沈原之前的劳工研究工作,卡车司机研究不仅意味着研究对象的拓展,也体现了沈原及其研究团队对劳工社会学一些重要议题的推进和反思。本文即旨在围绕这些议题与线索展开讨论。下文将首先对三部曲的"文体自觉"进行分析,然后尝试在劳工社会学发展所面临的"双重危机"中来考察三部曲的实质贡献,尤其是其重返转型社会学的总体视野的努力。最后,本文将在此基础上进一步思考,面对当代中国政治经济的激烈变迁,劳工研究将如何重新出发。

## 一、三部曲的"文体自觉"

三部曲由三个主题依次推进的调查报告组成。其中,第一部报告对卡车司机的人口统计学特征以及劳动过程的一些基本特点进行考察,呈现卡车司机职业的基本轮廓。第二部报告则细化到"他雇""卡嫂"和"组织化"三个具体专题:"他雇"讨论雇佣体制,"卡嫂"讨论家庭生计与劳动力的再生产,"组织化"则讨论劳工团结与职业纽带。第三部报告又进一步扩展到"物流商""装卸工"和"女司机"三个专题:"物流商"涉及对公路货运业的整体运作体制的分析,"装卸工"则是在劳动过程中与卡车司机关联最密切的一个群体,"女司机"则将性别维度带入对卡车司机职业的研究。三部报告既相互独立,又构成了一个具有内在结构和逻辑

---

① 关于清华社会学劳工研究的一个不完全梳理,参见沈原、闻翔:《转型社会学视野下的劳工研究——问题、理论与方法》,载郭于华主编:《清华社会学评论》第5辑,北京:社会科学文献出版社,2012年,第155—173页。

的整体。①

对三部曲的讨论,首先需要回答一个问题,即为什么著者选择调查报告这一形式。调查报告本是社会学研究最基本的一种知识生产形式,但近些年来却颇见冷落。在以期刊论文和学术专著为中心的学术考评机制下,调查报告往往被认为只是一种"初级产品",乃至于可有可无之"余事"。在这一氛围下,沈原等人首先以调查报告的形式来呈现研究成果,是一种颇为"逆流而上"的另类选择。而这一选择的背后,实际上是有着相当的"文体自觉"的。

这种自觉表现在两个方面:一方面是出于"公共社会学"的关怀,让研究的受众面更加广泛,吸引更多的人尤其是学界之外的读者关心卡车司机这一职业群体;但另一方面,之所以选择调查报告这一文体,更重要的考虑则在于对当下的劳工社会学研究"厚"理论而"薄"事实,以致很多研究沦为"抽象的经验研究"这一现状的反思。与以往研究相比,三部曲不再强调理论"对话",而更追求首先细致地描述和呈现经验事实本身。就此而言,调查报告能够最大限度地容纳尽可能丰富的经验内容,从而完整和系统地刻画出卡车司机以及货运业相关从业者的职业实践和生活世界。从三部曲中披露的调研经过可知,沈原及其团队在三年时间里先后在北京、四川、山东、河南、安徽等十几个省市辗转调查,共访谈包括卡车司机、卡嫂、物流商、装卸工以及卡车司机组织相关工作人员在内近300人,总访谈时长将近300个小时,录音文字稿超过200万字,此外还对超过1.5万份问卷进行了统计分析。仅卡嫂调查一项就在五个省份访谈了49位卡嫂,访谈总时长近50个小时,形成70多万字的录音文字稿。在此基础上,三部曲对卡车司机的职业和生活世界做了系统

---

① 根据著者自述:"这三个调查报告的主体部分自然是卡车司机群体本身,并通过自雇卡车司机、他雇卡车司机、女性卡车司机和卡嫂等四个主题串联起来,构成三个报告中一以贯之的主线,勾描出卡车司机工作与生活的基本轮廓;物流商以及装卸工则是位于卡车司机群体之旁,与之密切相关并参与构造公路货运业劳动过程的两个职业群体。系列报告的最终落脚点是卡车司机的组织化。"传化公益慈善研究院"中国卡车司机调研课题组":《中国卡车司机调查报告》No.3,北京:社会科学文献出版社,2019年,第2页。

和细腻的呈现。书中的经验细节相当丰富和动人,既有对劳动者家庭生活与生命史的个案考察,也有与司机一起"在路上"的田野观察,还有对于男性与女性、自雇与他雇等不同性别和雇佣体制下司机的职业生态的细致比较,以及对与卡车司机相关的卡嫂、装卸工、物流商等群体的延伸分析。在这个意义上,三部曲呈现了相当鲜活和具体的劳动者形象。

早在十几年前,沈原就曾批评当时流行的农民工研究将研究对象视为"不分地域,不分性别,不分老幼,没有具体面目"的"农民工一般"来处理,提出需要"从抽象工人转换到具体工人"。[①] 从抽象到具体的转换,意味着首先需要从经验层面把握劳动者及其工作和生活自身的复杂性和多样性。三部曲中所呈现的劳动者的生活世界是相当复杂乃至充满张力的。在沈原等人的笔下,我们既看到了卡车司机为了完成订单而疲于奔命,乃至对身心进行自我规训的一面,也看到了卡车司机对方向盘的热爱,以及试图通过职业实践来把握自身生活、实现人生价值的一面;既看到了卡车司机行业中支配性的"男性气质"霸权,也看到了卡嫂的隐性劳动对于这种男性气质的支撑,以及女司机作为性别少数群体如何在打破性别霸权的同时又不得不主动"去性别化",反而进一步强化了行业内部的性别隔离;既看到了卡车司机囿于四海为家的原子化劳动以及与挂靠公司的松散契约关系而无法在企业与制度层面建立团结纽带的困境,也看到了他们以线上平台为基础守望相助、争取权益和追求"承认",从而显示出"劳工的力量"的那一抹亮色。这种复杂性与悖论性交织的多元图景,恰恰体现了研究者的经验洞察力和对于社会生活的丰富性的把握。就此而言,三部曲也赋予了"调查报告"这一文体更加丰富和厚重的学术品格。

当然,"调查报告"的文体,并不意味着卡车司机研究是完全白描而没有理论取向的。事实上,三部曲是以"生产体制"分析视角一以贯之的。沈原是中文学界最早引介麦克·布洛维(Michael Burawoy)的生产

---

[①] 沈原:《社会转型与工人阶级的再形成》,《社会学研究》2006年第2期,第26页。

体制(production regime)理论,且将其应用到中国劳工研究的学者之一。在布洛维看来,生产体制包含四个维度:劳动过程、劳动力再生产模式、市场竞争与国家干预。前两者是微观层面的,后两者则是中观乃至宏观层面的。① 卡车司机三部曲依次处理了自雇司机、卡嫂、组织化、他雇司机、物流商和女司机等主题,这样的主题设置和结构安排其实正是围绕生产体制展开的:第一部报告先从整体上对卡车司机的劳动过程进行分析,这个分析又通过第三部报告中对女司机和装卸工的研究来补充完整;在第二部报告中,对卡嫂的研究实则关乎劳动力再生产模式,对组织化的研究则与国家干预密不可分;第三部报告对他雇司机和物流商的研究则涉及劳动力市场的组织运作以及物流业的市场竞争。因此,三部曲虽然是以调查报告的形式出现,但本质上仍然属于一个具有相当的理论聚焦的实证研究。

## 二、"双重危机"视野中的卡车司机研究

卡车司机三部曲很容易让人联想起中国早期社会学前辈的人力车夫调查。近百年前,中国社会学在诞生之初曾兴起过一场大规模的社会调查运动。② 这场调查运动的一个重要对象就是人力车夫群体。当时,北京、上海、南京等各地高校社会学系的师生都曾开展过关于当地人力车夫职业与生计状况的调查,留下了大量的调查报告。陶孟和、李景汉、言心哲等重要社会学家也都做过人力车夫的专门研究。③ 人力车夫在当时成为社会学家关注的对象,一方面是因为人力车夫构成了城市社会底层劳工的一个重要组成部分,且与工厂工人相比,人力车夫是知识分子在日常生活中最容易与之发生接触的劳工群体;另一方面则是因为随

---

① 沈原:《社会转型与工人阶级的再形成》,《社会学研究》2006 年第 2 期,第 34 页。
② 参见阎明:《中国社会学史:一门学科与一个时代》,北京:清华大学出版社,2010 年,第 59—88 页。
③ 陶孟和:《北平人力车夫之生活情形》,载《孟和文存》,上海:上海书店出版社,2011 年,第 117—127 页;李景汉:《北京人力车夫现状的调查》,《社会学杂志》1925 年第 4 期;言心哲编著:《南京人力车夫生活的分析》,南京:国立中央大学,1935 年。

着"人力车夫"文学的兴起,在胡适、鲁迅、郁达夫等人的笔下,人力车夫成为知识分子心目中劳动者的代表性形象,乃至被建构为"劳工神圣"与劳工问题的双重载体。① 那么,在今天,沈原等人将目光投向卡车司机群体,用长达三年的时间进行追踪调查,又是出于怎样的考虑呢?

在我看来,将卡车司机纳入研究视野,首先意味着对"世界工厂"的研究,从以往的生产与制造环节扩展到了流通环节。沈原曾指出,在中国经历市场化改革成为"世界工厂"的同时,一个世界上最为庞大的工人阶级队伍正处于再形成之中。仅从规模上看,卡车司机3000万的庞大从业人口,已经使其成为工人阶级队伍中一个不可忽视的组成部分。但更重要的是,在经济快速发展、"世界工厂"不断扩张的背景下,流通环节的意义越来越凸显。尤其是近十几年来在电子商务和互联网经济异军突起的过程中,物流和运输业的枢纽性角色越发重要。正是一辆辆昼夜奔波在路上的载货卡车,连接起生产企业与消费市场。就此而言,对卡车司机的研究,就具有了相当的现实意义,乃至实践上的紧迫性。

当然,三部曲所开创的卡车司机研究,其更实质的意义还不在于研究对象的拓展。我们还需要将三部曲放在劳工社会学近15年来发展的历史脉络和当下所面临的危机中来理解其可能的贡献。2006年,沈原在其关于劳工研究的纲领性论文《社会转型与工人阶级的再形成》中曾引述美国社会学家贝弗里·西尔弗(Beverly Silver)的"双重危机"之说,即西方自20世纪70年代以来劳工运动的衰落与劳工研究的式微共同构成了现实与学术一体两面的危机。与西方的情况相比,沈原指出随着产业工人阶级的国际重组和"中国制造"的兴起,劳工研究在中国正当其时。② 从这篇文章发表算起,近15年来,我们的确见证了劳工社会学的兴起与壮大,乃至成为国内社会学相当重要的一个研究领域。但在取得长足进步的同时,劳工研究走到今天,也已经呈现出诸多瓶颈和局限。例如:有成熟的研究范式,但也不免

---

① 参见闻翔:《劳工神圣:中国早期社会学的视野》,北京:商务印书馆,2018年,第21页。
② 沈原:《社会转型与工人阶级的再形成》,《社会学研究》2006年第2期,第14—15页。

走向路径依赖与"审美疲劳";有深刻的底层关怀,但这种关怀却不一定能形成有效的问题意识,反而可能造成分析视角上的失衡;有对劳动过程中的控制与反抗的细致考察,但却缺乏对总体社会的分析视野和观照。另一方面,劳工研究中涉及的一些议题,在当下讨论和发表的空间也在发生改变。这是从知识生产的层面讲。而从现实层面来看,经济形势整体下行,"逆全球化"潮流逐渐凸显,再加上结构调整、产业升级尤其是"机器换人"等因素的影响,劳动者所身处的整体经济环境也已经发生了很大变化。因此,虽然略显危言耸听,但属于我们自身的"双重危机"可能也已经迫在眉睫。

沈原显然对此是深有体会的。在我看来,三部曲作为他近些年来用力最深的一个专题研究,在经验与学理两个层面都对这一"双重危机"做出了有力的回应。囿于"调查报告"的形式,这些思考与回应尚散落在三部报告的各个部分。下文即尝试围绕经验与学理两个层面,对三部曲的材料与分析进行重构与重述,以从中凝聚出一条核心线索。

## (一) 经验问题:卡车司机作为"不稳定的劳动者"

就经验层面来说,三部曲到底讲述了怎样一个"故事"? 就个人所见,三部曲在经验分析上最核心的旨趣即在于,揭示了卡车司机这一特定劳工群体在整体经济形势调整和物流业不断分化重组的背景下地位沉降的变迁轨迹。卡车司机的处境日益艰难,议价能力不断削弱,收入渐趋下降。而且,与制造业或服务业工人不同,卡车司机曾经一度类似于"工人贵族",因而其当下的地位沉降就显得尤为剧烈和对比鲜明。在再分配体制时代,卡车司机是国企或集体企业的正式员工,具有稳定的福利保障,且"是一个技术工种,与大多数其他工种相比收入较高,而且工作较为自由"[①],在"工人老大哥"中是一个让人羡慕的职业。市场化

---

① 传化公益慈善研究院"中国卡车司机调研课题组":《中国卡车司机调查报告》No. 2,北京:社会科学文献出版社,2018年,第327页。

改革以后,卡车司机也仍然是收入较高的蓝领职业之一。根据沈原团队的调查,自雇卡车司机2018年的年收入均值131 563元,他雇卡车司机月平均工资6427元。① 但是,如果纵向比较的话,卡车司机的收入状况和职业生态实际上是每况愈下的。

就收入状况而言,卡车司机近些年来收入普遍下降,很多卡车司机在访谈中都表达了"今不如昔""越来越难干"的感觉,他们普遍怀念过去的"好时光"("那个时候收入20万以上,现在呢也就十来万")。三部曲的问卷调查也指出,95.9%的卡车司机认为运价逐年降低②,其中81.3%的自雇卡车司机认为近三年的收入逐步下降③。超过一半的自雇卡车司机认为收入下降的主要原因是"市场的恶性竞争";此外,货源减少、排放标准升级过快导致车辆折旧费增加是另外两个重要原因。④

就职业生态而言,在竞争加剧、管控趋紧、运价下降的背景下,卡车司机的劳动过程与工作组织也越来越趋向于严苛的理性化和效率化。沈原等人用"货运机器人"来形容卡车司机的"赶工游戏":卡车司机以车为家,常年在路上,"除了睡觉都在驾驶"⑤,"像机器人一样拼命赶路或者赶趟数","看似自由,实际上却被牢牢捆绑于生产过程,像机器一样无法停止运转"⑥。在三部曲的具体分析中,无论是在一定时间内争取多送几趟货的短途城配司机,还是为了争取多拿绩效工资中的提成而马不停蹄"赶趟子"的他雇长途司机,以及从辅助性的卡嫂角色演变成替代驾车乃至独立长途驾驶的女司机,都成为"赶工游戏"过程中的自我剥

---

① 传化公益慈善研究院"中国卡车司机调研课题组":《中国卡车司机调查报告》No.3,北京:社会科学文献出版社,2019年,第398、405页。
② 传化公益慈善研究院"中国卡车司机调研课题组":《中国卡车司机调查报告》No.3,北京:社会科学文献出版社,2019年,第87页。
③ 传化公益慈善研究院"中国卡车司机调研课题组":《中国卡车司机调查报告》No.3,北京:社会科学文献出版社,2019年,第401页。
④ 传化公益慈善研究院"中国卡车司机调研课题组":《中国卡车司机调查报告》No.3,北京:社会科学文献出版社,2019年,第402页。
⑤ 传化公益慈善研究院"中国卡车司机调研课题组":《中国卡车司机调查报告》No.1,北京:社会科学文献出版社,2018年,第127页。
⑥ 传化公益慈善研究院"中国卡车司机调研课题组":《中国卡车司机调查报告》No.1,北京:社会科学文献出版社,2018年,第373页。

削者。在这场"赶工游戏"中,劳动时间被不断延长,休息时间则被最大限度地缩短和碎片化,很多卡车司机都有连续开车十几个小时的极端体验。而且,为了降低开支,大部分卡车司机吃住都在车上,生产与再生产空间融合,再生产需求被压到最低。在第二部报告中,卡嫂调查的执笔人马丹写下了这么一个细节,当她与受访卡嫂坐下来面对面聊天时,她请卡嫂喝水,卡嫂通常会下意识地摆摆手表示拒绝,这个拒绝并非出于客套,而是因为"少喝水"是能够保证长时间不间断驾驶的必要条件,这个要求已经内化成为她们身体惯习的一部分。①

收入水平的下降和职业生态的恶化,意味着卡车司机已经从过去颇具吸引力的职业变成了一个"鸡肋"。"活儿有得干,甚至比以前更累,但钱挣得少",卡车司机的抱怨呈现了职业内部不断"内卷化"的严峻事实。此外,三部曲还指出,原先卡车司机是那种一个方向盘走遍天下都不怕的独立自主的劳动者形象,这种形象在今天也日益幻灭,乃至蜕变为行业链条里的一枚被动棋子的形象。沈原等人将卡车司机的职业体验与身份认同的变化做了颇为形象的概括:"从喜欢变为没那么喜欢,自由变为没那么自由,收入高变为收入低,增长阅历变为磨平棱角。"②

三部曲从经验层面所呈现的卡车司机职业的变迁,在某种程度上与近些年来西方学界兴起的"不稳定劳动"(precarious work)③研究形成了潜在的呼应④。以盖伊·斯坦丁(Guy Standing)等人为代表,很多学者都已指出,就业机会和福利保障的削减,雇佣关系的弹性化和非正规化,以及由此导致的"不稳定无产者"(precariat)⑤的出现,是当代的一个普

---

① 传化公益慈善研究院"中国卡车司机调研课题组":《中国卡车司机调查报告》No.2,北京:社会科学文献出版社,2018年,第183页。
② 传化公益慈善研究院"中国卡车司机调研课题组":《中国卡车司机调查报告》No.1,北京:社会科学文献出版社,2018年,第83页。
③ Arne L. Kalleberg, "Precarious Work, Insecure Workers: Employment Relations in Transition," *American Sociological Review*, Vol. 74, No. 1 (2009), pp. 1–22.
④ 关于这一领域的研究现状,参见姚建华、苏熠慧编著:《回归劳动:全球经济中不稳定的劳工》,北京:社会科学文献出版社,2019年。
⑤ Guy Standing, *The Precariat: The New Dangerous Class*, London: Bloomsbury Academic, 2011.

遍现象和全球性的挑战。反观三部曲,实际上刻画的也正是卡车司机的劳动走向不稳定的过程。但是,在三部曲当中,我们可以看到,卡车司机的"不稳定",又具有其内在的特殊性。这主要表现在以下几个方面。

第一,卡车司机并非"不稳定无产者",而是"不稳定劳动者"(precarious workers)。卡车作为生产资料,实际上为大多数卡车司机所占有(根据三部曲的问卷调查,超过70%的卡车司机开自己的车)。① 但恰恰是对这一生产资料的占有形式的特殊性,决定了卡车司机劳动的"不稳定"。因为在自有卡车的司机中,只有16.3%是用存款买车,向银行贷款的则超过40%。贷款的特点是门槛低,只需首付3万—10万元,但是还贷期相对较短,一般为2年,这意味着卡车司机刚开始进入这个行业时就需要每月背负五六千元(轻卡)到一两万元(重卡)的还贷压力。② 沈原等人指出,迫切的还贷压力对卡车司机找货的方式、接受的运价、行车的路线、驾驶的实践、围绕工作的日常生活产生了直接影响③,导致其更容易接受虽然可能更不稳定、条件更为苛刻,但能够保持持续现金流收入的工作。

第二,卡车司机劳动的"不稳定"是同其高度流动性的特点紧密联系在一起的。这种流动性不仅体现在卡车司机始终四海为家、一直在路上,因而其工作环境是在一个不稳定的、复杂的社会空间中展开的,需要应对各种突发情况与意外风险(例如偷油、偷货、"碰瓷"甚至事故等等)④;还体现在其所面对的生产关系本身就是流动的,大部分卡车司机都是自雇,他们与货主之间是临时性的雇佣关系。由于雇佣关系大多是

---

① 传化公益慈善研究院"中国卡车司机调研课题组":《中国卡车司机调查报告》No.1,北京:社会科学文献出版社,2018年,第70页。
② 传化公益慈善研究院"中国卡车司机调研课题组":《中国卡车司机调查报告》No.1,北京:社会科学文献出版社,2018年,第71—74页。
③ 传化公益慈善研究院"中国卡车司机调研课题组":《中国卡车司机调查报告》No.1,北京:社会科学文献出版社,2018年,第76页。
④ 传化公益慈善研究院"中国卡车司机调研课题组":《中国卡车司机调查报告》No.1,北京:社会科学文献出版社,2018年,第100—106页。

临时的,导致卡车司机的运输路线("车跟着物流跑"①)、货源(三部曲的调查显示,卡车司机的货物订单来源中,固定厂家只有 11.2%②)、收入和支出都是不确定的、一单一变的。③ 换句话说,流动性即意味着不稳定的劳动。

第三,技术变迁和平台经济加剧了卡车司机劳动的"不稳定性"。公路货运业其实是受技术变迁影响特别大的一个行业。对于今天的卡车司机来说,不管是拉活、接活,还是彼此之间沟通联系,以及寻求或组织援助,都是通过各种 APP、微信群完成的。互联网与智能手机在很大程度上重塑了这个行业的组织与运作模式。尤其是自 2014 年以来,物联网、云计算和大数据技术被大规模引入公路货运业,互联网物流平台崛起,且成为自雇卡车司机寻找货源的主要渠道。④ 而最大的两个互联网物流平台已经在 2018 年实现合并,从而占据了平台市场 90% 的份额。⑤ 虽然从总量上看,互联网平台交易只占整个货运市场的两成,但是三部曲指出,互联网平台的兴起及其垄断趋势已然改变了整个市场的游戏规则⑥,使得货运环节的利润趋于透明,且利润分配向平台倾斜。互联网平台虽然提高了司机寻找货源的效率,却压缩了司机的议价空间,在平台上多个卡车司机竞争同一个订单的"抢单"模式,使得运价被不断压低。由此,处于公路货运体系最底层的卡车司机承担了行业整体利润下降的终端压力。

---

① 传化公益慈善研究院"中国卡车司机调研课题组":《中国卡车司机调查报告》No.1,北京:社会科学文献出版社,2018 年,第 108 页。
② 传化公益慈善研究院"中国卡车司机调研课题组":《中国卡车司机调查报告》No.1,北京:社会科学文献出版社,2018 年,第 87 页。
③ 传化公益慈善研究院"中国卡车司机调研课题组":《中国卡车司机调查报告》No.1,北京:社会科学文献出版社,2018 年,第 109—116 页。
④ 物流信息平台成为卡车司机寻找货源的主要渠道的,占 66.9%,参见传化公益慈善研究院"中国卡车司机调研课题组":《中国卡车司机调查报告》No.3,北京:社会科学文献出版社,2019 年,第 52 页。
⑤ 传化公益慈善研究院"中国卡车司机调研课题组":《中国卡车司机调查报告》No.3,北京:社会科学文献出版社,2019 年,第 80 页。
⑥ 传化公益慈善研究院"中国卡车司机调研课题组":《中国卡车司机调查报告》No.3,北京:社会科学文献出版社,2019 年,第 83 页。

如果将卡车司机三部曲与美国社会学家史蒂夫·维塞利（Steve Viscellii）在其近著《大卡车：公路货运与美国梦的衰落》（*The Big Rig：Trucking and the Decline of the American Dream*）①中对美国货运业的研究对照来看的话，我们会发现，卡车司机职业的衰落，竟然是一个"环球同此凉热"的历史进程。根据维塞利的研究，卡车司机曾经是美国工人阶级中收入最高也最有势力的一个群体，甚至代表着那种自由、独立、靠自己的劳动维持体面而有尊严的生活的经典美国人形象，但在今天却成为最糟糕和最辛苦的蓝领工作之一，甚至被视为"车轮上的血汗工厂"。维塞利认为这一转变意味着"美国梦"的衰落。这与中国卡车司机的境遇几乎如出一辙。但不同之处在于，美国卡车司机处境的恶化主要受到自里根政府与卡特政府开始，通过一系列立法与行政措施对货运业"去管制化"（deregulation），以及卡车司机工会权力的式微这两方面因素的综合影响；而对中国卡车司机来说，其逻辑与机制则要更加复杂和微妙。在三部曲中，对此的分析是在转型社会学的总体视野的映照下完成的。

## （二）学理问题：劳工研究如何重返转型社会学的总体视野？

转型社会学是清华社会学系孙立平、沈原和郭于华等同仁在长期的研究实践中所共同推动和塑造的一个研究传统。与其说它是一个研究领域，毋宁说它是一种考察中国社会自再分配体制向市场化转型的总体性的学科视野和研究进路。② 沈原非常明确地将劳工研究定位在转型社会学研究的脉络之下。他指出，劳工研究需要把工人阶级"在市场社会中的重构与演变"作为核心问题③，而这一问题只有放在转型社会学的总体视野中才能得到充分和完整的回答。在沈原那里，市场、阶级与社会共同构成了转型社会

---

① Steve Viscelli, *The Big Rig：Trucking and the Decline of the American Dream*, Berkeley and Los Angeles：University of California Press, 2016.
② 参见孙立平：《社会转型——发展社会学的新议题》，《社会学研究》2005年第1期；郭于华：《转型社会学的新议程——孙立平"社会断裂三部曲"的社会学述评》，《社会学研究》2006年第6期。
③ 沈原：《社会转型与工人阶级的再形成》，《社会学研究》2006年第2期。

学的三个关键议题,三者的关系是:"市场转型引发阶级结构的变动,也促成社会的发育和成长。"①劳工研究的意义就在于以劳工问题为切入点,考察"在国家权力的导引和推动下涌动的市场化大潮",对"整个社会的生计模式、基本的社会安排和社会框架以及阶级、阶层结构"所产生的深刻影响,以及这一影响所得以产生的内在机制和逻辑。②换言之,劳工研究并不仅仅是关于"劳工"的社会学,而需要从"劳工"本身扩展开来,将国家、市场以及与"劳工"相关联的社会结构的诸要素带入讨论之中,从而呈现出劳工问题在一个总体脉络之中的构造和面向。

但是,回望过去15年来的劳工研究,我们不得不说,转型社会学的视野似乎已经渐行渐远,劳工研究越来越成为一门分支社会学意义上的"次领域",或者说局限于"劳工"本身的学问,而丢掉了劳工问题的总体性意涵。以劳工抗争与劳动过程研究为例,大量的研究文献聚焦于对微观层面的劳工组织化与动员机制的讨论,以及劳动过程中的资本控制手段与劳工反抗方式的考察,但却没有对中观层面的企业产权结构与组织运作进行讨论,也没有上升到宏观层面对企业所面临的市场竞争格局以及地方政府的调控政策与干预策略进行分析。换句话说,仅仅就抗争论抗争,似乎抗争只是一场发生在"资本—劳工"二元结构中的抽象博弈,而不是一个在具体社会生活中展开的、受到各种市场的、体制的乃至地方民情因素制约与形塑的复杂过程。这样的研究就好像一个被封闭在玻璃展示柜中的微观盆景,我们很难从中获得关于社会总体的知识与理解。因此,劳工抗争研究固然衍生出诸多描述抗争原因、抗争类型与抗争策略的概念,但这些概念却好似用一次性拍立得相机拍摄的"到此一游"相片,虽然"立等可取",却尺寸过于小巧,且很快就会褪色。如果局限于这样的知识生产模式,长此以往,劳工研究就会成为一门只有概念增长,而没有实质积累的学问。

---

① 沈原:《绪论:转型社会与转型社会学》,载《市场、阶级与社会:转型社会学的关键议题》,北京:社会科学文献出版社,2007年,第9页。
② 沈原:《社会转型与工人阶级的再形成》,《社会学研究》2006年第2期。

那么，劳工研究到底如何才能重返转型社会学的总体视野？在我看来，三部曲对此提供了一个很好的示范，在若干探索的方向上做出了有益的指引。这其中最具启发的一点在于，三部曲将卡车司机地位沉降的过程放在社会转型的总体视野中来考察，从而在分析的过程中将"市场""国家"以及"社会"的面向逐个打开，最终给出了一条兼具历史纵深、结构眼光与行动者视角的总体解释路径。

我们首先来看"市场"的面向。对公路货运业的结构及其重组的考察构成了三部曲的市场分析的重点。三部曲将公路货运业放在一个历史视野中来考察。作者指出，"国有企业改革导致的大批企业自有车队的消散，国营专业性运输公司的倒闭和绝迹，现代意义上的物流业的兴起和成形，经济增长为公路货运提供的似乎运之不竭的货源，高度发展和完善的高速公路网以及近年来电商的迅速崛起所造就的城乡人口消费方式的改变"①，为公路货运业的重组提供了巨大动力。第三部报告的"物流商"一章对此做了系统分析。物流商包括信息部、物流公司和互联网物流平台三种类型。其中，信息部在早期占主导地位，但如今已被彻底边缘化；物流公司则包括第三方物流公司（以合同委托形式承接生产企业的物流业务）和专线物流公司（专门线路、自有货车的物流公司，既可以从生产企业拿货，也可从第三方物流公司拿货）；互联网物流平台则是从 2014 年以后兴起的一种新的物流企业类型。物流商本质上来说是一种市场中介组织，且这三种中介组织相互之间可以合作乃至层层转包。该章将物流业的组织变迁概括为"从厂商组织到市场组织"（组织类型）和"从有限匹配到充分匹配"（车货匹配的类型）的双重过程。在物流业重组的过程中，卡车司机与物流商的关系，以及物流企业与客户的关系，都变得越来越理性化。一方面，物流企业出于成本考虑，自养车越

---

① 传化公益慈善研究院"中国卡车司机调研课题组"：《中国卡车司机调查报告》No. 2，北京：社会科学文献出版社，2018 年，第 327 页。

来越少,合作车和平台车越来越多①,这意味着越来越多的司机属于"招之即来,挥之即去"的临时性雇佣司机,这也导致其缺乏相对正规化的福利和保障制度的保护。另一方面,物流企业与客户之间的关系也越来越趋向于理性化,交易越来越成为交易,而曾经附着于交易层面的关系属性则越来越淡薄。报告中引述一位物流企业主的访谈呈现物流企业与客户曾经的"亲密"关系所受到的挑战:"原先我们都送礼嘛,给厂家,现在我们都不送了,因为人家不收,为什么不收,比较的是价格,不要你送礼……以前我们经常跟客户吃饭,一个月起码四五天,现在一年也没有四五次。"②当交易成为一次性、临时性的交易,物流商就时时需要面对账期长甚至收不到回款的坏账风险。③

其次来看"国家"的面向。国家在公路货运业的变迁过程中扮演了什么样的角色?三部曲对此的分析主要落在两个关节:一是货运行业的挂靠制度,二是近些年来国家的环保治理转向。所谓"挂靠",是指"挂靠人拿出一定的资金购买车辆,借用挂靠公司的名义登记入户,获取道路运输资格,公司则收取一定的挂靠费用,为挂靠车主提供适于营运的条件"。挂靠仅仅是一种形式上的隶属关系,卡车司机实际上仍然是自主运营的个体户。根据沈原等人的调查,卡车司机挂靠公司的比例为55.1%。挂靠之所以成为一种支配性的行业制度,是因为国家政策倾向于运输业的集约化、规模化经营,因而大部分地方政府明确要求货运车辆挂靠公司。④"挂靠"制度一方面造成了货运市场准入门槛过低,卡车司机通过挂靠公司可以很方便地取得运营资格,这反过来又导致货运市场上形成车多货少的恶性竞争格局;另一方面,"挂靠"制度也推动卡

---

① 传化公益慈善研究院"中国卡车司机调研课题组":《中国卡车司机调查报告》No.3,北京:社会科学文献出版社,2019年,第40—51页。
② 传化公益慈善研究院"中国卡车司机调研课题组":《中国卡车司机调查报告》No.3,北京:社会科学文献出版社,2019年,第35页。
③ 传化公益慈善研究院"中国卡车司机调研课题组":《中国卡车司机调查报告》No.3,北京:社会科学文献出版社,2019年,第69页。
④ 传化公益慈善研究院"中国卡车司机调研课题组":《中国卡车司机调查报告》No.1,北京:社会科学文献出版社,2018年,第78页。

车司机成为中国"最大的债务工作群体"①,因为大部分卡车司机是通过挂靠公司来申请银行贷款买车的,或者挂靠公司本身就经营放贷业务。而当卡车司机出于还贷压力,不得不最大限度地自我压榨其劳动力以投入到货运业的"赶工游戏"时,又遇到了国家调控政策带来的另一重挑战,即近些年来的环保治理转向。环保指标在地方政府的政绩考核中所占的分量越来越重,环保部门因此对货运卡车的污染排放量、车型车体等技术标准提出了"一刀切"的严格要求,这导致了卡车的使用周期比以往缩短,卡车司机必须不断加快其运输工具的更新换代才能跟上越来越严格的环保政策,这反过来导致了运营成本的提高和还贷压力上升的循环。此外,在环保调控下的大量污染企业关停也对货运业产生传导效应,导致货源减少。② 由此,挂靠制度与环保治理,一方面塑造了货运业当中劳资关系的特殊形态,另一方面也加剧了劳动过程中"赶工游戏"的强度以及工作本身的不稳定性。

最后再来看"社会"的面向。物流业的结构重组与国家干预政策转向造就了公路货运劳动力市场的特殊组织方式,而这一劳动力市场得以运转的前提条件则是其"社会"的嵌入性。正如沈原所说:"市场制度嵌入于社会结构之中,它不仅有其社会性起源,而且其运作就本质而言也是一个深受社会关系和社会结构作用的社会学过程。"③三部曲通过对卡车司机的社会来源、家庭结构、夫妻关系、家计安排、关系网络以及组织化趋势的分析,对市场的社会嵌入性做了充分的揭示。卡车司机大多来自农村(他雇司机和自雇司机中来自农村的都占了80%上下),与其他农民工可以从事的工作相比,从事卡车运输依然是一份有着"较好的

---

① 传化公益慈善研究院"中国卡车司机调研课题组":《中国卡车司机调查报告》No.1,北京:社会科学文献出版社,2018年,第71页。
② 传化公益慈善研究院"中国卡车司机调研课题组":《中国卡车司机调查报告》No.1,北京:社会科学文献出版社,2018年,第186—194页。
③ 沈原:《绪论:转型社会与转型社会学》,载《市场、阶级与社会:转型社会学的关键议题》,北京:社会科学文献出版社,2007年,第2—3页。

看得见的收入",且看上去似乎更加自由的工作。① 因此,卡车司机的社会来源已经决定了其机会结构的有限性。也正因为来自农村,因而卡车司机可以将自身的劳动力再生产与家庭再生产相分离,依靠留守在家的卡嫂完成家庭照顾和子女养育的功能,而跟车卡嫂则通过其在货运途中的各种隐形劳动和情感劳动补充和支撑卡车司机高强度的"赶工游戏"。② 卡车司机在入行时大多借助同村、同乡关系网络的帮助,后者又成为其在职业生涯中的主要保护网。而进入互联网时代以后,这一关系网络进一步扩展为以各种线上微信群为基础所建立的"虚拟团结"纽带。同时,个别互联网平台企业、物流公司出于商业利益或企业社会责任的考量也开始介入卡车司机的组织化。沈原等人在第二部报告中指出,以2014年为分界点,出现了一批大规模且有明确组织理念的卡车司机组织。卡车司机的组织化趋势呈现出基于原生性社会关系、基于商业关系、基于公益理念三种类型。卡车司机的组织化在正式制度(例如行业工会)缺位的情况下帮助卡车司机应对救助、讨债、议价和认同等四大需求。③ 由此,卡车司机的自组织也在一定程度上抵御了过度市场化所带来的风险和冲击,形成了波兰尼所谓的"社会的自我保护运动"。

综上,卡车司机走向"不稳定的劳动"的过程,其实是一个将商品化、市场化的逻辑不断加深与推进的过程。但这个过程并非自然而然发生的,也并不是一个从"铁饭碗"到非正规就业的直观、线性逻辑。从三部曲的总体分析视野中,我们可以看到,这一过程是与物流业组织变迁的理性化趋势、地方政府治理逻辑及其转变,以及劳动力市场的嵌入性运作密不可分的,是一个市场、国家与社会的合力所造就的非预期结果。在这个意义上,今天这个时代对劳动力的剩余价值的剥削以一种越来越

---

① 传化公益慈善研究院"中国卡车司机调研课题组":《中国卡车司机调查报告》No.1,北京:社会科学文献出版社,2018年,第82页。
② 传化公益慈善研究院"中国卡车司机调研课题组":《中国卡车司机调查报告》No.2,北京:社会科学文献出版社,2018年,第106—193页。
③ 传化公益慈善研究院"中国卡车司机调研课题组":《中国卡车司机调查报告》No.2,北京:社会科学文献出版社,2018年,第232—325页。

系统和隐蔽,因而也越来越看起来好像是由劳动者自主参与、自我压榨的方式被不断再生产出来。不仅卡车司机如此,互联网企业中"996"工作制的IT工程师也如此,甚至就连电视综艺中为了满足节目效果而不得不承受长时间高强度体力和情感劳动的偶像明星亦如此。当波兰尼意义上的"自我调节市场"无远弗届地侵蚀到社会的各个领域、各个阶层,每个劳动者或许都是永远"在路上"的卡车司机。

## 三、余论

本文将三部曲放在"双重危机"的视野中来考察,讨论了沈原及其同仁在卡车司机研究中重返转型社会研究的总体视野的努力。当然,除了沈原之外,面对当代经济剧烈变迁中劳动者与劳工研究的"双重危机",也有很多学者在其研究实践中对此予以思考和回应。例如,在经验层面,项飙、刘兴花等人揭示了劳务输出领域跨国劳工的流动过程与生产政治;吴清军等人考察了共享经济对于劳动者的工作自主权的复杂影响;许怡、许辉等人以机器换人为例,讨论了制造业产业升级与技术创新对劳动关系的影响及其社会后果;郑广怀等人研究了华南地区小型制衣业的内部劳动力市场及其对非正规就业工人的劳动控制;姚晓迅、亓昕等人揭示了中西部地区乡村教师所遭遇的社会排斥及其日益边缘化的职业现状;贾文娟等人讨论了新兴创意文化产业中"娱乐至死"文化对于底层实习生的剩余劳动的调动。① 这些

---

① 项飙、约翰·林德奎斯特:《流动,还是被流动——跨国劳务的基础设施》,《社会学评论》2019年第6期;刘兴花、王勇:《劳工输出、跨国生产政治与剥削关系的形成——中国赴日劳工的案例研究》,《社会》2019年第3期;吴清军、李贞:《分享经济下的劳动控制与工作自主性——关于网约车司机工作的混合研究》,《社会学研究》2018年第4期;许怡、叶欣:《技术升级劳动降级?——基于三家"机器换人"工厂的社会学考察》,《社会学研究》2020年第3期;许辉:《"世界工厂"模式的终结?——对"机器换人"的劳工社会学考察》,《社会发展研究》2019年第1期;郑广怀、孙慧、万向东:《从"赶工游戏"到"老板游戏"——非正式就业中的劳动控制》,《社会学研究》2015年第3期;姚晓迅、亓昕主编:《边缘化的打工者:中西部地区乡村教师工作和生活状况调查研究报告》,北京:社会科学文献出版社,2014年;贾文娟、钟恺鸥:《另一种娱乐至死?——体验、幻象与综艺娱乐节目制作过程中的劳动控制》,《社会学研究》2018年第6期。

研究从各个面向呈现了不同行业类型、不同雇佣体制之下的劳动者在当代社会中的复杂和多元处境。而在学理层面，汪建华等人将政商关系视角、区域比较视角引入劳工政治研究；王星将技能形成视角引入工厂师徒制研究；刘子曦等人将组织生态视角引入劳动力市场研究；吴建平、闻效仪将国家治理视角引入地方工会与集体谈判研究；梁萌将技术变迁视角引入劳动过程研究。① 这些视角的引入丰富了对劳工问题的分析维度，延长了劳工研究的解释链条，将劳工问题与更广阔的社会结构与制度变迁联结起来。

与以上研究相呼应，回到卡车司机三部曲，我们可能需要重新理解沈原当年"把工人阶级带回分析的中心"②的提议。"把工人阶级带回分析的中心"，并不意味着分析视野中只有工人阶级（这恰恰是当下一些劳工研究最大的误区），而是说，以劳工为中心，将围绕劳工所生发的家庭生活、生产关系、劳动过程、组织连带、市场运作、产业结构、意识形态、体制治理等各种因素都纳入考量之中，从而呈现出社会总体的形貌、格局与变迁动力，以及劳工问题在这一总体脉络中的定位、形态与机理。唯其如此，劳工研究才能重返转型社会学的总体性视野，才能重拾劳工问题的总体性意义。

在第三部报告的前言中，沈原曾表示三部曲"尚只是揭示出卡车司机群体及其工作和生活的一个粗略的轮廓，其中还存在众多问题需要加以进一步探寻。我们的调研工作还将持续下去"③。而当笔者写作这篇书评之时，三部曲的研究团队又已针对新冠疫情对卡车司机的影响以及

---

① 汪建华：《包揽式政商关系、本地化用工与内地中小城市的劳工抗争》，《社会学研究》2017年第2期；汪建华、范璐璐、张书琬：《工业化模式与农民工问题的区域差异——基于珠三角与长三角地区的比较研究》，《社会学研究》2018年第4期；王星：《技能形成的社会建构：中国工厂师徒制变迁的社会学分析》，北京：社会科学文献出版社，2014年；刘子曦、朱江华峰：《经营"灵活性"：制造业劳动力市场的组织生态与制度环境——基于W市劳动力招聘的调查》，《社会学研究》2019年第4期；吴建平：《地方工会"借力"运作的过程、条件及局限》，《社会学研究》2017年第2期；闻效仪：《从"国家主导"到多元推动——集体协商的新趋势及其类型学》，《社会学研究》2017年第2期；梁萌：《技术变迁视角下的劳动过程研究——以互联网虚拟团队为例》，《社会学研究》2016年第2期。
② 沈原：《社会转型与工人阶级的再形成》，《社会学研究》2006年第2期，第13页。
③ 传化公益慈善研究院"中国卡车司机调研课题组"：《中国卡车司机调查报告》No.3，北京：社会科学文献出版社，2019年，第3页。

卡车司机的复工情况组织了大规模的问卷调查,调查报告也已在澎湃网发布。① 在与笔者的私下交流中,沈原也曾说到,卡车司机研究还将继续做下去,甚至接下来"卡四"与"卡五"两部报告的主题也已拟定。卡车司机一直在路上,而社会学家的研究也将重新出发。

---

① 传化慈善基金会公益研究院"中国卡车司机调研课题组":《疫情下的卡车司机:逆行者、坚守者和忍耐者》,https://www.thepaper.cn/newsDetail_forward_6435075;传化慈善基金会公益研究院"中国卡车司机调研课题组":《卡车司机复工情况调查报告:自雇司机收入普降,高速免费忧喜参半》,https://www.thepaper.cn/newsDetail_forward_6949868。

# 满铁"华北农村惯行调查"源流的再考察
## ——兼论基于"惯调"的日本中国农村研究

齐 群*

**摘要:** "华北农村惯行调查"是有关中国近代社会重要的调查,围绕调查材料产生了丰富而深厚的学术研究传统。本文关心的问题是,如何理解惯调材料以及相关的学术研究。通过历史梳理,本文澄清了惯调材料具有的德国民法学和左翼理论的色彩,并认为日本基于惯调的学术研究指明了理解近代华北社会的一个方向:在血缘团体关系羸弱的华北农村,以村落为单位的地缘性公共团体构成了华北农村社会基本的分化机制。然而由于惯调材料的特殊性,目前的研究仍不够深入,希望本文的讨论能加深理解华北惯调,进而促进华北区域社会的研究。

**关键词:** 华北农村惯行调查 "共同体"理论 满铁 华北社会 区域研究

社会调查,是现代社会治理和社会科学把握社会的重要手段。它兴起于19世纪的欧美,迟至20世纪初传入中国。在中国的土地上,社会调查尽管开展时间较晚,调查广度和深度有种种不足,但在20世纪上半叶,仍有所拓展,其中积累材料数量丰富、质量较好的调查主要有三次:

---

\* 齐群,北京大学历史学系博士研究生。

二三十年代中国高校与研究机构的经济学、社会学学者开展的社会调查，特别是中国乡村社会调查；20世纪第一个十年至40年代"满铁"开展的系列调查；50年代为推行土地改革、社会主义改造以及民族识别和民主改革而开展的社会调查与民族调查。

上述三项调查中，"满铁调查"以其时间跨度长、覆盖范围广、材料积累丰富、学术影响深远而为人瞩目，特别是"华北农村惯行调查"（以下简称"华北惯调"）。"满铁"作为日本的国策会社，它的调查活动自然都服务于日本侵华政策①，然而唯有"华北农村惯行调查"的组织者强调"这次调查的目的不是为了得到立法或者行政的参考资料，而是为了了解中国的民众如何在习俗下经营社会生活"②。

正基于此，战时及战后日本学界围绕"华北农村惯行调查"开展了一系列研究。③ 20世纪60年代开始，美国学者注意到了这批调查材料，并将之用于中国农村的经济和社会分析。④ 中国学者关注满铁调查及满铁资料很早⑤，但运用这些资料开展社会史研究的热情却不高，1990年之后，随着中日学者合作重访华北惯调村庄，基于此材料的近代中国农村社会研究才逐渐展开。⑥

---

① 解学诗：《隔世遗思：评满铁调查部》，北京：人民出版社，2003年，第1、9，703—704页。
② 仁井田陞："原书序"，载徐勇、邓大才编：《满铁农村调查》惯行类第1卷，李宪俄主译，北京：中国社会科学出版社，2016年，第1页。
③ 详见本文第三节。
④ 主要有马若孟：《中国农民经济：河北和山东的农民发展（1890—1949）》，史建云译，南京：江苏人民出版社，1999年；黄宗智：《华北的小农经济与社会变迁》，北京：中华书局，1986年；杜赞奇：《文化、权力与国家：1900—1942年的华北农村》，王福明译，南京：江苏人民出版社，1996年。
⑤ 解学诗："前言"，载《隔世遗思：评满铁调查部》，北京：人民出版社，2003年，第1页。
⑥ 魏宏运："总序"，载魏宏运等编：《二十世纪华北农村调查记录》第1卷，北京：社会科学文献出版社，2012年，第1—5页。此后基于华北惯调的研究主要有乔志强编：《近代华北农村社会变迁》，北京：人民出版社，1998年；张思：《近代华北村落共同体的变迁：农耕结合习惯的历史人类学考察》，北京：商务印书馆，2005年；李金铮：《传统与变迁：近代华北乡村的经济与社会》，北京：人民出版社，2014年；兰林友："同姓不同宗"：对黄宗智、杜赞奇华北宗族研究的商榷》（上），《广西民族学院学报（哲学社会科学版）》2005年第5期；兰林友：《庙无寻根：华北满铁调查村落的人类学再研究》，哈尔滨：黑龙江人民出版社，2007年；兰林友：《莲花落：华北满铁调查村落的人类学再研究》，北京：社会科学文献出版社，2012年。

然而，由于历史原因，华北农村惯行调查无法排除战争和政策所带来的影响，同时战时研究与日本的侵华"国策"制定密切相关，难以申明其学术性，所以中国学者对华北惯调材料的真实性、可用性始终抱有审慎态度，也很少有中国学者严肃深入地对待战时和战后日本学界的华北社会研究。① 既有研究对华北惯调的理解也多集中于"共同体理论"和"平野-戒能论争"②，缺乏更加深入的讨论。

实际上，对于华北农村惯行调查仍有许多问题需要追问。

首先，什么是"惯行调查"，这种调查在方法和内容上有着怎样的特点？作为华北惯调指导者的法学教授末弘严太郎强调，"本调查是在中国社会进行的法的惯行调查"③，那么华北惯调除了在真实性上受战争和政策的影响外，在调查内容、呈现形式上是否还有被我们忽略的学科因素，这些因素又怎样影响对华北惯调资料的理解和运用？

其次，如何看待华北惯调具有浓重的左翼理论色彩？战前和战时满铁调查部聚集了大量日本左翼学者和运动参与者，以至于最后出现针对左翼人员检举的"满铁调查部事件"，战时的"平野-戒能论争"直接围绕马克思（Karl Marx）的"亚细亚生产方式"和"共同体"理论展开。然而满铁调查部以及华北惯调本身又直接服务于日本殖民侵略，这种矛盾的组合有着怎样的日本左翼思想史和社会运动史的背景？华北惯调的左翼理论色彩如何影响了相关学术研究？

今日，我们既不能因为华北惯调明显的殖民侵略色彩而将这批材料弃之不用，也不能简单地将这些材料作为一般的社会调查资料直接利

---

① 解学诗：《隔世遗思：评满铁调查部》，北京：人民出版社，2003年，第505—507页。关于战前与战后围绕华北惯调的日本学界研究和争论，参见祁建民：《战后日本对华观念的变迁与"共同体"理论》，《抗日战争研究》2014年第2期；祁建民：《战前日本的中国观与"共同体"理论》，《抗日战争研究》2014年第3期。
② 李国庆：《关于中国村落共同体的论战——以"戒能-平野论战"为核心》，《社会学研究》2005年第6期；应星：《农户、集体与国家：国家与农民关系的六十年变迁》，北京：中国社会科学出版社，2014年，第21—24页。
③ 末弘严太郎：《调查方针等相关记录》，载徐勇、邓大才编：《满铁农村调查》惯行类第1卷，李宪俄主译，北京：中国社会科学出版社，2016年，第4页。

用,而是要努力回到这批调查材料本身,在历史语境中理解华北惯调的设计初衷、执行状况以及战时、战后研究的问题脉络。在此基础上我们才能充分认识华北惯调资料的长短得失,进而为我们利用这批材料去研究华北社会提供基础。

本文尝试以探寻问题源流的方式重新考察华北农村惯行调查的学术脉络,分析华北惯调的思想和政治背景,在此基础上分析华北惯调作为社会调查的得失。同时回顾战时和战后日本学界有关华北的社会研究,增进我们对华北区域社会的理解。

## 一、"华北农村惯行调查"的背景

华北农村惯行调查,是满铁长达30年的调查活动的一部分。要理解华北惯调,首先需要了解满铁的调查活动,以及满铁调查部这一重要机构。同时,华北惯调又被日本学界寄予相当高的学术期望,其后关于调查材料的研究又引发了日本社会科学界的争论,而这些争论又和日本的左翼政治、学术密切相关。故而本节集中讨论华北惯调的两个背景:满铁调查和日本左翼思潮。

### (一)"满铁调查"与满铁调查部

"满铁",全称是"南满铁道株式会社",始建于1906年11月27日,是日本在日俄战争后为经营从沙俄处抢夺过来的在中国东北南部诸特权而设立的综合性"国策会社",表面上是一家综合经营公司,"实际是政府的化身,国家机关","担负主持'满洲'殖民政策之实际责任"[①],调

---

① 魏承先编:《满铁事业的暴露》,上海:中华书局,1932年,第4—8页;高桥岭泉:《满铁地方行政史》,出版者不详,1927年,第649页;上田恭辅:《后藤新平》第2册,出版者不详,出版时间不详,第636页,转引自解学诗:《隔世遗思:评满铁调查部》,北京:人民出版社,2003年,第1—2页。

查研究是满铁综合经营的重要环节①。

满铁之所以设立专门的调查部门从事调查与情报信息活动,源于满铁首任社长后藤新平的殖民地经营思想。后藤新平出身医学专业,1898年被日本第四任"台湾总督"儿玉源太郎聘请为卫生顾问,后任命为"台湾民政长官"。

后藤新平出任民政长官后,认为经营殖民地是近代帝国主义的发展趋势,积极推进近代化建设。他提出"生物学统治"的理论:"比目鱼眼睛之所以长在同一边,是有生物学上的必要才产生的,在政治上亦同。我们必须先了解台湾人的习性,依据其习性定出一套管理办法才有效。"②在这个意义上,"若破坏其自治习惯,则不能获致取而代之新政的效果","堡庄(村)自治一旦被破坏,则堡庄的自治费不得不由国家来支付,于是开支过大,无法承担,食物繁琐,不暇顾及,乃是理之必然"。③因此,调查了解台湾人的基本状况就势在必行。

后藤新平邀请京都帝国大学教授、法学博士冈松参太郎来台湾担任法律顾问,实际主持台湾旧习调查。1901年10月"临时台湾旧惯调查委员会"成立,在此后的20年间形成三项重要成果:《台湾私法》《清国行政法》以及《台湾蕃族惯习研究》。④

冈松参太郎毕业于东京帝国大学法科大学英法科,1899年出任京

---

① 伊藤武雄:《生活在满铁》,陈国柱、戚亚民译,载政协吉林省长春市委员会文史资料研究委员会编:《长春文史资料》第3辑,内部出版,1983年,第71页;解学诗:《隔世遗思:评满铁调查部》,北京:人民出版社,2003年,第3—8页。
② 叶金川:《后藤新平的生物学统治》,http://blog.udn.com/yestaipei/6600414;鹤见祐辅:《后藤新平》第2卷,东京:后藤新平伯专辑编纂会,1938年,第398—399页,转引自黄福庆:《满铁调查部的调查事业——"满洲旧惯调查报告"评估》,载"中央研究院"近代史研究所:《"中央研究院"近代史研究所集刊》第19期,台北:"中央研究院"近代史研究所,1990年,第342页。
③ 草柳大藏:《满铁调查部内幕》,刘耀武等译,哈尔滨:黑龙江人民出版社,1982年,第22页。
④ 福島正夫:《岡松參太郎博士の臺灣舊慣調查と華北農村慣行調查における末廣嚴太郎博士》,《東洋文化》1958年第25期,转引自黄福庆:《满铁调查部的调查事业——"满洲旧惯调查报告"评估》,载"中央研究院"近代史研究所:《"中央研究院"近代史研究所集刊》第19期,台北:"中央研究院"近代史研究所,1990年,第343页。

都帝国大学法科大学教授。① 他深受德国人种法学(历史法学派和社会达尔文主义)的影响,一方面强调"民族习惯法"的重要性,一方面努力让殖民地的习惯法纳入德国民法体系,以奠定殖民地立法基础。他曾说过:"研究风俗人情相异的殖民地原有的习惯和制度,而制定与此最适合的法律,对统治殖民地来说,是最根本的工作。"② 因此其主持的"台湾旧惯调查"的实地调查成果《台湾私法》完全是德国民法典式的文本。为了因应后藤新平的殖民地开发和土地调查事业,冈松参太郎的《台湾私法》编排也背离了自己"身份法第一,不动产法第二"的学术理念,将不动产法放在第一编,身份法放在第二编(不动产—身份—动产—商事及债权)。③ 对比此后末弘严太郎主持的华北惯调"概况—村落—家族—租佃—土地买卖—水—赋税"的调查顺序,这种身份法和财产法先后顺序的差异一目了然。

冈松参太郎在调查方面最重要的遗产是所谓"惯行"调查的框架。冈松参太郎将德国法学家 A. H. 坡斯特(A. H. Post)的民法分类用于"惯行"调查。包括:1. 氏族法制,血统、婚姻、养子产生的亲属关系,氏族团体组织的家、宗亲会、祭祀公业等组织中的家长权、婚姻制度、服(丧)制、财产继承等;2. 地域性法制,公业、共有、宗教团体等;3. 统治型法制,业主权、大租小租、佃、奴婢制度等《清国行政法》中的特别法;4. 社会型法制,债权、商事契约等惯行。这种调查框架的缺点冈松参太郎也看得一清二楚:"各国有各国之法律,各法也有各法之观念。从而,一国一法的法理观念,未必能说明他国之法理观念。所以要以罗马法的观念,来解释未依罗马法为基础的台湾法律,基本上就是个谬误。"④

---

① 加藤雅信等编:《日本民法学说百年史:日本民法施行100年纪念》,牟宪魁等译,北京:商务印书馆,2017年,第751页。
② 伊藤武雄:《生活在满铁》,陈国柱、戚亚民译,载政协吉林省长春市委员会文史资料研究委员会编:《长春文史资料》第3辑,内部出版,1983年,第79页。
③ 吴豪人:《殖民地的法学者:"现代"乐园的漫游者群像》,台北:台湾大学出版中心,2017年,第41—43页。
④ 吴豪人:《殖民地的法学者:"现代"乐园的漫游者群像》,台北:台湾大学出版中心,2017年,第44—45页。

至此,在后藤新平赴任满铁社长之前,"惯行调查"的诸要素已基本具备。首先,根本目标是服务于殖民地的政治经济建设;其次,以实地调查为主要手段,辅助以文献资料阅读;最后,调查的内容源自德国民法研究的概念框架,以亲属法、财产法、同业公会、债权契约惯习等为调查内容。

1906年11月,后藤新平出任满铁首任社长,随即将他在台湾的殖民地经营经验带到满铁,在铁道部(主营社业)、地方部(附属地事业)之外,专门设立调查部,以实现他在台湾时的调查设想。虽然后藤新平担任满铁社长仅一年有余(1906年11月13日—1908年07月14日),但是在其任内,满铁调查机构的设立已经初具规模。这些机构种类多样,且历次改组,纷繁复杂,本文涉及的主要有:

1. 大连本社,包括:

满铁调查部(1907年4月23日)—满铁调查课(1908年12月15日)—满铁经济调查会(1932年1月,调查课于1932年12月撤销)—满铁产业部(1936年10月)—满铁调查部(1938年4月1日,1939年10月1日总辖一切满铁调查机构)—满铁调查局(1943年5月1日)。①

临时经济调查委员会(1927年11月—1930年6月)。

2. 东京支社,包括:

东亚经济调查局(1908年9月—1929年7月独立为财团法人—1939年8月回归满铁东京支社)。②

满铁东京支社庶务课调查系(1934年)—满铁东京支社调查室(1939年4月)。③

---

① 解学诗:《隔世遗思:评满铁调查部》,北京:人民出版社,2003年,第39、332、363、386、654页。
② 解学诗:《隔世遗思:评满铁调查部》,北京:人民出版社,2003年,第155—156、163—164、394页。
③ 解学诗:《隔世遗思:评满铁调查部》,北京:人民出版社,2003年,第393—394页。

3. 公所、事务所①,包括:

北平公所(1918 年 1 月 15 日—1932 年 12 月 1 日改称北平事务所—1935 年 11 月 22 日划归天津事务所)。

上海事务所(1911 年 11 月设满铁埠头事务所上海支所—1924 年 2 月改称上海事务所)。

天津事务所(1935 年)。

满铁作为全面执行日本殖民政策的机关,调查内容种类繁多,有服务于社业的铁路调查、矿产研究,服务于开发的区域调查、产业调查,还有服务于军事的北方调查、中国抗战力调查、战时经济综合调查等。②但"惯行调查"始终贯穿满铁的调查事业。

1906 年后藤新平赴任满铁社长后,随即聘冈松参太郎为满铁理事并出任调查部长,直接负责新组建的满铁调查部事务。满铁调查部初设旧惯调查班、经济调查班、俄国调查班③,改组为调查课后同为"台湾旧惯调查"参与者的川村铆次郎出任第一任课长,将"台湾旧惯调查"的工作作风带到了满铁,强调实地调查和文献阅读并举的重要性,要求以实地调查来证实文献资料,追求研究的独创和细节。④

满铁调查部门经此改组,作为惯行调查执行者的旧惯调查班不再存在,但由旧惯调查奠定的实地和文献并重的调查工作风格贯穿满铁调查事业的始终。而且满铁调查部门在不同时期都保留了关注中国农村经济、社会、法律状况的调查机构:调查课后期的经济调查系,经调会前期的第一部(经济一般)第四班(产业农村经济统计),经调会后期的第一

---

① 《满铁公所一览表》,载解学诗:《隔世遗思:评满铁调查部》,北京:人民出版社,2003 年,第 116—117 页。
② 解学诗:《隔世遗思:评满铁调查部》,北京:人民出版社,2003 年,第 63—70、70—81、92—110、429—447、465—480、343—352 页;魏承先编:《满铁事业的暴露》,上海:中华书局,1932 年,第 118—122 页。
③ 黄福庆:《论后藤新平的满洲殖民政策》,载"中央研究院"近代史研究所:《"中央研究院"近代史研究所集刊》第 15 期上册,台北:"中央研究院"近代史研究所,1986 年,第 391 页。
④ 伊藤武雄:《生活在满铁》,陈国柱、戚亚民译,载政协吉林省长春市委员会文史资料研究委员会编:《长春文史资料》第 3 辑,内部出版,1983 年,第 80 页。

部(经济一般)满洲经济班、第五部(法政一般劳动移民)法制班(土地制度旧惯经济法制)、第六部(东亚经济)综合班,大调查部时期的华北经济调查所第一班(农业经济、农村社会)、上海事务所调查室第三班(法制、惯行)。① 正是这些机构在不同时期实施了带有旧惯调查性质的调查活动,华北农村惯行调查则是满铁这一系列惯行调查最为瞩目的一项。

综上,华北农村惯行调查并非孤立的调查,而是蕴含着满铁调查活动的诸多基本前提:首先,惯行调查的出发点是为了制定日本殖民统治政策而开展的信息收集工作;其次,惯行调查的框架与内容是德国民法研究规定的诸种社会关系,主要包括人身关系和财产关系;最后,惯行调查是满铁诸多调查的一种,在不同时期由不同部门以不同名目执行,但是调查的基本方法和风格比较统一,即重视实地调查和文献研究的互证互补,强调调查的综合性,具体的调查方法借鉴西方最新的经济学研究。

## (二) 战前日本左翼论战与惯行调查研究

华北农村惯行调查本是日本"中国惯行调查"的一部分,该项目的学术委员会成员主要是京都帝国大学和东京帝国大学的经济学和法学学者。调查人员的调查报告成文后即发往东京进行分析,在战时就已经完成一些研究论文。② 因此华北惯行调查的成果包含两部分:一是华北惯调实地调查的报告,二是在东京同时开展的研究工作。

然而战时华北惯调研究在日后遭到了严肃的批判:日本关于中国农村共同体的研究与"中国社会停滞论""大东亚共荣圈"关系密切,并成为日本发动侵略战争的依据之一。③ 所谓"共同体"理论,来自马克思的

---

① 解学诗:《隔世遗思:评满铁调查部》,北京:人民出版社,2003年,第173、197—198、390—404页。
② 内山雅生:《二十世纪华北农村社会经济研究》,李恩民、邢丽荃译,北京:中国社会科学出版社,2001年,第7—8页。
③ 祁建民:《战前日本的中国观与"共同体"理论》,《抗日战争研究》2014年第3期;平野义太郎:《大アジア主義の歴史的基礎》,东京:河出书房,1945年,第8—15页。

"亚细亚生产方式"和魏特夫(K. A. Wittfogel)的"治水社会"。① 那么满铁调查部门、华北惯调如何与日本左翼思想发生联系？日本左翼学者又为什么转向为日本侵略辩护？左翼理论又如何影响了华北惯调的开展？

日本左翼思想和运动实践在诞生之初就有浓厚的知识分子取向，与日本现代社会科学相伴相生。其初期两个明显的谱系都和知识分子密切相关：一是中江兆民引进法国卢梭学说形成的自由民权运动，二是美国基督教会的学校和传教活动；前者的代表是《平民新闻》创办者堺利彦和幸德秋水，后者的代表是早稻田大学教授安部矶雄和劳工运动者片山潜。② 这导致日本左翼运动在相当的时间内长于理论思辨，短于革命实践。

1922年7月和1925年12月，日共在莫斯科的帮助下先后两次组党③，然而两次组党的指导思想并不一致：前一时期是山川均的"山川主义"，强调阶级斗争大众化，不急于组成党组织；后一时期是福本和夫的"福本主义"，鼓励左翼组织分散开来，各自开展革命。④ 这两种指导理论在第二次组党时针锋相对，共产国际为了重振日本革命，防止组织分裂，于1926年12月由布哈林重新确定了纲领：日本的革命客观形势已经迫近，日本的社会性质仍然是半封建半资本主义，因此日本接下来的革命应是资产阶级民主主义革命。这个纲领成为日后日共正统派秉持的基本指导思想，而山川派对此持反对意见，导致30年代左翼思想界

---

① 伊藤武雄：《生活在满铁》，陈国柱、戚亚民译，载政协吉林省长春市委员会文史资料研究委员会编：《长春文史资料》第3辑，内部出版，1983年，第68—69、102—103页；祁建民：《战前日本的中国观与"共同体"理论》，《抗日战争研究》2014年第3期。
② 唐永亮：《中江兆民》，西安：陕西师范大学出版社，2017年，第145页；杨孝臣：《论幸德秋水》，载中国日本研究会编：《日本史论文集》，北京：生活·读书·新知三联书店，1982年，第351—353页；森正藏：《风雪之碑：日本近代社会运动史》，赵南柔等译，上海：中国建设印务股份有限公司，1948年，第3—6页；《片山潜大事年表》，载肖立辉、芦钰雯：《片山潜》，北京：中国工人出版社，2015年，第138—139页。
③ 森正藏：《风雪之碑：日本近代社会运动史》，赵南柔等译，上海：中国建设印务股份有限公司，1948年，第22—24页。
④ 森正藏：《风雪之碑：日本近代社会运动史》，赵南柔等译，上海：中国建设印务股份有限公司，1948年，第26—31、35—36页。

"正统派"和"劳农派"的争论。①

1925年,日本政府制定《治安维持法》,强力镇压左翼运动。经过1928年"三一五"日共成员大检举、1929年"四一六"事件、1930年"新生共产党事件"、1932年"十月大检举"诸次事件,日共始终没能开展有效的革命活动。特别是1932年10月的大检举,范围扩大到整个同情日共的左翼知识分子,入狱人数6900余名,日本左翼思想界受到严重冲击,由此也产生了一个独特现象:"转向",即受到检举的日共党员或左翼知识分子在狱中公开发表自白书,宣布放弃颠覆政府的共产革命活动,用以换取提前出狱。这些人出狱后取向各有不同:有的不放弃主义而只停止行动,有的转变理论方向,寻求新的左翼运动形态,有的则彻底放弃马克思主义。②这种现象显然与日共和左翼运动的知识分子性格关系密切。

"转向"的另一个结果,就是日共党员和左翼知识分子出狱后能做的工作只有利用左翼思想开展社会科学研究,于是掀起日本社会科学界30年代左翼理论研究的高潮,这些研究与地下状态的日共关系密切,其讨论议题延续了日共内部的争论。

作为日本社会科学研究的重要据点,满铁调查部门自然也受到日本左翼运动的影响。左翼知识分子进入满铁调查部门可以追溯到日共创建者、"转向巨头"佐野学。佐野学毕业于早稻田大学政治科,大学时代就参与东京帝国大学的左翼青年组织"新人会",他的兄长佐野龙太正是满铁第一任总裁后藤新平的女婿。佐野学1917年大学毕业后,借着兄长的这层关系进入满铁东京支社的东亚经济调查局,在他的影响下,参

---

① 森正藏:《风雪之碑:日本近代社会运动史》,赵南柔等译,上海:中国建设印务股份有限公司,1948年,第39页。
② 森正藏:《风雪之碑:日本近代社会运动史》,赵南柔等译,上海:中国建设印务股份有限公司,1948年,第89页。

加"新人会"的东京帝大的毕业生伊藤武雄等进入满铁颇受照顾。①

左翼群体进入大连满铁本社的时间较晚。在满铁产业部时期,毕业于京都帝大经济学部的青年马克思主义者大上末广出任庶务课业务系主任,这个职位非常方便安置新入部的人员,自此一批京大、东大的左翼毕业生进入满铁本社调查部门,大上末广不但成为满铁调查部门的左翼首领,也给满铁的调查报告带来了左翼理论色彩。② 大上末广在满铁任职期间跟从鼓吹"王道建国论"、提倡"阶级分析法"的橘朴学习,参与"满洲"农业性质的讨论,逐渐为人瞩目。由此开企了日本左翼思想与殖民"满洲"右翼思想的奇特合流。1939年大上末广转至日本企划院新成立的东亚研究所任职,专门联络促成"中国惯行调查"项目,并实际负责东亚研究所与京都大学的"中国经济惯行调查部"的联络。③

到1940年,随着战争进程加剧,日本本土加强镇压左翼分子,大量左翼人士陆续来到满铁调查部,其中既有日后因"满铁调查部事件"被检举的堀江邑一(京都帝大经济学部毕业,河上肇再传弟子,旅欧时曾加入德国共产党)等,也有平稳参与了华北农村惯行调查的杉之原舜一(京都帝大毕业,后任职于无产阶级科学研究所,华北惯调实地调查的主持者)、旗田巍(东京帝大文学部东洋史学毕业,因同情左翼被检举入狱)。他们来到满铁主要有三种原因:一是因为本土镇压加剧,而"满洲"相对宽松故躲来;二是"转向"后不被警察信任而被驱逐到"满洲";三是无法在日本本土就业,故来满铁求生活。同时满铁调查部在战时也承担了诸

---

① 森正藏:《风雪之碑:日本近代社会运动史》,赵南柔等译,上海:中国建设印务股份有限公司,1948年,第91页;伊藤武雄:《生活在满铁》,陈国柱、戚亚民译,载政协吉林省长春市委员会文史资料研究委员会编:《长春文史资料》第3辑,内部出版,1983年,第92页。
② 伊藤武雄:《生活在满铁》,陈国柱、戚亚民译,载政协吉林省长春市委员会文史资料研究委员会编:《长春文史资料》第3辑,内部出版,1983年,第101页。
③ 伊藤武雄:《生活在满铁》,陈国柱、戚亚民译,载政协吉林省长春市委员会文史资料研究委员会编:《长春文史资料》第3辑,内部出版,1983年,第72页;赵京华:《近代日本有关"中国"的知识生产——以橘朴为中心》,《现代中文学刊》2014年第1期;孙传钊:《军国主义统治下左翼知识分子的幻想》,《二十一世纪》2005年第3期;祝力新:《〈满洲评论〉及其时代》,北京:商务印书馆,2015年,第41—58页;解学诗:《隔世遗思:评满铁调查部》,北京:人民出版社,2003年,第482—483页。

多调查任务,急需人手扩张,为左翼人士进入满铁调查部创造了客观条件。①

30年代,日本左翼的政治实践虽然饱受打压,但其思想和研究始终保持活跃,影响波及整个社会科学界,再加上左翼人员集中在满铁调查部门,于是"中国惯行调查"的设计和研究议题也在一定程度上被左翼研究规定,特别是东京帝大法学部教授末弘严太郎领导的土地法和家庭、村落研究部,此一时期相关议题的研究大部分由左翼学者完成。

研究的起点是日共内部的有关革命纲领的讨论。1927年"布哈林纲领"发布后,日共"山川派"并不认可纲领的观点,于是山川均、荒畑胜三、猪俣津南雄等人创办《劳农》《劳农新闻》等报刊,与日共机关报《马克思主义》《无产者新闻》开展论战。他们的基本观点是日本的社会性质并没有"正统派"所认为的"浓厚的半封建要素",相反,日本现阶段是独裁金融资本阶段,因此接下来日本的革命是立即的无产阶级革命,而不需要一道资产阶级民主革命。②"正统派"认为日本革命的性质乃是"迅速向社会主义革命转变的资产阶级民主革命",核心主张是:日本的统治体制由两部分组成,乡村是半封建统治,封建地主掌握土地,以封建地租剥削农民;城市是资产阶级统治,金融资本寡头掌握生产资本。因此倡导"打倒天皇""废止大土地所有""七小时劳动制""银行国有"。③

随着"劳农派"被开除出党,以及1928年以后接连的日共党员大检举,论战的阵地从党内转为党外左翼知识分子:一方是陆续加入"劳农

---

① 伊藤武雄:《生活在满铁》,陈国柱、咸亚民译,载政协吉林省长春市委员会文史资料研究委员会编:《长春文史资料》第3辑,内部出版,1983年,第102—103页;孙传钊:《军国主义统治下左翼知识分子的幻想》,《二十一世纪》2005年第3期;解学诗:《隔世遗思:评满铁调查部》,北京:人民出版社,2003年,第491页;内山雅生:《华北农村社会研究问题和实地调查之原委》,载南开大学历史系、中国近现代史教研室编:《中外学者论抗日根据地:南开大学第二届中国抗日根据地史国际学术讨论会论文集》,北京:档案出版社,1993年,第472—473页。
② 森正藏:《风雪之碑:日本近代社会运动史》,赵南柔等译,上海:中国建设印务股份有限公司,1948年,第110—111页。
③ 森正藏:《风雪之碑:日本近代社会运动史》,赵南柔等译,上海:中国建设印务股份有限公司,1948年,第116—119页。

派"的向坂逸郎、铃木茂三郎等人,另一方则是由野吕荣太郎、山田盛太郎、平野义太郎等人组成的"讲座派"。后者源于野吕荣太郎为在农业理论方面批判猪俣津南雄等"劳农派",集合山田盛太郎、平野义太郎等人在1930年推出"日本资本主义发达史讲座"系列论丛。"讲座派"的观点吸纳了共产国际给日共拟定的"三二年纲领",成为日共党内"正统派"在学界、思想界的代表。①

两派论争的焦点主要有以下问题②:

1. 日本资本主义现阶段的矛盾是否包含封建因素,在此基础上,日本农业生产的佃租性质是资本主义地租还是封建地租?

2. 日本资本主义发展的本土源头:德川时期作坊工业的生产是否具有资本主义萌芽性质,德川末期新地主的土地所有,是商业资本主义的入侵,还是封建土地所有制的发展?

3. 日本资本主义的发展历史:明治以后产业资本主义转化为垄断资本主义时的日本资本主义结构特质是否是"军事性半农奴制资本主义",资本主义发展前提下农村的租佃制是否是封建性农奴制?

总之,上述论争不可避免地聚焦于日本农业问题,核心就是日本农业生产关系和佃租的性质,即从佃租是封建剥削还是资本主义剥削来考察日本的资本主义性质。

纵观日本左翼学界的研究和讨论,问题的焦点是日本农业的性质,特别是土地所有制、租佃生产关系以及佃租所反映出的农村社会关系性质问题。当学者们将视野放宽到东亚,这些分析路径也就被继承下来。

同时,上述论争还有国际背景。中国的国民革命失败后,斯大林同托洛茨基曾有过关于中国革命性质和任务问题的斗争,为此1931年苏联的列宁格勒东方研究所和马克思东方学者会议主办了亚细亚生产方

---

① 森正藏:《风雪之碑:日本近代社会运动史》,赵南柔等译,上海:中国建设印务股份有限公司,1948年,第240—241页;日本经济劳动研究所编:《日本资本主义论争史》,金学成、卫瑜译,上海:中国建设印务股份有限公司,1948年,第8—9页。

② 日本经济劳动研究所编:《日本资本主义论争史》,金学成、卫瑜译,上海:中国建设印务股份有限公司,1948年,第12—128页。

式学术讨论会,会议综述传至日本后,为左翼学者所追捧,并迅速用于东亚农村社会分析。① 在这个理论的指导下,日本学界对于日本和中国的社会性质讨论便集中到农村社会上,特别是农村社会性质和"村落共同体"有无的问题。这也是平野义太郎等学者在研究华北惯调资料时的理论源头。

因此,我们就不难理解,华北惯调有相当部分内容是农村土地所有制、农村金融以及租佃关系和地租,战时和战后有关华北惯调的研究也有相当部分涉及华北农村的土地所有权、租佃法律和租佃形态。

## 二、"华北农村惯行调查":方法与成果

### (一) 作为方法的"惯行调查"

如前所述,"惯行调查"作为满铁制定殖民政策的重要工具,贯穿于满铁调查事业始末,"华北农村惯行调查"并不是作为单独调查项目偶然出现的,而是一系列带有"惯调"性质的调查活动的一部分。那么满铁执行的"惯调"性质调查活动有哪些,它们有什么特点,形成了怎样的调查风格和方法?

由后藤新平设想、冈松参太郎主持的"台湾旧惯调查"是满铁系列惯行调查的先声。调查的目的"一方面在查明台湾的实际旧惯以供行政及司法上的需要","另一方面则探究中国法制,以学术性观点编述,作为他日台湾立法的基础",故而调查对象不限于台湾旧惯与制度,还包括中国一般的法律习惯。为此,1901年(明治三十四年)4月成立"临时台湾旧惯调查会"②,该会工作于1919年结束,原住民调查则持续到1922年。形成的成果主要有《台湾私法》《清国行政法》《蕃族调查报告书》

---

① 祁建民:《战前日本的中国观与"共同体"理论》,《抗日战争研究》2014年第3期。
② 冈松参太郎:"叙言",载台湾省文献委员会编:《台湾私法》第1卷,陈金田译,台中:台湾省文献委员会,1990年,第1—2页。

《蕃族惯习调查报告书》《台湾蕃族惯习研究》等五种大型调查资料。[1]

方法上,《清国行政法》几乎完全是文献研究,《台湾私法》则是文献和田野调查综合,而"蕃族调查"等资料主要是人类学和民族学的田野调查。作为"惯习调查"草创阶段的探索,《台湾私法》的田野调查主要活动还是搜集民间文献材料,如旧记、杂书、谕告、碑记,以及特别受重视的民间契券,它被认为是"探求惯习真相的最佳材料"。此外,由于日本强占台湾未久,为了能够与当地人有效沟通,调查会聘请了耆老绅士为嘱托员,代为调查搜集材料,同时这些人也成为调查重点的交流对象,以获得更充分的信息。[2]

旧惯调查会探索的调查方法、调查对象成为后来满铁"惯行调查"的基本准则,其特点是:1. 作为法律调查,它更关注日常经济行为中的习惯法,而不是政府的成文法;2. 作为经济和社会调查,它的框架是德国民法规定的身份法和财产法,所以经济行为调查集中于土地所有、租佃关系、家族人身关系、家族财产关系。因此旧惯调查更像是一个法律、经济、社会调查的综合体。而且依靠耆老乡绅开展资料搜集调查的模式为旧惯调查种下了一个先天的缺陷:调查能否顺利进行完全要看被调查者与殖民政府的合作程度,以及殖民政府对殖民地的控制程度,这不仅限制了调查广度、深度拓展的可能性,也让调查材料的真实性始终有疑问。这个缺陷在华北惯调中更为明显。

满铁成立后率先开展了"满洲旧惯调查",持续时间为1909—1915年。"满洲旧惯调查"的实际指导者是冈松参太郎以及调查课首任课长川村铆次郎,因此"满洲旧惯调查"实际上就是"台湾旧惯调查"的延续。然而调查内容仅限于东北土地关系,甚至不涉及农村惯行。调查方法则仅限于"文献",因为满铁调查员在实地调查时遭到农民的抵制,而且土

---

[1] "编序",载台湾"总督府"临时台湾旧惯调查会:《蕃族调查报告书》第1册,"中央研究院"民族学研究所译,台北:"中央研究院"民族学研究所,2007年,第1页。
[2] 冈松参太郎:"叙言",载台湾省文献委员会编:《台湾私法》第1卷,陈金田译,台中:台湾省文献文员会,1990年,第3页。

地问题对于农民来说十分敏感,不轻易向外透露,导致实地调查成效不大,所以调查工作都以古籍史料为基础。①

给"惯行调查"注入新的理论元素的是1936年3月开始的"满洲农村实态调查"。这个调查由所谓"满洲国""实业部临时产业调查局"主持,满铁经调会参与,目的是为"满洲国"制定农业政策。此前大上末广与天野元之助在《满铁调查月报》和《满洲经济年报》上先后发表文章,运用左翼理论分析东北农业生产,认为"满洲经济"乃是封建制性质,无法自发资本主义化,进而引申至"中国殖民地化"的必然,引起中西功、铃木小兵卫等人的批评,由此有必要关注东北农村的实际生产状态。②对于满铁惯调而言,这次调查在指导理论上突破了以往的民法框架,调查内容从身份关系、财产关系拓展至生产关系,特别是生产流通、农村金融、租佃关系,从上述关系中探索东北农村构造,进而分析中国社会性质。

几乎与"满洲农业实态调查"同时展开的是"冀东农村实态调查",这个调查的组织领导者是时任满铁经调会驻天津干事附、中国驻屯军顾问的伊藤武雄。"华北事变"之后,实际控制冀东地区的日本中国驻屯军为有效控制该地而决定开展调查,1936年3—4月、1937年2—3月共调查两次。伊藤武雄进一步细化了调查方法,调查表来自美国经济学家巴库,理论则来自于苏联学者马歇尔。调查具体执行分为四个层级:县境内一般情况调查(口头调查县内官员,调阅县政府文书)、县城调查(口头调查县内官员)、村落一般情况(口头调查乡长及相关人士,调阅乡政府文书)、农户情况(户主调查)。由于处于准战争状态,调查实际上都是在"治安"相对好的区域展开,调查班不带卫队,口头调查全程以听写方式进行。③ 可以说,冀东农村实态调查是华北农村惯行调查的一次预

---

① 解学诗:《隔世遗思:评满铁调查部》,北京:人民出版社,2003年,第82—85页。
② 解学诗:《隔世遗思:评满铁调查部》,北京:人民出版社,2003年,第238—250页。
③ 伊藤武雄:《生活在满铁》,陈国柱、戚亚民译,载政协吉林省长春市委员会文史资料研究委员会编:《长春文史资料》第3辑,内部出版,1983年,第96—97页;解学诗:《隔世遗思:评满铁调查部》,北京:人民出版社,2003年,第274—287页。

演,为华北惯调准备了调查设计、执行方法、内容和重点以及理论分析框架。

作为殖民统治的重要工具,"惯行调查"几乎与日本侵华同步进行。随着"七七事变"爆发,华北彻底沦陷,为了控制这一新占领区,制定统治策略,日本军方和满铁对于华北地区全面的"惯行调查"势在必行。

## (二)"华北农村惯行调查"的计划与执行

"华北农村惯行调查"从属于"中国惯行调查",这个项目于1938年秋由日本企划院新成立的"国策调查机关"东亚研究所提出,1939年秋受理申请的兴亚院将课题交给了东亚研究所。1939年10月2日,东亚研究所第六(惯行)调查委员会正式成立。①

委员会由两部分组成:总务委员会和学术委员会。其中学术委员会几乎由东京帝大法学系包办:法学家山田三良为首,末弘严太郎负责第一部(土地法)、第三部(家族、村落),田中耕太郎负责第二部(商业金融),我妻荣负责第四部(城市土地)。② 此外,第六委员会另委托京都帝大经济学部开展经济学调查研究。为此京都帝大设立"中国经济惯行调查部",下分三部:第一部农地制度,第二部商事、金融,第三部矿工业,东亚研究所与京都大学的联络员为大上末广。③

负责现地调查的是满铁调查部华北经济调查所第三班,后被称为"惯行班",主任是杉之原舜一,参加者有旗田巍(村落)、佐野利一(赋税)、内田智雄(家族同族)、安藤镇正(金融交易)、小沼正(赋税)、杉浦贯一(土地所有权、水)、山本斌(佃农)、盐见金五郎(地籍与土地公证)、

---

① 解学诗:《隔世遗思:评满铁调查部》,北京:人民出版社,2003年,第480—482页。
② 解学诗:《隔世遗思:评满铁调查部》,北京:人民出版社,2003年,第481页;内山雅生:《二十世纪华北农村社会经济研究》,李恩民、邢丽荃译,北京:中国社会科学出版社,2001年,第7页。
③ 解学诗:《隔世遗思:评满铁调查部》,北京:人民出版社,2003年,第483页。

本田悦郎、早川保(土地买卖、家族同族)、村田久一(村落)等。①

早在1937年以前,为迎接满铁成立30周年,满铁经调会即筹划以"惯行调查"为主体开展中国社会结构全面综合研究。只是由于经调会撤销和"七七事变",这个设想被打断。接受东亚研究所委托后,满铁调查部的研究设想再次复活并独立拟定了长达十年的"惯行调查"计划。②所以华北经济研究所的现地调查从1939年项目确立之初就已经自行准备,检索方志等惯行材料。1940年6—10月,满铁华北经济调查所全面制作调查项目,11月开始第一回实地调查。此后至1942年11月,华北经济调查所惯行班共开展七回集中实地调查,同时穿插小规模补充调查、概况调查以及特殊问题调查。正如调查材料显示的,所谓"实地调查"以访谈为主。在实地调查同时,惯调班还注意文献收集,从顺义、获鹿、临榆等县获得了大量档案和古籍。③

表1 满铁华北经济调查所惯行班现地调查概况

| 回目 | 时间 | 地点 |
| --- | --- | --- |
| 第一回 | 1940年11—12月 | 河北省顺义县(今北京市顺义区)沙井村;<br>河北省栾城县(今河北省石家庄市栾城区)寺北柴村;<br>山东省历城县(今山东省济南市历城区)冷水沟庄 |
| 第二回 | 1941年2—3月 | 河北省顺义县沙井村 |
| 第三回 | 1941年5—6月 | 河北省栾城县寺北柴村;<br>山东省历城县冷水沟庄 |
| 第四回 | 1941年10—12月 | 河北省栾城县寺北柴村;<br>山东省历城县冷水沟庄 |
| 第五回 | 1942年2—3月 | 山东省历城县路家庄;<br>河北省栾城县寺北柴村;<br>河北省顺义县沙井村 |

---

① 内山雅生:《二十世纪华北农村社会经济研究》,李恩民、邢丽荃译,北京:中国社会科学出版社,2001年,第7页;《调查事业沿革》《调查项目》,分别载徐勇、邓大才编:《满铁农村调查》惯行类第1卷,李宪俄主译,北京:中国社会科学出版社,2016年,第1、34—52页。
② 解学诗:《隔世遗思:评满铁调查部》,北京:人民出版社,2003年,第484—485页。
③ 《调查事业沿革》《调查项目》,分别载徐勇、邓大才编:《满铁农村调查》惯行类第1卷,李宪俄主译,北京:中国社会科学出版社,2016年,第1、34—52页。

续表

| 回目 | 时间 | 地点 |
| --- | --- | --- |
| 第六回 | 1942年5—6月 | 河北省昌黎县(今河北省秦皇岛市昌黎县)侯家营;<br>河北省良乡县(今北京市房山区良乡地区)吴店村;<br>山东省恩县(今山东省德州市平原县恩城镇)后夏寨 |
| 第七回 | 1942年10—11月 | 河北省昌黎县侯家营;<br>河北省良乡县吴店村 |
| 补充一 | 1943年11—12月 | 河北省安次县(今河北省廊坊市安次区)祖各庄、东王庄;<br>河北省顺义县沙井村、石门村 |
| 补充二 | 1944年8月 | 河北省顺义县沙井村 |

资料来源:《调查事业沿革》《调查资料总目录》,分别载徐勇、邓大才编:《满铁农村调查》惯行类第1卷,李宪俄主译,北京:中国社会科学出版社,2016年,第1—2、53—60页。

1944年,随着战局变化,调查工作重要性日益减小,包括华北农村惯行调查在内的满铁诸多调查都陷入停顿,华北惯调的范围缩小到北京周边的安次和顺义,同时华北经济调查所人员撤回大连本社,直到1945年3月华北惯调彻底停止。① 满铁调查部自定的十年调查计划也没有完成,只是基本实施了东亚研究所的委托调查。

华北惯调的执行在指导思想层面一直处于为日本殖民统治服务和纯粹学术取向二者之间的纠结,这一纠结也影响到调查资料的最终呈现。东亚研究所拟定的《第六(中国惯行)调查委员会要纲》规定"以有助于帝国对华政策的推行为目的,进行华北、华中的法律及经济的诸惯行调查";满铁调查部自拟的《中国惯行调查计划》也宣称中国惯行调查"是为了综合制定我国各种对华政策所不可缺少的前提条件"。②

但是末弘严太郎本人对此有所批判,他强调"本次调查的目的并不是获得立法乃至行政的参考资料。说到本调查的最终目的,那就是,中国人民怎么在惯行的社会下生活"③。末弘严太郎意图将调查规定为纯学术活动,与

---

① 《调查事业沿革》,载徐勇、邓大才编:《满铁农村调查》惯行类第1卷,李宪俄主译,北京:中国社会科学出版社,2016年,第3页。
② 解学诗:《隔世遗思:评满铁调查部》,北京:人民出版社,2003年,第482、487页。
③ 末弘严太郎:《调查方针等相关记录》,载徐勇、邓大才编:《满铁农村调查》惯行类第1卷,李宪俄主译,北京:中国社会科学出版社,2016年,第4页。

同为法学教授的冈松参太郎相比,他并不强用近代"法"的概念来理解现实社会中抱持实际效用的社会规范,而是将调查所得的社会规范同中国社会固有的传统进行比较来讨论问题。① 因此末弘严太郎的调查框架虽然是民法的概念,但并不像冈松参太郎那样把华北的社会习惯强制归入民法框架。

在这种思想的指导下,界定什么是"惯行"这一基本调查对象就成为调查学术研究的起点。作为调查设计者,末弘严太郎区分了两种"惯行":法的惯行和经济的惯行。所谓"法的惯行"是"活着的法律",这种调查"不是单纯地探究社会关系的构成形式,而是规范社会关系组成的法的惯行,也就是通过使法的规范明了化,着力于将其实质的组织和动态机构明了化",比如家庭实态调查不仅着眼于家庭成员的结构,而是要调查内部的权威、抚养等人员关系;"经济惯行"的调查则"是将经济生活本身作为惯行的事实进行描述,将其发生的因果法则明了化才是目的"。②

实地调查的主持者杉之原舜一作为东京帝大文学部的毕业生,也受作为教授的末弘严太郎的影响,进一步明确了调查动态法律习惯的含义:"这个对象作为原有社会中的形式,是社会性规范的所谓法的惯行,但不能将形式作为形式平板而又静止地把握,而应立体的、动态的和在与成为实质背景的社会经济诸关系的联系中努力把握。"③于是调查经济行为,实际上仍是调查经济行为中人的关系及其形成的"法的惯行"。

在这个意义上杉之原与末弘严太郎对于"惯行"的理解存在细微差别:末弘严太郎将经济惯行视为独立的调查范畴,其内涵就是经济行为及其因果规律;而杉之原将"法的惯行"理解引入"经济惯行",将后者的内涵从经济活动缩小为能够把握为规则习惯的经济关系。这种差别也体现在二人的调查设计上:东亚研究所制定的调查计划包括"以土地关系为中心的惯行调查""商事及金融相关的习俗惯例调查""家族及村落的相关习俗惯例"三大

---

① 内山雅生:《二十世纪华北农村社会经济研究》,李恩民、邢丽荃译,北京:中国社会科学出版社,2001年,第9—10页。
② 末弘严太郎:《调查方针等相关记录》,载徐勇、邓大才编:《满铁农村调查》惯行类第1卷,李宪俄主译,北京:中国社会科学出版社,2016年,第4—5页。
③ 解学诗:《隔世遗思:评满铁调查部》,北京:人民出版社,2003年,第494页。

方面,满铁华北经济调查所的调查项目细化为"土地所有权""以土地买卖为中心的所有权变动""租佃""水""地籍与土地公证""农村赋税""农村金融及交易""家族及同族""村落"九项,九项内容基本包括东亚研究所计划的土地关系和家族村落调查,缺省了商事与金融方面。① 由此可以看出华北惯调的侧重。

然而,无论是土地还是家族问题,对于当时的农民来说都是十分敏感的话题,如何做到有效访谈就成为华北经济调查所惯调班的难题。1940 年 8 月,末弘严太郎一行来北京与惯行班座谈,双方就这个问题有所交流。惯行班的人认为只从法律性角度提问将会很抽象,农民也无法正确回答问题,东亚研究所的学者则建议先从农民的生活事项入手,针对县城职员和农民采取不同的询问方式,不要当面做笔记,等等。②

这些讨论大多仍属于调查技巧的范畴,而关乎更基本的调查方法论的内容却因为各种原因被忽略了:首先,调查村落的选择,因为战时无法实现普查,只能按照华北地区北—中—南的顺序先选择了沙井村、寺北柴村和冷水沟庄,之后又由于偶然原因增加了侯家营、吴店村和后夏寨,满铁调查人员认为村庄的代表性可以在十年的调查计划中逐渐实现,但时间并没有给他们机会。其次,被调查人员的选择,东亚研究所的福岛正夫在惯调班座谈时明确提出"迄今为止成为对象的都是土豪劣绅,更加贫困的贫民也作为对象,不需要吗?"③的疑问,但是无人应答。实际上战时调查以军方武力为后盾,能够动员的被调查者只能是与侵略者有密切交往的"县城职员"和村内"士绅"头面人物,底层农民没有意愿也很难去接触到,这也是华北惯调的天然缺陷。

综合来看,作为满铁惯行调查系列的终曲,华北农村惯行调查的计划和实施有两点重要突破:第一,在学理上,相比于"台湾旧惯调查""满洲旧惯调

---

① 《调查项目》,载徐勇、邓大才编:《满铁农村调查》惯行类第 1 卷,李宪俄主译,北京:中国社会科学出版社,2016 年,第 17—52 页。
② 解学诗:《隔世遗思:评满铁调查部》,北京:人民出版社,2003 年,第 501 页。
③ 解学诗:《隔世遗思:评满铁调查部》,北京:人民出版社,2003 年,第 501—502 页。

查"而言,华北惯调放弃了对"旧惯"静态、平面的描述,转向在社会关系中把握习惯行为的动态实态,实现了"惯行"的调查;第二,在方法上,首次将实地人员询问作为调查的主要内容,既不同于侧重官方文献和地方文献收集的"台湾旧惯调查""满洲旧惯调查",也不同于侧重实地调查经济结构、家庭收支和经济文书收集的冀东农村实态调查。

## (三) 成果、评价与反思

战时的华北农村惯行调查仅仅是在七个定点村庄基本完成了满铁华北经济调查所设计项目的调查,积累了《质问应答录》114辑。这些应答录作为原始的材料,真实生动地记录了调查员访谈和被调查者回答的内容,甚至"对话中也包括游离于问题主题的模糊应答,但都是按原本的样子保留下来"。1942年秋,满铁华北经济调查所惯调班开始根据调查资料制作调查报告书,但因为资料过于庞大以及战争进程,直到调查终止也没有完成报告书。① 而由于华北惯调材料在整理后立即发往东京,东亚研究所第六(惯行)调查委员会和京都帝大经济学部在战时就已经开展相关研究,前者完成16种报告书,后者完成《中国经济惯行调查报告》17册。②

战后,原东亚研究所第六(惯行)调查委员会成员、日本法制史专家仁井田陞仍持续关注这批材料,并联合原东亚研究所的平野义太郎、福岛正夫、我妻荣以及原华北经济调查所惯调班成员整理了这批材料,在伊藤武雄任所长的政治经济研究所资助下,1952—1958年,岩波书店以《中国农村惯行调查》为名分六卷出版,这就是日后中国农村社会研究经常引用的文本。

仁井田陞作为中国古代法制史和法律文献研究专家,持续关注华北惯调材料,是受到法学界前辈、华北惯调的设计者末弘严太郎"纯学术"精神的感召。在原书第一版序言中,仁井田陞毫不吝啬地赞美道:"我认为,在1937年以后的我国,作为真正意义上的期待学术进步的良心事业,这个惯

---

① 《调查事业沿革》,载徐勇、邓大才编:《满铁农村调查》惯行类第1卷,李宪俄主译,北京:中国社会科学出版社,2016年,第2页。
② 解学诗:《隔世遗思:评满铁调查部》,北京:人民出版社,2003年,第505页。

行调查活动可以说是极其难能可贵的。"①平野义太郎也写道:"这种针对农村习俗的实态调查,恰好对这些学问的各个领域中有史以来的中国研究的根本缺陷进行了修正,试图填补这些空隙。""本调查是在中日战争(抗日战争)这样困难的社会环境下进行的,但绝对不会限制学术调查的自由,我们会尽可能达到这个目的。""学者们怀着对中国社会无限的爱和以学术的方式查明社会实际情况的热情,以及对待学问的良心,他们认为日本的中国研究具有重大的正面形象,忠于实际地捕捉了旧社会生动的习俗。"②

当然,也不是所有人都对华北惯调无条件地赞美。作为调查员的旗田巍就写下了当时调查参与者的矛盾心情:"这个调查是战时在日军占领的地域,借助满铁这一殖民地经营公司的力量所进行的。因此,这种调查是以权力为背景的殖民地调查,这是很明白的事实。但是我认为这并不能成为否定这一调查学术性内容的理由。……这里虽然对自由有一定的限制,但我觉得在当时像惯行班这样充满自由气氛的地方别处几乎是没有的。""在对中国农民的友爱之情的深处,有一种对备受侵略战争之苦的人们的内疚心情和不能置之不顾的心情……我认为这种心情对中国人的友爱感情和坚持站在学术立场上搞调查的态度是联系在一起的。"③

而同为调查员的野间清对此强烈批评道:"调查员是在'县公署'或'商务会'等'县政府'机关住宿,他们从住处到调查村来回往返都是在'县政府'武装力量的'护卫下'进行的。如果不这样,他们就把村民叫到'县政府'机关来进行采访调查。这不只是对村内处于被支配地位的农民的,对村内有政治势力的'实力人物'也是如此,因为在这种调查的背后更有能支配村内政治势力的日本军事实力。这一点比起在中国东北地区的农村实态调查

---

① 仁井田陞:"原书序",载徐勇、邓大才编:《满铁农村调查》惯行类第1卷,李宪俄主译,北京:中国社会科学出版社,2016年,第1页。
② 平野义太郎:"简介",载徐勇、邓大才编:《满铁农村调查》惯行类第1卷,李宪俄主译,北京:中国社会科学出版社,2016年,第2、6页。
③ 旗田巍:《中国村落与共同体理论》,东京:岩波书店,1973年,第263—264页,转引自内山雅生:《二十世纪华北农村社会经济研究》,李恩民、邢丽荃译,北京:中国社会科学出版社,2001年,第21—22页。

来,不是更应该鲜明地、更加激烈地意识到吗?"①在这样的认识下,野间清提问道:作为殖民地调查,以强大的军事势力为后盾而实施的农村调查,究竟能够描绘出多少真实情况? 显然《中国农村惯行调查》并没有反映中国农民真实姿态,这是作为侵略者的日本人没有认真反思的。

战后直到 20 世纪 80 年代,远离战争的日本学者重新回顾惯调的历史,在没有历史包袱的情况下对《中国农村惯行调查》的批评更加客观。内山雅生认为,一方面,惯行调查员的确秉持着同情的心态,这让他们去努力接触中国农民;另一方面,被访农民在当时的条件下也是带有寻求和敌对国占领军妥协求生存的心态参与采访,在调查员因相对的学术自由而秉持的善意下,这种主客观错位能够得到些许弥合。当然,这种天真的主观善意越真实,农民也越能感受到日本军事势力的控制,也让调查员在战后能够反思调查得以开展的真正基础。②

随着学术研究的深入,日本学界对"惯行调查"批判的关注点,已经从实地调查证据的可信度和有效力转移到基于华北惯调的中国研究的认识水平问题。③ 这就涉及战时和战后日本学界对《中国农村惯行调查》的研究。

## 三、从"结构"到"变迁":日本战时与战后的华北惯调研究

尽管华北惯调因为战争进程匆匆结束,但在调查持续的三年时间中,满铁华北经济调查所惯调班一直将调查材料发回东京东亚研究所,因此关于华北惯调的研究在战时就已经展开。这些成果在战时及战后集中出版,形

---

① 野间清:《中国农村惯行调查的计划与实绩——关于中国问题研究的主观上的"善意"及其局限性》,《历史评论》1964 年第 107 期,转引自内山雅生:《二十世纪华北农村社会经济研究》,李恩民、邢丽荃译,北京:中国社会科学出版社,2001 年,第 24 页。
② 内山雅生:《二十世纪华北农村社会经济研究》,李恩民、邢丽荃译,北京:中国社会科学出版社,2001 年,第 26—28 页。
③ 内山雅生:《华北农村社会研究问题和实地调查之原委》,载南开大学历史系、中国近现代史教研室编:《中外学者论抗日根据地:南开大学第二届中国抗日根据地史国际学术讨论会论文集》,北京:档案出版社,1993 年,第 469 页。

成一波日本学界关于中国社会研究的高潮。① 在这之中,尤以平野义太郎与戒能通孝之间有关"村落共同体"的论争最为瞩目。关于这一论争的内容与学术背景,中日学者已经有了比较详细的讨论②,在此基础上本节关心的是这一讨论揭示了华北社会哪些关键的社会分化机制,进而加深我们对于华北社会的理解,在这一讨论之后,日本学界对于华北社会的研究又有了什么变化,开启了哪些新的问题域。

如前所述,以平野义太郎为代表的日本左翼学者为了因应日共革命路线的问题,而试图寻找日本农村的封建机制,在这个问题意识的影响下,这些学者在中国农村研究中探求"村落共同体"的有无,同样是要探求亚洲农村社会的封建关系③,只是具体理论表述上接受了魏特夫的"共同体理论"。这些研究力图揭示中国农村的社会结构,特别是支配关系(血缘的、权力的、经济的),因此,尽管华北惯调本身强调动态社会关系的描摹,但基于惯调材料的研究却仍是静态的社会结构研究,在时间横断面的农村支配关系中去讨论中国农村共同体的有无。

在探求中国农村的"村落共同体"时,日本学者首先关注的是血缘关系。战前日本以"共同体理论"研究中国社会的代表清水盛光认为,传统中国的专制主义基础是"村落共同体",近代村落共同体已经分化为乡绅、士绅统治

---

① 主要有东亚研究所:《支那农村惯行调查报告书》第1—2辑(1943—1944年);平野义太郎《大アジア主义の历史的基础》(河出书房,1945年);福武直《中国农村社会の构造》(大雅堂,1946年);根岸佶《中国社会に於ける指导层:中国耆老绅士の研究》(平和书房,1947年);内田智雄《中国农村の家族と信仰》(弘文堂,1948年);村松祐次《中国经济の社会态制》(东洋经济新报社,1949年);仁井田陞《中国の农村家族》(东京大学东洋文化研究所,1952年);天野元之助《中国农业の诸问题》(技报堂,1952年);今掘诚二《中国の社会构造》(有斐阁,1953年);内田智雄《中国农村の分家制度》(岩波书店,1956年)。
② 旗田巍:《中国村落研究の方法——平野-戒能论争中心にして》,载仁井田陞博士追悼论文集编集委员会编:《现代アジアの革命と法:仁井田陞博士追悼论文集》第2卷,东京:劲草书房,1966年,第3—18页;旗田巍:《中国村落と共同体》,东京:岩波书店,1973年;内山雅生:《华北农村经济研究の再检讨》,载《中国华北农村经济研究序说》,金泽:金泽大学经济学部,1990年,第7—48页;祁建民:《战后日本对华观念的变迁与"共同体"理论》,《抗日战争研究》2014年第2期;祁建民:《战前日本的中国观与"共同体"理论》,《抗日战争研究》2014年第3期;李国庆:《关于中国村落共同体的论战——以"戒能-平野论战"为核心》,《社会学研究》2005年第6期;周雨霏:《战时平野义太郎的中国研究》,载宋志勇主编:《南开日本研究》,天津:天津人民出版社,2015年。
③ 平野义太郎:"序",载《大アジア主义の历史的基础》,东京:河出书房,1945年,第1—15页。

的社会,即"同族部落"聚合体,直到进一步分解为异姓杂居的地缘村落。村落共同体的"自治"有两种,分别为村长代表政府介入统治的"他律的自治"和村落内部自行产生的"自律的自治"。① 只要不是彻底阶级分化的地缘村庄,"自律的自治"共同体的基础就是仍然残存着的"同族部落",即"同居""同财""同爨"的宗族-家族集团,将家族凝聚为宗族集团的关键因素是以"义田""祭田"为代表的"族产"。② 于是权力支配、血缘关系、经济生产三个要素在清水盛光的"村落共同体"中统一起来,这个共同体的具体表现就是家族-宗族团体。

相比而言,平野义太郎讨论"村落共同体"时更看重另一种社会要素——"会",这源于他利用的华北惯调材料。平野义太郎认为由于历史上的战乱,华北农村的宗族制度要比华南弱得多,那么华北村落的"自律的自治"的领导者的支配逻辑就不是血缘的宗族组织,而是另有他途。华北村落的自然特点是坐落于平原地带的大型密居聚落,有比较强的公共安全(战乱、看青)和共同生产(水利、防灾)的需要,村落本身而非宗族是公共生活的核心。平野义太郎认为华北村落的实际支配者是村内的会首、村董,由这些人组成的村公会实际支配全村。他们向下通过文化声望、经济财产、血缘关系和普通村民关联,向上通过选举村长与政府打交道。在村落日常公共生活中,会首们组织"看青会"维持村庄秩序,组织"庙会"承接村庄祭祀活动。因此在血缘组织分解严重的华北,"会"这种能融合多姓的地缘组织就成为村落共同体的核心要素,聚合了村落支配、宗教信仰、经济生活等社会要素。③ 于是同样讨论中国农村的"村落共同体",用"会"替代了清水盛光的"家族-宗族"团体。

戒能通孝同样利用华北惯调材料,从土地所有权这一法律和经济角度入手分析,却得出了和平野相反的结论。基于华北农村土地所有权的考察,

---

① 清水盛光:《支那社會の研究》,东京:岩波书店,1939年。
② 清水盛光:《中国族产制度考》,宋念慈译,台北:"中国"文化大学出版部,1986年,第1—3页。
③ 平野义太郎:《北支村落の内部構造》,载《大アジア主義の歴史的基礎》,东京:河出书房,1945年,第147—167页。

他指出华北农村土地所有权强烈的自耕农所有性格,看青活动跨越村,中国村落并没有严格的界限,不存在以村落租税承包家族为核心的团结协作,村民是一个个单独个体,村长和会首也没有获得村民内在的支持,而只是村庄内的强力统治者。因此中国农村没有"共同体",只有"个体"存在。①

抛却"共同体"有无的争论,戒能通孝和平野义太郎对于华北农村社会的理解恰恰是一体两面:戒能通孝也认识到"家族-宗族"这种血缘团体并不是华北农村社会的核心要素,村长、会首才是村落的实际支配者,只是他并不认为村民与村长、会首存在有机联系并组成村落共同体,所以他给出了接近原子化的华北农村社会图景。

战后日本学界否定了"共同体"理论的学术旨趣,但相似的研究思路仍然延续。前田胜太郎基于华北惯调材料所做的华北农村水利机构的研究表明,华北平原区农业生产的组织形态是"水利共同体",即基于水利设施的建设、管理和利用的自我管理的地缘性组织,亦即日后杜赞奇所称的"闸会"。② 然而这种水利组织的兴衰与国家权力关系密切,并非清水盛光、平野义太郎等人所论的"共同体"。③ 小沼正关于华北田赋征收的研究有意与戒能通孝对话,讨论了"社书"的作用:他们在县官的管辖下负责管理全县土地清册、地籍变动、田赋征收以及垫付代缴,他们显然不是村落共同体的"包税人",近代以来,随着国家税额增大,"社书"无力垫付代缴,逐渐走向崩坏,直到日伪政权"大乡制"改革而消亡。④

当然,家族研究仍然是华北惯调研究的重点。根岸佶研究耆老士绅阶层时就注意到,中国社会由宗族、乡党、同业公会三个层次构成,耆老士绅阶

---

① 戒能通孝:《支那土地法惯行序说》,载东亚研究所:《支那农村惯行调查报告书》第1辑,东京:东亚研究所,1943年。
② 杜赞奇:《文化、权力与国家:1900—1942年的华北农村》,王福明译,南京:江苏人民出版社,1996年,第22—31页。
③ 前田胜太郎:《華北農村における水利機構》,载仁井田陞博士追悼論文集编集委员会编:《現代アジアの革命と法:仁井田陞博士追悼論文集》第2卷,东京:劲草书房,1966年,第41—50页。
④ 小沼正:《華北農村における田賦徵收機構についての一考察——河北省昌黎县の社書制度とその消滅の過程》,载仁井田陞博士追悼論文集编集委员会编:《現代アジアの革命と法:仁井田陞博士追悼論文集》第2卷,东京:劲草书房,1966年,第19—40页。

层固然在乡党、同业公会的公共秩序层面起支配作用,并由此成为国家政治的基础和参与者,但是耆老士绅阶层本身遵循的原则仍然是宗族血缘秩序,他们首先是宗族族长,通过祖先祭祀整合宗族组织,然后才能成为地缘性村庄的士绅。① 内田智雄描述了不一样的华北家族制度图景:一方面,家族通过共同祭祀、同族公产、相互扶助维持团体生活,另一方面,家族并非严格的血缘团体,它有许多拟血缘办法保持家族财产和祭祀的延续。例如"冥婚"制度,家族未婚男子早亡无后,需与另一早亡单身女子"结阴婚"成立家庭,才能在坟前收养"义子"继承家业;"义子"收养一般遵循同族近亲原则,极少异姓收养,但考虑到华北农村小户自耕农经营模式,同族收养仍然打破了小家庭的血缘传承;此外,妇女的离婚与再婚、丧母儿子被继母和异母兄弟赶出家门等现象也表明华北农村的家族制度相当松散,并非我们一般理解的紧密的"血缘共同体"。②

总而言之,战时和战后的日本华北惯调研究相当程度上揭示了华北农村社会的基本特质:家族-宗族团体孱弱并趋于瓦解;村庄各类公共团体"会"是组织公共生活、维持公共秩序的核心;小自耕农为主的经济生产型态是上述两点的经济基础。但是这些研究仍存在一个共同的问题:华北惯调呈现出来的农村社会图景在多大程度上反映了中国农村社会现实?

华北惯调参与者旗田巍深刻反思了这个问题,并以华北惯调中的"看青"(看护青苗)活动为切入点提出了自己的观点:"迄今为止的研究,都把看青的各种不同形态混同对待而不顾各种形态间的历史关系,没有注意到产生各种看青形态的各个村落社会基础的差异。换句话说,就是对看青所显示的协同关系没有从历史的、发展的角度予以研究,这是不足的。"③"看青"是华北惯调时期华北村庄村公会组织的重要公共活动,担负着保护农作物和维持村庄秩序的作用。此前的研究大多将"看青"视为村公会实现村内支

---

① 根岸佶:《中国社会に於ける指導層:中国耆老紳士の研究》,东京:平和书房,1947年,第5—12页。
② 内田智雄:《中国農村の家族と信仰》,东京:清水弘文堂,1970年,第3—176页。
③ 旗田巍:《中国村落と共同体》,东京:岩波书店,1973年,第192页。

配的一种现象,而忽略了"看青"活动本身。

　　旗田巍考察"看青"活动的历史发展过程,区分了四个阶段:不需要看青—农家各自看青—光棍替人看青—村民协同看青。通过历史的梳理,旗田巍认为"看青"的协同关系不是团体生活产生的,而是团体分解为个体或小家庭后,为了面对生活不安因素而摸索出的合作关系。① 旗田巍虽然没有否定"共同体"的存在,但却将此前被当作"共同体"存在证据的"看青会"剥离出来,当作与"共同体"无关的、中国近代社会衰落过程中产生的"共同关系"。更重要的是旗田巍的研究表明,华北惯调只是特定历史时刻的社会呈现,而非代表了中国农村社会的一般状态。

　　内山雅生接续旗田巍的研究,将"共同关系"的考察扩大到华北惯调中的"打更"和"搭套"(共同使用牲口)、"合具"(共同使用农具),指出:"'共同体'式的组织和机能不是从古代社会连绵延存下来的,而是在日本等侵略势力强行推行殖民地统治的社会状况下,作为确保农村在生产之路的一种策略,以'传统的自发的自治机关'村公会为首建立起来的共同体式的关系。"② 在这个意义上,"共同关系"是一个近代社会现象,它是村落传统自治组织为适应不同上层政治要求而披上的外衣,以持续村落的统治。③ 到共和国时期,"看青"和"打更"又被转化为"护秋"和"民兵",成为农村集体化生产和安保的机制。同样,"搭套""合具"这些生产互助关系也在此后的中国革命进程中成为农业合作化的社会条件。④ 于是"共同关系"研究的问题意识从探索近代中国农村社会现实转变为以"共同关系"来阐释"中国近代社会的真实姿态以及中国资本主义经济发生与发展的过程"和"中国式社会主义的特征"。⑤

---

① 旗田巍:《中国村落と共同体》,东京:岩波书店,1973年,第192—193页。
② 内山雅生:《二十世纪华北农村社会经济研究》,李恩民、邢丽荃译,北京:中国社会科学出版社,2001年,第149页。
③ 祁建民:《战后日本对华观念的变迁与"共同体"理论》,《抗日战争研究》2014年第2期。
④ 内山雅生:《二十世纪华北农村社会经济研究》,李恩民、邢丽荃译,北京:中国社会科学出版社,2001年,第254—263页。
⑤ 内山雅生:《二十世纪华北农村社会经济研究》,李恩民、邢丽荃译,北京:中国社会科学出版社,2001年,第315页。

旗田巍的研究开启了日本学界华北农村社会研究的转向：从静态的社会结构考察转向"共同关系"在近代历史变迁中的作用。这一问题意识的转变促成了1990—1995年中日学者重访满铁调查村落，并形成了《二十世纪华北农村调查记录》《中国農村変革と家族・村落・国家：華北農村調查の録》》这一后续跟踪调查。这一时期，日本学者逐渐放弃了"共同体"原初历史学和政治经济学的含义，转向社会学意义的"共同体"，希冀以此揭示中国走向近代化的社会结构原因。①

## 四、余论

回到本文开头的问题：如何理解华北惯调材料的法学色彩和华北惯调研究的左翼理论色彩？本文梳理了华北农村惯行调查的背景历史、执行状况和相关研究，力图在历史语境中呈现华北惯调以及相关研究的特点。

若将华北惯调材料视为了解近代华北农村社会的社会调查材料，首先要破除几层面纱。

第一层，德国民法学。如前所述，"惯行调查"在学科分化上并不是社会学调查而是法学调查，调查选取的社会要素源于德国民法概念——基于身份法的亲属制度，基于财产法的土地所有权和经济活动，基于债务法的债权契约和金融行为，因此后人阅读华北惯调材料时应注意，婚姻、养子、家长权、占有、同业公会、地租、佃租等概念并非对社会事实的描述，而首先是法学概念，华北惯调在利用这些概念描述社会现实时，同时附带了这些法学概念背后的理论含义。反过来，上述法学概念也框定了我们看到的近代华北农村社会的图景，这带来的日后相关研究的争论焦点，比如用"家长权""家父长制"来描述华北农村家族内部关系时就已经暗含了围绕家父严密的血缘支配，但这是否适用于家族关系日趋松散的华北农村社会？"义子"除了包含的财产继承关系的面向外，在宗法伦理和家族祭祀方面还有怎样的含

---

① 祁建民：《战后日本对华观念的变迁与"共同体"理论》，《抗日战争研究》2014年第2期。

义?这些都是值得进一步讨论的问题。

第二层,左翼理论的社会分析。如前所述,无论是东亚研究所的学术委员,还是华北经济调查所惯行班的调查员,他们都与20世纪30年代日共内部和社会科学界的左翼理论争论关系密切,因此他们调查分析华北农村社会的路径也带有鲜明的左翼特色。具体而言,他们眼中"法的惯行"反映的社会关系并不是乡村社会的"习惯法",而是阶级支配关系:国家赋税和村长会首是政治支配,族长、共同祭祀和财产继承是血缘支配,土地买卖、租佃和债务关系是经济支配。这些左翼理论内容让华北惯调显著区别于"台湾旧惯调查"和"满洲旧惯调查",也使得后人能借此更加深入地理解近代华北农村社会。然而注重阶级支配的视角同样限定了我们观察华北农村社会的视野。比如在宗教方面,华北惯调注重村庙祭祀活动中香会对村民的组织作用以及会首的支配地位,却忽视了村庙承载的宗教观念对华北普通农民的世界观、宇宙观的形塑。那么这些观念对于华北农民理解自身处境、面临社会变动的作用就不清晰。这对于讨论华北农村社会在近代化进程中遇到的重重阻力显然是一个缺憾。

第三层,我们重新审视日本战时的华北惯调研究时,如何看待"共同体"理论的研究成果?正如祁建民所论,日本学界经历了从坚持到否定再到肯定"共同体"理论的过程,在此过程中,日本学者的研究旨趣也从历史、政治的阶级"共同体"转向了社会学的"共同关系",但是他们的问题意识始终如一,即东亚农业社会的近代化的可能性。无论是为侵华战争辩护的"中国社会停滞论",还是中国革命的社会基础,日本学者始终是在东亚历史整体的角度思考问题。那么如何将问题的思考和材料的运用恰当地联系在一起?这就需要我们熟悉华北惯调材料的特性。以同样使用华北惯调材料的《华北的小农经济与社会变迁》和《文化、权力与国家》为例,前者用数学的方式呈现近代华北农村经济发展的内卷化图景,后者则利用访谈和案例呈现华北农村社会多重面向的权力、文化关系。正如前文提到,华北惯调本身就关注社会支配关系,因此就研究的亲和性而言,《文化、权力与国家》与华北惯调材料更加贴近。

第四层,在殖民侵略的批判之外,本文讨论日本战时、战后华北惯调研究的核心问题是:近代华北农村社会的核心分化机制是什么?这是区域社会研究的基础,同时这个问题的解答也离不开社会调查。科大卫(D. Faure)、陈春声、郑振满等人的历史人类学研究揭示了华南珠江三角洲、莆田地区宗族、地方宗教和国家政权之间复杂的历史纠葛。华南地区发达的宗族体系、地方信仰构成了这一地区基本的社会分化机制,围绕这些要素,土地制度、村庄权力关系、国家赋税、商路市场等诸多要素有机地联系在一起,共同构成特点鲜明的华南地方社会。这些研究与持久的历史人类学田野工作密不可分。那么华北地方社会又有怎样的特点?日本学者基于华北惯调的研究指出了一个方向:在血缘关系孱弱的华北地区,以村落为单位的地缘性公共组织构成了社会分化的核心机制,"村公会""香会""闸会""宗族会",不同的公共组织整合了政治、经济、生产、血缘等社会要素,让华北社会呈现出与华南不同的特点。

但是正如本文所论,华北惯调材料因其历史背景而有着文本和内涵特殊性,目前研究利用深度和适当程度仍然不够,日本学者的研究也有着他们自己关心的问题。我们仍有必要继续深入挖掘,增进对近代华北农村社会的理解。

# 《清华社会科学》投稿指南

## 一、刊物宗旨

《清华社会科学》是由清华大学社会科学学院主办、商务印书馆出版的综合性社会科学集刊,旨在为社会学、政治学、理论经济学、心理学、国际关系学、历史学等学科和领域提供一个高水平的学术交流平台,现阶段每年出版两卷。本刊坚持学术为本、问题导向,采用编辑部审稿与匿名审稿结合的方式,倡导严谨的学风,鼓励理论、历史和实证研究相结合。

《清华社会科学》常设"专题""论文""评论"和"书评"四个栏目。"专题"栏目围绕主题发表原创性的研究论文。"论文"栏目发表原创性的研究论文。"评论"栏目刊登学术演讲、学术对话、学术综述。"书评"栏目刊登对国内外社会科学经典著作和最新著作的介绍和评论。另不定期设置"特稿"栏目。

## 二、投稿体例

(一)专题类、论文类来稿除正文外应同时提供英文标题、中英文摘要及关键词、所有作者的单位及职称（或学历）、主要作者的电话和电子邮箱。评论类、书评类来稿除正文外仅须提供所有作者的单位及职称（或学历）、主要作者的电话和电子邮箱。

（二）引证文献采用页下注，每页断码排列注释序码。引证文献无须在文末单列。

（三）注释中的非连续出版物，需依序标注作者、文献题名（若系析出文献，依序标注析出文献题名、文集责任者、文集题名）、出版地点、出版者、出版时间、页码。

（四）注释中的连续出版物依序标注作者、文献题名、期刊名、年期（或卷期、出版年）。

（五）注释中的电子文献依序标注作者、电子文献题名、获取和访问路径。

## 三、说明

（一）来稿请投专用信箱：qhshkx@tsinghua.edu.cn。

（二）来稿录用与否，本刊都会在2个月内通知作者。

（三）来稿一经刊用，即付稿酬并赠刊2册。

## 四、著作权使用声明

本刊已许可中国知网等网络知识服务平台以数字化方式复制、汇编、发行、信息网络传播本刊全文。本刊支付的稿酬已包含网络知识服务平台的著作权使用费，所有署名作者向本刊提交文章发表之行为视为同意上述声明。如有异议，请在投稿时说明，本刊将按作者说明处理。

图书在版编目（CIP）数据

清华社会科学. 第 2 卷. 第 1 辑 / 应星主编. —北京：商务印书馆，2020
ISBN 978-7-100-18935-4

Ⅰ. ①清… Ⅱ. ①应… Ⅲ. ①社会科学－文集 Ⅳ. ① C53

中国版本图书馆 CIP 数据核字（2020）第 151833 号

权利保留，侵权必究。

清华社会科学
第 2 卷 第 1 辑（2020）
应 星 主编

商 务 印 书 馆 出 版
（北京王府井大街36号 邮政编码100710）
商 务 印 书 馆 发 行
江苏凤凰数码印务有限公司印刷
ISBN 978-7-100-18935-4

2020年9月第1版　　开本 787×960 1/16
2020年9月第1次印刷　　印张 22¼

定价：98.00 元